编委会

主　编　刘　毅

副主编　陈玉兰

岳　琳

李春燕

屈　伟

许　平

编　委　（以姓氏笔画为序）

王　玉（兰州大学）

刘　毅（四川大学）

许　平（重庆医科大学）

李春燕（四川大学）

张宛筑（贵州医科大学）

张瑞华（成都中医药大学）

陈玉兰（成都中医药大学）

岳　琳（四川大学）

屈　伟（四川大学）

赵　莉（四川大学）

贾　红（西南医科大学）

黄　莉（重庆医科大学）

黄　宵（西南医科大学）

常　巍（昆明医科大学）

彭　钢（西南医科大学）

韩雪梅（兰州大学）

编　审　朱辅华（四川大学出版社）

秘　书　李春燕（四川大学）

· 普通高等教育“十三五”规划教材
· 供医学、预防医学、卫生管理类专业用

管理心理学

GUAN LI XIN LI XUE

刘毅 ■ 主编

四川大学出版社

责任编辑:杨　果
责任校对:周　艳
封面设计:璞信文化
责任印制:王　炜

图书在版编目(CIP)数据

管理心理学 / 刘毅主编. —成都：四川大学出版社，2018.12
ISBN 978-7-5690-2683-2

Ⅰ.①管…　Ⅱ.①刘…　Ⅲ.①管理心理学-高等学校-教材　Ⅳ.①C93-051

中国版本图书馆 CIP 数据核字（2018）第 297594 号

书名　**管理心理学**

主　　编　刘　毅
出　　版　四川大学出版社
地　　址　成都市一环路南一段 24 号 (610065)
发　　行　四川大学出版社
书　　号　ISBN 978-7-5690-2683-2
印　　刷　四川新恒川印务中心
成品尺寸　185 mm×260 mm
印　　张　20.5
字　　数　497 千字
版　　次　2019 年 1 月第 1 版
印　　次　2019 年 1 月第 1 次印刷
定　　价　48.00 元

◆读者邮购本书,请与本社发行科联系。
电话:(028)85408408/(028)85401670/
(028)85408023　邮政编码:610065
◆本社图书如有印装质量问题,请寄回出版社调换。
◆网址:http://press.scu.edu.cn

前 言

管理心理学在管理科学中占有极为重要的地位，是卫生管理类专业的必修课程之一。随着中国医药卫生体制改革的深入以及职业化卫生管理队伍的建设，卫生管理类专业人员的教育日益重要。目前，中国很多医学院校开设了卫生管理类本科专业或开展卫生管理研究生培养，作为必修课程相继开设了管理心理学课程，同时开展了管理心理学的教学研究，并取得了一定的成绩。本教材主要目的在于读者通过对管理心理学的学习，了解、把握管理中人们的心理与行为，以提高自身科学管理知识和管理水平。

本教材的编写主要以《管理心理学》2003 年第 1 版和 2008 年第 2 版为基础，在教学实践中不断更新，借鉴了当前国内外企业管理的其他教材结构与风格，结合本教材教学实践中学生的反馈意见和教学经验，以期教学内容符合人才培养的总目标。

本教材由开设该课程的综合性大学、医学院校的专家编写。教材继续坚持“三基、五性、三特定”和“多级论证”的教材编写原则，保持其系统性。同时，教材还注重理论知识的新颖性和针对性，根据目前学科发展，精简理论介绍，增加新的理论进展，尽量将卫生管理实践中的研究成果融合于教材中，使整个课程内容适应实际的发展，既保持这门学科的基本内涵，又富有时代感。本教材还将案例讨论融合在各章节内容之中，更注重实用性和实践指导性。

教材内部各环节设置合理，含有丰富内容和合理版式设计，包含学习目标、案例分析及心理与行为自测量表等，从多方面、多角度促进读者对知识的理解，既能满足在校师生学习的需要，亦能满足在卫生领域或管理领域工作人员的培训需要。为适应教学资源多样化，实现立体化建设，教材配有教学课件和练习题，方便老师教学和学生自学。

由于编者的水平有限，本教材内容难免有不尽如人意及疏漏之处，恳请广大读者给予指教，不胜感激。

本教材在编写过程中，得到四川大学及华西公共卫生学院相关人员的支持。原第1版和第2版编委对本版教材编写也提出了很多有益的建议。四川大学出版社编辑朱辅华老师在本书编写过程中付出了辛勤的劳动，在此一并表示衷心的感谢。本教材在编写中参考了大量相关教材及专著，在此对其作者致以诚挚的谢意。

刘　毅

目　录

第一章 概 论

学习目标

通过本章的学习，你应该能够：

掌握 管理心理学定义与主要内容，人性假设的理论在实际问题中的运用。

熟悉 管理心理学研究对象，管理心理学产生与发展的过程。

了解 我国管理心理学的进展。

第一节 管理心理学概述

一、管理心理学的定义

目前理论界对管理心理学的解释仍未规范。国内学者提出了一些看法，如“管理心理学是研究企业中人的心理活动规律，用科学的方法改进管理工作，充分调动人的积极性的一门科学”（俞文钊）；“管理心理学是一门研究、预测和控制人类行为规律，探索个体行为动机，总结人类经营管理史中的典型经验，充分调动和发挥全体人员的积极性、主动性和创造性，使人力资源和物质技术设备的潜力能最大限度地得到发挥，提高工作效率的一门科学”（林秉贤）。《现代管理科学词库》则认为，“管理心理学是研究管理过程中人们的心理现象及发展规律的科学”。

目前，尽管对管理心理学的解释各说不一，但什么是管理心理学，笔者认为应该从以下几点来理解。

（1）研究对象：管理心理学的研究对象是人，具体讲是人的心理活动规律。心理支配行为，行为反映心理，心理与行为不能分离。同时，行为还会受到如社会、文化、经济等多种因素的影响。管理心理学研究以心理学为基础，并结合了管理学、行为学、社会学、社会心理学、生理学、伦理学、人类学等学科的知识。

（2）研究范围：管理心理学并不是研究人类的一切心理活动规律，而应局限于一定范围，即研究管理组织中的人的心理活动规律。管理组织可以是企业、机关、学校、医院、军队，甚至监狱等部门。从心理学角度讲，管理心理学是心理学的分支学科。

（3）研究目的：管理心理学的研究目的在于掌握管理组织中人的心理活动和行为的规律，以期预测、控制和把握人的行为，调动员工的积极性，完成组织的既定目标。因此，管理心理学又是管理科学中的一门重要学科，除了理论的研究，还要重视其对管理的实际指导性。

理论界对管理心理学虽然还无统一的解释，但一个完整的定义应包含以上几点内容。目前多数人认为：管理心理学是研究人们在管理过程和管理关系中的心理活动及其发展规律的科学，它应用心理学的一般原理，研究和揭示组织中各种心理现象的发生、发展和表现的规律性，以期预测、控制和引导组织中人的行为，调动员工的工作积极性，提高管理效率。

二、管理心理学的研究对象

管理心理学又称组织管理心理学，是研究组织管理过程中人的心理行为规律的科学。它以心理学为基础，结合管理学、行为学、社会学、社会心理学、生理学、伦理学和人类学等学科的知识，研究管理中人的心理行为。它既是一门综合性的学科，又是一门边缘性学科。

管理学和心理学各自的诞生已有一个世纪的历史，而作为两者结合起来的管理心理学是在20世纪50年代才成为一门独立的学科。虽然历史不长，学科体系有待完善，但管理心理学在整个管理科学中占有日益重要的地位，这与管理心理学独特的研究对象是分不开的。管理心理学把管理活动中的人作为研究对象，这既是管理科学发展的必然，也顺应了现代管理活动的需要。

第一，重视人的因素。管理科学在一个世纪的发展中，随着管理实践活动的深入和变迁，经历了古典管理理论、人群关系理论、现代管理理论等阶段。在其发展过程中，管理思想逐渐演变，从不重视人——把人看作机器附属品的“经济人”的假设，到重视员工士气的“社会人”的假设以及重视人的主观能动性的“自我实现的人”的假设和重视多维影响因素的“复杂人”的假设，管理思想发生了根本的变化。

第二，人是组织最重要的资源。在现代管理中对有关组织的资源有多种看法，资源三分学说认为组织的资源是人、财、物，后来发展的四分、五分学说则认为组织的资源是人、财、物、时间、信息等。不管哪种说法，人才是最重要的资源。有效开发和利用人力资源，重视人的因素，发挥人的主观能动性，挖掘人的潜在能力，是现代管理的重要环节。管理心理学着重研究人的行为心理，对有效利用人力资源起着重要作用。

第三，人是组织管理的主体。现代管理的特点是强调以人为中心的管理，组织必须靠人来实现组织的目标。在科学技术飞速发展的今天，技术设备从自动化逐渐向智能化发展，机器人可以代替完成部分人所不能完成的工作，电脑可以代替一部分人脑的功能，但是设计和使用机器及电脑的仍然是人。例如，医院有先进的计算机体层摄影（CT）、磁共振（MRI）等设备，但离开了医务人员的主观能动性，也不能发挥先进设备应有的效益。因此，最主要的管理仍然是对人的管理。研究组织中人的行为心理规律，调动人的积极性，应成为管理的主题。

第四，科学技术越发达，越要重视人的因素。有研究显示，在机械化水平低的情况下，体力劳动和脑力劳动耗费的比例为 9∶1；在中等机械化水平下是 6∶4；在全盘自动化的情况下，体力劳动和脑力劳动耗费的比例是 1∶9。人类愈是进入计算机、信息化管理的时代，愈是要求员工有较高级的智力劳动。如卫生医疗单位本身就是知识密集型系统，要求更多的脑力劳动，而对脑力劳动者采用强制和监督的管理方法显然是无效的。只有调动员工的积极性、创造性，发扬其主动精神，建立以人为中心的管理制度，才可能适应现代管理的需要。

因此，管理心理学把组织管理中的人作为研究对象，着重研究管理中人的心理活动的规律性以及人的行为模式，使管理者了解员工的心理和行为规律，使之能在科学分析的基础上采取科学有效的管理方法，促使组织管理取得最佳的成就。

三、管理心理学的研究内容

目前，美国与西欧国家的管理心理学理论体系和研究内容较为统一、完整。我国管理心理学也普遍遵循了这一理论体系，即将管理心理学分为个体心理、群体心理，以及组织与领导心理 3 个层次。

（一）个体心理与管理

个体心理与管理是管理心理学研究的基础。从个体出发去研究组织中人的心理、行为与管理的关系，也就是去研究作为独立的个体具有什么样的心理特点和行为规律，这些特点和规律对工作带来什么样的影响，管理者应怎样把握这些心理特点和行为规律。这一层次的内容主要包括：管理中的社会认知，个性（气质、能力、性格）与管理，需要、动机与管理（管理中行为的激励），情绪的挫折管理，态度及态度转变。

（二）群体心理与管理

管理工作中的人实际上并不是单独存在的，必须与其他人以各种形式发生联系，即组成工作中的群体。群体中人的心理和行为受到很多因素的影响，有自己的表现形式。因此，要研究管理中人的心理与行为，就必须研究以群体形式存在的人的心理与行为。管理心理学在这一层面的研究内容有：群体的功能、分类与规模，正式群体与非正式群体，群体规范与从众行为，群体内聚力，群体决策，群体沟通与冲突，群体中的人际关系等。

（三）组织与领导心理

任何一个组织，无论其规模、类型和行为如何，它都是由群体所组成。因此，管理心理学还要从整个组织的角度研究成员的行为，其中包括领导者的行为，探讨其心理行为规律以及环境对组织行为的影响。其主要内容有：组织的结构设计与功能、组织的变迁、领导者的权力与影响力、领导者的素质研究、领导的作风理论、领导行为理论等。

但上述 3 个层次不是断然分开、互相排斥的，而是随着研究的扩展相互补充、相互协调的。因此，本书在编排上未将个体心理、群体心理、组织与领导心理分开来写，而是以管理中的重要问题为线索，将其内容融合在一起。

第二节 管理心理学的产生和发展

一、管理理论的发展

管理活动自人类社会诞生以后就存在。管理成为一门独立的科学，是近代社会发展、人们长期管理实践的结果。1911 年，泰勒（Taylor）的《科学管理原理》一书公开出版，标志着管理科学的诞生。在管理科学的发展过程中，随着研究的进展形成了各种管理理论流派，管理思想逐渐得以演变。从把人看作机器附属品的“经济人”的假设到重视员工士气的“社会人”的假设、重视人的主观能动性的“自我实现的人”的假设和重视多维影响因素的“复杂人”的假设，管理思想发生了根本性的变化。在管理中“人”是最重要的因素，对人的管理在管理活动中日益重要。正是管理思想的变化，才促成管理心理学的诞生。

管理科学的发展，大致分为 3 个阶段。

（一）古典管理理论

19 世纪末到 20 世纪初，科学管理的诞生标志着管理科学进入了第一个阶段。这一时期形成了古典管理理论。该学派的代表人物主要有美国的泰勒、法国的法约尔（Fayol)、德国的韦伯（Weber)，以及后来的美国人古利克（Gulick）等。其中，泰勒是西方公认的“科学管理之父”，他创立了古典科学管理理论，开创了科学管理的新篇章。当代许多重要的管理理论都是在泰勒管理理论基础上的继承和发展。

在古典管理理论中，不论是泰勒提出的“时间－动作分析”“劳动定额”“工时定额”“计件工资制”等科学管理制度和方法，或是法约尔注重的企业的结构和合理化问题，还是韦伯提出的行政组织理论，都把组织看作一个封闭的理性模式，把管理的重点放在组织内部，研究如何有效地利用已有的资源，提高生产效率。古典管理理论的中心思想是：从管理对象来看，只注重对“物”的管理而忽略对“人”的管理；从管理的目的来看，只强调工作的高效率而忽视工人的需要的满足；从工人的需要来看，认为工人只是具有经济需要的“机器人”而忽视工人的社会心理需要，认为金钱是刺激积极性的唯一因素。

（二）人群关系理论

人群关系理论亦称行为科学学派，是古典管理理论在实践中的应用，对 20 世纪初生产力的提高，发展生产起到了很大的作用。但古典管理理论片面的“经济人”的观点，随着管理理论与实践的发展日益显示出缺陷。在 20 年代末、30 年代初，美国爆发了经济大萧条，国民生产总值急剧下降，失业人口大幅增加，大批企业倒闭。一些企业管理学家认识到泰勒理论在“人”方面的局限性，认识到发挥人的作用和潜力的重要性，开始谋求新的理论和方法。如资本家哈特内斯认为，“过去的企业管理过分依靠效率工程师，今后要多注意心理学，企业管理要目中有人”。一家钢铁公司的人事部经理威廉斯认为，“工人根据感情办事，考虑工作的性质胜过金钱”，并提出管理人员如果仅仅注意员工生理和经济的欲望，而不注意他们的心理因素，管理工作必将归于失败。于是，人群关系理论应运而生，管理科学理论进入第二阶段。这一时期，出现了著名的“霍桑实验”，为人群关系理论的诞生奠定了坚实的基础。

人群关系理论主要代表人物有梅约（Mayo）、罗特里斯伯格（Roethlisbeger）、马斯洛（Maslow）、赫茨伯格（Herzberg）。他们强调从心理学、社会学的角度研究现代管理的问题，注重社会环境与人际关系。他们认为，社会生产不仅受到物理和生理因素的影响，也受到社会心理因素的制约。管理工作不仅要注意物质技术设备，更重要的是要重视社会心理因素对员工的影响，最终体现对劳动生产效率的影响。人群关系理论的主要思想是：人不是“经济人”而是“社会人”，他们有归属和被尊重的需要；工人不是生产过程中机器的附属部件，而是受到社会心理因素影响的活生生的人；管理者要倾听员工的申述，了解他们的需要，以提高士气。

（三）当代管理理论

在人群关系理论的发展后期，有一种将人群关系理论和古典管理理论调和起来的趋势。特别是现代科学技术的迅速发展，社会生产力的快速提高，过去的理论受到某些挑战，促使管理理论更新和发展。在第二次世界大战以后，产生了一系列的管理理论学派，如社会系统学派、决策理论学派、系统管理学派、经验主义学派、权变理论学派、管理科学学派等。这些管理理论学派的出现，标志着管理理论进入了第三个阶段——当代管理理论。

1. 社会系统学派

社会系统学派的主要代表人物有美国的巴纳德（Barnard）。巴纳德认为，社会的各级组织都是一个协作系统，即由相互协作的个人组成的系统。这些协作系统是正式组织，它包括协作的意愿、共同的目标和信息的联系 3 个要素。而非正式组织则与正式组织互相创造条件，并对正式组织产生积极的影响。至于组织中的各级经理人员，在系统中作为相互联系的中心，对协作的努力进行协调，以保持组织的活力。

2. 决策理论学派

决策理论学派是在接受了行为科学、系统理论、运筹学和计算机程序后，从社会系统学派中发展形成的。这一学派主要代表人物有西蒙（Simon）、马奇（March）等。他们认为，决策贯穿于管理的全过程，管理就是决策；强调决策和决策者在系统中的重要作用；认为组织就是由作为决策者的个人所组成的系统。他们建立了有关决策的过程、决策的准则、程序化的决策和非程序化的决策、组织机构的建立与决策过程的联系等理论原则。

3. 系统管理学派

系统管理学派也是从社会系统学派中衍生出来的。它侧重于从系统的观点来考察和管理企业，以提高生产效率。其主要代表人物有卡斯特（Kast）、罗森茨韦克（Rrosenzweig）。这一学派强调各个系统和有关部门的相互联系网络必须清楚有效，并认为企业组织不是固定的、机械型的系统，而是开放的、有限的概率系统。系统管理学派对当代系统管理中的自动化、控制论、管理情报系统、权变理论的发展有重要影响。

4. 经验主义学派

经验主义学派的代表人物是杜拉克（Drucker）和戴尔（Dale）等。他们认为，以往的古典管理理论和人群关系理论已不能适应现代管理的实际需要和多方面的期望，科学的企业管理应从企业的实际出发。他们主张注重大企业的管理经验，并对其加以概括和理论化，以此作为当代经济管理理论的基础。

5. 权变理论学派

权变理论学派又称情景理论学派，主要代表人物有伍德沃特（Woodward）、汤普森（Tompson）。这是随20世纪70年代西方国家科技进步、经济发展、政治剧变，以及员工构成和技术水平的改变而出现的一种经济管理理论。它是在批评经典的管理学派的过程中建立起来的，认为古典管理理论或人群关系理论并非对所有的类型和不同情景中的管理都有效，管理要根据企业所处的内外条件随机应变，没有什么一成不变的、普遍适用的、“最好的”管理理论和方法。

6. 管理科学学派

管理科学学派是对管理科学的一种狭义理解。管理科学学派代表者伯法等认为，管理就是运用数学手段来表示计划、组织、控制、决策等合乎逻辑的程序，并通过计算机求出最优的解答，以达到企业的最终目标。

以上列出了西方国家现代经济管理理论的一些主要学派，除此之外还有组织行为学派、社会技术系统学派、经理角色学派和经营管理理论学派等。

二、管理心理学产生的理论基础

虽然管理心理学是在20世纪50年代正式产生于美国，但管理学和心理学两者结合的研究却很早就在进行，其研究甚至可追溯到19世纪末或20世纪初。也就是说，在管理心理学形成独立的学科前的很长的时间里，人们已经开始进行这方面的研究。

（一）工业心理学

管理心理学的发展与西方工业心理学的兴起是密不可分的。心理学在古典管理理论之前就已经是一门独立的科学，但把它运用于工业生产领域，与生产效率联系起来，是在20世纪初开始的。1879年，德国的冯特（Wundt）在莱比锡建立了第一个心理实验室，标志着心理学从哲学里分离出来成为一门独立的科学。冯特的学生、侨居美国的心理学家闵斯特伯格（Minsterberg）最先把心理学的原理应用于工业领域，他在哈佛大学建立了心理学实验室，并在1912年发表了名著《心理学和工业效率》。由于他把心理学原理应用于管理领域中，推动了以后管理心理学的发展，因此被后人称为“工业心理学之父”。工业心理学的研究要点是确定人们的心理素质，运用心理测验选拔合格的工人；研究在什么样的心理条件下，能够使每个工人在单位时间里生产出最多的、最令人满意的产品，以及怎样满足工人的需要；同时考察如何使人们的情绪有利于工作。《心理学和工业效率》包含了3个方面的内容：①尽可能有最好的工人；②尽可能有最好的工作；③尽可能有最好的效果。

闵斯特伯格在这方面的研究成果被广泛应用于职业选择、劳动合理化，以及改进工作方法、建立最佳工作条件等方面。但他的研究只局限在心理学的领域，没有注意工作的社会环境、人际关系等对员工的影响，缺乏社会心理学以及人类学等研究论据。以后的霍桑实验把社会心理学、人类学等学科结合起来，为管理心理学的确立奠定了基础。

（二）霍桑实验及其结论

1. 霍桑实验

霍桑实验于1924年至1932年在美国芝加哥西部电器公司霍桑工厂进行。霍桑工厂是一个制造电话、电报交换机的工厂，在当时具有较完善的娱乐设施、医疗制度和养老金制度，但生产成绩却不理想。为寻找原因，1924年美国国家科学院研究委员会组织专家对该厂进行了研究，主要研究生产效率与物质条件间的相互关系。如通过照明实验来研究照明强度的种种变化与车间工人生产效率之间的关系，并假设增加照明度会使产量提高。他们挑选了一批女工，分为对照组（照明强度始终不变）与实验组（照明强度变化），对结果进行比较。实验结果出乎意料，实验组增加照明强度，产量上升，奇怪的是对照组的产量也出现上升。另一个研究是逐渐降低照明强度，甚至降到相当于月光的强度，实验组的产量不仅没有下降反而上升，而且对照组的产量也相应上升。这一实验进行了两年半，却得不出相应的结论。生产条件的改变并没有如人们假设的那样导致生产效率的改变。相反，不论何种条件的改变，与平常情况相比，生产效率均大幅度上升。对于这些结果，研究组不能解释，感到茫然。

哈佛大学的梅约教授对此实验和结果极感兴趣，于1927年带领哈佛大学的心理研究人员进入霍桑工厂重新进行实验。他们在前面研究的基础上，重复进行了照明实验等研究，并通过分析观察，提出了新的研究方法。整个实验从1927年至1932年共持续了5年，包含了4个方面的内容。

（1）照明实验：梅约教授等在霍桑工厂重复进行了照明实验，即通过改变工作环境照明强度的变化来观察实验组和对照组的产量变化。其实验结果与前期的实验结果一致，即不管照明强度如何变化，实验组和对照组的产量均上升。从这些研究结果得出的结论是：第一，在实验中，照明度不是影响产量的唯一的主要因素；第二，更重要的是方法上的，虽然我们看不到单独变更照明强度和操作效率之间的因果关系，但发现没有对其他因素做恰当控制。认识到这一点后，梅约组织了进一步的研究。通过观察分析和以后的研究，梅约解释了照明实验中两组产量都升高的原因：工人能被选出来参加实验，认为管理当局对他们格外重视，感到有一种荣誉感；在整个实验中，管理人员与工人之间，工人与工人之间建立了融洽的人际关系，士气高昂。

（2）福利试验：福利试验的目的是确定福利条件和工作时间等的改变对工作效率的影响。著名的继电器装配组试验，试验对象是一个自愿参加试验的工作水平相仿的女工装配小组（6人）。让她们搬进事先安排好的房间，以便正确测定她们的工作产量和质量，同时能够测定环境温度、湿度的变化及其他因素。同时，对这个独立小组单独实行计件工资制。研究人员力求使这些女工的态度不受试验条件变化的影响，并设法使她们对试验目的保持信心。试验要求在不增加额外劳动强度的情况下，保证工作中的稳定状态。这些女工在试验开始以前都进行了体检，此后每6周检查1次，观察女工们的健康状况。观察员在整个试验中一直待在实验室里，其任务是正确记录产量及其他有关因素，创造并保持一种友好气氛，起着类似管理员的作用。在试验中，研究人员研究了工作时间和休息周期两个变因的组合对生产效率的影响。其结果与照明实验的结果一样，不论条件怎样变化，产量总是稳步上升。在这期间，小组总产量在原有高水平的基础上又增加了30％以上，并在试验以后的两年半中一直保持高产。体检医生认为女工们的健康状况改善了，迟到和缺席率由每年15.2％下降到每年3.5％。女工们则公开表示，她们感到自己工作中的满意感增加了。

他们还进行了改变工资以及免费供应茶点等试验。其结果与前面一致。在实验中，有4种假设被用来解释为什么工人工作效率取得显著改进：①减轻疲劳；②减少枯燥；③增加工资；④改变管理方法。通过产量详情统计分析及其他材料研究，排除了对疲劳和枯燥的假设，工资的证据也缺乏说服力。根据观察记录，唯一可解释的是小组发扬了高度的“集体精神”，即士气的升高。由于在实验中个人交往增加，相互帮助，研究者和管理者对工人更多的关心，这些工人的态度明显改变。试验表明，工作条件（照明、工作时间、休息周期，甚至工资与福利）本身不能影响工作，只有通过工人自身的感受，才能使这些条件变得有意义。

（3）访谈研究：前期试验研究得出的结果引起人们高度关心全厂员工对待工作、工作条件和管理情况的态度，为此在全厂进行了一次广泛的访谈。这一研究从1928年至1931年，包括与21 000人的谈话。在谈话过程中，访谈员耐心倾听工人的各种意见和不满，让工人尽情述说而不加以反驳和训斥，并做好记录。访谈试验收到很好的效果，工人长期以来对各种管理制度和方法的不满情绪以及自身的感受得以发泄，从而提高了劳动积极性。

（4）群体试验：在研究工作的最后阶段（1931年—1932年），梅约等想搞清楚社会因素对激发工人积极性的重要性，又进行了对群体的观察研究。试验选择14名男工在单独的房间里从事绕线、焊接和检验工作，对这个班组实行特殊的计件工资制度。设想工人为了得到更多的报酬，他们会更加努力地工作。但结果表明，产量只保持在中等水平，工人的日平均产量相近。梅约等通过观察发现，为了群体利益，试验小组形成了无形的群体规范。这个规范约束了工人的行为，既不能干得太多，也不能干得过少。工人们为了维护班组的团结，可以放弃物质利益的引诱。梅约等通过研究认为，在一个部门中单纯研究个人的心理是不够的，人们不能孤立地组成一个工作部门，他们在群体内要建立各种规范，以体现人与人之间、人与工作之间的关系。

2. 霍桑实验的结论

通过上述实验，霍桑实验得出如下结论：

（1）生产条件的变化可以影响劳动者的生产热情，但生产条件与生产效率间并不存在直接的因果关系。

（2）生产条件并非是增加生产的第一要素。

（3）改善劳动者的劳动态度和人际关系，增加工作的满足感，提高群体的士气，才是提高生产效率的决定性因素。

梅约在1933年出版的《工业文明中的问题》一书中，总结了上述实验以及其他实验的结果，系统地提出了人群关系理论的许多重要管理思想。概括起来说，这些管理思想主要体现在下面4个方面：

第一，传统管理理论把人假设为“经济人”，认为金钱是刺激积极性的唯一动力。霍桑实验认为，人是“社会人”，影响人的生产积极性的因素除物质条件之外，还有社会、心理因素。

第二，传统管理理论认为，生产效率主要决定于工作方法和工作条件。霍桑实验认为，生产效率的提高或降低主要取决于员工的“士气”，而“士气”则取决于家庭和社会生活，以及企业中人与人之间的关系。

第三，传统管理理论只注意“正式群体”问题，诸如组织结构、职权划分、规章制度等。霍桑实验注意到除正式群体外还存在着某种“非正式群体”，这种无形的组织有其特殊的规范，影响群体成员的行为。

第四，霍桑实验还提出新型领导的必要性。领导者在了解人们合乎逻辑的行为的同时，还需了解不合乎逻辑的行为。领导者要善于倾听和沟通员工的意见，使正式组织的经济需要与非正式组织的社会需要取得平衡。

（三）群体动力理论

群体动力理论的创始人是德国心理学家勒温（Lewin）。群体动力理论又称“场理论”，“场”是借用物理学中“磁场”的概念。该理论把人的过去和现在形成的内在需求看成是内在的心理力场，把外界环境因素看成是外在的心理力场。人的心理和行为取决于内在需要和周围环境相互作用影响的结果。当人的需要未得到满足时，会产生内部力场的张力，而周围环境因素起到导火索的作用。据此提出了著名的行为公式：

$$B = f(P \cdot E)$$

其中 B 是个体行为（方向和强度），P 是个性特征，E 是环境，f 是函数。人的行为是个性特征与环境相互作用的函数关系或结果。

勒温最初用“场”的理论来研究个体行为，后来又把“场”的理论扩大到群体行为的研究，提出“群体动力”的概念。“群体动力”就是指群体活动的方向和对其影响的各种因素，因为群体活动的方向同样取决于内在的心理力场与外在的心理力场的相互作用。群体动力理论对于管理心理学中群体心理和行为研究有着重大的影响，构成了现代管理心理学有关群体行为问题的基本内容。

（四）社会测量学

社会测量学的创始人是莫雷诺（Moreno），他于 1927 年迁居美国，从事社会心理学的研究，并提出了社会测量理论。其测量方法主要是采用填写问卷，让研究对象根据好感或反感对伙伴进行选择，并把这种选择用图表示出来。这样可以使人们对群体中各成员之间的关系进行分析。社会测量技术被广泛地运用于现代管理心理学中的人际关系测量中。

（五）需要层次理论

需要层次理论是美国心理学家马斯洛提出来的。20 世纪 40 年代，他发表了《人的动机理论》，论述了作为人的动机基础的需要层次理论。他认为，人的需要可分为生理需要、安全需要、社交需要、尊重需要和自我实现需要 5 个层次。这 5 个层次的需要从低级向高级依次发展，形成金字塔形。要激发人心理的内在因素去努力工作，提高工作效率，就要采取有效的管理措施去满足员工的上述需要。马斯洛的需要层次理论对于管理学和管理心理学的发展都有很大的影响。目前西方各国的管理学和管理心理学几乎都把这个理论作为重要的基础理论。

三、西方管理心理学的产生和发展

现代管理心理学以西方管理心理学为代表，其中美国的管理心理学在整个发展过程中占有主导地位。从已掌握的文献看，通常认为管理心理学在20世纪50年代产生于美国。1959年，美国心理学家海尔（Haire）写了一篇论文，把工业心理学分为3个方面：人事心理学、人类工程学和工业社会心理学。这种划分得到学术界的普遍承认。工业社会心理学实际上就是以后的管理心理学。1961年，美国《心理学年鉴》发表了一篇综述评论，这篇评论的标题是“工业社会心理学”，由著名管理心理学家弗罗姆（Vroom）和社会心理学家梅尔（Maier）撰写。这篇评论指出，工业社会心理学应根据两个基本模型进行研究：第一，以个体为分析单元，研究劳动的社会环境对个人动机、态度和行为的影响；第二，以社会系统为分析单元，研究工业系统的结构和功能，企业中上、下级的关系，生产班组和较大组织系统的社会心理问题。

1964年，美国《心理学年鉴》发表了第二篇综述，题名为“组织心理学”，作者是著名管理心理学家莱维特（Leavit）等。这篇综述介绍了从1954年至1964年管理心理学方面的研究成果。从这篇综述中可以看到，在这个阶段管理心理学的研究有下述特点：

（1）组织心理学正成为一门独立的学科，研究对象主要限于工业组织。

（2）研究人员以心理学家为主体，但社会学家和人类学家也开始进入这一研究领域，研究队伍在不断扩大。

（3）研究工作主要在大学的商学院中进行。

（4）研究的问题在逐步扩大，从研究员工的士气对生产效率的影响，扩大到研究组织中的沟通、决策、人际关系、组织设计等问题。

在20世纪60年代以后，西方管理心理学有了较大发展，名称也从“组织心理学”到“管理心理学”，或后来流行的“组织管理心理学”或“组织行为学”。

虽然管理心理学的历史不长，但在20世纪60年代后有了较大的发展，主要表现在以下几方面：

（1）管理心理学的研究机构和研究队伍在不断扩大，管理心理学或组织行为学作为管理科学中的重要内容得到普遍认同。除了心理学家外，管理学家、社会学家、人类学家以及其他学科人员都参加到这一研究领域。

（2）研究的范围已由工业组织扩大到政治团体、公共机构、工会、政府机关、军队、医院、监狱等各种组织。

（3）在研究方法上，逐步从单因素分析发展到多因素的综合分析，从过去传统的实验室实验方法发展为现场实验、参与观察、大规模的问卷调查和统计分析等。

（4）在理论上，逐步从静态的观点发展为以系统观点和应变观点去观察管理中人的问题。

（5）研究方向逐渐趋于综合化。由于管理学家、社会学家、人类学家、经济学家、政治学家、语言学家甚至数学家等也进入了这一研究领域，管理心理学的研究具有了跨学科的性质。20 世纪 60 年代末期出现的“组织行为学”，是从有关学科的综合观点来研究组织中的行为规律。

四、管理心理学与组织行为学

20 世纪 60 年代以后，在行为科学中产生了“组织行为学”。这一学科与“管理心理学”的关系成为各国学者争论的问题。

一种观点认为，“管理心理学”与“组织行为学”没有区别，只是管理心理学在发展过程中其研究已从个体转移到群体，再到组织；研究机构也从心理学系转移到管理学院；研究人员增加了社会心理学家、社会学家和人类学家等。由于这些变化，管理心理学在后期发展成为组织行为学。

另一种观点认为，“管理心理学”与“组织行为学”是既相互联系又有区别的两门学科。其理由是：①这种联系集中地表现在心理活动与行为的联系上，心理活动只有用行为来衡量和表现，而行为是在一定心理活动指导下进行的，心理活动和行为是密不可分的。②心理活动与行为毕竟还是有区别的，这种区别集中表现为心理活动是内在的，而行为是外在的。③管理心理学着重研究作为行为的内在表现的一种心理活动的规律性，而组织行为学侧重研究作为心理的外在表现的一种行为的规律性。④组织行为学有更广泛的理论基础和更大的应用范围，社会学、心理学、社会心理学、人类学、经济学，甚至生物学、生理学等都是组织行为学的理论基础和理论来源；而管理心理学的理论基础和理论来源主要是心理学。⑤管理心理学侧重于把心理学的原理、原则应用于管理，侧重于理论研究；而组织行为学则是把行为科学、心理学、社会学、人类学等原理和原则应用于组织管理，不但有理论研究，而且还有具体应用方法。

虽然两者的学科门类尚存在争议，但近年来对学科的研究并没有严格地区分，更多的学者把两者视为一体。根据现有的文献来看，组织行为学的研究对象、基本内容及所引用的实验资料与管理心理学没有什么根本的区别。较早提出“管理心理学”的管理心理学家莱维特教授认为两者只是学科发展的问题，“管理心理学”与“组织行为学”没有本质上的区别。诺贝尔奖获得者西蒙（Simon）教授 1984 年来中国讲学时曾经说过：“在管理心理学与组织行为学之间，可能别人认为不同，但我没看到有真正的差别。”目前，在西方国家和日本更多是沿用“组织行为学”名称，如在美国的管理院校中，几乎所有的研究行为的小组都取名为“组织行为学”小组；而在东欧和苏联等国家一般称管理心理学。

五、我国管理心理学的进展

在我国，管理心理学的引进是在 20 世纪 70 年代末。随着改革开放国策的确定，学习、借鉴发达国家先进的管理理论的需求日益强烈，我国学术界和企业界的有关人士开始介绍国外管理心理学研究的资料。1979 年，中国第一机械工业部率先举办培训班并着手研究管理心理学。1980 年，中国心理学会组建了“工业心理专业委员会”，并提出进行管理心理和工程心理学的研究。此后，不少省、市、自治区成立了管理心理研究会，各高等院校和各类管理干部培训班相继开设“管理心理学”课程，并出版各种版本的教科书。目前，我国各有关院校开设的课程和出版的教材既有“管理心理学”“组织管理心理学”，也有“组织行为学”。虽然名称各异，但体系相对固定，且都从事个体与群体的心理（行为）、组织中的有效领导和组织心理的研究。我国管理心理学发展的时间较短，理论体系源自国外。近年来，我国学者进行了大量的研究，如关于工人思想动态的调查研究、关于集体意识的研究、关于领导行为的研究、关于我国员工激励理论与奖励方式改革的研究等，获得了一批很有价值的研究成果。

六、管理心理学的发展趋势

（一）管理心理学近年研究内容

有学者研究概括了近 30 年管理心理学研究内容，其主要包括以下几个方面：

（1）激励问题。激励或者说工作动机一直都是管理心理学的核心问题，曾产生过内容学派、过程学派及强化学派等诸多理论。进入 20 世纪 80 年代以后，很少有新的激励理论的提出，而亚当斯（J. S. Adams）的公平理论对于薪酬设计的实际意义，仍受到普遍重视。依据公平理论进行的关于员工参与工资制定的研究表明，当员工获得参与权后，他们能更明确业绩与报酬之间的关系，从而会体验到更大程度的公平感并受到激励。与工作激励有关的是工作满意度问题。自赫兹伯格提出了双因素理论以来，人们围绕着满意感与工作绩效之间的关系展开了大量研究。由于它们之间的相关性与环境和企业形态有密切关系，管理心理学研究者们不再把工作满意视为一种个体现象，而倾向于视为群体或整个企业的特征、作为评价企业或组织行为的有效指标。

近年来，还出现了大量的有关工作承诺和组织承诺的研究，主要从工作价值观、职业发展、工作责任心、组织认同和对社会的态度进行研究，并探讨了组织承诺对离职、工作满意感、工作安全感、人际关系的影响以及组织承诺的形成规律。这些研究对于增强员工对组织的忠诚具有重要意义。

随着工作节奏的加快，工作压力及其对人的影响、职业发展、工作与家庭关系等越来越受到重视，成为激励问题研究的新课题。

（2）组织文化问题。组织文化研究将组织文化定义为特定群体发展的、应用于外部环境和内部整合的基本假设形式，已成为教育员工以认知、思考和感知问题的实际方式，研究主要集中在组织文化的特点、结构和运行机制上。在现代工业社会中各种组织形式的出现、各种职业及工作的细分，导致社会成员所持的信念、理想、价值观的多样化，也导致各种群体和组织在文化上既保持自身独立，又相互学习；因而人们很自然地得出这样的结论：组织本身就是一种文化现象，它随着社会的发展而发展。第二次世界大战后，日本的经济迅速崛起，仅用了 30 多年的时间就在世界经济中占有优势，这引起了美国的恐慌。从 20 世纪 70 年代开始，美国管理学家对日本企业进行了深入的分析研究，发现日本企业管理者更重视企业文化的建设，注重树立全体员工共有的价值观，重视做人的工作，构建企业中的良好人际关系，既重视理性管理，又强调企业文化的建设。而美国当时的管理强调理性管理。于是这些学者认为企业文化的建设是日本经济腾飞的基础，并提出要培育美国的企业文化的观点。1981 年威廉·大内的《Z 理论》成为企业文化研究的标志，他虽然没有明确提出组织文化的概念，但强调指出 Z 型企业在生产、服务、员工教育等方面的经营理念已超越了美国和日本原有的民族文化，而形成自己企业所独有的经营哲学和理念。接着，1982 年相继出版的《追求卓越》《公司文化》，成为组织文化研究的经典著作，由此掀起了组织文化运动的热潮。还值得一提的是管理的跨文化研究，这是适应跨国公司发展的新的研究方向，最有影响的是关于个人主义与集体主义国民特性对组织管理的影响研究，研究发现了东西方文化的差异，例如中国人更愿意遵循平等原则来分配奖金，强调了管理方式必须适合各国的国情文化。

（3）团队研究问题。团队研究主要关注团队的凝聚力、团队的构成、目标设定、团队内的关系、规范、角色、冲突和团队决策等。对组织中群体的心理研究始于霍桑实验，并一直是管理心理学的重要组成部分。根据群体动力学的思想，人们执着于探求影响群体工作效率和效能的因素。近些年的研究文献中，群体的概念往往被团队所取代，以往的“群体”既包含正式的工作群体，也包含非正式群体，而团队意指正式的工作群体。多数心理学家认为团队比群体有着更多的内涵，因为它更强调群体成员之间的承诺和合作性。对团队及其效能的研究体现了组织中对正式工作群体的重视，也是适应时代发展的需要。在当今高度信息化的时代，企业与市场联系更加紧密，而市场需求日益多样化、细分化和个性化，市场的激烈竞争和科技的飞速发展，使产品开发周期大大缩短，对企业的创新能力要求越来越高。一个企业单靠个别人的力量已远远不能在多变的环境中生存和发展。事实表明，如果某种工作的完成需要多种技能、经验，那么由团队来完成通常效果比个体完成要好。团队已成为组织工作绩效的可行方式，它有助于组织更好地利用和发挥员工的才能。在多变的环境中，团队比传统的部门结构或其他形式的稳定群体更灵活、反应更敏捷。因此，团队工作形式和团队管理成为现代企业管理的一个焦点，而如何提高团队绩效已成为亟须解决的问题。

另外，组织变革有利于增强团队工作效能，尤其是那些跨部门工作团队的效能。对环境因素的研究结果表明，当组织变革获得适当的团队设计和过程支持时，才最可能得以实现。事实上，工作团队在西方国家的兴起，也正是组织变革的产物。

（4）领导理论问题。对于领导心理的研究在现阶段仍集中于领导者个人特质和能力上。尽管大量以分离领导特质为目的的研究成果尚没有获得公认，但在确定与领导绩效关系密切的特质方面，还是取得了令人瞩目的成果，它为选拔和培养领导者提供了一定的标准。因此客观地说，具备某些特质确实可以促进领导成功的可能性，但没有一种特质是成功的保证。

20 世纪 70 年代受到权变管理理论的影响，在领导行为的研究领域曾出现了若干权变理论。进入 80 年代以后，对领导行为的研究受到认知心理学的影响出现了“认知资源论”“社会信息加工理论”以及学习型组织等。

个人需要组织去证明其价值，而组织也绝不能缺少个人的创意及贡献，但个人和组织利益的平衡、个人与组织的成长及发展，永远是矛盾的课题。同时组织寻求全球化发展，又不愿放弃地区化的特色；规模缩小后，却又时时希望规模经济；管理者在授权的同时，却又放心不下、想控制更多的事情。上述问题深刻反映了经济全球化条件下组织面临的机遇和挑战。

（二）管理心理学发展动向

进入21世纪以来，管理心理学有一些新的发展动向，主要表现有如下几个方面：

第一，组织变革已成为全球化经济竞争中组织行为学研究的首要问题。随着经济全球化的潮流和经济结构调整，对企业重组、战略管理、跨国公司或国际合资企业管理的研究呈现强劲势头，由复杂性增加而导致研究的注意力全面转向整个组织层面。管理决策、探索组织变革的分析框架、理想的组织模式、干预理论以及变革代理人的角色是这个方面研究的主要内容。另外，与组织变革密切相关的还有领导行为研究、激励机制研究和企业文化研究。受权变理论的影响，先后出现了多种领导理论、激励理论和文化学派等。

第二，管理心理学强调对人力资源的系统开发。管理心理学更加关注研究管理者决策、技术创新和员工适应中必须具备的胜任素质，更加关注如何充分利用和开发人力资源。相应的管理心理学研究由原来的局部、分散转变为整体、系统。目前有关胜任特征评价、个体对于组织的适应性和干预问题的研究等人力资源问题正向纵深发展。

第三，管理心理学研究更加关注国家目标。国家的发展目标不同程度地影响着组织的环境，调整着组织行为，目前管理心理学家把组织作为开放的社会－技术系统来看待和研究，研究领域已突破传统框架，涉及管理培训与发展、工业业绩评价、管理决策、组织气氛和组织文化、跨文化比较等新领域。

第四，管理心理学研究不仅强调生产率，还关注工作生活质量。管理心理学认为强调生产率与强调工作生活质量并非相互排斥的。如果工作生活质量不令人满意，是很难实现高生产率的。相反，高的生产率是拥有改善工作生活质量所必需资源的先决条件。管理心理学越来越重视有关工作满意度、雇员安全与健康、组织文化、组织承诺、心理契约、压力管理、工作－家庭平衡等方面内容的研究。

（三）积极管理心理学

积极管理心理学的提出受积极心理学理论的影响，在理论和研究上专注于人的积极优势和心理能力的驱动，而不是仅仅把传统的管理心理学概念进行翻新或者简单地由消极面转到积极面。积极管理心理学研究对工作绩效的贡献主要体现在自我效能、希望、乐观、主观幸福感、情绪智力等几个方面。积极管理心理学复原力概念的提出是积极管理心理学理论研究与实践应用不断完善理论模型的拓展；近来，越来越多的学者认识到研究积极管理心理学的意义，并力求转换学术研究的价值取向，认为积极管理心理学学术研究应该以追求员工健康和幸福为使命，以便实现组织、员工及研究者共同获益的三赢局面。然而，由于积极管理心理学仅仅关注对个人微观行为水平的定量研究，其目前的基础架构在系统性上存在局限，没有在宏观层面考虑组织环境、组织结构、组织文化、领导力、制度、政策等因素对组织绩效的影响，未来将会在组织实践的要求下进一步发展和完善，真正将个体、组织与社会系统有效地连接起来，从而体现出积极管理心理学科学的作用。

第三节 管理中的人性假设

关于人性善恶的问题，哲学家为此争论不休。管理心理学中的人性假设理论，不同于哲学上所说的“人性论”，不重点讨论人性善恶的哲学问题。人性假设理论中的“人”的概念，是指处于管理的特定活动范围的“人”。在层次上，人性假设理论中的“人”的概念低于哲学上“人性论”中的“人”的概念。管理心理学中的人性假设理论，是对影响人的生产、工作积极性的最根本的人性方面的因素进行研究时所形成的理论成果，属于管理理论的深层次结构。它是通过间接地影响管理理论和人们的管理思想、管理制度等来发挥作用的。

如何看待管理中的人性，管理者在管理科学发展的不同阶段有不同的认识，并以此形成了相应的管理思想，指导管理活动。1965 年，美国心理学家雪恩（Schein）将流行于西方的几种人性理论概括为“经济人”“社会人”“自我实现人”和“复杂人”4 种人性假设观点。

一、“经济人”的假设

“经济人”（rational-economic man）又称“实利人”，原意为理性经济人。这是古典管理理论对人的看法，即把人当作“经济动物”来看待，认为人的一切行为都是为了最大限度地满足自己的私利，工作的目的只是为了获得经济报酬。“经济人”的假设起源于享乐主义哲学和英国经济学家亚当·斯密（Adam Smith）的关于劳动交换的经济理论。该理论认为，人的本性是懒惰的，必须加以鞭策；人的行为动机源于经济诱因，必须加以计划、组织、激发、控制，建立相应的管理制度，并以金钱和权力维持员工的效力和服从。

美国著名的行为科学家麦格雷戈（Mcgregor）认为，有关人的性质和人的行为的假设对于决定管理人员的工作方式极为重要，各种管理人员以他们对人的性质的假设为依据，可用不同的方式来组织、控制和激励人们。基于这种思想，他在 1957 年 11 月的美国《管理评论》杂志上发表了《企业的人性方面》一文，提出了有名的“X 理论－Y 理论”。

（一）X 理论的基本观点

X 理论是对“经济人”假设的概括，基本观点如下：

（1）多数人天生是懒惰的，他们都尽可能逃避工作。

（2）多数人没有雄心大志，不愿负任何责任，而心甘情愿受别人指导。

（3）多数人的个人目标与组织目标相矛盾，必须用强制、惩罚的办法。

（4）多数人干工作是为了满足基本的生理需要和安全需要，因此，只有金钱和地位才能激励他们努力工作。

（5）人大致可以分为两类，多数人是符合于上述设想的人；另一类是能够自己鼓励自己，能够克制感情冲动的人，这些人应负起管理的责任。

（二）相应管理措施

根据X理论的假设，管理人员的职责和相应的管理措施包括以下几方面：

（1）管理工作的重点在于提高生产效率、完成生产任务，而对于人的感情和道义上应负的责任，则是无关紧要的。管理人员关心的是如何提高劳动生产效率、完成任务，他的主要职能是计划、组织、经营、指引、监督。从这种观点来看，管理就是计划、组织、经营、指导、监督。这种管理方式叫作任务管理。

（2）管理工作只是少数人的事，与广大工人群众无关。工人的主要任务是听从管理者的指挥，拼命干活。

（3）在奖励制度方面，主要是用金钱来刺激工人的生产积极性，同时对消极怠工者采用严厉的惩罚措施，即“胡萝卜加大棒”的管理方式。

这种管理方式一方面采取金钱的收买与刺激，另一方面依靠严密的控制、监督和惩罚，迫使个人为组织目标努力。麦格雷戈发现，当时企业中对人的管理工作以及传统的组织结构、管理政策、实践和规划都是以X理论为依据的。泰勒管理理论就是“经济人”假设的典型代表。泰勒主张把管理者与生产工人严格分开，反对工人参加企业管理。他认为一切计划工作在旧制度下都是由劳动者来做的，它是凭个人经验办事的结果；在新制度下则必须由管理部门按照科学规律来做，这是因为，即使劳动者熟悉工作进展情况并善于利用科学资料，要一个人在机器旁劳动，同时又在办公桌上工作，事实上是不可能的。显然，在大多数情况下，需要由一类人先去制订计划，再由另一类人去实施计划。

“经济人”的假设以享乐主义哲学为基础，认为人是天生的懒惰，生下来就追求私利，求得生理和安全需要的满足。这种假设实际上把人看成是一个完全的自然人，抹杀了人的本质属性——社会性。从“经济人”假设引申出来的管理措施、管理方法，只能是用金钱收买工人的劳动，用权力严密地控制员工。因此，它根本不可能激发劳动者的献身精神和主人翁的责任感，而只能抱着“给多少钱，干多少活”的雇佣思想去从事工作。但是，“经济人”的假设及泰勒科学的管理原则，在特定的环境下，对于我们实行提高劳动生产效率、科学地组织劳动的方法，建立各种责任制等，也具有一定的参考价值和指导意义。

二、“社会人”的假设

“社会人”（social man）又称“社交人”。这种假设认为，工人不是机械的、被动的动物，对工人的劳动积极性产生影响的也绝不只是“工资”“奖金”等经济报酬，工人还有一系列社会的、生理的需求。人最根本的需要是社会需要，是良好的人际关系的需要。也就是说，人们在工作中得到的物质利益，对于调动人们的生产积极性只有次要意义，而良好的人际关系是调动人的生产积极性的决定因素。

（一）“社会人”假设的基本观点

“社会人”假设的代表人物梅约教授在霍桑实验后提出了管理中的人不是“经济人”，而是“社会人”的理论，基本观点如下：

(1) 传统管理理论把人假设为“经济人”，认为金钱是刺激积极性的唯一动力，这是不完全的。人应该是“社会人”，影响人的生产积极性的因素，除物质条件外，还有社会、心理因素。

(2) 传统管理理论认为，生产效率主要决定于工作方法和工作条件。霍桑实验认为，生产效率的提高或降低主要取决于员工的“士气”，而士气取决于家庭和社会生活，以及企业中人与人之间的关系。

(3) 传统管理理论只注意“正式群体”问题，诸如组织结构、职权划分、规章制度等。霍桑实验注意到存在着某种“非正式群体”，这种无形的组织有其特殊的规范，影响群体成员的行为。

(4) 霍桑实验还提出新型领导的必要性。领导者在了解人们合乎逻辑的行为的同时，还须了解不合乎逻辑的行为，要善于倾听和沟通员工的意见，使正式组织的经济需要与非正式组织的社会需要取得平衡。

(二) 相应的管理措施

从“社会人”的假设出发，相应的管理措施如下：

(1) 管理人员不应只注意完成生产任务，而应把注意的重点放在关心员工和满足员工的需要上。

(2) 管理人员不能只注意指挥、监督、计划、控制和组织等，而更应重视员工之间的关系，培养和形成员工的归属感和整体感。

(3) 在实际奖励时，提倡集体的奖励制度，而不主张个人奖励制度。

(4) 管理人员的职能也应有所改变，不应只限于制订计划、组织工序、检验产品，而应在员工与上级之间起联络人的作用。一方面，要倾听员工的意见和了解员工的思想感情；另一方面，要向上级反映员工的意见。

(5) 提出“参与管理”的新型管理方式，即让员工和下级不同程度地参加企业决策的研究和讨论。

“社会人”的人性理论较之“经济人”的人性理论，无疑是前进了一大步。它不仅看到了人具有满足自然性的需要，并且进一步认识到人还有尊重的需要、社交的需要以及其他一些社会需要，且后一类需要比前一类需要层次更高。由于这种认识更接近于对人的本质的科学认识，所以在管理界很快被人们接受，也产生了较大的影响。以此提出的参与管理方式，满足了工人的一些需要，在企业中确实起到了缓和劳资矛盾的效果。

三、“自我实现人”的假设

“自我实现人”(self-actualizing man) 又称“自动人”，这一概念是马斯洛提出来的。马斯洛认为，人类需要的最高层次就是自我实现，每个人都必须成为自己所期望成为的那种人；能力要求被运用，只有潜力发挥出来，才会停止吵闹。这种自我实现的需要就是人希望越变越完美的欲望，人要实现他所能实现的一切欲望。具有这种强烈的自我实现需要的人，即“自我实现人”，或者说最理想的人就是“自我实现人”。但马斯洛也承认，在现实中这种人是少数。多数人所以不能达到“自我实现”的水平，是因为受到社会环境的束缚，没有为人的自我实现创造适当条件。

（一）Y 理论的基本观点

麦格雷戈总结并归纳了马斯洛等的观点，结合管理问题，提出了 Y 理论。该理论基本概括了“自我实现人”的观点，其基本内容包括以下几点：

（1）工作中的体力和脑力的消耗就像游戏或休息一样自然。厌恶工作并不是普通人的本性。工作可能是一种满足（因而自愿去执行），也可能是一种处罚（因而只要可能就想逃避），但到底怎样，要看可控制的条件而定。

（2）控制和惩罚不是实现组织目标的唯一方法。人们在执行任务中能够自我指导和自我控制。

（3）普通人在适当条件下不仅学会了接受职责，而且还学会了谋求职责。逃避责任、缺乏抱负以及强调安全感，通常是经验的结果，而不是人的本性。在正常情况下，一般人不仅会接受责任，而且会主动寻求责任。

（4）在人群中广泛存在着高度的想象力、智谋和解决组织中问题的创造性。

（5）现代工业条件下，一般人的潜力只利用了一部分。

（二）相应的管理措施

根据“自我实现人”的假设，相应的管理措施如下：

（1）管理重点的改变：“经济人”的假设只重视物质因素，重视工作任务，轻视人的作用和人际关系。“社会人”的假设正相反，重视人的作用和人际关系，而把物质因素放在次要地位。“自我实现人”的假设又把注意的重点从人的身上转移到工作环境上，但其重视环境因素与“经济人”假设的重视工作任务不同。它的重点不是放在计划、组织、指导、监督、控制上，而是要创造一种适宜的工作环境、工作条件，使人们能在这种条件下充分挖掘自己的潜力，充分发挥自己的才能，也就是说，能够充分地自我实现。

（2）管理人员职能的改变：从“自我实现人”的假设出发，管理者的主要职能既不是生产的指导者，也不是人际关系的调节者，而只是一个采访者。他们的主要任务在于如何为发挥人的才智创造适宜的条件，减少和消除员工在自我实现过程中所遇到的障碍。

（3）奖励方式的改变：“经济人”的假设依靠物质刺激调动员工的积极性，“社会人”的假设依靠搞好人际关系来调动员工的积极性。这都是从外部来满足人的需要，而且主要是满足人的生理、安全和归属（交往）需要。麦格雷戈等认为，对人的奖励可划分为两大类，一类是外在奖励，如工资、提升、良好的人际关系；另一类是内在的奖励，如人们在工作中获得的知识，增长的才干，发挥的潜力等。只有内在奖励才能满足人的自尊和自我实现的需要，从而极大地调动起员工的积极性。正如麦格雷戈所说，管理的任务只是在于创造一个适当的工作环境——一个可以允许和鼓励每一位员工都能从工作中得到“内在奖励”的环境。

（4）管理制度的改变：从“自我实现人”的假设来看，管理制度也要做相应的改变。总的来说，管理制度应保证员工能充分地表露自己的才能，实现自己所希望取得的成就。

"自我实现人"的假设是在资本主义工业发展到高度机械化的条件下提出来的，是资本主义高度发展的产物。在机械化生产条件下，工人的工作日益专业化，特别是传送带工艺的普遍运用，把工人束缚在狭窄的工作范围内。工人只是重复简单、单调的动作，看不到自己的工作与整个组织任务的联系，工人的"士气"很低，影响产量和质量的提高。正是在这种情况下，麦格雷戈才提出了"自我实现人"的假设和 Y 理论，并采取了相应的管理措施，如工作扩大化、工作丰富化等。

四、"复杂人"的假设

20 世纪六七十年代，人们发现"经济人""社会人""自我实现人"的假设，虽然各有其合理的一面，但并不适用于所有的人。因为人是很复杂的，不仅因人而异，而且一个人本身在不同的年龄、不同的时间和不同的地点也会有不同的表现。人的需要和潜力，随着年龄的增长、知识的增长、地位的改变，以及人与人之间关系的变化而各不相同。正是在这样的事实基础上，雪恩等提出了"复杂人"的假设。这种假设的含义有两个方面：第一，就个体的人而言，其需要和潜力会随着年龄的增长、知识的增加、地位的改变、环境的改变，以及人与人之间关系的改变而各不相同；第二，就群体的人而言，人与人是有差异的。因此，无论是"经济人""社会人"，还是"自我实现人"的假设，虽然各有其合理性的一面，但并不是处处适用。

（一）超 Y 理论的基本观点

根据"复杂人"的假设，一种新的管理理论——超 Y 理论，也称应变理论（contingent theory）应运而生。这种理论认为，X 理论并非一无用处，Y 理论也不是普遍适用，应该针对不同的情况，选择或交替使用 X、Y 理论，即超 Y 理论。其基本观点是：

（1）人的需要是多种多样的，而且这些需要随着人的发展和生活条件的变化而发生改变。每个人的需要都各不相同，需要的层次也因人而异。

（2）人在同一时间内有各种需要和动机，它们会发生相互作用并结合为统一的整体，形成错综复杂的动机模式。

（3）人在组织中的工作和生活条件是不断变化的，因而会不断产生新的需要和动机。

（4）一个人在不同单位或同一单位的不同部门工作，会产生不同的需要。

（5）由于人的需要不同、能力各异，对于不同的管理方式会有不同的反应。

（二）相应的管理措施

从"复杂人"的假设出发提出的超 Y 理论，并不是要求管理人员采取完全不同于上述 3 种假设的新措施，而是要根据具体人的不同情况，灵活地采取不同的管理措施。也就是说，要因人而异，因事而异，不能千篇一律。其具体措施如下：

（1）采用不同的组织形式提高管理效率。组织的性质不同，员工工作的固定性也会不同。因此，有的则需要采用较固定的组织形式，有的就需要有较灵活的组织结构。

（2）根据组织情况不同，采取弹性、权变的领导方式，以提高管理的效率。在组织任务不明确、工作混乱的情况下，需要采用较严格的管理措施，才能使工作秩序走上正轨；反之，如果组织的任务清楚、分工明确，则可以更多地采取授权形式，使下级可以充分发挥自己的主观能动性。

(3) 针对员工在需要、动机、能力、个性之间的个别差异，根据具体情况，采取灵活多变的管理方法与奖酬方式。

"复杂人"的假设强调根据不同的具体情况，针对不同的人采取灵活机动的管理措施，对于我们的管理工作具有一定的启发意义。但"复杂人"的假设强调个别差异，在某种程度上忽视了共性。其结果往往过分强调管理措施的应变性、灵活性，不利于管理组织和制度的相对稳定，否认了管理规律的一般性特征。对此，我们应该辩证地看待。

综上所述，西方管理心理学从"经济人"的假设，提出了X理论；从"社会人"的假设，提出了"人群关系"理论；从"自我实现人"的假设，提出了Y理论；从"复杂人"的假设提出了超Y理论。这些假设和理论虽然各有不足之处，但是，就这些理论的产生和演化过程来说，它们都是伴随着历史的发展先后出现的，在管理理论发展的不同阶段承担了重要的角色，推动了管理科学的发展。

跳楼风波

某市一外资工厂给一名张姓女主管安排了这样的工作：为了防止工人偷带产品出厂，她要不定期对出厂男、女员工进行搜身；为了提高工人工作效率，她还会闯进男厕所督促员工尽快如厕。厂方的种种举动引发了工人的极端反应，在某日下午，5名男工人爬上工厂6楼楼顶，以死抗议工厂侵犯人权之举。

风波缘由是这几名男工人未让搜身遭扣分处罚。一位员工称某晚12时整，工人们加完班准备下班回家时，却发现工厂大门被关闭，只开着一道侧门，该厂张主管和数名保安员堵在门前，要对员工一个个搜身，否则不能离开工厂。"就在我们排到厂门口时，后面有人开始使劲推人，有人跌倒在地，现场情况很混乱，我们一下就被挤出了厂门。"这位员工说，他本人一直很反感厂方的搜身行动，所以就和工人们一起回家了。但在几天后，一纸处罚通告贴上了公告栏，通告写明，这几名员工在×月×日未通过检查就离开工厂，所以要被扣罚1分。这几名工人都觉得十分不合理，并拒绝工作进行抗议行动，但厂方不仅没有取消扣分，还以旷工为由将对这几人的扣罚加大为16分。"按照工厂规定，员工每扣1分年终奖金就会相应降低，而扣满20分就要自动离职。而我们只是为了抗议当晚不公正搜身行动和处罚，竟要被扣掉16分，我们觉得不合理，所以才以跳楼相威胁。"

据该厂工人反映，该厂管理制度十分严格。一名员工出示一本处罚报表，处罚记录显示：打饭端出食堂扣1分，上班时间在厕所打电话扣1分，上班向窗外看扣0.5分……该厂的工伤处罚条例中也有令工人不满的：因机械或环境因素每人两次受工伤的扣罚0.5分。

该厂总经理称，工厂确实制度严格，张主管有时会在工人们离厂时摸他们的口袋：“但那是检查而不是搜查，因为她只会摸上衣和裤子口袋。”这位总经理最后也承认，下面的员工在检查时有时的确不文明，会乱丢工人的东西，忙乱搜查中也可能会碰到工人的身体，“有工作人员检查得很不专业，如果发生这种情况，我愿意向工人们公开道歉”。对于张主管进男厕所检查的情况，这位总经理表示，他们发现有工人一去厕所就是 20 多分钟，还有男工人违规在厕所里抽烟，出于提高工厂生产效率和安全考虑，该主管才会进男厕所检查。这位总经理说：“该主管每次进男厕所检查都会敲门，而且她年纪有 50 多岁了，肯定不会做低级的事情。”该厂总经理说，与同行业其他公司比，该厂的工作效率一直很低，所以才会从各个细节上提醒工人加快工作，其中就包括缩短进厕所的时间，对工作不努力的工人进行扣分。

问题 1：你对该厂的管理制度如何评价?

问题 2：管理者实施这种管理方式的人性假设是什么?

问题 3：请运用人性假设理论谈谈对管理工作的启示。

（刘 毅）

第二章　管理心理学研究方法

学习目标

通过本章的学习，你应该能够：

掌握　现场研究以及问卷调查的方法。

熟悉　研究设计的基本思想。

了解　管理心理学研究的原则。

第一节　管理心理学研究概述

一、管理心理学研究的原则

管理心理学研究与所有的科学研究一样，就是运用系统的客观方法研究管理中人的心理发展变化规律。由于是以人为研究对象，并探讨人的行为与心理活动，以及在特定环境下的变化规律，具有特殊性和复杂性，因而管理心理学研究应该遵从一定的原则。管理心理学研究的主要原则有客观性原则、系统性与联系性原则、发展性原则等。

（一）客观性原则

客观性原则是一切科学研究必须遵循的基本原则，它要求研究者必须以实事求是的态度揭示客观存在的现象的真实性。在管理心理学的研究中，研究者往往都是基于某一假设或理论的指导，容易受到研究者主观、片面的意识影响。因此尊重客观事实，反映真实现象在管理心理学研究中具有十分重要的意义。

（二）系统性与联系性原则

管理心理学所研究的特定环境中人的心理现象和变化规律与客观外界环境紧密联系。因此，在研究中，必须将管理实践中人的心理现象与所处的自然环境和社会环境有机地联系起来，把人看成是整个大环境系统的一个有机组成部分，避免与社会环境和自然环境隔绝地研究“孤立”人的心理状况。

（三）发展性原则

人的心理现象同客观事物一样是不断发展变化的，因此在研究人的心理行为现象时，不能用孤立、静止的观点看问题，必须考虑心理行为会随着客观环境的变化而变化。

除此以外，管理心理学的研究还应遵循教育性原则、伦理学原则和有效性原则。

二、研究设计基本思想

管理心理学研究遵循科学研究的基本思路，主要包括：确定所要研究的问题即选题，提出假说，设计研究方案，收集资料，整理和分析资料，解释结果并得出结论这样一个系统过程。

（一）确定选题并提出假说

任何科学研究的第一步都是从发现和提出一个问题开始，管理心理学的研究也是如此，选好一个题目进行研究是取得成果的第一步。管理心理学研究的问题可以是在研究管理学理论或管理学实践中所遇到的各种问题，例如员工在某种激励机制中的心理活动以及相关的影响因素，也可以是不同的性格特征在人际沟通关系中的表象规律等。要善于在工作实践中发现问题，带着问题进行思考，并通过查阅文献以求得问题的解决。如果所遇到的问题通过文献的查阅得不到解决，往往这样的问题就值得进行研究。从发现问题到提出假说需要一个过程，首先需要对问题进行认真分析，将问题上升到一定的理论高度，查找问题背后的理论基础和科学依据，形成对问题的假定性答案，以建立假说。

（二）设计研究方案

研究者根据所要研究的问题，寻找证实假说的途径和方法，从而形成研究方案。通常研究设计方案应包括研究的目的、研究的内容、所要解决的关键问题、拟采取的研究方法、设计路线、调查（实验）方案以及可行性分析等。在研究方案中还应包括研究实施的条件与物资准备、时间进度以及预期研究的成果。研究设计方案根据其采用的研究方法不同而有所侧重，观察性研究与实验性研究就有较大区别，但都应以统计学的原理和理论为指导，才能使研究的结果具有科学性和有效性。

（三）收集资料

在管理心理学研究中，对提出的假说需要通过收集事实资料来加以证实。按照设计方案对研究对象进行观察或实验，系统地记录各种资料及测量指标的数据，为验证假说提供依据。收集资料的方法有很多，但在心理学研究中用得较多的是通过设计问卷进行测量，关于问卷调查的方法将在后面的章节进行专门讨论。

（四）整理和分析资料

对收集到的数据资料需要进行清理和分类，使之条理化和简略化，以便为下一步的分析、计算打好基础。对于通过访谈等方式所收集的资料主要是通过整理、归纳等方式对资料进行分析；对于采用问卷调查的资料，通常是通过编码后采用计算机程序进行数据的管理和统计分析。

（五）解释结果并得出结论

通过对所收集资料的分析，结合理论知识对研究结果进行解释，并将所得到的结果与事先的假说进行比较，以验证假说。

三、研究的信度与效度

在管理心理学研究中，常常测量人的心理“态度”“观念”“看法”等抽象的概念，这种测量不像物理测量那样客观，而往往是通过设计的工具如问卷来进行调查。因此，就需要对测量工具进行评价。对测量工具的评价包括信度和效度两个方面。

（一）测量类别

测量是对所要调查的问题进行数量化的一种方法，它影响着统计分析方法的选择。根据测量的复杂程度和测量的水平，分为 4 种级别的变量，从低到高分别是定类测量、定序测量、定距测量和定比测量。

1. 定类测量

定类测量用于测量事物的性质或属性，是最简单的测量。例如用 1 表示男，2 表示女；用 1,2,3,…代表不同的职业。这种测量的变量不能做加、减、乘、除运算，而采用频数进行描述，如计算比例、百分比、总数等定性指标。统计分析可采用 χ^2 检验以及部分相关分析，如 Lambda 相关分析、V 相关分析、列联相关系数分析等。

2. 定序测量

定序测量用于测量研究对象或事物现象有大小、强度、轻重等数量变化的变量。如在调查是否喜欢看电视时，用 1 表示很不喜欢，2 表示不喜欢，3 表示无所谓，4 表示喜欢，5 表示非常喜欢。这些数字只是表示等级大小或顺序大小，而并不表示量的大小，且等级间的间隔不一定相等。因此，这种数据也不能做加、减、乘、除的运算，通常计算中位数、百分位数，统计分析可做一些相关分析，如 Gamma 相关分析、D 相关分析、斯皮尔曼等级相关分析以及非参数统计分析。

3. 定距测量

定距测量能确定研究对象特征和类别差距，如温度的测量，工资收入的测量等。它要求所运用的尺度距离相等，也有大小关系，有相同的单位，但没有绝对的零点。这种测量可以相互做加、减运算，但不能做乘、除运算。定距测量适用于用平均数、标准差计算计量指标，可以采用方差分析、线性相关回归分析、皮尔逊积距相关分析等统计方法进行分析。

4. 定比测量

定比测量是一种最高层次的测量类型，除具有定类、定序、定距测量的所有特征外，可以有绝对的零点。如对身高、体重、时间等指标的测量。这种数据相互间可以进行加、减、乘、除的运算，可以采用所有的统计方法进行分析。

以上 4 种测量，可以将高级别的测量转换为低级别的测量，如把定比测量结果转换为定类或定序的测量，但不能从低级别的测量转换为高级别的测量。对生物学指标的测量，常常是采用定比测量，但许多社会学指标的测量，更多的是采用定类测量和定序测量。有时为了采用更高的统计分析方法，常将定序测量的结果予以赋值，转换为定距变量进行测量，有许多量表的设计都是如此（表 2－1）。

表 2－1　不同类型测量变量的功能、特征及统计分析方法一览表

类　别	功　能	与测量变量间的关系	常用统计方法
定类变量	分类识别	是否等价	比例、百分比、部分相关分析、χ^2 检验
定序变量	分类识别 各类之间程度差别	是否等价 可排序列	中位数、百分位数、部分相关分析、非参数统计、χ^2 检验
定距变量	分类识别 各类间程度差别 各类间程度差距	是否等价 可排序列 任意区间可作比较	均数、标准差、方差分析、线性相关回归、t 检验、多元统计等
定比变量	上述各功能 度量表现的比例关系	上述各项 任意标度值可求比例关系	以上所有统计分析方法

（二）信度、效度分析

当调查问卷收回后，所调查的资料质量如何，常常需要进行评价。对问卷的评价主要从准确性和可靠性两方面进行。准确性和可靠性的评价是通过对调查数据的信度和效度进行分析的。

1. 信度

信度（reliability）又称可靠性或精密度，是指对同一群体或对象进行重复测量时，所得数据的重现程度。它主要受随机误差（random error）的影响，偏倚不具有方向性。一般采用两种或两次测量结果的相关系数作为信度系数。

（1）复测信度（test-retest reliability）：将同一问卷在不同时间对同一研究对象进行两次测量的结果之间的一致性称为复测信度。通常是对结果进行相关分析或进行差异性检验。若相关性强，差异无显著性，则认为信度较高。这种方法特别适合于事实式的问卷，如个人的生理特征、某些习惯和兴趣；对于态度式的问卷，如果没有突发性事件导致的态度改变，也还是适合。由于研究对象的特征可能会发生改变，且重复测量的结果会受第一次测量的影响，因此，两次测量的时间间隔既不能太长，也不能太短。一般在 2～4 周为宜。

（2）折半信度法（split-half reliability）：在某些问卷调查中，研究对象不可避免地随时间发生变化，无法通过重复测量来衡量信度，可采用折半信度法。即将调查项目随机等分为两半，对同一研究对象进行测量。对两次测量的结果进行相关性分析，信度系数的计算公式为：

$$R' = \frac{2R}{1+R}$$

式中，R 为两半问卷间的相关系数，R' 为折半信度系数。

（3）复本信度（alternate form reliability）：指设计另外一种与研究问卷在测量内容、应答形式及统计方法等方面高度类似的问卷，同时测量同一研究对象，评价两个问卷测量结果的相关性。

2. 效度

效度（validity）是指测量结果与试图要达到的目标之间的接近程度，用于评价测量工具或测量方法是否有效，可以评价问卷的设计是否合理。效度的评价种类很多，常用的有以下几种：

（1）表面效度（face validity）：用于评价问卷设计的条目是否都与研究者想要了解的问题有关。它通常是由专家进行主观评价。

（2）内容效度（content validity）：用于评价问卷所涉及的内容，能在多大程度上覆盖研究目的要求达到的各个方面和领域。内容效度的评价也是属于主观指标。在实际工作中，只能由专家根据自己的经验，判断问卷表达的内容完整性。

（3）结构效度（construct validity）：用于评价所设计的问卷在结构上是否与研究者事先所设想的结构一致。通常是采用因子分析（factor analysis）的方法来测量问卷的结构效度。其基本的方法是用多元统计分析的方法将问卷中的所有变量按彼此间相关性的强弱划分为几个内部高度相关的几个群，每个群提取一个公共因子。公共因子代表了问卷的基本结构。将公共因子与公认的或标准的结构相比较，以评价其结构效度。如在对学生影响学习成绩因素的调查表中，可以把所有的问题划分为反映智力因素的、学习兴趣、学习习惯等多个问题组，每一个问题组都能提取出一个公共因子，以反映整个问卷的结构效度。有关因子分析的方法详见有关统计书籍。

（4）准则效度（criterion validity）：又称统计效度，用于评价问卷的测量结果与标准测量的接近程度。常用相关分析，相关系数称为效度系数。

四、基本研究方法

由于人的行为和心理现象、社会现象的复杂性，管理心理学研究的方法也多种多样，但概括起来主要的基本研究方法有观察法、访谈法、问卷法、测验法、实验法。

（一）观察法

观察法（observing）是在自然的日常生活情况下，有目的、有计划地直接观察研究对象的行为表现，并将观察的结果进行记录，通过分析了解研究对象心理活动和行为规律的一种方法。根据研究者是否参与观察事件可以分为参与观察法和非参与观察法。在参与观察法中，研究者直接参与所观察和研究的管理活动和事件，从中观察和记录有关的行为、态度和管理事件发生的过程及影响因素。因此，参与观察法采集的资料具体真实、效度较高。非参与观察法是指研究者居于旁观者的地位，只是观察而不参与研究对象的活动，研究者置于活动之外，因而往往难以了解行为动机和活动的真实原因。在观察法中，研究者除了通过感觉器官来洞察研究对象外，还可以借助一定的测量仪器来帮助进行测量和记录，如借助录音机、录像机等来补充文字记录的不足。

观察法的优点是简便易行、所获资料真实。缺点是观察记录的资料主要是描述性的，难以数量化，不能进行统计分析，因而难以做出因果关系的推论。

（二）访谈法

访谈法（interviewing）是通过研究者与研究对象的直接接触和交流，有目的地收集有关对方心理特征与行为的数据资料的研究方法。与观察法比较，访谈法可以直接了解到研究对象的思想、心理、观念等深层次的内容，因而是心理学研究中常用的一种基本研究方法。在访谈法研究中，要求研究者事先进行周密的设计，对访谈的人数、谈话的内容、谈话的程序、访谈提纲等都应有明确的规定，避免太大的随意性。通常研究者应注意：①事先对研究对象有一定的了解；②尽可能地结合研究对象当时的具体情况展开话题；③问题从浅入深、由简到繁循序渐进地进行；④对谈话的内容进行适当的调节和控制，避免跑题；⑤在谈话回应中尽量避免随意评论，并注意非语言性行为对访谈的影响。

访谈法由于是通过面对面的交流和较深入的询问，因此所收集的资料较为可靠，并能针对性地对所研究的问题进行深入的访问。访谈法对于儿童和文化水平低的研究对象有特别重要的意义，但存在着时间长、费用高、样本量小、易受研究者态度的影响、交谈容易跑题，以及资料难以量化分析、无法进行推论等问题。

（三）问卷法

问卷法（questionnaire method）是研究者按照事先编制好的问卷作为工具，收集数据资料的一种方法。这种问卷调查法在心理学研究中应用非常广泛，在管理心理学研究中，可以用来系统地了解员工的满意度、基本需要、学习和工作动机、工作负荷，以及领导的作风、工作价值观和态度等。调查中所采用的问卷是按照一定要求和程序编制的调查工具，必须根据研究的理论框架和心理量表问卷设计的原则进行严格的设计和编制。

问卷法研究的优点是可以方便地收集大量数据，目的性强，用途广泛，在时间和经济方面易于实施。其缺点是对问卷的设计要求较高。

（四）测验法

测验法（test method）即心理测验法，就是采用标准化的心理测验量表或精密的测验仪器，测量研究对象的心理品质的研究方法。测验法常用于对心理品质的定量研究。例如常用的心理测验有能力测验、品格测验、智力测验、个体测验、团体测验等。在管理心理学的研究中，心理测验常常被作为人员考核、员工选拔、人事安置的一种工具。这种方法的最大特点是对研究对象的心理现象或心理品质进行定量分析，具有很强的科学性，而且随着计算机技术的发展和广泛应用，心理测验领域已出现了明显的计算机化的趋势。

测验法的优点在于，由于心理测验通常是采用标准化的量表进行测量，因而其测验的结果准确可靠；与观察法和访谈法比较起来，所获得的资料比较客观；量化的资料也可以采用统计分析技术进行处理，因此应用非常广泛。

（五）实验法

实验法（experimentation method）研究是对环境进行系统的操纵，从而观察这种操纵对于行为所产生的效应，通过条件的操纵和控制，主动引起所要考查的心理现象和行为，然后对其结果做出数量化分析的方法。运用实验法，使心理事件和外界刺激之间的关系明确化，并且这种关系可以通过实验进行重复验证。因此，正如美国心理学家安德伍德（Underwood）所评价的那样，实验是检验因果关系的最简单明了的技术。实验法的特点是研究者处于主动地位，能够控制一切偶然发生的因素，也可以通过变化实验的条件来进行多次重复的实验，揭示心理现象产生的规律。在管理心理学中，常同时设计实验来研究人的性格、能力、动机等与工作满意度、工作绩效、群体凝聚力等之间的关系，以便于发现和调动人的积极因素，提高工作效率。

第二节 现场研究

现场研究在管理心理学研究中具有非常重要的意义，它不像实验室研究那样受到一些特殊要求和严格的控制，而是在现实的客观环境中充分地反映在管理的实践活动中人的心理过程及其影响因素，其研究的结果可以直接为科学决策与管理提供可靠的依据，因而这种研究手段越来越受到广泛的重视，并在管理学实践中发挥着重要的作用。

一、现场研究的概念与目的

（一）现场研究的概念

现场研究（field study）又称实地研究或自然研究，是指在自然条件下或真实生活情景中实施的各种研究。在现场研究中，所研究的心理现象和行为特征都是在特定的实际生活环境中真实、自然地产生，不受人为设定的各种条件的限制，因而其研究结果能较好地反映客观实际情况。根据研究对象、研究目的和研究背景，可将现场研究分为以下几种类型：

1. 现场实验研究

现场实验研究是指在真实的社会背景中，尽可能地控制无关影响因素，通过改变某些自变量来观测因变量的变化，分析和揭示变量间的因果关系。这种现场实验研究主要用于某些实验研究无法在实验室严格控制、操纵变量、模拟各种社会因素交互作用的自然环境的应用性研究。

2. 现场调查研究

现场调查研究是结合现实生活中发生的问题而进行的调查研究方法。研究者可以针对人们的情绪、动机、需要等心理状态，采用问卷、访谈等方式进行广泛的调查，收集材料并加以分析归纳。

3. 现场观察研究

现场观察研究是围绕着生活、工作的正常活动进行的系统观察，以获得数据做出结论的研究方法。

由于现场研究所具有的如下优势，不失为管理心理学研究的重要方法。首先，由于现场研究的背景是自然的、真实的，各种复杂的影响因素的作用强度、时间方式更接近自然状况，所以能避免情境的人为性，变量真实，研究结果的可应用性和推广性也较高；其次，对于某些社会情景，在实验室无法模拟的情况下，现场研究可以提供某种特定的研究环境；再次，在现场研究中，研究者可以根据现场的具体情况收集资料，并与现实情景中的人直接接触，避免了研究者在分析中的主观猜测倾向，因而研究结果更加客观有效。现场研究的不足在于现场研究的背景难以把握和控制，容易产生情景效应；另外现场研究难以采用随机化程序进行抽样，使得研究的样本缺乏代表性；现场研究收集的资料多数是定性资料，无法运用统计分析技术进行分析和处理，只能是采用叙述性的分析，因而很难确定变量间的因果关系，研究结果不易重复。

（二）现场研究的目的

现场研究的主要目的是收集数据资料，认识所要研究问题和事物的本质或规律性，特别是在研究真实情景中的心理、行为和社会变量间的关系及其互动。根据研究目的可将现场研究分为两大类：第一类是探索性的研究，即通过发现实际情景中的重要变量以及变量间的相互关系，为进一步系统的、严谨的验证性研究奠定基础；第二类是验证性研究，即是对探索性研究中所发现的线索进行进一步的验证，特别是实验室研究的结果，可以通过现场的实际情景进行实际应用的验证。

二、现场研究的步骤

（一）现场研究的设计

在实施现场研究之前，首先需要进行研究方案的设计，一项研究是否成功，规划研究设计方案是关键的环节。现场研究设计方案包括选择研究题目、确定研究方案、选定研究方法、选择研究现场、确定研究对象等各项具体内容。

1. 选择研究题目

研究题目的选择主要是根据实践工作中遇到的问题去考虑，即提出一个问题，再带着这个问题去查阅相关的书籍和参考文献，如果这个问题在相关的书籍或参考文献中能够得到解决，则没有必要对这个问题再一次进行重复的研究。反之，如果问题在查阅的资料中找不到答案，说明这个问题值得开展研究，可以确定为研究的题目。一旦确定了研究题目，则研究目的和研究方向也随之确定。

2. 选择研究方法

研究题目确定后，需要选择一定的方法来收集数据。现场研究常可以采用观察法、访谈法、问卷调查法及现场实验等方法来收集数据，每种方法各有其优缺点。具体的选用要结合研究题目和研究目标加以考虑。

3. 选择研究现场

选择研究现场的原则主要依据相关性和方便性的原则。选择的现场不仅要选择与课题密切相关，同时还要考虑现场的容易进入和观察。通常情况下，研究者容易选择自己熟悉的环境进行研究，可能的情况下，尽量选择那些与所研究问题或现象密切相关，又容易进入、容易调查或观察的背景。

4. 选择研究对象

一旦选择好研究的现场，则在研究现场的人就构成了研究的样本人群。对这些样本人群采用一定的方法收集其心理状况、态度、认识等各种数据资料，为分析和回答提出的问题提供科学的依据。

（二）现场研究步骤

1. 现场研究抽样

现场研究抽样常采用非概率抽样的方法。常用的方法有：①定额抽样，又称“配额抽样”，是根据研究对象的有关品质标志或数量标志，大致确定各层或各类样本个案的比例（并与总体的比例尽可能相一致）来抽取样本的方法。样本可以是整群或个体，具体的抽样方法根据研究目的和样本特征而确定，可以是完全随机抽样或分层随机抽样。②滚雪球抽样，是先对随机选择的一些研究对象实施访问，然后再请他们推荐属于研究目标总体特征的研究对象的抽样方法。在这种抽样中，确定最初的“关键人物”是非常重要的，他可以帮助样本的不断扩大。这种方法用于低发生率或少见的总体中进行抽样。③特殊个案法，指选取偏离正常模式或特殊的个体进行研究，这种选择特殊个案进行现场研究，可以加深对人的态度和行为的正常模式的理解。

2. 收集数据资料

数据资料的收集是现场研究的关键环节，是对研究计划的实施，直接关系到数据的质量和研究结果的可靠性。收集数据的方法可以通过访谈、问卷调查等方式进行。收集数据资料的基本原则是客观、真实、系统、全面，因此在记录时，除文字记录外，还可以借助录音、录像等方式帮助记录。

3. 数据的整理和分析

现场收集的资料，大致可以分为两大类。一类是定性资料，如在访谈中的文字记录、录音资料，这类资料的整理和分析主要采取手工整理、归类、总结的方式进行整理和分析，这种分析以文字描述为主。另一类是定量资料，如采用问卷或量表方式所收集的资料，这种资料可以通过编码后采用计算机程序进行统计分析，可以计算构成比等量化指标，以及相互之间的相关性。

4. 撰写报告

现场研究报告的撰写首先必须交代研究方法和策略、研究场所及其与研究对象的关系、资料收集的方法、所采用的记录或观察方式等详细研究过程，然后才是整理分析的研究结果。一般来说，现场研究报告包括前言、研究背景、研究方法与策略、描述和分析研究结果、讨论、结论这 6 个部分。

三、现场研究方法的应用

（一）现场调查研究

现场调查法是在一定社会区域的人群中所进行的对心理现象和行为表现问题的调查。与实验性研究相比，由于调查法是在自然条件下实施的，有利于反映研究对象的真实特征，因此，在心理研究的某些领域有着广泛的应用。

现场调查研究所指的现场不仅是指地理区域，也包括社会区域或单位。例如，可以是省、市、县、乡、村，也可以是一个单位、团体、车间、病房或某一阶层的人群。传统的现场调查研究，通常我们强调的是研究者直接到研究现场人群中，逐个当面询问研究对象，对他们提出问题，然后将研究对象所有的回答客观地记录下来，回来后，对信息进行分类整理、归纳分析，写出报告或文章。实际上这只是社会学调查的一种基本方式。现场调查研究不仅包括对研究对象的询问，还包括档案记载、眼睛所观察到的现象以及采用各种仪器和设备对现场人群进行检测和记录。

现场调查的变量可分为客观变量与主观变量两类：客观变量通常是研究对象的机体变量或者是环境变量，如性别、年龄、民族、文化水平以及所处的社会文化背景、政策环境等；另一类是研究对象的反应变量，如对问题的了解、意见、期望、动机、兴趣、态度、信念、行为等。用调查法研究心理学问题时，其主要意义在于探究各种变量之间是否存在某种相关以及相互的影响

1. 现场调查资料的收集方法

（1）观察法：是借助研究者的感官对研究对象的心理行为表现所观测并进行记录的方法。

（2）问卷法：是指以书面语言或通讯形式进行调查、收集资料的调查方法。在问卷法中，尤其是心理量表在心理学的调查研究中有着重要的意义。

（3）访谈法：是指研究者通过与研究对象面对面的口头交谈方式了解和收集资料的方法。

（4）检测法：是指通过仪器记录和测量的方式收集资料的方法。

2. 调查研究的注意事项

（1）明确调查的目的：调查研究的目的决定了调查工作的全局和结果，也决定了研究现场、研究对象的选择，以及收集资料的方法和调查指标的确定。因此，开展调查研究前必须明确调查目的。

（2）调查工作的周密设计：详细周密的设计方案是调查研究取得成功的关键。

（3）选择好调查方法：根据具体的研究目的选择合适的调查方法，如如何抽样、问卷的设计、调查提纲的编制、观察记录的方法等，都应做好事先的安排。

（4）确定合适的样本量：现场调查研究可以是对现场的所有人员进行调查，而更多是采用抽样调查的方式。抽取的样本量并不是越大越好，而是应该按照统计学的原理，估算一个恰当的样本量。

（5）调查工作的组织：现场调查研究不同于实验室研究，会遇到许多现实的问题，因此在制订调查研究方案时，应包括如何组织实施，如宣传工作、人员安排、后勤保障等。

（6）预调查工作：在制定调查计划时，先进行预调查可以帮助我们发现问题，提前制订方案。因此，在正式调查之前，开展预调查是十分必要的。

（7）质量控制：在调查前要预测出现偏差的环节并制定相应的质量控制措施并在调查中加以落实。这些质量控制的措施还应该在调查报告中反映出来，以确保数据的真实性和可靠性。

（二）现场干预研究

现场干预研究又称干预研究、现场试验或干预试验，是一种介于观察法与实验法之间的一种应用研究方法，是通过在不同人群中实施不同的干预措施，从而评价这些干预措施效果的研究。现场干预研究的优点是在真实自然的背景下研究人的心理行为活动，研究对象不易察觉现场干预研究的目的和研究者的存在，容易得到客观真实的结果，具有较好的推广应用价值。其次是现场干预作为一种实验性研究方法，与非实验研究相比，能够揭示心理现象或行为之间、变量之间的因果关系。

在心理学发展历史中，著名的霍桑实验就是一个经典的现场干预性研究。在实验中，将电话生产车间的工人随机地分为两组，一组（对照组）保持照明强度不变，另一组（实验组）控制照明强度的变化，比较两组工人的生产效率。由此可以看到：①在现场干预实验中，研究者并不控制研究现场的环境背景，而只是控制一个或几个自变量的改变；②带有实验研究的特征，即对研究对象进行随机分组，并设置对照；③平行地观察实验组和对照组的效应指标，以对自变量的效应进行验证。

现场干预研究要注意以下问题：

（1）注意控制非试验因素在实验组与对照组中的平衡，因此，贯彻随机化原则是保持两组背景条件均衡的重要手段。

（2）注意对混杂因素的控制。对于一些非研究自变量，如年龄、性别、经济状况等因素，如果无法控制在实验组和对照组的均衡，则需要尽量收集其相关数据资料，以便在比较分析时加以考虑，采用一些统计方法进行处理。

（3）注意伦理道德问题。由于现场干预研究是针对人进行的实验研究，因此，既要考虑研究对象的依从性问题，同时应该符合人体实验的相关规定，考虑伦理道德问题。

（三）社区研究

社区研究又称社区分析，是指运用社会学的理论与方法对社区所进行的实地调查以及理论分析的综合性调查研究方法。社区研究能够通过分析社区内部的各种关系，达到深入认识社会现象的目的。在社区研究中重视各种社会现象、社会制度之前的关系，强调将社会现象放在社会制度体系的背景下进行考查。

1. 社区研究的常用方法

（1）观察法：是指研究者用自己的感官直接接触社区生活，收集第一手的感性材料，然后经过加工整理，探索社区生活规律或某种社会现象发生、发展状况的方法。

（2）个案法：是指将一个人或单位作为研究基本单位，全面、详细地考虑其各个方面来认识个体或个体单位的情况的方法。

（3）档案文献法：是指围绕着研究主题，收集社区的各种档案文献，以全面了解社区情况的方法。

（4）问卷法：是指采用表格或问卷填写的形式了解社区情况的方法。

（5）其他方法：可通过入户访谈或组织了解情况的人召开会议，了解社区情况等。

2. 开展社区研究的意义

（1）社区研究可以加深对社会的认识，从而进一步把握人类共同经营社会生活的形式和规律。

(2) 社区研究能够充分发挥社会学对社会进行系统性综合研究的特点。

(3) 社区研究是沟通社会理论研究与应用研究的桥梁。

(4) 社区研究可以为加强社会管理提供科学依据，保证社会生活的正常进行。

(5) 社区研究可以为提高人民生活质量服务，保证社会发展目标的真正实现。

第三节 问卷调查方法

问卷调查法（questionnaire method）是以研究者按照一定的要求和程序编制的问卷为工具，收集数据资料的一种方法。它是管理心理学的重要研究方法，对于有些不能直接测量的心理现象，就可以通过设计专门的问卷，间接了解研究对象的心理活动。问卷调查可以是编制访谈提纲，以提问方式让研究对象自由回答；也可以是编制封闭式的问卷调查表，对研究对象的心理活动或行为动机进行量化测量。但不管是哪种情况，问卷调查都需要根据研究目的、研究的理论框架、心理量表和问卷设计的基本原则进行严格的设计和编制。

一、调查问卷的种类与应用

（一）问卷的种类

根据问卷的结构，调查问卷可分为开放式问卷、封闭式问卷和半封闭式问卷。

1. 开放式问卷

开放式问卷（open-end questionnaire）又称为无结构型问卷（unstructured questionnaire)。这种问卷并非真正没有结构，而只是结构比较松散。它通常是指在问卷中只列举问题，不设立被选答案，问题的答案不加任何限制，由研究对象自由回答。这种问卷多数情况下用在探索性研究中。这种问卷能得到较丰富的信息。通常不需要采用量化测量，因而其资料不便于采用统计方法进行处理和分析，只能采取归纳总结的方式报道结果。开放式问卷通常适合于调查人数较少，问题有深度的调查，如访谈性调查。如“如何看待艾滋病问题?”“对公共场所禁止吸烟有何感受?”“对目前的管理制度有何建议?”等问题。研究对象可以不受限制地畅所欲言，充分表述自己的观点、想法，使研究者得到真实的答案。开放式问卷不适用于文化程度不高、文字表达有一定困难的研究对象。

2. 封闭式问卷

封闭式问卷（closed-end questionnaire）又称结构型问卷（structured questionnaire)，指在问卷中不只是提供问题，并在问题后面提供答案以供选择。其优点是答案标准化、易于回答、记录、汇总方便、便于定量分析。其缺点是难以得到答案以外的信息。它适合于已经有比较明确答案的问题调查和大规模的调查。封闭式问卷设计的难点在于对被选答案的设计，必须非常熟悉对所提出问题可能的回答，否则，会漏掉选项，造成调查的失败。根据需要提供的选择答案又可将其分为以下几种：①选择式，将问题的几种可能答案统统列出，让答卷者选择一个或几个符合自己情况的答案。②排列式，研究对象对问题的多种答案，依其喜欢、满意度排序。③尺度式，问题的答案是用1至5或1至7或1至其他数字表示，研究者将反应显示在一个评价量尺上，让研究对象选择一个或几个能表述自己实际情况的数字。研究对象在选择答案时，可选一个数字，整理时用概率统计方法处理；也可以是两个数字，并标出哪个数字更侧重些，整理时用模糊统计方法处理结果。尺度式问卷的尺度，常用3与11之间的奇数系列表示，一般量尺范围不超过16。有实验证明，大于16时，对研究对象的判断难以等距。尺度在7±2之间最好。

3. 半封闭式问卷

半封闭式问卷（semi-closed-end questionnaire）又称为半结构型问卷（semi-structured questionnaire）或综合型问卷（synthetic questionnaire）。这种问卷是将上面两种问卷的结构综合使用，既避免了封闭式问卷对研究对象的限制，让研究对象可以充分表达自己的观点，又可以采用量化测试的办法，以便进行量化分析。通常的做法是在封闭式题目的后面问“为什么”以便研究对象对问题做更充分、深入的回答。

（二）问卷法的优、缺点

1. 优点

（1）不受人数限制，因此，如果抽样方案设计合理，能使调查结果具有很好的代表性。

（2）范围较广，在时间、经费方面，也比直接调查访问更为经济，且易于实施。

（3）研究对象有充分考虑的时间，不受别人干扰，并自由地表示意见，结果更为可靠。

（4）问卷所拟问题可尽量细密，在直接访问时不便提出的问题，或不易得到正确回答的事项，皆可在问卷上得到较为满意与可靠的答案。

2. 缺点

（1）如果所设计的问题含糊不清，便不能得到明确的回答。特别是在封闭式问卷中，容易出现答案选项含有重复或缺漏的情况。因此要设计一份很好的问卷不是一件容易的事情。

（2）所抽取的样本人群，若不能代表某种团体的意见，其结果将不可靠，因此要注意样本的代表性。在问卷调查中，设计合理的抽样方案是非常重要的，否则会导致样本的代表性难于保证。

（3）如果问卷所设计的问题太多会令研究对象生厌，故而置之不理；若问题太少，又无法达到研究的目的。

（4）问题设计得不理想时，答案会散漫零乱，不易整理，且难以应用统计方法分析和对其进行科学解释。

（5）当填答者不合作、言不由衷时，所得结果不可靠。

（6）对于有些非常复杂的事情，有时不能采用简要回答问卷的方式来准确表明。

由此可见，问卷调查法是否成功，关键取决于问卷的设计和编制。

二、问卷的设计与编制

（一）问卷的基本要求

一份完善的问卷无论在形式上还是内容上都应该满足一定的要求。从形式上看，要求版面整齐、清晰、美观、便于阅读和作答，这是总体上的要求。具体的版式设计、版面风格与版面要求，则根据内容和研究对象进行安排。

调查问卷的内容设计，应满足以下几方面的要求：

（1）内容上要紧扣主题，确保调查任务与目的完成；

（2）设计的问题具体、表述清楚、重点突出，易于作答；

（3）问卷的层次清楚，整体结构合理，有逻辑性，避免内容上出现大幅度的跳跃；

（4）要统筹考虑问卷的印制、运输、编码录入和统计分析等各种因素。

（二）设计问卷的基本内容

一份完整的问卷应该包括标题、前言、问题、答案、编码、结束语等内容。

1. 标题和前言

问卷的标题主要包含调查内容的主要信息，字数不宜太多，宜精简。前言是对调查目的、意义及填表要求等的说明，前言部分文字须简明易懂，能激发研究对象的兴趣，取得研究对象的合作。同时，应将回答问题的方法和调查内容的保密性进行交代，并留下研究者的地址和通讯方式，欢迎提出对问题的讨论和评价，以表示研究者是认真负责和值得信赖的。

2. 问题和答案

问题和答案是问卷的主体部分，是将要调查的内容以问题题干和答案选项的方式呈现。一个问卷调查成功与否，问题和答案的设计是否合理、完整起着重要的作用。在设计问题和答案时都有需要注意的问题。

调查问题通常包括 3 个方面：一是关于研究对象的个人背景；二是关于行为方面的问题；三是关于态度和看法方面的问题。问题的形式可以是开放性问题或封闭式问题。问题的设计要注意以下几点：①语言尽量简单、避免专业术语和抽象概念；②问题尽量简短，避免冗长的句子造成难以理解和阅读，影响作答情绪；③问题简单，避免含糊、定义不清的问题；④避免双重问题和多重问题；⑤问题尽量客观，不带倾向性和暗示性；⑥不使用否定句、假设句和反问句提问，以免引起猜测；⑦避免使用晦涩、生冷的词汇以及方言，以免引起阅读困难。

问题的顺序安排也要周密考虑，一般安排的原则是先易后难，或难易间隔；先一般后具体；先封闭问题，后开放问题的原则进行排放。

问卷设计的题目数量适当，主要根据调查的题目、研究的内容、样本的性质、分析方法、研究的财力、物力等因素进行考虑。一般考虑作答时间为 20 min～30 min 为宜，最好不要超过30 min。如果问卷内容较多，需要作答的时间较长，可以考虑给研究对象一定的报酬或小礼物。

问卷中答案的设计有以下几点要求：①具有穷尽性和互斥性；②问题和答案的设计

要协调；③善于适当地使用“其他”作为选项。选项答案一般有以下几种形式：一种是两项选择，这种两项选择通常是互斥性的，通常这种答案只能是“是”或“否”；第二种是多项选择，这种多项选择的答案有等级式和表格式两种，等级式常常设计三等级、五等级或七等级。如：

是否喜欢你所在的工作环境？

①喜欢　　②一般　　③不喜欢

对本部门现行的办事效率是否满意？

①很满意　　②满意　　③一般　　④不满意　　⑤非常不满意

当询问若干个有相同答案形式的问题时，可以将这几个问题集中在一起构成一个问题的表达方式，采取表格形式进行作答。如：

请对领导者应具备的基本条件进行评价。

	很重要	重要	一般	不重要	很不重要
技术技能	5	4	3	2	1
人文技能	5	4	3	2	1
观念技能	5	4	3	2	1

3. 编码

编码一般应用于大规模的问卷调查中。因为在大规模问卷调查中，调查资料的统计汇总工作十分繁重，借助于编码技术和计算机，则可大大简化这一工作。编码是将调查问卷中的调查项目以及备选答案给予统一设计的代码。编码既可以在问卷设计的同时就设计好，也可以等调查工作完成以后再进行。前者称为预编码，后者称为后编码。在实际调查中，常采用预编码。

4. 结束语

结束语一般放在问卷的最后面，主要是对研究对象的合作表示感谢，也可征询一下研究对象对问卷设计和问卷调查本身的看法和感受。根据具体情况也可以提出一个或几个开放性的问题，请研究对象针对性的给以评价或建议，以便收集详尽的信息。

三、问卷编制的基本程序

1. 明确研究问题并确定研究的变量

在编制问卷之前首先必须明确要研究的问题以及问题的实质，需要选定哪些变量来说明研究的问题，并决定需要用于分析使用这些变量的方法，比如频率分布、统计检验等，并按这些分析方法所要求的形式来收集资料，把握信息。

2. 确定问题的类型以及问卷的种类

根据研究的内容和需要分析的变量，拟定问题的内容以及问题的类型，从而决定所编制的问卷是用开放型的还是封闭型的，或者是综合型的。选择问卷的种类也与研究的目的、深度和研究所投入的经费有关。

3. 收集材料以编写题目

题目的编写应紧扣研究内容和研究目的，通常在拟定题目时，都需要请相关的专家进行讨论，形成初步的问卷初稿。编写题目后还要考虑问题的排放顺序，以充分考虑研究对象易于配合作答为基本原则进行编写。

4. 问卷的测试

问卷的初稿设计工作完毕之后，不要急于投入使用，特别是对于一些大规模的问卷调查，最好的办法是先组织问卷的测试，如果发现问题，再及时修改。测试通常选择20～100人，样本数不宜太多，也不要太少。如果第一次测试后有很大的改动，可以考虑是否有必要组织第二次测试。

5. 问卷的定稿

当问卷的测试工作完成，确定没有必要再进一步修改后，可以考虑定稿。问卷定稿后就可以交付打印，正式投入使用。

6. 问卷的评价

问卷的评价实际上是对问卷的设计质量进行一次总体性评估。对问卷进行评价的方法很多，包括专家评价、研究对象评价和自我评价。专家评价一般侧重于技术性方面，比如说对问卷设计的整体结构、问题的表述、问卷的版式风格等方面进行评价。研究对象评价可以采取两种方式：一种是在调查工作完成以后再组织一些研究对象进行事后性评价；另一种方式则是调查工作与评价工作同步进行，即在调查问卷的结束语部分安排几个反馈性题目，比如，“您觉得这份调查表设计得如何？”

第四节　个案研究

个案研究（case study）是社会科学与心理科学的一种重要的研究方法，被广泛地应用于法律、医学、精神病学、心理学、教育学、人类学、社会学、经济政治学、企业管理、新闻工作以及各种咨询与指导等领域中。个案研究法的历史可以追溯到18世纪，但个案研究法在社会心理学领域中的广泛运用主要是从20世纪20年代开始的。

个案研究法的基本定义就是对单一对象进行深入研究的方法。个案研究的对象可以是个人，如一个儿童、一个成年人；也可以是一个组织或机构，如某个先进班组、某个社会团体或社会机构。由于个案研究一般是对研究对象的一些典型特征做全面而深入的考察与分析，其过程与解剖麻雀相似，因此，人们又将个案研究法称为“解剖麻雀法”。个案研究是心理学研究中应用广泛的研究方法，它注重对研究对象分析的深度，对揭示事物发展的内在规律具有特殊的价值。

一、个案研究的特点

与其他几种研究方法相比，个案研究法具有以下几个特点：

1. 研究对象的典型性

个案研究的对象并不是采用随机的方法抽取的，而是通过有意抽样选取具有一定代表性的典型案例。这种典型个体在一定程度上反映其他个体和整体的某些特征和规律，因而个案研究虽然是对个别的人或组织进行的具体研究，但通过个案研究往往可以揭示具体的普通意义的心理特征和行为规律。由于个案研究所取样本一般都比较少，因而其代表性有一定的局限，研究结论的推广也受到限制，不能机械地用个别代替一般，需要根据具体情况作具体分析。反过来说，在个案研究中，选择有代表性的典型个体就更具有重要性。

2. 研究分析的深入性

由于个案研究的对象相对较少，使得研究者能有足够的时间和精力对研究对象进行多方位、多层面和多维度的研究。通过深入细致的调查，获得大量翔实丰富的资料，提供对个案事件发展过程具体描述，以便对研究对象进行全面综合的分析。在个案研究中，既可以做静态的分析诊断，也可以做动态的考察追踪，不仅可以研究个案的现在，也可以研究个案的过去，并追踪研究个案的未来发展，以便做动态的考察和追踪。通过较长周期的纵深调查，从各种角度去系统搜集有关研究对象的一切资料，可以详尽地了解并准确地分析其发展变化的连续过程以及量变和质变的规律。

3. 研究的方法是多样性和综合性的

个案研究可以看作是一种独立的研究方法，但又不是一种完全独立的研究方法，它常与其他的研究方法一起被使用。为了搜集到更多的个案资料，从多维度、多侧面来了解和把握研究对象的发展变化历程，更加准确地揭示研究对象的规律，个案研究常常借助观察法、调查法、实验法、测量法等方法以收集研究对象各方面的信息资料。因此，也可以说个案研究是各种方法交织在一起的综合性研究方法。

总体说来，个案研究的优点在于当样本来源受到限制，不能得到足够的样本数进行研究时，可以通过对少数的样本进行全面、深入的追踪研究，避免了一般研究法对于样本本身的片面的表面印象。其缺点在于与研究对象的接触可能导致研究失去客观性；很难判断是否已收集了足够的资料；再有就是个案研究所得到的结论，毕竟是对个体的反映，不能代表整体的情况，推广应用价值有限。

二、个案研究方法分类

从不同的角度出发，个案研究有不同的分类方法，概括起来主要有以下几种。

（一）根据研究目的分类

根据研究目的可以将个案研究方法分为以下几种。

1. 探索性个案研究

探索性（exploratory）个案研究的研究目的主要是提出假设。

2. 描述性个案研究

描述性（descriptive）个案研究的研究目的主要是提供描述性素材。

3. 解释性个案研究

解释性（explanatory）个案研究的研究目的主要是检验理论。

4. 评价性个案研究

评价性（evaluation）个案研究的研究目的主要是对事物做出解释和判断。

（二）根据研究对象分类

根据研究对象可以将个案研究方法分为以下几种：

1. 个体研究

个体研究是以事物发展过程中的某一个体进行的研究，被研究的个体可以是任何一个具有所要研究事物特征的、有代表性的典型人物。这个人物可以是单位的一般员工或高级管理人员。如为了了解员工对管理制度执行不好的原因，找员工进行个别谈话。

2. 群体研究

群体研究是以某个特定的团体为研究对象。这种团体可以是一个家庭、学校、机关或医院等社会机构。在群体研究中，研究者关注的是群体的整体情况，但采用的方法是“群体—个体—群体”的研究模式。研究者从群体中随机抽取具有代表性的个体作为样本进行研究，据此来推知群体的情况。这种研究常用在当时间、经费等客观条件有限，只能对群体中的少数个体进行研究，或者是通过对典型个体的研究以弥补大规模群体研究不足的情况。

3. 问题研究

问题研究是基于某个现象或问题所进行的研究。在这种研究中，需要对现象中的人物或相关事件的发生情况进行深入的了解，以阐述和追踪现象或问题背后的深层次原因和背景，以便针对性地找到解决问题的措施和办法。

（三）根据研究目的、研究内容、研究对象等综合因素分类

根据研究目的、研究内容和研究对象等综合因素，可以将个案研究方法分为以下几种：

1. 追踪法

追踪法就是指在较长一段时间里，对某一研究对象进行有意识的跟踪，收集相关资料，揭示其发展变化趋势的研究方法。通过对个体的长期追踪，研究者能真实而直接获得研究对象发展变化的第一手资料，能深入了解个人或某一心理现象或行为发展的规律，弄清发展过程中的个别差异现象。

2. 追因法

追因法就是追寻和探究现象的原因的研究方法。追因法是个案研究中经常使用的与实验法因果顺序相反的一种研究方法。实验法是先确定原因，然后就此原因求出其产生的结果。追因法则是先听结果，然后就已发现的结果而追求其所以发生的原因。简言之，实验法由因导果，追因法则由果溯因。追因法首先接受既成事实，然后就事实推论可能致此的原因。

3. 临床法

临床法亦称临床谈话法，是通过口头谈话或书面交流等形式来帮助研究者对单位员工思想情绪等问题进行了解，在轻松环境下了解真实情况，疏导矛盾的研究方法。一般书面谈话按问卷要求的程序进行，研究者要向研究对象讲清楚回答问卷的具体要求和注意事项，对问卷的评分要严格按照标准，做到公正、客观。

三、个案研究的设计与基本程序

个案研究是一种有组织、有目的和有程序的活动。一般来讲，在实施个案研究之前，首先需要设计个案研究的计划书。设计的计划书应该包括个案研究的所有基本程

序。个案研究的基本程序包括以下几个方面。

（一）明确研究目的

任何一种研究方法，都是为了实现某种研究目的或达到研究的目标。因此，选择研究的题目，明确研究的目的，确定要研究的问题是整个研究的核心。它决定了研究对象的选择、研究的内容及收集资料的方法。通常一个研究题目的确定需要有一定的过程，包括从发现问题、查阅文献资料、提出假说这样一个从感性认识到理性认识的过程。

（二）确定研究对象

研究题目一旦确定，就基本决定了研究对象。研究者应根据个案研究的目的和内容，选择在某一方面具有典型特征的人或事作为研究对象。在个案研究中，研究者通常不会是通过随机抽样的方法来选择研究对象，而是在充分了解所要研究人群或事物现象特征的基础上，有意识地选择典型的人、机构、团体或事物现象作为个案研究的对象。

（三）确定搜集资料的方法

搜集全面的研究资料，是个案研究有效性的重要保证。尽量全面地搜集个案研究资料，有助于研究者对个案的历史与现状有一个比较完整、客观的认识。因此，在确定研究对象以后，应当认真做好的一项工作就是搜集完备的资料。资料的搜集可采用多种不同的方式来进行。如可采用调查表的形式，也可采用测验的形式，还可以通过谈话的形式获取第一手资料。

（四）资料的整理与分析

资料搜集完备后，应当对这些材料加以认真的研究与分析，最后得出有关个案研究的结论。个案研究的主要任务在于揭示研究对象心理与行为特征形成、发展的规律，属于定性研究的范畴。因此，在广泛占有资料的基础上，最为重要的工作是做好对资料的加工。在加工的过程中，最为常用的逻辑思维方式是分析和综合。分析与综合质量的高低直接影响个案研究的有效性。

（五）研究报告的撰写

个案研究成果可以是论文或研究报告。对于描述性方法的个案研究，研究者通常以描述较详细、准确的研究报告的形式呈现研究结果。案例类论文或研究报告的写作没有统一的格式，但有一些基本的要求，内容结构应包括案例、分析和评议 3 部分。

（1）案例事件描述部分，包括事件发生的时间、地点、人物、过程、结果等。

（2）案例理论分析部分，包括案例分析目的，立项的理论依据和意义等。

（3）案例评议部分，包括案例自评或者专家点评、改进意见等。案例写作的重点在于分析部分，要深入分析案例本身所蕴含的教育意义或启示。作为一种科研方法，案例研究重在分析，而不在案例记述，案例记述不等于案例。另外，案例的 3 部分内容要环环相扣，不能相脱离，特别是案例与案例分析部分更是要紧密融为一体。

四、个案研究法的实施

在完成个案研究法的设计方案后，就需要按照设计方案实施。在实施中，搜集研究对象个体的有效资料并进行综合分析是个案研究的重点。个案研究资料的搜集应围绕着研究目的，搜集研究对象过去、现在等各方面的资料，以便分析研究对象的心理和行为特征及其产生背景和相关的影响因素。搜集资料通常采用以下几种方法：

（1）直接观察法：通过研究者的直接观察，记录研究对象的相关资料，记录的方式可以是采用文字的形式，也可以是录音、录像等媒体工具的形式。

（2）个别谈话法：采用个别谈话的方式可以进一步了解问题的真相，找出问题的原因。个别谈话除了记录谈话的内容外，可以同时记录谈话对象的动作、语言、情绪和态度等，以助于综合分析。

（3）心理测量法：心理测量包括对智力、能力和人格的测量，它是获取研究对象心理过程和心理状态、智力和人格发展水平等资料的最直接有效的办法，被广泛应用于心理科学研究与实践中。

（4）问卷法：是搜集资料时常用的方法之一。问卷的内容因研究目的、研究对象的不同而不同。

（5）作品分析法：也是个案研究的一种方法。它是通过分析研究对象的活动产品，如日记、作文、书信、自传、绘画、工艺作品等，以了解研究对象的能力、倾向、技能、熟练程度、情感状态和知识范围。运用这种方法时，不仅要研究活动产品，还要研究产品制造过程本身以及有关的各种心理活动状况。

（6）家庭访问法：研究对象的心理、行为特征的形成与家庭环境和成长环境有非常密切的关系，通过对其家庭成员、家庭教育、生活习惯、成长经历等各方面资料的搜集，可以帮助分析家庭环境因素对研究对象心理特征和行为习惯的影响。

（7）体格检查法：通过对研究对象身体健康状况的检查，能够分析出身体健康状况对其心理健康产生的影响。

单位改制引发的薪酬体系改革争论

某事业单位有员工53人，其中编制人员13人。该单位编制人员在工资、福利等待遇上均高于同岗位的非编制人员。某年，根据国家机构改革政策，该事业单位将转变为企业，退出事业单位编制范畴。

在本次改革过程中，涉及改革核心问题之一的即是薪酬体系设计。在征求员工意见时，编制与非编制人员在薪酬体系设计中出现了截然相反的意见：编制员工认为应继续按照当前的薪酬制度即保留编制人员在工资、福利上的待遇；非编制员工认为，既然都改革为企业了，那么就应该打破身份差别，实行同工同酬，应该以岗定薪。为此，两类人员一直争吵不停。为更好设计薪酬制度，也为更好地解决两类人员的分歧，该单位领导决定进行充分调研。

问题 1：结合本章内容，为该单位的调研活动设计 1 个调研方案。

问题 2：为单位的调研活动设计调研工具。

（贯　红　黄　宵）

第三章　心理学的基本理论

学习目标

通过本章学习，你应该能够：

掌握　心理过程及人格包含的基本概念。

熟悉　心理与脑、心理与客观存在的关系。

了解　心理学的发展及影响较大的主要心理学派。

第一节　心理学的发展概述

心理学以人的心理现象为主要研究对象，研究人的心理现象的发生、发展规律，是研究客观现实在人脑中的主观印象及其能动作用规律的科学。心理学也研究其他动物的心理现象。它以自己特有的研究对象而与其他学科区别开来。在整个科学大家庭中，心理学既具有自然科学的性质，也具有社会科学的性质。因此，心理学可以叫作中间科学或边缘科学。有学者在社会科学和自然科学之外，提出了思维科学，包括逻辑学、语言学和心理学等。

德国著名心理学家艾宾浩斯（Ebinghaus）曾概括地描述心理学的发展历程："心理学有一个漫长的过去，但只有短暂的历史"。在心理学成为独立科学以前，"知识""观念""心""心灵""意识""欲望"和"人性"等心理学问题，一直是古代哲学家、教育家、文学艺术家和医生们共同关心的问题。直到1879年，德国著名心理学家威廉·冯特（Wilhelm Wundt）在德国莱比锡大学创建了世界上第一个专门的心理学实验室，1881年，冯特创办了报道心理学实验成果的《哲学研究》杂志，出版了第一部科学心理学专著《生理心理学原理》(1873—1874)，心理学才从哲学中分化出来，成为一门独立的科学，开始了蓬勃发展的历程。在100多年的发展历史中，心理学家围绕着心理学的对象、任务、方法等展开了争论，出现了学派林立、理论纷纭的局面。主要有十大学派：内容心理学派、意动心理学派、构造主义心理学派、机能主义心理学派、行为主义心理学派、格式塔心理学派、精神分析心理学派、日内瓦心理学派、人本主义心理学派、现代认知心理学派。从 20 世纪 50 年代开始，该局面演变为各学派相互吸收、互补并存、互相融合的新局面，这也是心理学趋向成熟的标志之一。迄今在世界上影响较大的学派主要有以下几个。

（一）构造主义心理学派

构造主义（structuralism）的奠基人为冯特，著名的代表人物为爱德华·布莱德弗特·铁钦纳（Edward Bradford Titchener）。这个学派主张心理学应该研究人们的直接经验即意识，并把人的经验分为感觉、意象和情感三种元素。感觉是知觉的元素，意象是观念的元素，而情感是情绪的元素。所有复杂的心理现象都是由这些元素构成的。在研究方法上，构造主义强调内省方法。在他们看来，了解人们的直接经验，主要依靠研究对象对自己的经验的观察和描述。

（二）机能主义心理学派

机能主义（functionalism）的创始人是美国著名心理学家威廉·詹姆士（William James），其代表人物还有约翰·杜威（John Dewey）和詹姆斯·罗兰德·安吉尔（James Rowland Angell）等。这个学派也主张研究意识。但是，他们不将意识看成个别心理元素的集合，而是看成川流不息的过程。在他们看来，意识是个人的、不断变化的、连续的和有选择性的。意识的作用就是使有机体适应环境，强调意识的作用与功能。机能主义的这一特点，推动了心理学面向实际生活的进程。20 世纪以来，美国心理学一直比较重视心理学在教育领域和其他领域的应用，这和机能主义的思潮是分不开的。

（三）行为主义心理学派

行为主义（behaviorism）是由美国心理学家约翰·布罗德斯·华生（John Broadus Watson）创立的。这个学派主要有两个重要的特点：①反对研究意识，主张心理学要研究行为；②反对内省，主张用实验方法。该学派主张心理学应对环境操纵与人的行为变化之间的关系进行客观研究，并把心理现象过度地简化为刺激-反应模式，即 S-R 模式。行为主义心理学派强调研究的客观性，使行为控制的方法得到了发展，促进了心理学研究的精确性和实证性。但它因无视有机体内部过程而走向了极端，到 20 世纪中期逐渐为新行为主义所取代。新行为主义修正了 S-R 模式，在 S-R 之间增加了一个中介变量 O，代表反应的内部过程，形成了 S-O-R 模式。

（四）格式塔心理学派

格式塔心理学（gestalt psychology）的创始人有马克思·韦特海默（Max Wertheimer）、沃尔夫冈·柯勒（Wolfgang Kohler）和库尔特·考夫卡（Kurt Koffka）。格式塔在德文中意味着“整体”，它代表了这个学派的基本主张和宗旨。该学派反对把意识分析为元素，强调心理作为一个整体、一种组织的意义。他们认为，整体不能还原为各个部分、各种元素的总和；部分相加不等于全体；整体先于部分而存在，并且制约着部分的性质和意义。因此，分析个别元素的性质，并不能了解整个心理的特点。格式塔心理学采用现象学方法进行研究，多运用自然观察法，但实验设计与实施缺乏严格控制。他们在知觉、学习、思维等方面开展了大量的研究，这些研究资料至今仍是心理学的重要财富。

（五）精神分析心理学派

精神分析（psychoanalysis）心理学是由奥地利维也纳精神病医生西格蒙德·弗洛伊德（Sigmund Freud）创立的一个学派。它的理论体系主要包括潜意识论、泛性论和人格论等。该学派认为，人类的一切个体的和社会的行为，都根源于心灵深处的某种欲望或动机，特别是性欲的冲动。欲望以无意识的形式支配人，并且表现在人的正常和异常的行为中。欲望或动机受到压抑，是导致精神异常的重要原因。但该学派过分强调了无意识的作用，并且把它与意识的作用对立起来。它的早期理论具有泛性欲主义的特点，以后发展起来的新精神分析学派修正了弗洛伊德的理论，反对本能说和泛性论，强调了社会文化因素对产生精神异常和人格发展的影响。

（六）人本主义心理学派

人本主义心理学（humanistic psychology）是由美国心理学家亚伯拉罕·马斯洛（Abraham Maslow）和卡尔·罗杰斯（Carl Rogers）创建的一个心理学流派。该学派主张研究人的价值和潜能的发展，强调人在充分发展自我潜能时，力争实现自我的各种需要，从而建立完善的自我，并追求建立理想的自我，最终达到自我实现。从探讨人的最高追求和人的价值追求角度看，心理学应成为研究"健康"人的心理学，揭示出发挥人的创造性动机，展现人的潜能的途径。人本主义心理学成为心理学的"第三势力"，但在其成熟的过程中，也暴露出它的局限性，被后来迅速发展起来的超个人心理学（transpersonal psychology）所超越。超个人心理学也称为后人本心理学和心理学的"第四势力"。20 世纪末兴起的积极心理学（positive psychology）的发展，也代表了人本主义心理学持久的影响力。

（七）认知心理学派

认知心理学（cognitive psychology）是 20 世纪 60 年代在西方兴起的一个心理学新流派，并被认为是当前心理学研究的主要方向。1967 年，乌尔里克·奈塞尔（Ulric Neisser）出版了《认知心理学》一书，引起轰动，他被称为"认知心理学之父"。该书促进了认知心理学的迅速发展。从广义上说，心理学中凡侧重研究人的认识过程的学派都可称为认知心理学派，如让·皮亚杰（Jean Piaget）认知学派也被认为属于认知心理学派。从狭义上讲，认知心理学主要是指用信息加工的观点研究人的认知过程的科学，也叫认知加工心理学。它研究人接受、编码、操作、提取和利用信息的过程，即感知觉、记忆、表象、思维、言语等。它强调人已有的认知结构对当前认知活动的决定作用，并且通过计算机和人脑之间进行类化，像研究计算机程序的作用那样在较为抽象的水平上研究人的信息加工的各个阶段的特点，以揭示人脑高级心理活动规律。认知心理学与神经科学的结合产生了认知神经科学（cognitive neuroscience），它主要研究认知功能的脑机制、脑发育与认知功能发展等。科学家们相信，只有揭示心理活动的脑机制，特别是认知功能的神经生物学机制，才能真正揭示脑的秘密，了解人的心理功能（如认知、情绪、意识和无意识等）的特点。在 21 世纪，认知心理学的研究成为心理学发展的另一个重要方向。

总之，在心理学作为独立科学的100多年的历史中，由于某些新的事实的发现，使这些事实在旧的理论体系中不能得到正确的解释，因而产生了对新的理论的需要，这就导致了新的思潮和新的学派的产生。历史事实告诉我们，每个新学派都从一个侧面丰富和发展了心理学。在这个意义上，20世纪心理学各学派的纷争，使各个心理学派在彼此融合的过程中为其各自的发展注入了生机和活力，更有力地推动了整个心理研究的科学过程。目前，现代心理学的研究范围还在不断扩大，已涉及日常生活、经济贸易、人才管理、文教事业、运动竞技、医疗卫生、政治军事等人类社会活动的各个方面，进入了既高度分化又高度综合的发展阶段，使心理学形成了一个叉多枝繁的庞大学科体系，在整个科学体系中占有不可或缺的重要地位。

第二节　心理现象

心理学主要研究的是人的心理现象，心理现象按照其形式的不同，分为心理过程和人格两大部分，如图3－1所示。

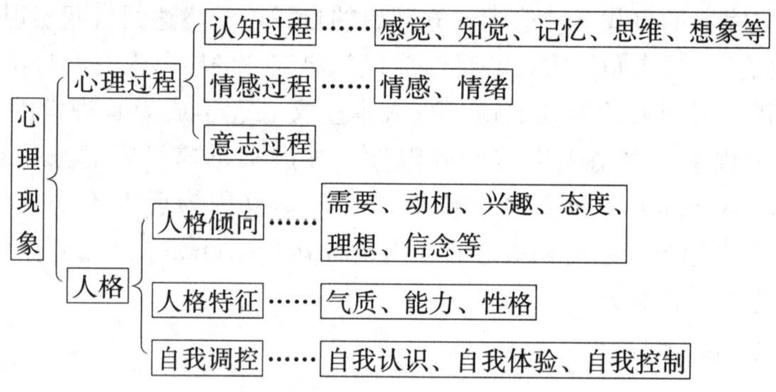

图3－1　心理现象分类示意

一、心理过程

心理过程即心理活动过程，是人脑对现实的动态反映过程。心理过程由于其性质和形态不同，又分为认知过程、情感过程和意志过程3个既有区别又有联系的过程，反映正常个体心理现象的共同性一面。

（一）认知过程

我们只有认识自己生活的世界，才能改造世界。整个人类社会发展的过程就是人类不断探索、认识世界的过程。心理学中的认知过程指人类对来自外界环境的信息，通过感觉器官加以选择、接受，在神经通路和脑中进行编码、储存、定义，并运用经验、知识解决问题的过程，也就是不断接受、储存、加工和理解各种信息，对客观事物的现象和本质的反映过程。认知过程由感觉、知觉、记忆、思维和想象等心理活动组成。

1. 感觉

感觉（sensation）是直接作用于感觉器官的客观事物的个别属性在人脑中的反映。

感觉是认识的入口，是认知过程的开始环节。只有通过感觉，我们才能接受和辨别客观事物的各种属性，如声音、颜色、气味、温度、轻重、软硬等，以及自己身体的运动、姿势和内部器官的工作情况等。感觉依赖于感觉器官，感觉器官的存在是感觉的基础。然而，我们的感觉器官所接受的信息来源于客观存在，因此客观存在是感觉的源泉。

（1）感觉的特点：感觉反映的是当前存在的，并直接接触到的客观事物，而不是过去的、间接的事物。一旦事物在我们的感觉器官内消失，感觉也就停止了。感觉反映的是客观事物的个别属性，而不是事物的整体和全貌。

（2）感觉的分类：根据感受器所处的位置可将感觉分为外部感觉、本体感觉、机体感觉三大类。①外部感觉：指外感受器接受外部的刺激后，对外界事物属性的反映，如视觉、听觉、嗅觉、味觉等。②本体感觉：指对有机体本身的运动信息的反映，如运动觉、平衡觉等。③机体感觉：指内感受器接受机体内部的刺激后，对内脏器官的不同状态的反映，如饥、渴等。

2. 知觉

知觉（perception）是直接作用于感觉器官的客观事物的整体属性在人脑中的反映。知觉同感觉一样，也是对当前存在的客观现实的直接反映。但是，感觉是对事物个别属性的反映，而知觉是对事物的各种不同属性、各个不同部分及其相互关系的综合反映，即对事物的整体反映。感觉是知觉的基础，没有感觉就没有知觉。但知觉远比感觉复杂，它不是个别属性的简单堆积，不是感觉的机械总和。感觉更多地由刺激物的性质决定，而知觉在很大程度上还依赖于主体的知识、经验和态度系统，包含了对客观事物的理解和解释过程，如作用于感官的事物的名称、意义等。

（1）知觉的特点：知觉具有整体性、选择性、理解性和恒常性 4 个特点。①整体性：指人们在知觉事物时，总是把事物的个别部分和个别属性综合起来作为一个整体来反映。知觉的整体性使人们对客观现实的反映更趋于全面、完善，从而保证活动的有效进行。②选择性：指知觉过程中人总是把知觉的对象从复杂的事物中区分开来，使感知对象清晰、背景模糊的感知现象。知觉的选择性与知觉对象的特点和知觉主体的兴趣、需要、经验有关，并且对象与背景可互相变化。③理解性：指人在感知某对象时，总是用以往获得的知识、经验来辨别当时所知觉的对象，对知觉对象进行解释。④恒常性：指知觉的客观条件在一定范围内发生变化时，知觉映象在相当程度上保持它的稳定性。知觉的恒常性在生活中有着重要的意义，它保证了人们在变化的条件下，仍能按照事物的真实面目去知觉。

（2）知觉的分类：知觉的分类方式有多种，按知觉对象的不同可把知觉分为对物知觉和对人知觉；根据知觉印象是否符合客观实际，可把知觉分为正确知觉和错觉（对外界事物的不正确知觉）；根据知觉对象的性质，可把知觉分为单纯知觉（如视知觉、听知觉、触知觉、嗅知觉、味知觉等）和复杂知觉。复杂知觉又可分为空间知觉、时间知觉和运动知觉。空间知觉反映物体的空间特性，如物体的距离、大小、形状、深度等；时间知觉反映事物的延续性和顺序性；运动知觉反映物体在空间的位置移动。

感觉和知觉同属于认识过程的初级阶段，是我们对客观事物的简单认识，反映的是事物的外部和表面特征，但它却是我们各种心理活动的基础，是认识世界的前提。在实践中，单独存在的感觉在成年人中很少，人们更多的是以知觉的形式反映事物。感觉和知觉几乎同时存在，因此常常将二者合称为感知。

3. 记忆

记忆（memory）是在头脑中积累和保存个体经验的心理过程。记忆与感知不同，感知是人脑对当前直接作用的事物的反映，而记忆则是对过去经历过的事物的反映。所谓过去经历过的事物，是指过去生活中感知过的事物、思考过的问题、体验过的情感和情绪，以及操作过的动作等。这些过去经历过的事物在一定条件下被回想起或被再认识的过程，就是记忆的心理现象。

（1）记忆的基本环节：记忆是一个复杂的心理过程，它包括识记、保持、再认或回忆3个基本环节。用信息论的观点来说，记忆就是对输入信息的编码、储存和提取的过程。

①识记：识记是获得和积累经验的过程，即一个反复感知的事物在头脑中留下深刻印象的过程，是记忆的开始环节。识记通过感知、思考、体验和操作来实现。按照识记的目的、任务明确程度和意志努力程度的不同，识记分为无意识记和有意识记。无意识记指事前没有确定的目的，也不用意志努力的识记。由于无目的性，因此无意识记的内容往往带有偶然性和片面性，不能获得系统的科学知识。有意识记指有目的、有计划和经过意志努力的识记。根据材料的性质、理解程度和采用方法的不同又分为机械识记和意义识记。机械识记是对识记的材料没有理解和无意义的联系，只靠机械重复进行的识记。通常对各种无意义的材料，如电话号码、人物名称、历史年代、人体生理值等所进行的识记主要采用机械识记。意义识记指在对识记材料理解的基础上，依据材料的内在联系而进行的识记。影响识记效果的因素有很多，如活动内容、任务、目的、兴趣以及材料的性质等。

②保持：保持是巩固和加深经验的过程，也指信息在头脑中的储存。它是连接记和忆的中间环节，记是保持的基础，忆是保持的结果。识记的内容并非能永久保存下来，在保存的过程中会发生遗忘。对于识记过的东西不能再认或回忆，或者是错误的再认或回忆，称为遗忘。艾滨浩斯研究的遗忘曲线表明，遗忘过程受许多因素制约，并且是有规律的，总的趋势是先快后慢。遗忘速度与时间的关系为：识记后20 min遗忘41.8%，2 d后遗忘72.2%，31 d后遗忘78.9%。因此，要保持牢固，避免或减少遗忘，及时并经常复习非常重要。

③再认和回忆：再认和回忆是过去经验被恢复的过程，是从人脑中提取信息的过程。再认是指对感知过的事物再度感知时，觉得熟悉并能够辨认。回忆则是指过去经历过的事物不在眼前时能重新回想起来。一般来说，再认比回忆容易，能回忆的一般都能再认，但能再认的不一定都能回忆。

（2）记忆的种类：根据记忆的内容，可把记忆分为形象记忆、逻辑记忆、情绪记忆、运动记忆；根据信息在脑中储存时间的长短，又可把记忆分为瞬时记忆（保持时间约为0.25～2 s）、短时记忆（保持时间不超过1 min）、长时记忆（保持时间在1 min以上，甚至终身不忘）。

4. 思维

思维（thinking）是人脑借助于语言、表象或动作对客观事物的本质属性及其规律性间接的和概括的反映。所谓本质属性，就是一类事物必有，而其他类事物必无的属性。规律性则是相互间的必然联系。思维与感知觉一样是对客观现实的反映，它不是凭空产生的。但感知觉是对客观事物个别和整体属性的反映，是感觉器官直接从外界事物得到的，是感性认识阶段。生活实践证明，并不是一切东西都能被感知到。感官不能反映的，必须通过间接途径，以一定的知识为中介去反映和认识，这就是认识的高级阶段或理性阶段——思维。有了思维，我们才能认识到事物的本质和内部联系。思维不仅使低级心理高级化，而且使人的意识和自我意识得以形成和发展，使人们不仅认识了客观世界，而且认识了主观世界。因此，思维在人的认识过程中居核心地位。

（1）思维的特征：思维具有概括性和间接性。概括性是对一类事物共同的本质属性和规律性内在联系的反映。间接性指通过其他事物的媒介作用去反映客观事物，即借助于已有的知识和经验，间接地推知事物过去的进程、认识事物现实的本质、预知事物未来的发展、理解和把握那些未能或不能感知到的事物。

（2）思维的过程：思维的过程包括分析、综合、比较、抽象、概括等。分析和综合是思维的基本过程，分析是把事物的整体分解成简单的部分，即各个部分、个别属性或个别方面；综合则是把头脑中分析的对象或事物的各个部分、各个特征、各个方面联系起来，形成整体的过程。思维的概括性通过分析、综合而产生。比较是在分析、综合的基础上，在头脑中把事物加以对比，从而找出事物异同的思维活动过程。比较的基础是客观事物的差异性、同一性。客观事物纷繁复杂，只能通过比较才能把它们各自区别开来。抽象是把同类事物或某一事物的本质属性与非本质属性相区别，将本质属性抽取出来的思维过程。概括是以分析、比较和抽象为基础，把事物共同的、本质的属性联合起来，并推广到同一类事物中去的过程。抽象和概括实质上是在比较的基础上更为高级的过程，它是思维的核心过程。

（3）思维的形式：思维的基本形式是概念、判断和推理。思维过程的产物以一定的思维形式表现出来。概念（concept）是具有共同属性的一类事物的总称，是思维最基本的单位。概念具有较高的抽象概括水平，它反映事物时，舍弃了事物的非本质属性。人总是利用概念来进行思维，概念又随人类认识水平的提高而逐渐深化。判断（judgment）是指人们可以通过它形成看法，得出结论，以及对事件和人做出评论性评估。推理（reasoning）是指根据一般原理推出新结论，或者从具体事物或现象中归纳出一般规律的思维活动。

（4）思维的品质：又称智慧的品质，它是人类共有的特征，但人与人之间存在差异。良好的思维品质具有以下特性：①思维的广阔性，指思维的广度；②思维的深刻性，指思维的深刻程度；③思维的敏捷性，指能迅速发现问题和及时解决问题；④思维的逻辑性，指具有严密的逻辑思维；⑤思维的独立性，指能独立思考问题；⑥思维的灵活性，指从实际出发，善于根据事物的发展变化机智地解决问题。

5. 想象

想象（imagination）是人脑对事物的表象进行加工改造，形成新形象的心理过程。

想象的基本材料是表象。表象指感知过或识记过的事物在头脑中保存下来的形象，具有直观性和概括性的特点。想象是在记忆表象的基础上进行的，但不同于记忆。记忆是恢复过去被感知、被理解、被意识到的对象或经验的心理过程，而想象则是在原有表象的基础上制造出新形象的过程。

按照有无预定的目的和自觉性程度，想象可分为无意想象（没有预定目的、不是自觉产生的）和有意想象（有目的、自觉产生的）。根据新形象的创造性、新颖性和独立性，有意想象又可分为再造想象和创造想象。

再造想象是根据别人对某一事物的描述，在自己头脑中形成新形象的过程。再造想象有两个特点：一是再造想象要以模型、符号，特别是语言、文字的描述为依据；二是再造想象中形成的是现实生活中已有的，别人知道自己却从未感知过的事物的新形象。人类通过再造想象就能取得间接经验。

创造想象是不依据现成的描述独立地创造出新形象的过程。创造想象具有首创性、独立性和新颖性的特点，比再造想象更复杂、更困难。幻想是一种与生活愿望相结合并指向未来的想象，是创造想象的一种特殊形式。如果幻想的内容符合客观事物发展的规律，并有计划、有步骤地去实现它，那么这种幻想就转化为理想。如果幻想的内容不符合事物发展的规律，不可能实现，那么这种幻想就是空想。

（二）情感过程

人在认识客观事物时决不会无动于衷，总要产生一种主观的体验，如喜、怒、哀、乐等情绪和情感。情感过程就是人对所认识或所操作事物的态度的主观体验过程。它是对客观现实的一种特殊反映形式，是人对客观事物是否符合其需要而产生的态度体验。客观现实是产生情感和情绪的源泉，但情感过程与认知过程不同。情感过程不是对客观现实本质属性或规律的反映，而是对客观现实与人的需要之间的关系的反映。不是所有的事物都能引起情感体验，人的需要才是情绪和情感产生的主观原因。同样的客观存在，由于人的需要不同，可能产生不同的情绪和情感体验。情绪和情感可通过外部表情来予以表达，但它们都是一种主观体验。通过外部表情固然可判断出对方是否高兴或痛苦，而真正的体验只有对方自己知道。

情感过程包含情绪（emotion）和情感（feeling）。情绪与机体生理需要能否获得满足有关，它表现较强烈，具有情景性和明显的外部特征；情感主要是由精神性和社会性需要能否满足所引起的体验，是人类特有的高级心理现象。情绪和情感的差异表现在以下几方面：①范围，情绪比情感更为广泛，人和动物都有情绪，而情感是人类主体所特有的；②稳定性，情绪是由一时的情景所引起，并随着情景的变化而迅速变化的，而情感较少受具体环境的影响；③表现层次，情绪比情感更具有明显的冲动性和外部特征，而情感则比较深沉和含蓄，有较大的稳定性和深刻性。情绪和情感的差异是相对的，有时难以区别。

1. 情绪的基本状态

根据情绪发生的速度、强度和持续时间的长短，可把情绪分为心境、激情和应激 3 种状态。

（1）心境（mood）：是一种微弱的、持久的、具有渲染性的情绪状态。它不限于某一特定对象，是一种在一定时期内较微弱、平静，并使人的所有活动都感染上同样的情绪色彩的体验状态。“人逢喜事精神爽”，“喜则见喜、忧则见忧”就是形容心境的情绪状态。心境的表现多样，其特点是弥散性，没有特定指向。影响心境的原因有很多，既有主观上的，也有客观方面的。例如，环境的变化、事业的成功与否、生活的波折、生理条件和健康状况以及人的世界观等，对心境均有影响。

(2) 激情 (intense emotion)：是一种强烈的、短暂的、爆发式的情绪状态，如狂喜、愤怒、绝望等。它通常由客观事物与人的需要之间发生的突然、剧烈的重大变化引起，即由个人生活中发生的具有重大意义的事件引起。信仰破灭，亲人离世，客观事物与自己的意向和愿望对立、冲突，过度的抑制或兴奋等都可能导致激情的发生。如需要不能被满足，会产生否定性激情；需要被满足，则产生肯定性的激情。激情可成为推动积极行动的巨大力量。但是，人在激情状态，大脑皮质活动加剧，或强烈兴奋，或普遍性抑制，使大脑工作失去正常的系统性。此时，人的认识活动范围缩小，理智地分析问题和控制行为的能力减弱，会做出一些失去理智的事。

(3) 应激 (stress)：是突然出现意外情景时人所产生的高强度、高紧张度的情绪状态。在突如其来的或十分危险的情况下，必须迅速而毫无选择地采取决定时，人就会出现应激状态。应激时，机体处于充分动员状态，心率、血压、体温、激素分泌、肌紧张度等都会发生显著的变化，引起情绪和行动的高度激化，以应付紧急情况。应激状态对人具有积极意义，它能增强人的防御和摆脱困境的能力，使人头脑清醒，急中生智，转危为安。但应激也有消极作用，强烈或长期的应激，会使人全身兴奋、注意范围缩小、行为紊乱，产生违背意愿的行为。经常性的应激状态会引起心身疾病。

2. 情感的基本类型

人的高级情感依其性质和内容可分为道德感、理智感和美感3种基本类型。

(1) 道德感：是人按照一定的道德标准去评价自己或别人的行为、思想等时所产生的体验。如果一个人发现自己或别人的行为、举止合乎公认的道德标准，就会对这种行为给以肯定的表示，并产生满意、愉快的情感。与此相反，则产生否定、不满意、不愉快的情感。

(2) 理智感：是人在认识和探求真理的过程中是否得到满足而产生的一种情感。如有所发现时的愉快，遇到矛盾时的惊讶，犹豫不决时的疑虑，依据不充分时的不安等都属于理智感。

(3) 美感：是人根据一定的审美标准对客观事物的状况、人的行为以及艺术作品予以评价时产生的体验。美感总是伴随着一种愉快的体验。爱美是人的天性，人们对自己喜爱的美好事物，在欣赏、爱好之余，往往会产生一种肯定和追求的倾向。

(三) 意志过程

意志 (will) 是人自觉地确定目的，并根据目的来支配和调节自己的行动，克服困难，以实现预定目的的心理过程。这种心理过程，存在于各种工作和活动中。如学习成绩的优劣，不仅与基础知识、智力水平有关，更重要的还在于是否具有坚忍不拔的毅力和勤奋学习的精神。意志集中体现了人在改造世界的实践活动中的主观能动性。意志是一种力量，没有这种力量，人就很难达到预定的目的。“有志者事竟成”说明了这个道理。

1. 意志的特点

意志过程与认知和情感过程一样，也是人脑对客观现实的反映。其特点包括以下几点：

（1）意志的首要特征是具有明确的预定目的。人的认知、情感过程通常是有目的的、自觉的和随意的，但有时也不完全如此。而人的意志则完全是有目的的、自觉的和随意的。人总是积极地适应环境，主动地认识和改造世界。这是因为人具有自觉地确定目的，并指导行动去达到目标的意志。意志表现在人为了满足某种需要而预先确定目的，以及有计划地组织行动来实现这一目的之中。有自觉目的的行动，表现着人的意志。

（2）意志通过克服困难集中地表现出来。人的意志与克服各种困难相联系，越困难的事情，越要去努力完成，体现了一个人的坚强意志。那种轻而易举能完成的事情，不能体现人的意志。

（3）意志直接支配人的行动。人的意志主要是为完成一定的任务，实现预定的目的而组织行动的心理过程。意志对行动的调节既可以表现为发动和进行某些动作和行为，也可以表现为制止或消除某些动作和行为。人的意志行动包括动机的确立、行动目标的确定、行动方法和途径的选择，以及通过意志努力实现所做出的决定。当然，并非人的一切行动都是意志行动，如眨眼、咳嗽等动作，是遗传获得的不随意动作，它不表现人的意志。

2. 意志的品质

在意志品质上，人与人之间存在着较大差异。意志的基本品质表现在以下 4 个方面：

（1）自觉性：指对自己行为目的及其社会意义有深刻理解和正确认识，并能主动调节和控制行为。自觉性表现在有明确的追求，坚定的信念，不受外界干扰，不鲁莽、轻率。与自觉性相反的品质是缺乏主见、盲从和独断。

（2）果断性：指明辨是非，迅速而坚决地进行决断的品质。它是深谋远虑和当机立断、大胆勇敢的有机结合。与果断性相反的品质是优柔寡断、犹豫不决和草率决定。

（3）坚毅性：又称顽强性、坚韧性和毅力，指在行动中坚持决定，百折不挠地克服一切困难和障碍，从而实现既定目标的意志品质。与坚毅性相反的品质是做事虎头蛇尾、半途而废。

（4）自制性：指善于控制自己的情绪，约束自己的言行，有意识地支配和调节自己的思想和行动的能力。与自制性相反的品质是任性、放纵、任意而为。

（四）认知、情感、意志三者的关系

认知、情感、意志 3 个过程紧密联系，相互影响。

认知过程是情感过程和意志过程产生的基础。世界上没有无缘无故的爱，也没有无缘无故的恨。情感和情绪是在对客观事物认知的前提下，伴随着认知过程产生的。“知之深，则爱之切”，有了对事物的深刻理解和认识，就能激发起相应的情感和情绪。意志行动也来源于对客观现实的认识，离不开感知、记忆、想象、思维等认知过程。离开

了认知过程，就不会有意志活动。

情感过程可以推动人的认知和意志活动。积极的情感，能促进人们对事物有更深的理解和认识，促使人们不断地探索世界、认识世界。情绪、情感可以成为意志的动力或阻力，影响人的意志行为。

意志过程对认知和情感过程有着巨大的影响。坚强的意志促使人们积极地认识世界和改造世界。没有耐心，难以观察到新现象的出现；没有毅力，难以集中注意力；没有坚毅性和果断性，解决问题的思维活动难以展开。人类认识活动越深入，越需要意志的参与。有坚强意志的人，可以控制和驾驭自己的情感，克服消极情绪的干扰；意志薄弱则会使人情绪、情感消沉。

二、人格

（一）人格的定义

“人格”（personality）一词源于拉丁语“面具”（persona），代表剧中人物的身份。心理学家沿用其含义，把每个人在人生舞台上扮演的角色的行为和心理活动看作是人格的表现。

对人格的解释有多种，一些西方心理学家或强调人格的独特性，或强调人格的整体性。心理学家阿尔波特（G. W. Allport）则强调人格对人行为的整体功能，认为“人格是一个人内在心理生理系统的动态组织，它决定了此人对环境的独特适应”。这一定义被西方许多心理学教科书采用。现代心理学家多数认为：人格指个人在自然素质的基础上，由于社会的影响，通过人的活动而形成的稳固的独特的心理特征的总和；或者简单解释为个体区别于他人的，具有一定倾向性的、比较稳定的心理特征的总和。人格由两部分组成：一是人格的倾向性，一是人格的心理特征。

（二）人格的特点

1. 社会性

人的心理特征并非完全遗传得来，虽然自然素质有一定影响，但更多的是在不同的社会生活中逐渐形成和发展起来的。不同的民族、阶级、经济和文化背景等都可能给人格的形成留下烙印，使得人的人格带有一定的社会色彩。人的世界观、价值观、理想、兴趣和性格等都受到社会环境的影响。如中国人具有谨慎、谦逊、内向、克己等特征，美国人具有冒险、冲动、乐观等特征。

2. 独特性

虽然人格具有社会性，但社会中的人总是千差万别。这种差异除一个人的背景、外貌等外部条件外，最主要的不同是人格的差异。每个人都有自己独特的个性。世界上没有心理面貌完全相同的两个人，正如世界上找不到两片完全相同的树叶。“人心不同，各如其面”，指的就是人格的独特性，表现出一个人典型的行为与特征。

3. 稳定性

一个人会表现出许多心理与行为特点，只有在一个人身上经常出现的、比较稳定的心理与行为特点才能成为人格的元素。有些偶然表现出来的、暂时的心理与行为特点不是人格特征。正因为人格具有跨时间的一致性和跨情境的稳定性的特点，我们才能在很大程度上预测一个人在某种情境下的行为。当然，不能把人格的稳定性作绝对的理解，在一定条件下人格也可以有不同程度的改变。

4. 可塑性

我们强调人格的稳定性，并不否定人格的可变化性。人格不是完全固定不变的，稳定是相对的，随着生理的成熟和环境的改变，人格也可能产生或多或少的变化。正因为人格可以改变，我们才能塑造人的人格，培养具有良好人格品质的人。

5. 统合性

人格是由多种成分构成的一个有机整体，具有内在一致性，受自我意识调控。当一个人的人格结构各方面彼此和谐一致时，个体就呈现出的是健康的人格；否则，就会产生心理冲突，出现适应困难，甚至出现“分裂人格”。

（三）人格的形成和发展

人的人格发展是人的心理发展的重要部分。一个刚出生的人只是具有生理素质的生物人，在后来的成长过程中逐渐成为一个能适应社会环境的、成熟的社会人；同时，其人格得以形成和发展。人的人格不是生来就有的，而是在个体生理素质的基础上，在一定社会历史条件下，通过实践活动逐渐形成和发展起来的。

1. 生理素质

生理素质是人格形成和发展的自然基础。有人认为人格是遗传或者先天决定的，也有人认为人格完全由环境决定，这些说法都有片面性。人遗传的只是一种生理素质，是个体出生时所具有的解剖生理的特点，特别是脑和神经系统特性。生理素质为人格的形成和发展奠定了基础，特别是某些人格心理特征与生理素质的关系较密切。如在人格心理特征中，气质受生理素质影响最大，智力的某些方面也与人的生理素质有关。但是，遗传不起决定性作用，生理素质只为人格的形成和发展提供了一种可能性，不能决定人格的发展方向和水平。

2. 环境因素

人格的形成和发展过程十分复杂，虽然生理素质提供了人格发展的可能性，但社会环境因素决定了人格发展的现实性。每个人都生活在社会环境中，都要受到一定社会生活条件的影响，人格的形成也不例外。

（1）家庭因素：家庭是人最初认识世界的摇篮，是人生的第一课堂。家庭的背景、家庭成员之间的关系、父母的文化素质和世界观、家庭成员的行为方式，以及父母对孩子的教养态度和方式等，都会在孩子的人格形成和发展中留下深刻的影响。温暖的家庭、成员之间民主平等的态度、良好的教养方式、融洽的亲子关系，有利于孩子保持稳定的情绪，形成自尊、自信、友善等积极的人格品质。家庭中的成员敌对，对孩子过分溺爱、放纵或采用封建家长式的惩罚等会影响孩子人格的正常发展，使孩子形成自私、任性、自卑、孤僻、易激惹、攻击性强等不良的人格特征。

（2）学校环境：孩子进入学校后，教师的行为及其对学生的态度和要求、学校的人际关系、学习成绩高低等对孩子人格发展有重要影响。

（3）社会环境：走向社会后，社会环境对人的影响越来越大，有许多因素促进或制约着人格的发展。如社会制度、经济、文化、政治形势等对人格的发展有重要影响。由于青少年思维的深刻性、批判性不够，对一些不良的社会现象不能认清其本质，甚至把错误的思想当作正确的东西加以接受，这容易影响人格的健康发展。

3. 社会实践

人格是遗传与环境因素交互作用的结果。人在积极的社会实践活动中，不断地认识和改造客观世界，同时也改造自己的主观世界。人格就是在长期的社会实践中逐渐塑造形成的。

（四）人格的倾向性

人格的倾向性是个体进行活动的内在动力和基本原因，主要包括需要、动机、兴趣、理想、信念等内容。

1. 需要

需要（need）是个体在社会生活中对客观事物的需求在大脑中的反映。人类为了生存、繁衍种族，以及适应社会生活，必然需要一些事物，如衣服、食物、住房、学习、劳动、娱乐、爱、尊重、成就等。需要是一种心理倾向，表现出人对某种目标的欲望和渴求。需要的根本特性是它的动力性。需要是促成人类进行各种活动的基本原因，是行为的原动力，是个体积极性的源泉。

人的需要多种多样。根据需要的内容，可以把需要分为生存需要、社会需要、发展需要；根据需要的起源，可以把需要分为生物性需要和社会性需要；根据需要的对象形态，可以把需要分为物质需要和精神需要；根据需要维持时间的长短，可把需要分为暂时性需要和延续性需要。美国人本主义心理学家亚伯拉罕·马斯洛（Abraham Maslow）认为，人类的需要由五个等级构成，由低级到高级分别是生理需要、安全需要、归属与爱的需要、尊重的需要、自我实现的需要。

2. 动机

动机（motivation）是直接推动人进行活动，从而满足需要、达到目标的内在驱动力。动机可引发和维持人的某种行为，并且使行为具有稳固、完整的内容，始终趋向目标，直到目标实现。人的一切有意识的活动都是由动机引起的，而动机是在需要的基础上产生的。离开需要的动机是不存在的。需要是行为的基本原因，动机是行为的直接动力。

3. 兴趣

兴趣（interest）是人力求认识和探究某种事物的个性倾向。兴趣的发生以一定的需要为基础，并总是与积极愉快的情绪相联系。兴趣使人对某种事物特别关注，并积极地探究。“兴趣是最好的老师”，它是人们获取知识、发展能力的巨大动力。稳定的兴趣是后天形成的，是在社会实践活动中形成和发展起来的，并随着社会实践的变化而变化。

兴趣与爱好既有区别又有联系。兴趣是认识中的倾向，而爱好是活动中的倾向。爱好离不开对事物的兴趣，但对某事物有兴趣的人并非都会去从事探究该事物的活动。

人的兴趣是多种多样的，依据不同的标准可有不同的分类。按照兴趣的内容，可以把兴趣分为物质兴趣和精神兴趣；按照兴趣的起因，可以把兴趣分为直接兴趣和间接兴趣，前者是对活动过程的兴趣，后者是对活动结果的兴趣；按照兴趣的效能，可把兴趣分为积极兴趣和消极兴趣；按照兴趣的持续时间，可把兴趣分为稳定兴趣和短暂兴趣；按照兴趣的范围，可把兴趣分为广阔兴趣和狭窄兴趣。

4. 理想

理想（ideal）是符合客观规律并同奋斗目标相联系的想象，也是对未来有可能实现的奋斗目标的向往和追求。作为理想的奋斗目标应符合事物发展的客观规律，否则就是空想。人类对理想既有生动的想象内容、明确的思想认识，又有喜爱、赞扬等肯定的情感体验，并表现出力求实现的意志活动。

5. 信念

信念（faith）是人坚信某种观点的正确性，并经常用来支配自己行动的个性倾向。它表现为一个人对自己所获得的知识的真实性坚信不疑，并力求加以实现。信念是在社会环境的影响下，在个人经验的基础上，通过人的活动而形成的。信念一经确立后就有很大的稳定性，不会轻易改变。信念是由认知、情感、意志构成的统一体，是人格结构中比较高级的倾向形式。

（五）人格的心理特征

人格的心理特征是人多种心理特点的独特结合，在人的心理活动中经常稳定地表现出来。它包括气质、能力和性格。

1. 气质

气质（temperament）是一个人出生时所具有的稳定的心理特点，是典型的心理活动动力特征。所谓心理活动的动力特征，是指心理活动的强度、速度、稳定性、灵活性、指向性等，如情绪的强度、知觉的速度、思维的灵活性和心理过程的稳定性等。气质与人的生理素质有密切的联系，是人的高级神经活动类型在心理活动和行为方式上的表现，是与生俱来的，很难改变，无好坏之分。

2. 能力

能力（ability）是人顺利地完成某种活动所必备的，并直接影响活动效果的人格心理特征。这些特征包括观察力、记忆力、想象力、思维能力等一般能力，以及音乐能力、组织能力、语言能力、诊疗能力等特殊能力。能力总是和活动联系在一起，在活动中形成和发展，并在活动中表现出来。人要顺利地完成某种活动，必须有相应的能力作保证。缺乏能力会影响活动的效果，如管理者除要求具备科学管理的有关知识外，还必须具备良好的组织控制能力、计划决策能力、人际关系能力等。若管理者的这些能力较差，管理工作将会受到影响。

3. 性格

性格（character）是个人对客观现实稳定的态度以及与之相适应的习惯化的行为方式。在人格结构中，需要、兴趣等反映活动的倾向，能力反映活动的水平，气质反映活动的动力特点，而性格则决定活动的方向。性格是与社会道德评价相联系的人格特质，是后天形成的品格，是社会文化塑造的结果，有可能改变，且有好坏之分。

（六）自我调控系统

自我调控系统是人格中的内控系统，由自我认识、自我体验、自我控制三个部分组成，它们的功能是对人格的各种成分进行调控，促进人格健康。

1. 自我认知

自我认知（self-cognition）是对自我的观察和评价，自我观察包括对自己的感知、思想和意向等方面的觉察；自我评价是对自己的想法、期望、行为及人格特征的判断与评估，涉及“我是一个什么样的人?”“我为什么是这样的一个人?”等问题。如果一个人不能客观地认识自我，容易出现盲目自卑或自大等情况。因此，恰当的自我认知是自我调控和人格完善的重要前提。

2. 自我体验

自我体验（self-experience）是伴随自我认知而产生的内心体验，是自我意识在情感上的表现，包括自尊、自信、自卑、自怜等。自我体验还可以激励适当的行为，抑制不适当的行为。比如当个体在勤奋学习取得一定成绩后，产生自我肯定的情绪，进而会激励自我表现出更多的勤奋学习的行为。

3. 自我控制

自我控制（self-control）是个体对自己的行为活动的调节，是自我意识在行为上的表现，包括自立、自主、自律等。比如当个体意识到自己应该是一个在工作上有所作为的人，激发起成就动机，进而采取努力工作行为，同时在努力工作及其取得的成绩中，产生自尊自信的自我体验，进一步使个体对自己的行为进行控制，表现出更多的努力工作的行为。自我控制包括自我监控、自我激励、自我教育。

第三节　心理本质

什么是心理，它的本质是什么，这是人类认识史上重大的原则问题。世界的本质是物质的，心理不能离开物质而单独存在，只能是物质的产物，这是唯物主义与唯心主义的区别所在。辩证唯物论认为，心理是脑的功能，是对客观存在的主观能动的反映。

一、心理与脑的关系

（一）脑是心理的器官

心理是物质发展到一定阶段才产生的。也就是说，有了脑这样的物质结构才使人拥有产生复杂心理活动的功能。关于脑是心理的器官这一认识，是人类在漫长的历史中不断探索的结果。由于认识的局限性，人们曾把心脏看作是人发生心理的器官，认为“灵机发于心”。“心脏说”在很长的时期内都占有一定地位。如《孟子》中指出“心之官则思”，其“心”为脑的功能。亚里士多德（Aristotle）也曾认为脑是冷却血液的器官，心脏才主宰人的心理活动。随着人类认识的深入，心理与脑的关系逐渐为人们所认识，如李时珍提出了“脑为元神之府”，清代名医王清任提出了“灵机记忆不在心在脑”的科学论断。但真正科学地认识到脑是心理的器官，是在 19 世纪后期自然科学发展，特别是解剖、生理等科学的发展后对大脑结构和功能认识的结果。近 30 多年以来，由于神经、认知、电生理学、生物化学等科学飞速发展，人类进一步认识到心理是神经系统的功能，特别是脑的功能，脑是各种心理活动最重要的物质本体。

（二）心理是脑的功能

虽然人们认识到了脑与心理的关系，但大脑是怎样产生心理现象的呢？庸俗唯物主义认为，大脑产生思想，就如肝分泌胆汁，肾分泌尿液一样。这就抹杀了意识和物质的根本区别，抹杀了意识的社会性和能动性。现代科学研究表明，人脑是十分复杂、精致、高度完善的物质，它是由 100 亿个以上的神经细胞和 1000 亿个以上的神经胶质细胞组成的巨大的神经网络系统，是人的神经系统的中枢部位。

人的一切心理活动，就其产生方式来讲都是脑的反射活动。巴甫洛夫的高级神经活动学说，为科学地理解心理活动的生理机制提供了依据。脑的反射活动有以下 3 个环节：①外界刺激作用于感觉器官，并在感觉器官中引起神经冲动，沿传入神经输送到脑中枢；②脑中枢对感觉信息进行加工、整理、储存，心理现象即在这一过程中产生；③中枢产生信息，沿传出神经到效应器官，引起相应的语言、行为等活动发生。

二、心理与客观存在的关系

反映是客观事物在人脑中形成的印象。脑对不同的事物可以产生不同的印象，这些印象成为观念的东西。“反映”和“反应”含义不同，“反应”是指身体某些部分发生相对于刺激的变化。心理在反射中的作用就在于它能反映客观事物的情况，支配身体某些部分去做出适当的反应。

（一）心理是对客观存在的反映

人脑有产生心理的功能，是心理的物质基础，但心理不是人脑天生固有的产物。人脑是心理的器官，客观存在才是心理的源泉。心理的内容来自客观现实，没有客观事物作用于人的感官，人脑这个加工厂就加工不出产品，就形成不了心理。人对客观现实的反映，不限于现在的事物，还涉及过去所经历过的事物。

（二）心理的反映具有主观能动性

人的心理是对客观事物的能动反映，不是被动的反映。“反映”本是一种物理事实，并且只能反映事物的表面现象。而人脑的反映却比镜子高级、复杂得多。人脑可以借助语言这一复杂的代码系统间接地反映过去、现在和未来的事物，掌握事物的本质和规律。

人的心理是主观的反映，不是客观的原型。人对客观事物的反映，除受客观事物本身影响外，还要受到主观世界的影响。

（三）心理的客观性和主观性统一于社会实践活动

心理的内容来源于客观存在，是人对客观存在的主观反映。这种客观性和主观性怎样统一，关键在于实践活动。实践活动是实现主体同对象世界联系的中介和桥梁。人只有在社会实践活动中，积极主动探索客观世界，同外在的客观世界打交道，使人脑和其他器官同客观世界发生联系，才能产生心理和意识。脱离了社会生活和社会实践，就不会有正常的心理现象。

案例分析

华为人力资源管理启示

华为技术有限公司（以下简称华为）在2017年华为市场颁奖典礼上，公布其2017年总收入达到1022亿美元，约合6558.685亿元人民币，意味着华为成功突破年收入总额1000亿美元的关口。创业于1987年的华为，创业资金不过2万余元，在创始人任正非的带领下，华为成为全球领先的信息与通信技术（ICT）解决方案供应商，中国第一高科技企业、中国研发能力最强企业、中国最具国际化的企业，全球唯一一家未上市的全球500强企业。

任正非在演讲中说过，华为超越竞争对手的全部秘密，就是“以客户为中心，以奋斗者为本，长期坚持艰苦奋斗”。华为的成功经验表明，其始终把人才建设作为企业发展的动力源。首先，在人才选拔上，想进入华为的应聘者需经过艰难的层层选拔，特别是在面试环节，华为的招聘者注重挑选能吃苦耐劳，心态积极，会为人处世，有理想有拼劲的员工进入团队。其次，所有新员工都要接受华为严苛的魔鬼训练，有人形容“如同高考冲刺阶段，培训中考试的次数远远超过大学四年的总和”，或者总结为“特苦、特累、考试特多”，可以堪称一次浴火重生。正如任正非所说“烧不死的鸟就是凤凰”，就是要由此改变新员工的精神面貌，培养新员工的纪律性、团结性、责任心以及迎难而上不怕吃苦的品质。经过培训合格上岗后，并非高枕无忧，华为会把新员工送到条件艰苦恶劣的地区去实践。任正非认为“大仗、恶仗、苦仗才能出干部……要派到艰苦地区锻炼，在艰苦环境中成长，公司要在上甘岭培养和选拔干部”。

在人力储备方式上，华为的高薪制度及激励机制吸引了大量优秀人才。1996年开始，华为凭借高薪积聚了大量来自著名高校的毕业生，同时为人才提供有竞争力的薪酬、福利、奖金和股票期权，只要能满足公司要求，你就可能获得其他企业所不能获得的金钱回报。任正非说过“不能让雷锋吃亏”，坚持以奋斗者为本，给予奋斗者合理的报酬，是驱动员工奋斗的基本动机。近年来华为开始实行按价值定薪，也就是员工有多大雄心、有多大能力、有多大潜力，就给多大薪酬，牛人年薪不封顶。在华为奋斗越久越划算，工资变成零花钱，华为的薪酬水平高于行业普遍水平，长期积累计划的收益，会随着责任及贡献，在年收入中占很大比例。在华为，人人都是合伙人，员工不是为华为打工，而是为自己创造价值。华为86%的员工拥有公司98%的股票（虚拟受限股），任正非只占到华为股权的1.42%左右，由此形成了一个全员荣辱与共的利益共同体，这是华为持续发展的强大动力。现在华为中层年收入百万元以上的数以千计，收入很大部分来自长期的股权激励计划，这些长期激励为华为留住了大量人才。

在人才发展方面，华为有完善的培训体系，为人才提供良好又多样的学习与成长平台，培养更优秀的人。在华为，英雄不问出处，不必拼爹妈，华为为优秀人才提供了清晰的晋升通道，不论资排辈，只要敢拼敢闯，经得起考验，年轻也能当将军。这对渴望获得职业成功的人才来说，极具诱惑力。

问题 1：华为公司在人才的选拔和培训上，主要注重的是哪方面心理过程的培养？这一心理过程的良好发展能对员工及企业造成怎样的影响？

问题 2：华为公司在吸纳人才方面，主要激发了人格倾向中的哪些要素？这些要素是怎样促成优秀人才甘心为企业奋斗，推动企业创造辉煌的？

（张宛筑　彭　刚）

第四章 管理中的社会认知

学习目标

通过本章的学习，你应该能够：

掌握 在管理中认识与克服认知偏见的方法。

熟悉 熟悉社会认知归因理论的基本问题和对管理工作的意义。

了解 社会认知的主要内容及影响因素。

第一节 社会认知概述

一、社会认知的定义

社会认知又称人际知觉，即在人际交往过程中，根据他人的外在表现，推测和判断他人的心理状态、行为动机和意向的过程。

社会认知过程与普通的知觉过程有所不同。知觉过程根据知觉对象可分为对物的知觉和对人的知觉，后者即社会认知。知觉过程所反映的客观事物是作为一个自然实体来对待的，它相对脱离于具体的社会情境来对客观事物进行研究。一只香蕉摆在面前，它的色、香、味、形等属性通过人们的感觉器官传递到大脑，使其形成香蕉的概念。但社会认知的过程远比对物的知觉复杂。一个同志乐于助人，每天一早就来办公室打扫卫生、打开水，使大家每天一来办公室就有一个清新、舒适的环境。人们在认识这种行为的同时，常会考虑其他问题：他是工作勤奋、乐于助人的同志吗？他是真心愿意这样做吗？他是否想争表现或有其他什么目的？因此，社会认知不仅是对人的外在行为表现的认识，而且是对人内在的心理动机、人格特征等的认识。人们就是通过这种社会认知来了解社会交往中人的行为和关系的。

社会认知过程涉及认知者、认知对象和情境 3 方面的因素，它是一个综合反映过程。认知对象本身的特点，如气质、性格等，影响着人们对他的认知，认知对象所具有的社会价值、社会地位等也影响着人们对他的认知。在认知他人时，认知者本身的知识、经验、态度、需要、动机等是重要的影响因素。在对他人的行为进行推测、判断的时候，人们常常根据自身的经验和态度来推测他人的行为动机和心理状态，这就是常说的“以己之心，度他人之腹”。社会认知是通过人的行为来认识其内在的心理状态及动机的。然而，动机等因素是内在的，动机和行为也不是单一的对应关系，一种动机可表现出多种行为，同一种行为可能又有多种动机。所以，整个社会认知是一个复杂的过程。

二、社会认知的内容

社会认知包括对他人的认知、对人与人关系的认知以及自我认知 3 个部分。

（一）对他人的认知

对他人的认知就是通过对别人外部特征的知觉，进而取得对其动机、情感和意图的认知。人们通常所说的“听其言、观其行而知其人”就是这个道理。对他人的认知依赖很多因素，如认知对象本身的特征，即仪表、风度、言谈、举止等。一个人相貌端正、举止端庄大方、谈吐优雅文明，在初次见面的时候就会给对方留下良好的印象，并为以后的交往打下基础。要正确了解一个人，除观察他的言谈、举止外，还要体会他的表情。表情既包括面部表情，也包括姿势、语言表情和目光接触等。通过对这些“弦外之音，言外之意”的体会，人们对他人的认识就可能更正确。

1. 面部表情

人的面部表情是反映其内心态度、情绪、动机等的重要线索。通过一个人的表情可以发现其心情，并可体验到他的态度、动机和情绪。因此，人们常根据他人的表情来判断其心理。判断的正确程度取决于研究者对他人表情的认知与解释。

一些表情人们很容易判断，而有一些表情判断起来就困难些。美国心理学家伍德沃斯（Woodworth）认为，人们的情绪分为 6 个情绪组，而每个情绪组可能有几个相近的情绪表现。6 个情绪组分别为：①爱、幸福、高兴；②惊奇；③恐惧、痛苦；④愤怒、决心；⑤憎恶；⑥轻蔑。人们对不同组的情绪区别较清楚，但对相邻组的情绪区别较弱。人们很少把幸福与憎恶、轻蔑与惊奇混淆起来，但对憎恶与轻蔑等的区别能力就差一些了，对同组内的情绪表现的区别能力就更差，如爱、幸福、高兴，人们常常不易分辨。

对表情的判断能力是人们在社会化的过程中逐渐学习得来的。表情有后天习得的成分，受暗示和训练的影响。有人曾对 5 至 20 岁的先天性盲人与视觉正常的人进行面部表情的后天习得性对比研究。结果发现，年幼的盲童与视觉正常的儿童无论在面部表情的动作数量上，还是表情的准确性上都没有明显的差异。但随着年龄的增长，视觉正常的儿童，由于其知识经验的逐步丰富，他们通过对别人表情的学习和模仿，使自己在表情的数量和表达的逼真性方面都得到了发展。而盲童则不然，他们无法学习和模仿，只会茫然地露出下意识的表情，即盲相。人们对表情的判断是随着年龄的增长而逐渐得到提高，但不是同步的。有人对儿童年龄与表情判断的正确性进行了研究，提出了对表情的判断正确率达 50％的年龄界限，如表 4－1 所示。

表 4－1　不同年龄儿童对表情的判断

表情	年龄（岁）	表情	年龄（岁）
笑容	<3	恐惧	9～10
痛苦	5～6	惊讶	11
愤怒	7	蔑视	>14

不同文化背景的人群对表情的判断有较大的一致性，各民族对表情的判断和识别大同小异。所以，全人类表情所表达的情绪具有一致性，在情绪的面部表情上存在着跨文化特征。心理学家埃克曼（Ekman）在 1973 年选择了 5 个国家的研究对象，然后给研究对象看 6 种代表不同情绪的表情照片，让他们对照片中的表情进行判断。结果显示，绝大多数的研究对象都能比较准确地判断出照片所代表的情绪（表 4－2）。

表 4－2　情绪判断结果

国家	参加人数	判断照片中各种表情的正确率（%）					
		喜悦	厌恶	惊异	悲惨	愤怒	惧怕
美国	99	97	92	95	40	67	85
巴西	40	95	97	87	59	90	67
智利	169	95	92	93	88	94	68
阿根廷	168	98	92	95	78	90	54
日本	29	100	90	100	62	90	66

2. 姿势

姿势又称身段表情或身体语言。人们在进行人际交往时，姿势也传递着信息。人们可以通过姿势来表达自己的意图和情感，也可透过他人的姿势来判断其情感和意图。人们通常用点头表示同意和满意，用摇头表示不同意或不满意。这些姿势都是简单的、直接的，并各有具具体的含义。这些姿势能为人们所明白，达到传递信息的意图。生活在相同的生活环境里的人，具有相同的知识和经验，对姿势的判断准确性较高。

人在表达情绪时，常伴随着姿势的动作。在失意的时候常常“垂头丧气”，在高兴的时候总是“手舞足蹈”，在焦虑的时候往往“坐立不安”，在紧张和恐惧的时候则会“浑身颤抖”。因此，通过姿势可观察到人的情绪。有经验的研究者判断双手所表示的表情的正确率，能够达到和判断面部表情一样的水平。

人的个性特征也可通过姿势表现出来。急性子的人走路往前冲；谨慎的人身子正而稳，步履细碎；机灵的人走路身段灵活，脚步轻盈。还有一些姿势在不自觉地使用，无意识中表达出来，这些姿势常常比语言更真实地反映了一个人的感情。比如，一个人在做测验时，比平时更多地舔嘴唇，不住地眨眼，这就表明他紧张。又比如，一位等待面试的人，会努力表现得镇静而漫不经心，但又会不住地跷腿、正领带、摸脸或头发，表现出他内心的紧张。

3. 言语表情

言语表情又称辅助语言，在人际交往中也有着重要的地位。语言能表达人们的动机和意图，伴随着语言的声调、音量、节奏等同样也传达了重要的信息。这些口语声调和修饰性语气有助于表达各种语言含义。实验证明：让研究对象判断在不同情绪状态下念英文字母的录音时，其判断的正确率几乎和辨别面部表情时一样高。声调低沉常表示厌烦、悲伤的情绪；提高嗓门常提示愤怒、惊讶等心情；声音突然剧烈变化常表达愉快和惊奇的心情；一个人紧张的时候说话结巴，声音颤抖。一个人的气质也可以通过声调、音量、语速的变化反映出来。如开朗乐观的人说话音量大、声调较高、速度快，内向文静的人说话低缓，性格傲慢的人说话带有教训人的口气，性格谦卑的人说话带有懦弱的口气。

言语表情可帮助人们表达语言本身以外的意图。有时通过声调、音量和节奏的变化，可表现出与语音本身完全相反的意思。如“我喜欢你!”“他真是个好人!”所表达出的情绪可能处于亲近和厌恶之间。因此，言语表情有时能表达的含义远远超出语言本身。

4. 目光接触

眼睛是心灵的窗户，通过一个人的眼神可以认知到其情感、意图及其他一些信息。这也是人们认知他人的重要线索。“含情脉脉”“秋波流盼”等都是文学中经常用来描写人们内心世界的词语，说明眼睛的表现力相当强。目光接触能表示一个人对某个话题有无兴趣。一个人对某个人的谈话感兴趣，就会与对方目光接触，表示出极大的兴趣；相反，则会避免或中断目光接触，表现出心不在焉。另外当一个人感到害羞、害怕、紧张等时，也会避免目光的接触，表现为目光的躲闪。如老师提问，回答不了问题而又害怕老师提名的同学，可能会转移目光，避免与老师的目光接触；而愿意回答问题的同学则会集中目光对老师的注视做出反应。此外，目光的接触也具有攻击性，对某人感到厌恶或愤怒的时候，有时会狠狠地“瞪”他一眼。目光接触可以表达出两种相反的含义，即友谊和敌视，它能说明很复杂的情况和很强的情绪内容。在不同的时间和环境里，其含义不同。

对面部表情、姿势、言语表情、目光接触的认知，是对他人认知的主要线索，但完全依靠这些来判断他人是不全面的。因为人的表情除情绪本身的影响外，还要受到个性特征、动机、环境以及当时的情景的影响。人是复杂的有机体，在某些场合，人的表情受到思想意识的控制。不只演员可以控制自己的表情，就是一般人也能做到。在生活中，有的人喜、怒、哀、乐露于形，人们从他的表情中可看出他的情绪；而有的人则不然，表面的乐哈哈，可能掩盖着内心的痛苦。人是社会的人，在某些场合人可能通过伪装的表情来掩饰自己的情绪。一个对上司有怨恨情绪的下属可能在上司面前满脸微笑。因此，准确地认识、判断他人有赖于研究者的生活经验，研究者只有依靠自己的社会知识和积累的经验，根据研究对象的一贯表现，结合多种情景考虑，才能去伪存真做出正确的判断。

（二）对人际关系的认知

在社会认知的时候，除了对他人进行认识和判断外，还要对人与人的关系进行认知。这包括对自己与他人的关系、他人与他人的关系的认知。

人际关系问题是人们社会生活中的重要方面。人际关系良好，表示人与人之间心理上的距离近，产生一种和谐融洽的心理气氛，表现出非常亲密的关系，生活和工作都很愉快并有信心。如果人与人之间关系不融洽，则心理距离远，出现紧张的心理气氛，就会表现出排斥和相互对立，影响工作和效率，并且对人的身心带来影响，甚至引起身心疾病。搞好人际关系对每一个人都是极其重要的。而对人与人关系的认知是人际关系最基本的能力。只有正确地认知到他人与他人以及自己与他人的关系怎样，并敏锐地观察到这种关系的变化与发展，才能适当地调整自己的态度和行为，改善人际关系。

（三）自我认知

自我认知指对自己行为的观察和对自己心理状态的认知。人不仅要在知觉别人时通过其外部特征来认识其内部的心理状态，而且在认识自己的行为动机、意图等时也应如此。人的“自我”是自我认知的内在客观对象，人的“自我”概念包括三部分：一是“物质自我”，即对自己的身体、仪表、家庭等方面的自我认知；二是“社会自我”，即对自己在社会活动中的地位、名誉、财产及与他人关系的相互认知；三是“精神自我”，即对自己的智慧、能力、道德标准等内在素质的认知。如何正确认知自己、评价自己，这对于一个人的社会生活有很大的影响。一个认为自己有能力、有水平、有地位、有突出的外表的人，会对生活充满自信。如果过分看重自己的才能、地位，唯我独尊，那么就可能会自傲。但如果一个人只看到自己的不足和缺点，觉得什么都不如别人，那么就可能产生自卑，对生活丧失信心和勇气。自我认知与认知他人的区别在于，自我认知时，自己既是认知者，也是认知对象，对于自己能掌握比别人更多的信息。但这并不是说自我认知总是比对别人的认知更正确。由于受到主观的影响，一个人有时不能正确估价自己，因此人们常说：“人要有自知之明”。

人们在进行自我认知的时候，常根据社会比较来完成。社会心理学家费斯挺格（Festinger）提出社会比较理论，认为个人的自我评价往往借助社会比较完成。一个人为了准确地判断自己，常把自己与别人比较。如个人工作成绩的好坏，要以其他同事的成绩作为参考才能判断。另外，人们对他人进行认知评价的时候，同时也对自己进行认识，常通过别人对自己的态度和行为来认识自己。别人对自己的看法是一面镜子。他人对自己的喜欢、赞扬、亲近、钦佩，或疏远、轻视、厌恶等都是自我认知的线索。如果一个人的某些心理品质受到他人或集体的肯定评价，他就会巩固和发展这些心理品质以及对这些品质的自我意识。如果他人的评价和自我评价相矛盾，他就可能发生从众行为而改变那些受到否定评价的品质或行为。因此，正确的大众舆论和良好的行为规范，对于人们形成正确的人生价值观，改变不良行为都有重要意义。

三、社会认知的影响因素

社会认知涉及认知者、认知对象、情景 3 方面的因素。要正确认识一个人和人们之间的关系，并不是一件轻而易举的事情。人具有复杂的心理现象，当人们通过一个人外在的行为表现来推测其内在的动机、意图等时，并不像用尺子量长度或用秤称重量那样准确。社会认知会受到主观、客观和情境因素的影响。

（一）客观因素的影响

知觉对象本身的特点影响人们对其社会认知。认知对象可以是某个人、某个群体或是有社会意义的某种事物。

1. 认知对象的特征

认知对象本身若具有突出的、鲜明的特征，则容易被人们选择认知。如一个人身材高大，或相貌突出，或有其他特点，人们对他就非常熟悉。

2. 认知对象和背景的关系

认知对象和背景的差异影响认知结果。人们认知任何事物都是从一定背景下选择出来的，认知对象和背景的差异大，则容易被人们认知。万绿丛中一点红人们能知觉到，而如果万绿丛中一点蓝，人们可能就不易知觉。

认知对象和背景处于动态的变化中，有时背景可能成为认知对象，有时认知对象又可转化为背景。在一个“人人为我”的工作群体中，有人做好人好事可能被认为是怪异的行为，他成为认知对象，经常被人们议论。在一个“我为人人”的集体，做好人好事不再是被人议论的中心，相反如有人懒惰、自私，则他可能会成为认知对象，成为议论的焦点，受到人们的谴责。

3. 动态与静态的影响

处于动态的认知对象比处于静态的认知对象容易引起人们知觉。如同那些颜色鲜艳、闪烁着霓虹灯的广告牌就比静止不动的广告牌更容易引起人们的注意；那些生性活泼好动、爱唱爱笑的人，就比那些沉默寡言、不爱交际的人给人们的印象深刻。

4. 认知对象的重复性

同样的刺激如果反复出现，会给人留下较深的印象。电视广告每晚都在对观众进行重复刺激，虽然人们有时不喜欢它，但还是不自觉地接受了它的内容。一个人在单位里偶尔为大家做清洁和打开水，可能不会引起人们的注意，但如果经常这样做，就会引起人们对此的认知。

5. 新奇和熟悉

人们对认知对象的新奇或熟悉也会影响认知。在熟悉的环境中，新奇的东西容易引起知觉；而在陌生的环境中，熟悉的东西则容易被知觉。

6. 认知对象的价值

认知对象对认知者所具有的价值和社会意义的大小也影响认知的结果。如果一个东西对认知者有很大的价值，或具有重要的意义，则容易被认知者选择出来加以认识。

7. 认知对象的组合方式

由于认知对象在时间、空间等方面的组合特点不同，人们对此的认知亦有差异。①接近原则：认知对象在时间或空间上相互接近，容易被看成属于一个整体，如图 4-1 中的 6 条线，很容易被看成是 3 组线。②闭锁原则：几个认知对象共同包围一个空间，容易被感知为一个整体，如图 4-2 所示。③相似原则：认知对象在形状或性质上相像，容易被感知为一个整体，如图 4-3 所示。④连续原则：几个认知对象在空间或时间上具有连续的性质，易被感知为一体，如图 4-4 所示。

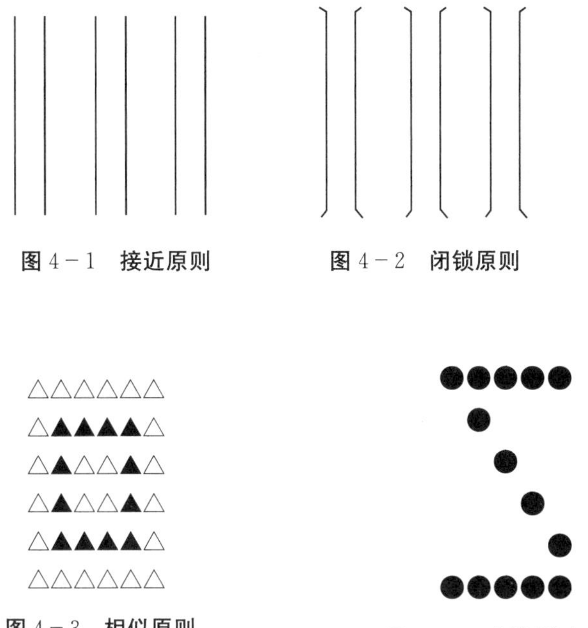

图 4－1　**接近原则**　　图 4－2　**闭锁原则**

图 4－3　**相似原则**　　图 4－4　**连续原则**

（二）主观因素的影响

主观因素是认知者本身的因素。形成社会认知，除了客观事物的刺激外，认知者本身的条件、兴趣、需要动机、知识经验、心境、个性特征等都是重要的影响因素。

1. 生理条件

外界的刺激经过人体的感觉器官才能形成印象。感觉器官的生理功能的改变或丧失，必然会影响人们对外界的认知。身体强壮有力的人，总是对生活充满信心，无所畏惧，认为世界都是美好的；而体弱多病的人、经受严重挫折的人，总认为生活的世界是令人失望的，总觉得外界环境充满了危险与威胁。

2. 兴趣

兴趣决定人们对认知对象的选择。人们对某件事或某个人感兴趣，就容易把它从背景中区别出来加以认知，而把不感兴趣的事物排除到认知背景中去。

3. 需要与动机

需要引起动机，动机支配行为。凡是能满足人的需要，符合人的动机的事物，往往会成为知觉的对象，甚至注意的中心。食物的需要属于生理需要，它是人的基本需要。如果一个人处于饥饿状态，他就会渴求食物，走路时想的是吃，睡觉时想的也是吃，而对当一个明星、当一个科学家或者是画一幅画的愿望，都会暂时排除在知觉之外。

布鲁纳（Bruner）在 1947 年做了一个有名的硬币实验：将一套分值大小不同的硬币和一套与硬币大小相同的硬纸片投射在银幕上，让两组分别来自富裕家庭和贫穷家庭的 10 岁儿童依次观看，然后移去刺激物，让这些儿童画出刚才看到的硬币和圆形纸片。

结果儿童画出的圆形纸片与实际的圆形纸片的大小比较一致，但所画的硬币图形远大于实际的硬币图形，而且来自贫穷家庭的孩子更多地具有这种倾向。勒维因（Levine）等人的实验也证实了人们的生理需要对其认知的影响。他们的实验对象是一群饥饿程度不等的人，实验材料是一些乱涂的图片，其中有几张描绘的是食物。这些图片都被盖上一层薄纱，让研究对象观看，然后要求研究对象回忆并画出刚才看到的内容。结果表明，饥饿时间越长的人越倾向于回忆图片的食物。这些实验结果说明个人需要和认知结果有关系，需要动机的差异会影响人的认知。

4. 知识和经验

社会认知依赖于人们的知识和经验。一个人具有什么样的知识和经历过什么样的体验，在很大程度上影响社会认知。例如，以前人们不理解预防接种工作，带小孩打防疫针嫌麻烦，这是因为他们没有预防疾病这方面的知识。在偏远的农村地区，人们的文化水平低，对医疗卫生知识的了解甚少，因此对卫生工作的认识存在错误，生了病宁可找神汉、巫婆，而不愿去医院打针、吃药。不同的生活方式，人们获得的知识和经验也不一样，这影响认识的结果。知识和经验的积累，丰富了人们的认知内容。小孩的知识和经验都很贫乏，他们的认知结构就极简单。他们能分辨快乐和悲伤，但对别人的轻视、嘲笑则可能感到茫然；对人的评价也采用简单的二分法，即“好人”和“坏人”之分。成人的知识和经验丰富，其认知结构也变得复杂。成人对别人的轻视和嘲笑能很敏锐地观察到，对人也不是简单、片面地以“好人”和“坏人”来区分，而是认知到人的多重性。

5. 心境

心境是一种较微弱、持久而具有渲染性的情绪状态。它具有渲染性，能使人的一切活动都带有某种特定的情绪色彩。人的社会认知也受到这种情绪的影响。一个人在工作上取得某种成就，或者升了职称、分了住房，就会产生愉快、喜悦的体验。这种体验在较长时间内对他的一切活动均渲染上满意和愉快的情绪色彩，看到人倍感亲切，觉得天是那样的蓝，花是那样的美，整个世界都显得那样的美好。而如果一个人在生活或工作中遭受严重挫折，如亲人逝世、失恋、工作不顺心，就会产生一种悲观的情绪，看到什么都不如意。“感时花溅泪，恨别鸟惊心”，就是这种体验。

6. 个性特征

不同的个性特征会影响认知结果。多血质的人知觉速度快、敏感性强、知觉范围广，但注意力不稳定，观察事物不细致。黏液质、抑郁质的人响应速度慢、知觉范围狭窄，但观察事物很细致。能力不同的人知觉事物也不一样。智商高的人反应快、认知能力强；而智商低的人，知觉事物就很差。有算术才能的人，对数学方面的问题认知和解决能力就强。有音乐才能的人，对音符、节奏、音调等感受能力就比其他人强。人的性格对社会认知也有很大影响，自信心强的人认知事物具有独立性。而自卑的人常发生从众行为，经常“随大流”。一个平常爱怀疑别人，具有猜疑性格的人，对他人的动作和言语的认知，往往从猜疑的立场加以判断。

（三）情境因素的影响

社会认知都是在一定的社会情景中进行的，不同的情景会影响社会认知。人们对他人行为的善恶与是非评价总是离不开对当时情境的分析。如一个人上班迟到，这是不遵守组织纪律的表现，但如果这个人是因为在上班途中遇见一名行人发病晕倒，为了把病人送到医院而迟到，那么人们对他的评价就会不一样。一个人不论何时何地都做好人好事，人们会给他肯定的评价；而如果他只有领导在场时才表现积极，人们会给他否定的评价。这就是具体的情景影响人们的判断。又如人们共同面临外来的威胁时可能会增进人与人之间的融洽性，大家团结起来一致对抗外来威胁。一个人在通常情况下可能对人与人之间的感情和助人行为不以为然，可当他遇到困难、遭到挫折时，人们给他一点微小的帮助和关心都会使他感激不尽，甚至终生难忘。这种情景下，他对社会认知就可能发生变化。

第二节　社会认知的偏见

人们进行社会认知时会受到各种主、客观因素的影响，而且在判断他人和人际关系时，常常还会受到各种偏见的影响而造成社会知觉的歪曲。这些偏见包括首因效应、近因效应、晕轮效应、定型效应、线索偏差和逻辑错误。

一、首因效应

首因效应（primary effect）即第一印象。与人初次接触时，最初得到的信息对印象形成的作用很大。也就是说，人与人交往时形成了第一印象，这种印象对人的认知产生影响，制约着以后人们的交往。人们根据最初形成的印象去推测、解释他人以后的一系列行为，就会发生错误，这就是首因效应或第一印象的偏见。

洛钦斯（Lochins）在1959年研究了首因效应。他设计了一个故事，讲述一个名叫吉姆的学生的生活片段。让研究对象阅读该故事，然后让研究对象对吉姆进行判断，观察第一印象对研究对象的影响。该故事有两段杜撰的文字材料：材料一把吉姆描写为热情外向的人；材料二把吉姆描写为冷淡内向的人。洛钦斯把两段材料进行不同的组合，形成四组材料：第一组，先出现材料一后出现材料二；第二组，先出现材料二后出现材料一；第三组，只出现材料一；第四组，只出现材料二。把研究对象也分为四组，分别阅读一组材料，然后要求研究对象回答一个问题：吉姆是怎样一个人？结果显示，阅读第一组材料的研究对象有78%认为吉姆热情友好，阅读第二组材料的研究对象只有18%认为吉姆热情友好，阅读第三组材料的研究对象有95%认为吉姆热情友好，阅读第四组材料的研究对象仅有3%认为吉姆热情友好。由此可见，首先收到的信息对整体印象产生了巨大的影响。后来其他人也进行了类似的研究，证实了第一印象的影响。

在现实生活中，第一印象经常影响人们对他人的判断，即“先入为主”。第一印象良好，如风度翩翩、仪表非凡或谈吐不俗等，会使人们产生好感，促进以后的交往。单位里新来的领导、同事，班里新来的老师和新来的同学，才认识的朋友，招聘面试等都存在着第一印象问题。青年人在初次约会前常常会修饰打扮，总是力图给对方一个好印象，因这种印象会影响今后交往的发展。在生活中，人与人接触形成第一印象，通常从对方的表情、姿态、身材、仪表、年龄、服装等方面获得，当然也不仅仅如此。如单位新上任的领导，除了外表给人留下印象外，上任时的工作水平、工作业绩也是形成第一印象的因素。如果上任时干几件漂亮的事，就能留给人们好的印象，对于今后工作的开展是有帮助的。

根据第一印象去判断、解释一个人以后的行为，会使人们发生认知偏差，即产生偏见。对于第一印象本身来讲，虽然它具有消极性，但对管理工作中的领导艺术来讲也具有积极性的一面。它给管理者带来两方面的启示：一方面，它是一种偏见，是对人不全面的认识。管理者在工作中应避免它给自己认知带来的不良影响，在认识他人，特别是评价下属的时候应注意它的负面作用，防止产生偏激的错误看法。另一方面，管理者应充分利用第一印象的影响为管理工作服务。如一个新上任的疾病预防控制中心或医院的领导者，如果在下属心目中有了良好的第一印象，在以后的工作中，就容易得到下属的支持和信任，人际关系就会更融洽，工作就会更易开展。“新官上任三把火”就是这个道理。

二、近因效应

近因效应（recency effect）指与他人接触时，在时间和空间上距知觉最近的信息，给人印象较深刻。它与首因效应不同，首因效应指最先给人的印象有强烈的影响，而近因效应是最后给人留下的印象有强烈的影响。按照时间顺序出现的信息，由于时间间隔越大，最先出现的信息在记忆中就变得越模糊，并且逐渐被后来出现的信息所取代。后来出现的信息就有较大的影响力，对整体印象的形成有巨大作用。

在前面介绍的洛钦斯的实验中，他后来改变了方法。在两段材料中间加入了一个时间间隔，也就是在念完第一段材料后，让研究对象做数学题或听故事，插入无关的东西，然后再念第二段材料，最后要求研究对象做全面的判断。结果显示，多数研究对象根据隔开那段时间后所听到的故事情节来评价吉姆。这就说明，后来的信息起到了较大影响。而且两段材料之间的时间间隔越大，后一段材料的影响就越大，也就是说近因效应越明显。

首因效应和近因效应都在人们的社会知觉中起重要作用，只是条件不同而表现各异。一般来说，在认知陌生人或事物时首因效应作用较大，而在感知熟悉的人时，如果他有什么新异的表现，则近因效应起更大的作用。在工作中可以充分利用这两种效应的作用来影响人们的态度和行为。如在管理工作中，某人要竞选或就任疾病预防控制中心主任、医院院长或其他职位，需发表竞选演讲，或者作某种报告，需要他人或下属接受自己的观点，信任和支持自己。因此，可以在一开始就提出正面的论据、观点，通过首因效应加强印象。最后结束时，再一次阐述这个观点，利用近因效应，来加深人们对它的理解和记忆，从而达到较好的效果。

三、晕轮效应

晕轮效应（halo effect）又称光环效应。人们在认知他人时，对于他人的某种品质或特征有突出明显的知觉，这一品质或特征掩盖了对这个人的其他品质或特征的知觉，这一突出的印象起着一种类似晕轮的作用。从一个人的个别品质特征来对他进行全面的评价，这就是晕轮效应。如人们对一个人的某些主要品质有良好的印象，认为这个人诚实、勤奋，那么就会认为这个人一切都好，就如月亮周围的月晕，把月亮烘托得分外美好。相反，如果一位领导者喜欢艰苦朴素的下属，就会对爱打扮、穿着时髦的下属产生不好的印象，不管他的工作水平和为人处世怎样。这也是晕轮效应的作用。

晕轮效应是一种主观片面的认识。它的产生往往是由于在掌握认知对象信息不足的情况下作出总体判断的结果，也就是以点概面、以偏概全。管理者在工作中应避免这种现象发生。

四、定型效应

定型效应（stereotype effect）又称社会刻板印象，指社会上对各类人持有一套固定的看法，并以此作为判断、评价他人的依据。人们由于地理、经济、政治、文化等条件而集合在一起，在同一条件下，容易产生较多的相同点。人们对这些认知都持有一种相同的较固定的观点。如人们认为北方人体格粗壮，性格豪爽、直率，能吃苦耐劳；而南方人身材较矮小，聪明伶俐，随机应变。对于职业来说，认为教师文质彬彬，生活清贫；工人同志热情、直率；小商小贩唯利是图、斤斤计较……这些都是社会对某类人的固定印象。

人们不仅对接触过的人具有刻板印象，即使是从未见过面的人，也会根据间接的资料与信息产生刻板印象。

人们在认知客观事物的时候，要掌握其规律性，对客观事物加以归类，进行概括总结，这是必要的，有助于人们认知客观世界。但是，这种归类如不符合人类群体的实际特点，或只是在其非本质特征的基础上作出概括，抱着一种固定不变的观点，就会形成偏见，而对他人作出错误的判断。

五、线索偏差

线索偏差（clue mistake）主要指在人际交往过程中，有的人被对方设置的假象所迷惑，不能识别对方的真正意图，形成对此人的认知偏差。如有的人为了达到自己的目的而讨好、奉承领导，表现得循规蹈矩、彬彬有礼。如该领导根据这种假象去判断此人则会发生错误。

六、逻辑错误

逻辑错误（logic error）指根据某一特性的存在而推论与这一特性有关的某些特性也同时存在的错误。如“老子英雄儿好汉”“脾气好的人多数无主见”等即属此类错误。

第三节 社会认知的归因理论

一、归因的定义

在社会认知中，人们总是会对他人和自己的行为原因进行分析，通过外在的行为表现来推测其内在的意图和动机。这一点与人们对物的认知不一样，对物的认知可能不会去追究其更多的内部原因。如一棵树在晃动，可能是有人在摇动它，也可能是风力的作用，人们知道它必然是受到某种外力作用的结果所致。而对于人的行为，人们总是习惯于去追究“为什么”。一个人每天自觉地做办公室的清洁，人们就会去分析他为什么这样做，是做好事还是在争表现？一个人在晋升职称未获批准后请了病假，人们就会去想他是真的生病了或是对未晋升上职称的抗议？总是想去找出他人行为的原因。归因（attribution）就是对他人或自己的所作所为进行分析、推测和解释其原因的过程。

归因理论是社会心理学研究的中心课题之一，最早由关于社会知觉的人际关系认知理论发展而来。归因理论在管理工作中具有一定的指导意义。怎样去推测解释员工的行为，怎样分析自己行为的原因，这些都影响对以后行为的把握。一个人有助人行为，这种行为来自什么样的动机？他是真心自愿的或是为了得表扬？一个人某项工作完成得不好，他自己怎样来解释原因？是怨天尤人或是自我反省？解释的原因不同，可能影响以后的积极性的发挥。因此，管理者应了解归因理论的基本问题，以利于对员工行为的把握。

二、韦纳归因模型

一个人在获得成功或遭到失败的时候怎样进行归因，这是归因研究中的重要问题。心理学家韦纳（Weiner）等提出了成功和失败的归因模型。他们把成功和失败的原因归纳为 4 种因素：能力、努力程度、工作难度、机遇或运气。而这四种因素又归属于 3 个向度，即内外因、稳定性和可控性。就内外因而言，能力和努力程度属于一个人内在的因素，而工作任务难度、机遇或运气属于外在的因素；从稳定性看，能力和工作任务难度是较稳定的因素，而努力和机遇是不稳定因素；从可控性看，努力是可以控制的，而任务难度和机遇是不以人的意志为转移的，是不可控制的。

人们把成功和失败的原因归为何种因素，对于以后的工作积极性有很大影响。韦纳等指出，把成功归结为内部原因，如努力、能力等，会使人感到满意和自豪；把成功归结为外部原因，如任务容易或运气好，会使人产生惊奇和感激的心情；把失败归结为内部原因，如自己能力差等，会使人产生内疚和无助感；把失败归于外部原因，如任务太难或有某种阻碍，则会产生气愤和敌意。但如果一个人把成功归因于稳定因素，如工作任务容易或自己能力强，会提高以后的工作积极性；把成功归因于不稳定因素，如碰巧或努力，则以后工作的积极性可能提高也可能降低；把失败归因于稳定因素，如任务难和能力弱，以后的工作积极性可能降低；把失败归因于不稳定因素，如运气不好或努力不够，则可能提高以后的工作积极性。归因的主要因素及其对行为的影响如表4－3，4－4所示。

表4－3 归因的主要因素

稳定性	控制的位置	
	内在的因素	外在的因素
稳定因素	能力	工作难度
不稳定因素	努力程度	运气和机遇

表4－4 归因对行为的影响

		成功	失败
稳定性	稳定因素	积极性↑	积极性↓
	不稳定因素	积极性↑↓	积极性↑
控制的位置	内在的因素	满意、自豪感	内疚、无助感
	外在的因素	惊奇、感激	气愤、敌意

人们在对自己行为进行归因时不同于他人对自己行为的归因。虽然双方认知到的是同一行为，但是行为者往往把自己失败的行为归因于情境，归因于外在因素，而他人则归因于该人的个人倾向，即内部原因。行为者把自己成功的行为归因于个人倾向（内部原因），而他人则归因于情境（外部原因）。

1976年，斯奈德（Schneider）进行了一次试验，对人们如何解释自己的行为进行了观察。该实验以成功和失败为行为结果，考察人们如何估量自己成功与失败的原因。斯奈德请一部分研究对象赛跑，另一部分观看赛跑。赛跑结束后请参加赛跑的人解释自己成败的原因。结果表明，当研究对象以某种方式解释自己的成败时，观察他的人却用不同的方式解释他的行为。研究对象中的胜利者把自己的成功归因于内在因素，如技术好或自己努力；失败者则把自己的失败归因于外部因素，如运气不好。另一方面，旁观者的解释却又大不相同。他们认为胜利者的取胜是由于运气好和其他外在因素，而失败者却是败于技术不高、努力不够。

在工作中，领导者会认为工作差的员工可能是由于不努力、能力差；但员工本人可能却不这样认为，他们常常认为工作不好的原因是条件不好、设备太差等。特别是有些员工在遇到挫折时，不从自身总结经验，而是怨天尤人，怪罪领导或同事，不能客观地总结失败的原因。因此，帮助员工正确总结经验教训，客观地认识自己的行为，具有重要意义。

三、凯利归因理论

美国社会心理学家凯利（Kelley）在1967年提出了他的归因模型，他把在对人的知觉过程中，个人行为的原因归结为3个因素，即行为者、客观刺激（行为者对之反应的事件）、所处关系或当时情景。而究竟归结为哪种因素，应根据以下几点来进行判断。

1. 一贯性

个人的行为在不同的时间内是否前后一贯，此人在其他时间或情景下，也会作出同样的反应吗？一个学生本次英语考试不及格，对此分析时应考虑是学生本人的问题还是老师的教学问题，甚至是考题的问题。要参考的一个标准就是这个学生以前是否一贯英语考试不及格，如果是这样，则表示这个学生在英语学习方面可能有问题。但要做出确定的判断，还需要参考其他的标准。

2. 一致性

一致性又称普遍性。周围其他人是否有相同的反应，其他人也这样吗？以上述例子为例，如果这次英语考试所有学生都不及格，人们可能认为是教学问题或者是这次考题太难的缘故，而不是这名同学个人的原因。

3. 区别性

区别性又称差异性。一个人在另外的情况下是否有相同的反应。还是以上一个例子为例，对这个学生考试不及格的原因的分析，还应参考这个学生在其他科目的考试中是否也这样。如果这个学生的其他科目的考试成绩多数不及格，那么原因可能归结到这个学生个人的能力或学习用功的程度上。

麦克阿瑟（Mcarthur）在 1972 年按凯利的三度理论进行了一项研究。他给研究对象一个假设事件：玛丽昨晚到夜总会看表演，当一名喜剧演员表演时，她笑得前仰后合。研究者操作变化区别性、一致性与一贯性程度的高低，要求研究对象推断玛丽大笑的原因。其结果如表 4－5 所示。

表 4－5 玛丽发笑的归因

情景	提供的资料			归因判断
	区别性	一贯性	一致性	
1	高：她并非对每个演员笑	高：她经常对这个演员笑	高：每个在场的人都在笑	该喜剧演员的刺激因素（61%）
2	低：她经常对所有演员笑	高：她经常对这个演员笑	低：几乎没有其他人笑	玛丽的个人因素（86%）
3	高：她并非对每个演员笑	低：她过去几乎未曾对他笑过	低：几乎没有其他人笑	情景因素（72%）

第一个情景很清楚地给出环境刺激物归因的信息。在场的每一个人都在笑，玛丽经常对这个演员笑，但并不对其他演员笑，因此那个表演者一定是一个很滑稽的演员，研究对象中 61%的人将玛丽的大笑归因于该演员。第二个情景，玛丽经常对这个演员的表演笑，但也对其他喜剧演员笑，而在场的其他观众并没有笑，看来玛丽本人就是一个爱笑的人，有 86%的研究对象作出如此的判断。第三个情景，玛丽过去几乎未曾为这个演员的表演而笑过，也不对其他的演员笑，在场的其他观众也没有笑，大概是情境中的什么特别事情引她笑了，有 72%的研究对象将玛丽的笑归因于情境因素。

因此，要正确推断行为的原因，必须结合多种线索综合分析。许多对他人的错误认识，都是信息的不完整造成的。同时，对他人行为归因时，还要结合此人的其他条件及具体的情景来进行。

案例分析

应怎样理解他们的行为

小张是某疾病预防控制中心食品卫生科的职员。她为人热情、活泼开朗，总是提前到办公室，先打扫办公室卫生，然后就到水房把办公室的开水瓶充满。当其他同事来上班的时候这一切都做好了。对此行为，大家也经常当面夸小张，但在私下却众说不一。甲说："小张真是一个好同志，现在这样勤快、懂事的女孩子真是难找，下次我一定选她当先进。"乙却说："她可能正是为了当先进吧！不然谁愿做？现在这个社会雷锋已没有了。"丙道："她现在单身一人，没有家务事拖累，不像我们整天家务事都做不完。"科里的小李为人很直率，他最看不惯别人私下说三道四，因此针对这些人对小张的议论，他回敬道："你们不要这样乱猜测别人好不好，你们为什么不去做。"

最近，科里发生了一件事情，起因是科里评职称，只有两个名额，但有5人申请，结果小张、小李和科里面的小王没有评上。名单公布以后小李非常气愤，他认为是科长刁难，对他有成见。因此，小李听到消息后，忍耐不住马上冲到科长办公室大吵大闹，并差点和科长打架。

小张也从其他途径了解到，这次她落榜的原因是科长在职称评定会上说她"整天打扮得花枝招展，上班嘻嘻哈哈"。但小张好像无所谓一样，看见科长，甚至表现得更加热情。

小王平时就是一个少言的人，整天埋头做自己的工作，从不主动与同事多交往。这次未评上职称，小王更加沉默寡言，甚至在路上碰见科长就尽量避开。

整个事件发生以后，小李由于不能正确对待职称问题，无理取闹，受到通报批评；而小张、小王则受到了领导的表扬："看！人家小张、小王表现多好！不计较个人得失，能正确对待。特别是小王，一点意见都没有，从不抱怨，仍努力工作。"

问题1：在你的单位或身边有以上类似的事发生吗？

问题2：为什么人们对小张的行为评价不一样？你同意哪种意见？

问题3：如果让你来评价小张的行为，你认为案例所给的信息够吗？如果不够，你认为还需要一些什么资料？

问题4：小李是怎样一个人？你喜欢他吗？

问题5：如果你是他们的领导，你比较喜欢小李、小张、小王中的哪一个？为什么？

问题6：科长对小李、小张、小王的评价正确吗？

（刘　毅　陈玉兰）

第五章　管理中的个性差异

学习目标

通过本章的学习，你应该能够：

掌握　气质、能力、性格的基本概念，气质、能力、性格在管理活动中的作用。

熟悉　气质基本类型的行为表现。

了解　能力的差异、性格的特征与类型。

第一节　气质与管理

人的个性是指个体在社会生活中经常表现出来的具有一定倾向性的、本质的、较稳定的心理特征的总和，包括气质、能力和性格3个方面。由于人的个性的形成与发展受到先天的遗传基因和后天的社会环境的影响，每个人的个性都是共同性和独特性的统一，在民族性和区域性上个性表现出共同性，但是每个人的遗传基因、社会环境、生活条件、受教育程度不同，表现出来的兴趣、爱好、需要、动机、信念、理想、价值等方面具有倾向性，使得每个人的个性又是千差万别，表现出其独特性，而且一个人的个性一旦形成，就具有相对的稳定性。

人的个性是个体行为中的一个重要内容，甚至在某些时候支配着人的行为。作为21世纪的卫生管理者，要做到以人为中心进行管理，就必须充分了解每一个员工的个性心理特征，才能在管理工作中合理地选拔人才、培养与教育员工、合理地使用人才，才能充分调动员工的积极性，更加有效地开发人力资源和提高管理水平，使自己成为一个合格的卫生管理者。可见，与管理有关的个性特征研究也是管理心理学研究的重要内容之一。气质是个性特征中重要的组成部分，正确地了解气质，对管理者具有重要意义。

一、气质概述

（一）气质的定义

气质是人的个性心理特征之一，是一个人出生时所固有的稳定的心理特点，它表达的是心理动力方面的特征。气质也就是指某个人典型地表现于心理过程的强度、心理过程的速度和稳定性，以及心理活动的指向性等动力方面的特点。所谓心理过程的强度，是指情绪的强弱、意志努力的程度等。所谓心理过程的速度和稳定性，是指知觉的速度、思维的灵活程度、注意力集中时间的长短等。心理活动的指向性即外倾和内倾，是指有的人倾向于从外界获得新印象，有的人倾向于分析自己的思想和印象。

人的气质特点决定人的心理活动方面的自然属性，它只反映了一个人情感与活动的外部表现形式，它不涉及情绪、活动的动机和内容。例如，同样是工作积极上进的员工，有些人在工作中往往表现为精力充沛、热情洋溢，而有些人则表现为任劳任怨、踏实肯干。同样是未能晋升职称的员工，有的表现为大吵大闹，而有的表现为暗自垂泪。同样在工作和社会生活中，有的人脾气暴躁，有的人则性情温和；有的人活泼好动，有的人则沉默寡言；有的人善于交际，而有的人则性格孤僻。

气质与人的生理素质有密切的联系，是人的高级神经活动类型特点在心理活动和行为方式上的表现，是与生俱来的，具有极大的稳定性。“江山易改，禀性难移”就是这个意思。但是，气质并非绝对不可改变，在环境和教育的影响下，气质也会发生某些变化，只是同其他心理特征相比，其变化更迟缓和困难。

（二）气质学说

我国医学家虽未直接提出气质说，但中医也有自己独特的阴阳五态和五行气质之论。在《灵枢·通天》中，按阴阳强弱把人分为5种类型：“有太阴之人、少阴之人、太阳之人、少阳之人、阴阳和平之人，凡五人者，其态不同，其筋骨气血各不等。”典籍中还按人好动或喜静的程度对上述5种类型人的体形、体态、动作习惯、生理及病理特点、气质、性格等心理特点一一做了详细的描述，如太阳型、少阴型好动，太阴型、少阳型喜静，阴阳和平型则动静适中。这表明人的体质是由内部阴阳矛盾的倾向性决定的，为以后的人们区分不同类型的人提供了参考依据。除此之外，在古代医书《内经》中曾对人的心理和生理上的个别差异进行了详细的论述，把人归为金、木、水、火、土5种不同的类型，这5种类型的人各有其不同的特征：金型的人，面呈方形，皮肤白色，肩、腹、足都小，脚跟坚实厚大，骨轻，为人清白廉洁，性情急躁刚强，办事严肃认真、果断利索，态度坚定不移。木型的人，肤色苍白，头小面长，肩阔背直，身体弱小，忧虑，勤劳。水型的人，皮肤较黑，面部不光洁，头大，两肋清瘦，肩膀狭小，好动，走路时身子摇晃，秉性无所畏惧，不够廉洁。火型的人，皮肤发红，背部肌肉宽厚，脸型尖瘦，头小，手足小，步履稳重，走路时肩背摇晃，背部肌肉丰满，性格多虑，缺少信心，态度诚朴。土型的人，皮肤呈黄色，头大面圆，肩背丰厚，腹大，腿部壮实，手足不大，肌肉丰满，身体匀称，内心安定，助人为乐，为人忠厚。中医除了阴阳五态之分、五行气质之分外，还有勇怯之分、肥瘦体形之分等。祖国医学与西方心理学的有关个性气质理论相比，有许多共同之处，但最大的特点是具有综合性，即各种个性对应一定的体形、生理特点、病理特点以及相应的治疗原则，具有很大的临床实用性。

古希腊医生恩培多克勒（公元前495年—公元前435年）提出了“四根说”。他认为人有四根，身体的固体部分为土根，液体部分是水根，呼吸是空气根，血液是火根，并认为人的心理差异是由于人身体上的“四根”相互配合的比例不同产生的。

古希腊著名医学家希波克拉底（Hippocrates，公元前460年—公元前377年）发展了“四根说”，根据日常观察和人体内四种体液的多寡提出了“四液说”。他认为人体有四种体液，即血液、黏液、黄胆汁和黑胆汁，分别产生于心、脑、肝、胃，而这4种液体在每个人身上的比例不一样，形成了不同的气质类型。血液占优势的人是热和湿的配合，其特点是湿而润，像春天，这就是性情活跃、动作灵敏的多血质。黄胆汁占优势的人是热与干的配合，其特点是热而燥，像夏天，这就是性情急躁、动作迅猛的胆汁质。黑胆汁占优势的人是冷与干的配合，其特点是冷而燥，像秋天，这就是性情脆弱、动作迟钝的抑郁质。黏液占优势的人是冷与湿的配合，其特点是冷酷无情，像冬天，这就是性情沉静、动作迟缓的黏液质。

1926年，德国精神病学家克雷奇默尔（Kretschmer，1882年—1962年）提出了气质的“体型说”。他根据人的体型将其分为肥胖型、瘦长型等类型，认为不同体型的人气质不同，所患的精神病的类型也不同。如肥胖型的人，气质特点是情绪变幻不定，时而兴奋、活泼，时而情绪低沉、郁闷，容易患躁狂抑郁症。瘦长型的人沉静、孤独、冷淡、固执、敏感、傲慢、多疑，易患精神分裂症。

日本学者古川竹二把人的血型与气质联系在一起，提出了“血型说”，即根据人的血型来判定人的气质。他认为A型血的人多焦虑、消极、疑心重、富于情感、保守、冷静、缺乏果断；B型血的人活泼、灵活、善于交际、口才好、积极进取，但轻浮、轻诺；O型血的人意志坚强、大胆、争强好胜，但有时显得霸道；AB型的人外在表现是B型血人的气质特点，但内心如A型血的人一样。

柏尔曼（Berman）等认为气质是由激素的优势地位决定，由此提出“激素说”。他根据人体某种特别发达的内分泌腺将气质分为甲状腺型、肾上腺型、脑下垂体型、副甲状腺型和性腺型等5类，认为各类型的代表者有不同的气质特点。肾上腺型，情绪易激动，专横独断，缺乏表情，狠勇好斗。甲状腺型，感觉灵敏，有很强的意志力。脑下垂体型，通常头大体高，毛发多，喜欢用脑，个性强。副甲状腺型，多属分泌不足，易激动，难与人合作。性腺型，分泌不足则第二性征不发达，攻击行为少；分泌过多则狡猾、诡秘。

以上的学说没有科学根据，缺乏科学证明，未能从根本上解决气质的理论问题。

苏联生理学家巴甫洛夫通过对高级神经活动过程和类型的研究，创建了高级神经活动学说，从神经动力学角度解决了关于人的气质的一系列理论问题。巴甫洛夫通过对高等动物的研究，提出了决定气质特点的3种最主要的神经系统特性：①神经活动过程的强度，即神经细胞兴奋和抑制的工作能力和耐力；②神经活动过程的平衡性，即兴奋与抑制在强度和灵活性方面的相对均势或优势；③神经活动过程的灵活性，即兴奋和抑制相互转化的速度。巴甫洛夫根据高级神经活动的强度、平衡性和灵活性3个基本特性，把高级神经活动划分为激动型、活泼型、安静型和弱型4种基本类型。他认为神经系统的基本类型是气质的生理基础，气质是高级神经活动类型的外在表现。这4种神经活动类型分别与胆汁质、多血质、黏液质和抑郁质相对应（表5-1）。

表 5－1 高级神经活动类型与气质类型

神经活动过程的基本特性			高级神经活动类型	气质类型
强度	平衡性	灵活性		
强	不平衡	—	激动型（兴奋型）	胆汁质
强	平衡	灵活	活泼型（灵活型）	多血质
强	平衡	不灵活	安静型（不灵活型）	黏液质
弱	不平衡	—	弱型（抑郁型）	抑郁质

二、气质类型及其表现

（一）表明气质类型的心理指标

气质类型以神经系统的基本特性为基础，气质特性有规律的表现。人们根据一个人的心理动力指标可以判断其气质类型。

（1）感受性：指人产生某种感觉所必需的外界刺激的最小强度以及产生应答反应的速度。

（2）兴奋性：指整个心理反应的产生必需的最小刺激强度及反应速度的快慢。

（3）反应性：指人对同一强度内、外刺激的反应量的大小与不随意反应的程度。

（4）反应速度：指心理反应速度，如动作、言语以及思考的快慢。

（5）灵活性：指人对外界信号的改造是否敏捷，能否迅速以迂回方式达到目的。

（6）可塑性和刻板性：指人对环境影响的适应快慢、变通或保守。

（7）外倾或内倾：根据人的反应与活动主要依赖于当时的印象还是依赖于过去产生的印象，将其划分为外倾或内倾。

（8）可交际性：指与人交往的难易程度。

（二）气质类型的行为表现

许多心理学家通过观察人们的心理活动在心理动力方面表现出来的特点，根据感受性、兴奋性、反应性、反应速度、灵活性、可塑性和刻板性、外倾或内倾、可交际性等特性的不同程度的结合，将人的气质分为胆汁质、多血质、黏液质、抑郁质 4 种类型。其外在的行为表现如下：

1. 胆汁质

胆汁质（激动型）类型的人往往精力充沛，情感、言语和动作发生强烈而难以控制，反应速度快，但不灵活，具有明显的外倾性。

2. 多血质

多血质（活泼型）类型的人往往活泼、好动，情感变化快但不持久，喜交谈，善交往，反应迅速、灵活，动作敏捷而有可塑性，注意力易转移，缺乏忍耐力和毅力，为人热情，具有明显的外倾性。

3. 黏液质

黏液质（安静型）类型的人往往安静、沉着，情感反应慢而持久，且不外露，动作迟缓且不灵活，具有明显的内倾性。

4. 抑郁质

抑郁质（弱型）类型的人往往敏感、多疑，情感比较脆弱，情感体验丰富而不外露，反应速度慢，具有刻板性，严重内倾。

以上是典型的4种气质类型的表现，但有很多人不属于典型中的一种，而是混合型。如多血质-黏液质混合型，可能既有多血质的某些特点，也有黏液质的某些特点。

在不同气质类型的人的身上，以上心理指标呈现有规律的排列。气质类型神经特性的综合反应详见表5-2。

表5-2 气质类型神经特性的综合反应

	胆汁质	多血质	黏液质	抑郁质
感受性	弱	弱	弱	强
兴奋性	强	强	弱	强
反应性	强	强	弱	弱
反应速度	快	快	缓慢	缓慢
灵活性	差	高	稳定	低
可塑性	小	大	小	小
内、外倾	外倾	外倾	内倾	内倾
可交际性	—	爱交际	—	不爱交际

也有人按心理活动的指向性，将气质分成两种类型：①内向型，重视主观世界，常沉浸在自我欣赏和幻想之中，仅对自己有兴趣，对别人则冷淡或看不起。抑郁质和黏液质属此类。②外向型，重视客观世界，对事物及人都感兴趣。胆汁质和多血质属此类。

在现实生活中，纯属于某一气质类型的人是极少数的，而大多数人接近于某种气质，又具有其他气质的某些特点，表现出综合的现象。因此，在对一个人的气质做出判断时，不能套用典型模式，而应进行观察和测定。

三、气质在管理活动中的作用

气质对人的实践活动有一定的影响。每个人应该认识自己和别人的气质特点，学会掌握和控制自己的气质。特别是领导者，了解员工的气质特征和行为表现，有效地把握员工的行为，合理地安排工作和科学地进行管理，是非常必要的。

（一）气质的评价

（1）任何气质都有积极和消极两方面的作用。气质无社会价值观方面的判断，气质类型无好坏之分。气质作为人心理活动和行为动作方面的动力特点的综合，它本身无所谓好坏。在评定人的气质时不能认为一种气质类型是好的，另一种类型是坏的。任何一种气质类型都有其积极的一面，又有其消极的一面。例如，胆汁质的人有热情、精力充沛、生机勃勃等好的一面，但也有暴躁、性急、感情用事以及考虑问题不够细致等缺点；多血质的人情感丰富、活泼、灵敏、工作能力和适应性较强，但也有注意力容易转移、情绪多变、不踏实的一面；黏液质的人有不够灵活、保守、冷淡、反应慢等缺点，但沉着、冷静、踏实、坚毅；抑郁质的人有孤僻、羞怯、优柔寡断、多疑等缺点，但情感深刻而稳定、感情细腻、做事谨慎小心、观察力敏锐、善于觉察到别人觉察不到的细小事物。因此，我们要注意培养自己的气质，发扬积极的方面，克服消极的方面。

(2) 任何一种气质都不能决定一个人的活动的社会价值和成就。一个人的成就高低受多方面因素的影响，任何一个领域都可能有不同气质的杰出人物。根据研究，俄国的4位著名的文学家具有不同的气质，普希金有明显的胆汁质特征，赫尔岑有多血质的特征，克雷洛夫有黏液质特征，而果戈理则具有抑郁质的特征。可见，不同气质特征的人，在同一领域都可以表现出卓越的才能。同样，有很多名人也是不同气质的人，甚至某些是气质固守或气质偏执的人，如“印度独立之父”甘地是典型的胆汁质的人，香港首富李嘉诚是典型的多血质的人，而一代歌王帕瓦罗蒂则是典型的黏液质的人。以上例子说明，一个人的气质不能决定其社会价值和成就，只有同其他心理品质结合起来，才能对其行为产生意义。

(3) 气质影响人的活动效率。不同气质的人对工作的适应能力不同，气质可以影响活动的效率。如要求反应迅速、灵活、勇猛的工作，对于多血质和胆汁质的人较为合适，而黏液质和抑郁质的人则较难适应；反之，要求持久、耐心、细致的工作对黏液质、抑郁质的人较为合适，而多血质、胆汁质的人又较难适应。

(二) 气质与工作选择

1. 员工的气质要求

在管理中，每种职业，甚至某个职能部门都对其工作人员的心理及其动力特点提出了一定的要求。对一些普通职业，一个人的工作效率主要受思想觉悟、工作态度、文化水平、技术能力等因素的影响，但实践证明，在某些条件下，工作效率也会受气质的影响。有些职业由于本身的工作性质、特点，要求具有某些心理动力特点的人就职，如外交人员、公共关系人员要求反应敏捷，性格开朗、活泼、外向，善于交际，以多血质的人更适合；会计、质量检查员等职业则要求执业者细心、注意力稳定、有耐心，黏液质和抑郁质的人显然更适合。

在卫生系统中，医院急诊室医生和外科医生需要精力充沛、反应敏捷、能承受高强度的压力，胆汁质和多血质的人具有相应的气质特点，但典型胆汁质和多血质的人要克服其注意力不稳定、观察力不仔细的缺点；对护士职业，要求执业者镇静、细心、稳重、观察力仔细，那么黏液质和抑郁质的人较适合，但要克服其反应慢、注意力不易转移的缺点；对疾病预防控制工作，由于工作性质的社会性比较强，更欢迎外向型的人员。

2. 管理者的气质要求

管理工作是一项特殊的工作，对管理者也应有相应的气质要求。我国学者曾对企事业单位管理人员进行过气质调查，发现成功的管理者绝大多数是多血质、黏液质和两者混合型。因此，认为多血质、黏液质或两者混合型的人比较适宜于管理工作。因为，多血质类型者兴奋占优势，反应快，能控制自己，属平衡外向型，这类人适宜于当企业家，以机敏而均衡的气质特点有利于生产经营管理。黏液质类型的人属于平衡内倾型，这种气质也是管理者不可缺少的。调查结果还发现，两者混合型的在管理中最占优势，说明大多数管理者是属于活跃务实的类型。而典型的胆汁质的人因为脾气急躁、蛮干、鲁莽，不能控制自己的情绪，易与上级和下属发生矛盾而影响工作。典型抑郁质的人，表现为循规蹈矩、沮丧、忧郁、反应迟缓、疑心重、遇事优柔寡断等。因此，典型胆汁质和抑郁质的人不适合当管理者。

西方管理心理学家将管理人员的气质概括为另 3 种类型，即躁郁质型、分裂质型、黏着质型。其行为表现和评价如下：

（1）躁郁质型：①善于适应变化的环境；②善于与人共事，交际能力强；③随机应变能力强；④有同情心，易亲近人，待人和蔼；⑤干劲大，竞争意识强，不示弱；⑥计划性差，想干就行动；⑦性情暴躁，易发怒，但过后即忘。评价：有进取心和开拓精神；待人诚恳、热情、通融；活泼、敏捷、实干；缺乏思考，有时蛮干、鲁莽；生活上不够检点，修养差，易发怒，常骂人、训人。

（2）分裂质型：①遇事先思考，考虑多，行动少；②思维敏捷，反应快，办法多；③深思熟虑，不干傻事；④按自己的规范、标准行事，不越轨；⑤能巧妙地利用人的情感，性情温和。评价：像个纯理论家；遇事有主见，有独特性；说得多，做得少，想得多，动得少；高谈阔论，不注重实践。

（3）黏着质型：①对事物的观察、处理现实而稳定；②待人处事正直、诚实，无懈可击；③克勤克俭，尽心尽责，扎扎实实；④有道德、礼貌；⑤稳重有余，灵活不足；⑥反应迟缓，动作缓慢；⑦工作耐心、细致、稳重。评价：像一个朴素的研究者，稳定有余，开拓不足；应激能力差；缺乏心计，办事点子少。

上述 3 种气质类型的管理者各有所长，其优劣程度是相对的。但是，在现代社会的管理中，通常最需要的是第一种和第三种气质类型的管理者，第二种气质类型的人一般不适宜当管理者。

3. 气质的互补

虽然每种职业都要求人们具备相应的某些气质特点，但如果这些特点在某人身上表现较弱，此人会依靠他的其他气质特点，以及受这些气质特点所制约的工作方法加以弥补。例如，一名护士负责多张病床的病人，这种工作既需要具有稳定的注意力，以便于发现病人的情况、病情的变化；同时，又需要注意力能够迅速地转移，反应敏捷，以利于同时照顾多名病人。有些属于黏液质的护士，她们具有注意的稳定性，缺乏注意迅速转移的灵活性，但是在工作中，她们往往用注意力的稳定性补偿了注意力不易转移的缺陷，很好地适应了工作。另一些属于多血质的护士，她们具有注意迅速转移的灵活性，却缺乏注意的稳定性，她们在工作中是用敏锐、灵活、注意易转移等特点去弥补注意稳定性不足的缺陷，也很好地适应了工作。

我们承认气质的互补作用，但不能否定，在普通职业中，当一个人所具有的气质特点符合工作要求时，这个人比较容易适应，而且工作起来也比较轻松；但当这个人所具有的气质特点不符合工作要求时，他适应起来就较困难，工作起来也比较费劲。如多血质的人在医院化验室工作，在处理许多繁琐复杂的检查项目和化验数据时，为了克服自己粗心大意的坏习惯，养成工作的细致性、注意的稳定性，需要比黏液质的人经受更多的考验，作出更多的努力。而黏液质的人当食品卫生监督员，每天要与不同的部门、不同的人打交道，为了培养交际能力、言语表达能力，克服自己内向、沉默、冷淡的气质特点，需要比多血质的人经受更多的磨炼，作出更多的努力。

（三）气质与员工教育

管理者应了解员工的气质特点，对与其气质相应的行为表现有正确的理解。在对员工进行培养与教育时，应根据其不同的气质特点，采取不同的方法。多血质的人反应快、接受能力强，应着重培养其扎实、专一和勇于克服困难的精神，防止他们见异思迁，在工作中要多给他们创造条件；对于胆汁质的员工，要培养他们的自制能力和坚持到底的精神；对于黏液质的员工，要着重培养他们热情、爽朗和生机勃勃的精神；对于抑郁质的员工，要培养他们亲切、友好、善交、刚毅、自信的精神，可以鼓励其多参加集体活动，培养友爱精神。对员工进行批评帮助时，也要考虑不同气质类型的人对挫折的容忍力。一般来说，胆汁质、多血质的人承受挫折的容忍力较大，可以对他们进行严厉的批评。这种批评有利于他们认识错误，改正缺点。但应注意胆汁质的人情绪暴躁而难以控制，在火头上不能针锋相对，应采取冷处理的方式，待其平静后给以教育。黏液质和抑郁质的人承受挫折的容忍力较小，又不善于暴露自己的思想，所以对他们进行批评教育时，要特别注意方式、方法。同时，抑郁质的人具有多疑的特点，与之交谈时更要注意措辞。又如，在组织变革中，多血质的人很容易适应新环境、新制度，对他们可以放心，而对于黏液质、抑郁质的人则需给予更多的关怀和照顾，才能使他们尽快适应新的环境。

第二节　能力与管理

一、能力概述

（一）能力的定义

能力通常是指个体从事一定社会实践活动的本领。对能力的含义，历来有不同的解释。其中一种解释认为可以从两方面来理解能力的含义，一方面指个人到目前为止所具有的知识、技能；另一方面含有可造就性或潜力的意思。能力又可分为智力、性向和成就 3 种。智力是指个人的一般能力；性向是指个人可以发展的潜在能力；成就是指个人通过教育或训练，在学识、知识和技能方面所达到的较高水平。

能力与活动是紧密联系的，它总是存在于人的具体活动之中，并通过活动表现出来。例如，一名医生的临床诊疗能力，是通过具体的医疗活动表现出来的；一名卫生管理者的能力，也是通过卫生管理的效率、效果和效益表现出来的。任何一种活动的完成，有赖于多种能力的综合表现。例如，一名画家要完成一幅作品，需要形象思维能力、视觉想象能力、色彩鉴别能力等多种能力的综合应用；一名管理者要完成管理活动，除了一般的观察力、记忆力、想象力、思维能力外，还需要计划决策能力、组织控制能力、人际交往能力、语言表达能力、知识更新能力、创新能力等的综合应用。

（二）能力的分类

能力分为一般能力和特殊能力两大类。一般能力是指在基本活动中表现出来的能力，如观察能力、注意能力、记忆能力、思维能力和表达能力等，它适合于多种活动的要求。西方心理学把一般能力称为“智力”。特殊能力是在某些专业活动中表现出来的能力，它只适合于某种狭窄活动范围的要求，例如数学家的数学能力、音乐家的音乐能力、科学家的抽象思维能力、艺术家的形象思维能力等。

每个人一般能力的发展与特殊能力的提高存在着互相依存、互相联系、互相促进的辩证关系。一方面，特殊能力是特定活动所要求的多种基本能力的有机结合，是一般能力在具体活动中的发展。员工所形成的特殊能力是建立在他的一般能力基础上的。例如，观察力属于一般能力，但卫生管理者在处理某项突发公共卫生事件时，需要区别通过仔细观察，分析该事件属于经常性还是偶然性的事件，以决定将其纳入事前控制还是事后控制，从而形成了敏锐的特殊观察能力和分析能力。另一方面，特殊能力的发展也推动了一般能力的发展，提高了一般能力的水平。例如，卫生管理者在处理突发事件中培养出来的精细观察能力和分析能力，有可能运用到其他的管理活动中，表现为他具有精细观察事物和分析事物的个人特点，提高了一般能力的水平。

（三）能力与知识、技能的联系

1. 能力与知识、技能的区别

（1）概念不同。能力是使人顺利地完成某种活动的个性心理特征。知识是人类在社会实践中积累起来的经验，就其本质来说，知识属于认识的范畴。技能是指人们运用知识和经验完成一定活动的方式，它是个体通过反复实践习得的、运用自如的、习惯化了的行为方式。如两名医学生外科学考试都得 90 分，但二人的学习能力以及以后手术操作的能力可能不一样。医务人员具有医学知识与技能，并不等于他们具有全面高质量的医疗诊断和治疗的能力。

（2）发展规律不同。知识的掌握由少到多，由简单到复杂，随年龄、经验的增长而增长。能力的发展则是和人的神经系统的发展、成熟和衰退相关，它受年龄的制约。

2. 能力与知识、技能的联系

（1）能力是掌握知识与技能的前提。没有起码的感知、记忆力，感性认识就无法获得；没有一定的思维能力，理性知识也难以掌握。掌握知识、技能的难易和速度，有赖于能力的发展。能力强的人，学习和掌握知识、技能就较容易、较快，反之则较难、较慢。

（2）掌握知识的过程伴随着能力的发展和提高。离开科学知识的学习和技能的训练，也谈不上能力的发展和提高。例如，一名管理者，通过系统地学习管理知识和技能，并在管理实践中反复应用，不断总结经验与教训，其管理能力自然逐渐得到提高。

二、能力的差异

由于人的先天素质不同，以及后天的环境和所受教育、从事的实践活动不同，人与人之间在能力上存在着差异。

（一）能力水平的差异

人在智力、特殊能力和创造能力的发展水平上都存在着巨大的差异。在相同条件下，如果一个人在某种活动中取得比别人好的成就，就表示他具有较高的能力；与此相反，则表示他在某些方面的能力较低。因此，能力的发展水平是有高有低的。智力上，智力水平在人口中呈正态分布，智力水平极高的和极低的是少数，多数人处于中等水平。通常用智力商数（Intelligence Quotient，IQ，简称智商）来表示人们智力水平的差异。智商可通过智力测验得到。心理学研究表明，人的智力发展水平的分布规律如表5－3所示。

表5－3　人的智力发展水平的分布

智商	等级	理论分布（%）
≥130	非常优秀	2.2
120～129	优秀	6.7
110～119	中上	16.1
90～109	中等	50.0
80～89	中下	16.1
70～79	临界	6.7
≤69	智障者	2.2

心理学家在研究儿童智力发展水平时，采用超常、中常和低常3个等级的概念来概括。超常儿童是指智力水平显著高于同龄水平及具有某方面特殊才能的儿童。西方一般把智商在135以上的儿童鉴定为“天才”。低常儿童即智力落后儿童，是指在智力发展上显著落后于同年龄水平或在智力发展上有严重障碍的儿童。为了教育和治疗，一般把智力落后儿童又分为3个等级：①轻度智力落后，称为愚鲁（痴呆），智商为50～69；②中度智力落后，称为痴愚（愚笨），智商为25～49；③重度智力落后，称为白痴，智商为25以下。

（二）能力类型的差异

研究发现，人们在观察力、记忆力、想象力、语言表达能力及思维能力等一般能力方面表现出了类型的差异。如观察能力，有的人属于综合型，富于概括性和整体性；有的人属于分析型，对细节感知非常清晰，但对整体感知较差。又如记忆能力，根据人们记忆时所运用的感觉通道，可分为视觉记忆型、听觉记忆型和动觉记忆型。思维能力也有具体形象思维和抽象逻辑思维等类型。

每个人具有的特殊能力也是不同的，如有的人身体素质好、协调能力强，适合搞体育；有的人文字表达能力强，擅长文学创作；有的人具有音乐天赋；有的人具有绘画才能等。再如两位卫生管理者都具有良好的工作能力，但其中一位可能在调查能力、分析问题的能力以及决策能力方面比较突出，而另一位可能在表达能力和人际关系能力上比较出色。

（三）能力表现的年龄差异

人的能力表现在年龄上的早晚是各不相同的，有的人“早慧”，有的人则“大器晚成"。而且，人的智力发展受到年龄的限制，根据心理学的研究，在不同的年龄阶段，人的智力发展水平是不同的，表 5-4 说明了年龄与智力的关系。

表 5-4　不同年龄阶段智力水平的差异

	10～17 岁	18～29 岁	30～49 岁	50～69 岁	70～89 岁
知　觉	100	95	93	76	46
记　忆	95	100	92	83	55
比较和判断	72	100	100	87	69
动作与反应	88	100	97	92	71

注：100 为能力最高值。

美国巴特尔研究所研究了人的技术能力与年龄变化的情况，认为从人的技术能力和生理特征来看，技术人员的技术能力在 45 岁以前是以 5%的速度递增，从 60 岁急剧下降。如果通过对他们的再培养和个人的勤奋，技术能力递增的年龄还可以延长。

不同事业出成果的最佳年龄区也不完全一样。据统计，物理诺贝尔奖获得者的年龄分布和生理、医学诺贝尔奖获得者的年龄分布不一样。一般认为，由于医学的特殊性，在医学上要有重大突破，年龄要比其他学科的人相对晚 5～10 年。

人的能力有差异，但能力不是先天具有的，能力是在先天素质的基础上，在社会生活条件和教育的影响下，通过人的社会实践活动而形成和发展起来的。素质是人生来具有的，是能力形成与发展的自然前提，没有这个前提就谈不上能力的发展。但素质本身不是能力，它只提供了能力发展的物质基础与可能性。只有通过后天的教育和社会实践活动，才能使这种可能性变为现实性。社会生活、教育和实践活动是能力形成和发展的决定性条件。

三、管理实践中的能力

任何组织的活动都是复杂的和多方面的，每种活动对人的精力、智力、体力提出了不同的要求。无论是领导者还是一般员工，都需要符合自己所在工作岗位或从事某项工作活动的能力，因此，能力是管理工作中不可忽视的重要因素。如果一个人现有的能力系统符合工作活动要求，那么就能顺利地、高水平地完成工作活动；如果一个人现有的能力系统不符合工作活动的要求，就会表现出"低能"或者能力不能充分发挥出来。因此，在管理实践中，应注意能力的发挥问题。

（一）工作的能力要求

每种职业或者工作岗位都应该有相对独立的能力要求，管理者应该熟悉这种要求，便于有目的地选拔、培养、考核干部和员工。有的职业对能力有特殊要求，某一方面的特殊能力成为选拔员工的条件。例如，教师职业要求具有良好的语言表达能力，一个成绩优秀的人如果缺乏良好的语言表达能力，从事教师职业将会有困难。有研究认为，企业的领导者应该具有 3 种基本能力，即技术能力（业务能力）、管理能力、人际关系能力。但处于不同管理层次的领导者，因为工作的任务不同，管理的范围不同，被领导的对象不同，对 3 种能力的要求也有差异。高层的管理岗位要求更多的管理能力，基层管理岗位要求更多的业务能力（图5－1）。因此，作为一名优秀的管理者，不仅要具备多种能力，而且随着自己管理职位的升迁，还要能将自己的技术能力逐步转化为管理能力，才能适应不同管理岗位的工作要求。

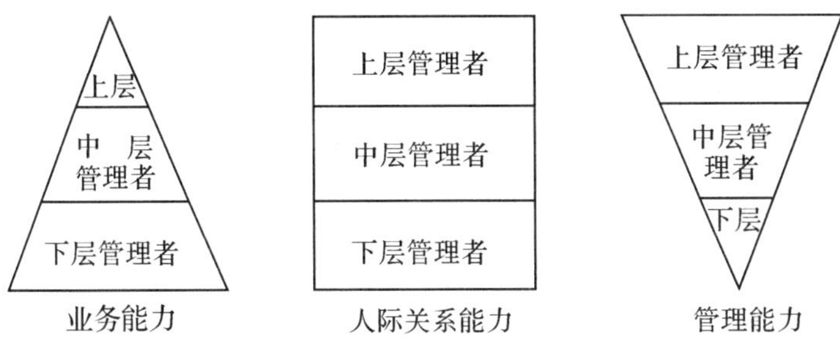

图5－1 不同层次管理者的能力要求

原华西医大公共卫生学院研究人员于1999年对全国1 003名卫生管理干部进行了调查。调查对象认为，卫生管理干部必须具备的前5项能力是：计划决策能力、组织控制能力、解决实际问题的能力、良好的人际关系和社交能力、用人和激励下属的能力（表5－5）。

表5－5 卫生管理干部必须具备的能力

能力项目	选择频数	选择率（%）	顺位
计划决策能力	869	86.7	1
组织控制能力	721	72.0	2
解决实际问题的能力	670	66.9	3
良好的人际关系和社交能力	597	59.6	4
用人和激励下属的能力	435	43.4	5
知识更新能力	318	31.7	6
语言表达能力	302	30.1	7
创新能力	289	28.8	8
分析判断能力	251	25.0	9
敏锐的洞察力	148	14.8	10
对事物的预见能力	130	13.0	11
对挫折的承受能力	107	10.7	12

（二）员工的能力差异

员工的能力有差异，每个人的水平不一样，这是客观存在的。管理者应了解员工的能力差异情况，如下属的能力水平有多高，有什么特殊能力。在进行员工的选择、工种的安排时，尽可能考虑每个人的兴趣、特长，做到人尽其才、才尽其用。组织中，样样精通、十全十美的全才不多，但擅长于某一方面的人才，适合于某项工作的人员则不少。管理者应当善于发现下属的长处，做到用人之所长，避人之所短。

（三）员工能力的培养

能力的高低既可通过专门培训，也可在工作的反复实践活动中加以提高。管理者应有长远的目光，做好人力资源规划，根据每个人的特长，进行必要的“智力投资”，在员工的教育培训中，要抓住他们现在从事的工作或者将要从事的工作，进行专业知识和技能的培养，提高员工的特殊能力，同时也要根据员工的知识结构有针对性地培养他们的能力，如发现问题、分析问题和解决问题的能力，创新能力和创造能力等，全面提高他们的素质，为他们能力的提升打下坚固的基础。在管理工作中，要对员工的各个岗位提出能力要求，安排适当的人选，放手给他们充分的工作实践机会，使他们在反复的实践中提高自己的实际工作能力。

（四）能力水平与工作要求

在选择、安置员工时，应尽量注意员工所具有的文化水平、技术水平、能力水平与实际工作所要求的智力、体力是否相匹配。有什么样能力的人，安排做什么样的工作，尽可能做到人尽其才。人与工作的最佳匹配，使人的能力得到最大的发挥，使工作取得最佳的绩效。如果一个人的能力与实际工作的要求发生背离，就会出现小材大用或大材小用的异常现象。前者无法胜任工作，给工作带来损失；后者浪费人才，挫伤人的积极性。

国外心理学家进行了大量的研究。他们认为，当一个人所具有的能力低于实际工作所要求的水平时，这个人会“无法胜任”；但当一个人所具有的能力高于实际工作所要求的水平时，这个人会不满足现状，工作效果也不佳。美国心理学家布兰卡特（Blanchard）举了一个例子说明这个问题。美国在建立第一家大工厂时，要雇佣一批保安人员，因为当时劳力过剩，工厂规定保安人员的最低标准为高中毕业生，并具有 3 年警察或工厂警卫的经验。但按这个标准雇佣的保安人员在工作后，每天的工作只是检查进出门的证件，他们感到单调、乏味，表示无法容忍，对工作漠不关心、不负责任，而且离职率很高。后来工厂雇佣只受过四五年初等教育的人来担任这个工作，他们对工作感到满意，责任心强，保卫工作做得很出色。

从员工的发展出发，也有人认为工作的要求应稍高于员工的能力水平。员工通过自己的努力，能达到工作的目标，可以调动员工的主观能动性，不断学习、进取，提高自己的能力水平。

第三节　性格与管理

一、性格概述

性格是指一个人对现实的比较稳定的态度和与之相适应的、习惯化行为方式的个性心理特征。性格是个性的核心，是区别个性的主要心理标志。性格反映人的行为取向，它可以从外在行为上表现出来。如在日常生活中，我们常可见到有的人勤劳、踏实，有的人懒散、漂浮；有的人谦逊、温和，有的人高傲、粗暴；有的人勇敢、坚定，而有的人容易惊慌失措。这些对现实的不同态度或行为方式反映了人们不同的性格特征。

但应注意的是，并非人们对现实的任何态度都代表其性格特征，只有那些经常出现的、一贯稳定的态度和行为方式，才能表明一个人的性格特征。偶然的、违反常态的表现不能算作他的性格特征。如一位卫生局局长处理事情一贯很果断，但在某件事情的处理上表现出优柔寡断，不能就此说该局长的性格是优柔寡断。

人的性格受人的思想、意识、信仰、世界观的影响和制约，具体的生活实践不同，每一个人的性格会有不同的特征。性格是在一个人的生理素质的基础上，在其社会实践活动中逐渐形成、发展和变化的，并具有一定的复杂性、独特性、整体性和持续性。

1. 复杂性

性格是个人多方面特性的综合，就像一个多面的物体，每一面均属性格的一部分，且各部分之间都有密切的关系。

2. 独特性

由于遗传、环境及学习等因素对每个人的影响不同，因而不同的人形成的性格也不同，即便是在相同的环境中生活和成长的人，由于他们的主观努力不同、实践活动不同，也会形成自己独特的性格。

3. 整体性

构成个人性格的各种特性，并不是孤立的，而是具有内在联系的统一体，可以说性格是个人身心合一的组合。一个人生理方面的变异，会直接而迅速地影响其心理状态和行为表现；同样，一个人为了求得对社会生活的适应，也会随着环境的变化，不断调整与改进个人的观念和行为方式。

4. 持续性

一个人的性格虽然在异常重大的外界条件的压力下会产生突变，但在一般情况下，性格是有持续性的。我们对一个人的了解，除直接寻找他的现实行为原因外，还要了解一下他过去的历史、工作、生活等情况，这样对一个人才能有全面的了解。

二、性格的特征

性格的结构十分复杂，有着多个侧面，包含着多种多样的性格特征。这些特征在每一个个体身上都以一定的独特性结合为有机的整体。

（一）对现实态度的性格特征

对现实态度的性格特征主要表现在处理各种社会关系方面，如处理个人与社会、集体的关系，对待劳动、工作的态度，对待他人和自己的态度等。对待集体和他人的性格特征包括善良、热情，有同情心，善于交际，为人正直、诚实或虚伪等；对待劳动的性格特征包括勤劳或懒惰、认真或马虎、负责或敷衍等；表现一个人对待物品的性格特征包括有条不紊、邋遢、爱护财物、不爱护财物等；表现一个人对待自己的性格特征主要包括自尊心强、自高自大、谦虚、骄傲、自信等。

（二）性格的意志特征

为了实现或达到某种目的，通过克服一定困难，自觉地调整自己行为的心理过程是意志过程，与意志过程相适应的性格特征称为性格的意志特征。根据调整行为的依据、水平和客观表现，可将性格的意志特征分为以下 4 个方面：

（1）表明一个人是否具有明确的行动目标并使行为接受社会规范约束的意志特征，如独立性、目的性、组织性、冲动性、纪律性、盲目性、散漫性等。

（2）表明一个人对自己行为自觉控制的水平的意志特征，如主动性、被动性、有自制力或任性等。

（3）表现一个人在紧急或困难情景中的意志特征，如镇定、果断、勇敢、顽强，或优柔寡断、胆怯、鲁莽等。

（4）表明一个人对待长期工作的特点的意志特征，如有恒心、坚忍不拔或虎头蛇尾等。

（三）性格的情绪特征

当情绪对人的活动的影响或人对情绪的控制具有某种稳定的、经常表现的特点时，这些特点就构成性格的情绪特征。性格的情绪特征按其活动的情况可分为以下 4 个方面：

1. 情绪强度特征

情绪强度特征表现为一个人受情绪的感染和支配的程度以及情绪受意志控制的程度。有的人情绪活动强烈，整个活动被情绪支配，有的人则情绪活动微弱。如同样是球迷，在观看一场激烈的球赛时表现出来的行为可能完全不一样。

2. 情绪稳定性特征

情绪稳定性特征表现为一个人情绪的起伏和波动的程度。如不同的性格的人遇到重大生活事件，所产生的情绪波动程度不同，由此而导致的行为也有差异。

3. 情绪持久性特征

情绪持久性特征表现为情绪对人的身体和生活活动影响的持久程度。如经历了重大打击，有的人在较短时间就可以恢复正常的生活和工作，有的人则不然。

4. 主导心境特征

主导心境特征指不同的主导心境在一个人身上表现的稳定程度。如有的人经常表现出欢乐与愉快，有的人经常处于忧愁与苦恼中。

（四）性格的理智特征

性格的理智特征是指人们表现在感知、记忆、想象和思维等认知方面的个体差异。在感知方面有主动观察型与被动感知型；在想象方面有主动想象型和被动想象型，如幻想家和现实主义者；在思维方面有深刻与肤浅、思路广阔与狭窄等。

三、性格的类型

性格的类型是指在一类人身上所共有的性格特征的独特结合。但由于性格的复杂性，至今还未有一个公认的分类法。下面介绍几种主要的性格分类法。

（一）功能优势说

英国心理学家培因（Bain）等主张按理智、情绪及意志三者在性格结构中占优势的情况，将人的性格分成以下几种类型：

1. 理智型

理智型性格的人以理智来衡量一切并支配其行为。

2. 情绪型

情绪型性格的人对情绪的体验深刻，其行为主要受情绪的影响；

3. 意志型

意志型性格的人生活有明显的目标，意志坚强，行为主动。

除这 3 种类型外，还可以划分出中间的类型，如意志－理智型等。

（二）内外倾向说

瑞士心理学家荣格（Jung）主张按照个体心理活动倾向于外部或内部来确定其性格类型，最早提出了把人的性格分为内倾型和外倾型。

1. 内倾型

内倾型性格的人表现为沉静、谨慎、多思、孤僻、反应缓慢、不善于交际、感情不易外露等。

2. 外倾型

外倾型性格的人表现为性格开朗、活泼、善于交际、感情外露、心胸开阔，对客观事物及人都感兴趣。

3. 中间型

中间型性格的人介于上述两种类型之间，多数人属于这种类型。

（三）独立－顺从说

还有的心理学家按个体的独立性和顺从性，将性格分成独立型和顺从型。

1. 独立型

独立型性格的人爱思考，不易受干扰，紧急情况下不慌乱，而且善于发现问题和解决问题。

2. 顺从型

顺从型性格的人容易受暗示的影响，不加判断地接受别人的建议，有依赖性，遇紧急情况易慌乱。

（四）情绪说

有的心理学家按人的情绪特征，将性格分成以下 5 种类型：

1. A 型

A 型性格的人的情绪特征为：不安定，社会适应性较差；性格暴躁，争强好胜，急于求成；群众关系较差，容易和他人发生摩擦。如果其修养较差，不注意改进，这种倾向更为强烈。

2. B 型

B 型性格的人的情绪特征为：社会适应性较为平均，但缺乏主导性；交际能力不强，智能也不太发展，其精力、体力各方面也都平常，平时不喜欢谈论他人的好坏；既不想当先进，也不甘落后。

3. C型

C型性格的人的情绪特征为：安定，社会适应性良好；不急不躁，性格温顺，稳重，不得罪人，有一种老好人的味道；但工作较被动，领导工作能力差。

4. D型

D型性格的人的情绪特征为：安定，社会适应性强，群众关系好；有工作能力、领导能力、组织能力；工作认真负责、积极主动、肯动脑筋，能独当一面。

5. E型

E型性格的人的情绪特征为：不安定，社会适应性差；喜欢独自思考问题，不爱与人交往，平时很少出门，有自己的偏爱和兴趣；在专业研究和业余爱好方面，有钻研精神，具有一定修养和专长；性格较孤僻、清高。

（五）特质说

特质是构成性格的基本元素，这些元素在性格中具有稳定性和一般性，并决定着个体的态度和行为。心理学家卡特尔、艾森克、阿尔波特等对个体的特质进行了一定的研究，并分别提出了各自的理论。下面主要介绍卡特尔的特质说。

卡特尔采用图表的方法对特质进行归纳分类，将特质分为表面特质和根源特质（根源特质共有16种）；并设计出一种人格测验（16种人格因素）问卷，描述高分者和低分者的特征（详见表5-6）。

表5-6 16种人格因素的性格特征

因素	特质名称	低分者特征	高分者特征
A	乐群性	缄默、孤独、冷淡	外向、乐群、热情
B	聪慧性	迟钝、学识浅薄	聪明、富有才识
C	稳定性	情绪激动、易烦恼	情绪稳定、能面对现实
E	持强性	谦逊、顺从、通融、恭顺	好强、固执、独立积极
F	兴奋性	严肃、审慎、冷静、寡言	轻松兴奋、随遇而安
G	有恒性	敷衍、缺少奉公守法精神	有恒、负责、做事尽职
H	敢为性	畏怯退缩、缺乏自信心	冒险敢为、少有顾虑
I	敏感性	理智、注重现实	敏感、感情用事
L	怀疑性	信赖随和、易与人相处	怀疑、刚愎、固执己见
M	幻想性	现实、合乎成规	幻想、狂妄不羁
N	世故性	坦白直率、天真	精明能干、世故
O	忧虑性	安详、沉着、有自信心	忧虑抑郁、烦恼自扰
Q1	实验性	保守、服从传统	自由、批评激进、不拘泥于现实
Q2	独立性	依赖、随群附和	自立自强、当机立断
Q3	自律性	矛盾冲突、不顾大体	知己知彼、自律严谨
Q4	紧张性	心平气和、闲散宁静	紧张困扰、激动挣扎

表面特质：指一组表面能够观察到的特质，这些特质同属于一种表面特质中的特性，相互之间关系复杂。

根源特质：指表面特质的根源，是态度和行为之间的一种关联。如乐群性是一种根源特质，一个人身上的乐群性影响他的态度和行为，即表面特质：朋友的多少、与何种人交朋友、交往的能力等。根源特质是构成性格的基本要素。

一个人性格的形成和发展更多受到教育、社会环境的影响。性格具有社会价值观方面的判断，如勇敢、勤劳、善良等性格特征是社会所赞赏的品质，而怯弱、懒惰和奸诈等是被社会所唾弃的性格特征。在一个人的生活与工作中，除了气质、能力等个性外，是否具有良好的性格特征显得尤为重要。每个人都应该克服自己不良的行为习惯，塑造自己良好的性格特点。

四、管理者的性格类型

（一）管理与性格类型

人的不同性格与气质，是在社会实践中逐渐形成和发展的。性格的好坏，对个人生活、家庭、工作乃至社会都有重要意义。因此，在管理工作中，掌握员工的性格特征，对于合理安排员工工作，充分发挥员工的才能，有效解决管理实践中的矛盾都具有十分重要的意义。

（1）掌握员工的性格特征，量才适用。管理者在人才的使用上，对于不同的工作性质或工作岗位，不仅要考虑岗位对员工气质和能力的要求，同时也要考虑不同的性格。如一位经理要在销售部门的员工中决定一名营销人员和一名内勤人员，这两个人的外部条件基本相同：学历、专业一样，能力相当，但其中一人性格表现为沉静、谨慎、多思、感情不易外露，而另外一人则性格开朗、活泼、善于交际。那么，谁做销售人员，谁做内勤，怎样才能更有效地发挥他们的长处呢？答案显而易见。只有掌握员工的性格品质，才能有助于区别不同的对象，分配适当的工作，提高人才使用的有效性。

（2）培养员工的优良性格品质，创造和谐氛围。性格是在社会环境中形成的，社会环境包括家庭、社会、学校、工作单位等。而且，一个人的性格一定程度上可以影响一个集体的氛围。如在一个工作团体中，集体成员的心情常常受到管理者或员工们各自的性格影响。一个热情、开朗、幽默、乐于助人、善于交际的人，会主动与周围同时建立良好的关系，主动与人沟通，和大家共同营造一个轻松愉快的工作环境；相反，一个性格暴躁、心胸狭窄、喜欢猜忌的人，在工作中容易和他人发生摩擦，从而使整个工作环境紧张，同事之间充满敌意。因此，管理者不仅要了解和掌握每个员工的性格，还要在员工性格品质的形成过程中，注意引导和发挥他们积极的一面，帮助其克服不良的性格倾向，培养员工优良的性格品质，营造一个和谐的工作环境。

（3）针对员工的性格特征，有效调节内部冲突。在工作中，员工之间难免因为某些事情出现矛盾，甚至比较严重的冲突。面对这种情况，管理者应当针对不同的性格特征采取不同的方式进行调节。如具有情绪活动强烈特征的人，在发生冲突时往往“吃软不吃硬”，这时要采取心平气和的思想工作方法，以避免“火上浇油”；而对于那种具有散漫性、态度轻率的人，则要采用比较刚性的处理方法。

（二）管理者的性格

西方心理学家根据管理者的性格结构和行为特点，将管理人员的性格概括为积极刚勇型、消极怯懦型和折中型3种类型。

（1）积极刚勇型：积极刚勇型的管理者表现为精力充沛、热情洋溢、活泼开朗、精神饱满、善于交际、处事果断，富有竞争性和自信心，遇到挫折、失败不灰心。

（2）消极怯懦型：消极怯懦型的管理者表现为遇事缩手缩脚，怕承担责任；对社会活动无兴趣，生活单调，不善于交际；无主见，依赖性强；遇到挫折、失败灰心丧气；工作消极，多疑，心胸狭窄。

（3）折中型：折中型的管理者表现为工作没有条理，常常显得慌乱；处事令人感到任性与不诚实，行为有时冒险，有时逃避；情绪波动大；办事拖沓，不利索。

在竞争激烈的现代社会中，积极刚勇型被认为是领导者的最佳性格类型。但这种领导者有时过于自负，不能接受别人的意见。不管哪种类型的领导者，都必须在管理实践中不断学习，总结经验，克服自己的性格弱点，塑造自己良好的性格特征。

医务部部长之争

某医院医务部部长出缺，医务部小陈、小李、小王都有意争取这一职位。但是他们心里有数：争夺得不激烈，显不出各自的实力；争夺得太剧烈，导致决策者论关系。从实力来说，三位都差不多，可以说难分上下，医务部部长却只有一个，争来争去只会是一胜两败，而三人都无意跳槽，不需要孤注一掷，所以他们不约而同采取不争而争的策略。

不久，小陈获得提拔，其余二人落选。院长为安抚民心，分别与二人谈话，说："原本要晋升你的，不料有一些流言，才临时改变，希望不要灰心，只要好好工作，以后机会还有很多，不会忘记你的。"

小李微笑着回答：升不上没有关系，我会好好工作，以后还请多多提拔。小王则很愤慨：升不上没关系，我会好好工作。不过平白遭流言，我实在不甘心，希望能够查清楚。

问题1：小李和小王的回答体现了各自怎样的性格特点？

问题2：如果你是他们的上司，以后出现机会时，你会提拔谁？简要叙述你的理由。

（屈　伟　张宛筑）

第六章　管理中的激励

学习目标

通过本章的学习，你应该能够：

掌握　期望理论、目标理论以及公平理论等在管理实践中的应用分析，激励的方法和原则。

熟悉　常见的需要与动机理论，期望理论、目标理论以及公平理论等基本内容。

了解　激励以及相应理论的基本概念。

第一节　激励概述

一、激励的定义

激励（motivation）从词义上讲就是激发、鼓励。激发是指通过某些刺激使人发奋。激励也就是激发动机，形成动力，鼓励行为。从广义上讲，激励就是调动人的积极性和创造性。从狭义上讲，激励是一种能使人们将外来刺激内化为自觉行为的刺激，促使完成任务的行为处于高度激活状态的某些心理需求的外在因素。狭义的观点把激励看成是各种外在因素对心理的唤醒，使人处于觉醒和准备状态。

每个人的行为都需要激励。由激励所引发的力量虽然不能被直接观察，但可以通过行为来衡量和推断。行为科学家认为激励水平的高低关系到工作的绩效，并用如下公式来表达：

$$\text{工作绩效} = f(\text{能力} \times \text{激励水平})$$

这说明，人的工作绩效取决于他的能力和激励水平的高低。能力固然是取得绩效的基本保证，但是没有激励，就毫无动力，难以取得好的绩效。哈佛大学教授威廉·詹姆士曾经研究发现，按时计酬的员工一般仅需发挥20%～30%的能力，即可保住职位而不被解雇。如果受到充分的激励，则员工的能力可以发挥80%～90%。其中的差距靠激励所导致。因此，管理者了解员工的心理和行为，掌握激励的方法和措施，对于调动员工的积极性，实现组织目标具有重要的意义。

二、人类行为的基本模式

人的行为千差万别，表现多样。但是，人的行为遵循共同的规律，并表现出相同的特征。人类行为具有以下特征：

（1）自发性。人的行为是自动发生的，外力能影响行为，但无法发动其行为。

（2）因果性。任何一种行为都是有其原因的，并且行为会产生结果。

（3）目的性。人类行为不是盲目的，总指向一定的目标，朝目标前进。

（4）持久性。行为指向目标，在目标没有达到以前，行为不会终止。

（5）可塑性。人类为了达到目标，不但常改变其手段，而且经过学习和训练，可改变行为的内容。

人类行为的特点表明，人类行为都是动机性行为。所有人的行为都是打算达到一定的目的或目标，而这种“目标－导向”行为总是围绕满足需要的欲望进行的。没有得到满足的需要是行为的起点，是引起行为的初始动机。因为未得到满足的需要会造成个人内心的紧张，从而导致个人寻求目标，并采取行动来满足需要，解除内心的紧张感。行为是以未满足的需要开始，又以需要的满足结束，这就构成了行为的基本模式。这一模式表明，人们总是具有不同的需要、愿望和期望，所有这些都使其感到紧张，促使其采取导向目标的行为。当行为达到目标，需要得到满足，紧张感就解除了。但是，当新的需要出现的时候，整个过程又开始进行，因而该模式被称为行为激励过程的第一模式，如图 6－1 所示。

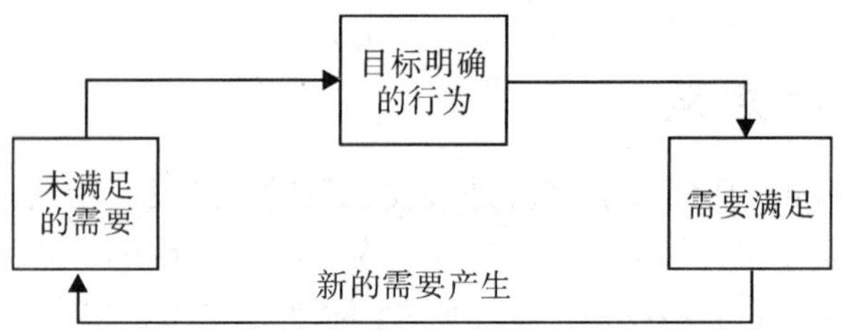

图 6－1　激励过程的第一模式

行为科学家认为，并非所有的未满足的需要都会引发人的行为，而且不是所有的行为最后都能达到目标，满足需要。需要引起动机，动机支配行为，行为的方向则是寻求目标以满足需要。所以，动机是人行为的直接动力，它驱动和诱发人们从事某种行为，并规定行为的方向。这一过程构成行为激励的第二模式，如图 6－2 所示。这一模式反映了人的需要、动机、行为和目标之间的关系，并且提出了挫折的概念。

然而，激励过程虽然与目标达成与否紧密相关，但目标达成后的绩效评价和奖惩对人的行为也有重要影响。一个人通过对自己的绩效评价和奖惩的感受来确定自己的满足感，并重新调整自己的行为。这是激励过程的第三模式，如图 6－3 所示。

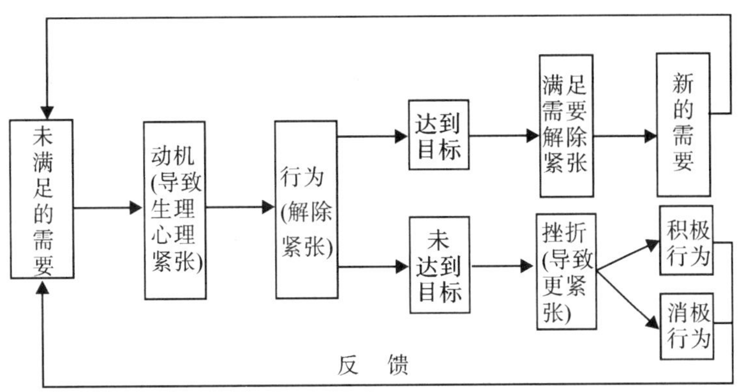

图 6-2 激励过程的第二模式

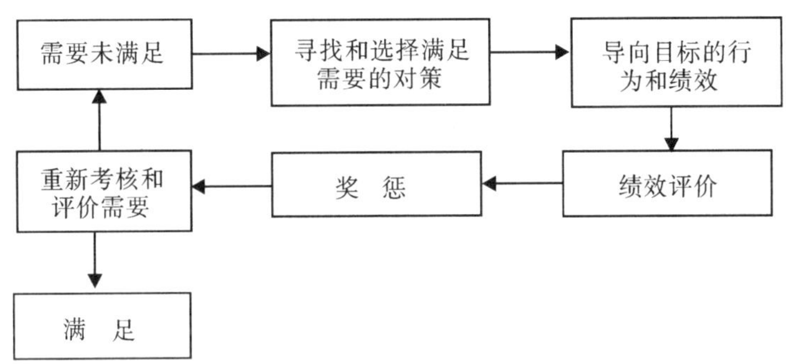

图 6-3 激励过程的第三模式

三、激励的理论

在激励理论的研究中，许多心理学家、管理学家和社会学家对激励的问题进行了多方面的探讨，提出了不同的激励理论。这些理论归纳起来有以下几类：

（一）内容型激励理论

内容型激励理论（content theory）主要是对激励的原因与起激励作用的因素的具体内容进行研究。其中，著名的理论有马斯洛（Maslow）的“需要层次论”、奥德弗（Alderfer）的“E. R. G 模式”、麦克利兰（Meclelland）的“成就需要理论”以及赫茨伯格（Herzberg）的“双因素理论”等。

（二）过程型激励理论

激励的内容被激励对象接受，将产生一定的激发力量。但是，有效的激励在心理上是一个相当长的过程。激励的内容固然重要，但能否达到预期的目标，激励对象能否得到满足，在满足需要的过程中有什么问题产生，内容型激励理论不能完全解决这些问题。另一类理论对此进行了补充，这就是过程型激励理论（process theory）。这类理论主要有弗鲁姆（Vroom）的“期望理论”、亚当斯（Adams）的“公平理论”、波特

(Porter）和劳勒（Lawler）的“期望模式”以及“综合激励模式”等。

除了以上两种主要类型外，还有人提出了行为改造型激励理论（behavior modification theory）。这类理论包括“挫折理论”、“归因理论”以及“操作条件反射理论”等。在以下的章节中，将对一些重要理论加以介绍。

第二节 需要理论

一、需要概述

需要是人缺乏某种东西时的一种主观状态，是个体在日常生活中和社会实践中所需事物在人脑中的反映，即客观需求的反映。这里说的客观需求，既包括人内部的生理需求，也包括外部、社会的需求。人有衣、食、住、行、性等生理的需要，同时也有友爱、安全、尊重、理想以及成就的需要。客观需求必须被个人所接受，并反映在人的主观世界里，才能转化为个人的需要。但是，需要作为客观需求的反映并不是一个消极的、被动的过程，而是人在与客观环境相互作用的过程中，在积极的活动中产生的。

人的低层需要与生理状态密切联系，生理状态是需要产生的生物性依据。人的衣、食、住、行、性等生理需要，直接受到生理机制的影响，并由生理机制引发。这些需要如果不能得到满足，人类就不可能生存和繁衍。但是，人的需要并不完全由生理控制，这是人与动物的重要区别。动物受本能驱使，其需要完全由生理决定。人是社会的“动物”，虽然低层需要与生理状态有关，但需要的种类和表现形式更多地受到社会环境以及知识的影响，由需要而引发的行为也受到社会环境的调节和控制。

（一）人的需要的特点

人的需要有以下一些特点：

1. 物质需要与精神需要相结合

动物只有本能地获取食物等物质的需要。人与动物不同，不仅有物质的需要，而且有高层的精神需要。人是有意识、有思想的高级动物，除了有衣、食、住、行、性等生存方面的物质需要之外，还有文化生活、理想、成就等精神方面的需要。

2. 劳动创造与满足需要相结合

动物只能消极地适应和利用自然，在自然环境里无能为力。然而，人可通过自己的劳动改造自然，同时也创造出满足需要的对象。

3. 人的需要与发展生产相结合

人的需要与生产互相依存，互相促进。马克思认为，没有生产，就不可能满足需要。那么，反过来说，没有需要也就没有生产。需要的提出和满足要依赖生产的发展，生产发展的水平又决定着人的需要的特点和水平。同时，人的需要的提高也是社会生产发展的前提。

4. 人的需要与社会环境相结合

人的需要的发展取决于社会环境以及社会生活条件。在不同社会环境下，需要的内容和重点有所不同。这种社会环境包括社会制度、阶级地位、职业、生活水平、工作与生活环境等。

（二）人的需要的分类

人的需要多种多样，不同的分类方法，将其分为不同种类。

1. 根据需要的性质分类

根据需要的性质可把需要分为生理上的需要与心理上的需要。生理上的需要即物质需要，包括衣、食、住、行、性等方面的需要，这是人类生存的基本需要，是推动人行为的强有力的动力。心理上的需要即精神需要，除了生理上的需要以外的都属于心理上的需要，如爱与归属的需要、交往的需要、娱乐的需要、成就的需要、地位的需要等。

2. 根据需要的迫切程度分类

根据需要的迫切程度可把需要分为远的间接需要与近的直接需要。远的间接需要是指那些比较概括的、抽象的、总的需要，它常常以理想、志向等形式表现出来。近的直接需要是指随着远的间接需要的产生而产生的一系列具体的需要。

3. 根据需要的内容分类

根据需要的内容可把需要分为生存需要、社会需要以及发展需要。生存需要包括生理需要和安全需要。社会需要包括文化娱乐需要、爱与归属需要、交往需要。发展需要包括知识与技能需要、尊重需要、理想和成就需要。

二、需要层次论

（一）基本内容

马斯洛（Maslow）是美国人本主义心理学的主要创始人，是公认的当代西方最有影响的心理学家之一。1943 年，马斯洛在《调动人的积极性的理论》一书中，提出了需要层次论的观点，并把人的各种需要归纳为以下 5 大类，如图 6－4 所示。

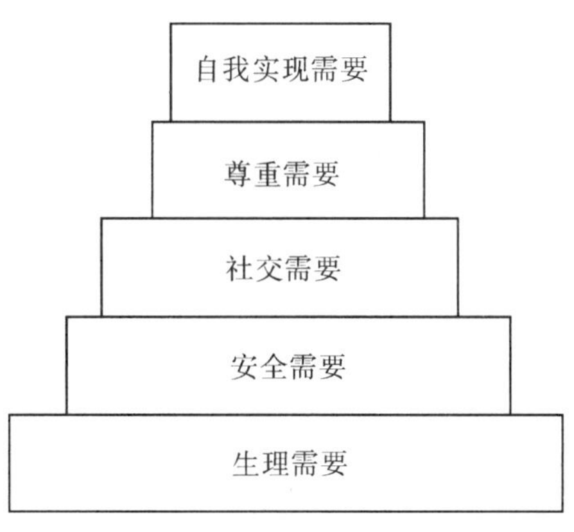

图 6－4 需要层次

1. 生理需要

生理需要主要指人类最原始、最基本的需要，包括食物、饮水、穿衣、睡眠、休息、性等人类赖以生存的需要。这些需要如果不能满足，就会有生命危险。所以，生理需要是最强烈的、不可避免的、最低层的需要。

马斯洛认为，在人类的一切需要中，生理需要是最优先的需要。当一个人处于饥寒交迫的状态，同时存在着食物、安全、尊重、爱等需要选择时，他对食物的渴望比其他需要更为强烈，获取食物就成了最紧迫的目标。这说明，当一个人为生理需要所控制时，其他一切需要都被推到第二位。

2. 安全需要

如果一个人生理需要基本得到满足，就会出现新的需要，这就是安全需要。它包括本人和家庭成员的安全，希望生活稳定、希望免于灾难、希望未来有保障，要求有劳动防护、社会保险、养老退休制度以及社会的稳定等。这是个体作为生物体和社会成员对安全感的欲望、自由的欲望、防御的欲望的综合体现。

3. 社交需要

社交需要又称为归属与爱的需要。当生理和安全需要得到一定满足的时候，社交需要就成为强烈的动机。人们希望得到友谊、爱情；希望自己和同事保持友谊；希望得到信任和友爱；渴望被他人或团体承认、接纳，有所归属，成为群体的一员，这就是人的归属感。

4. 尊重需要

尊重需要指自尊、自重和受他人尊重的需要，包括对名誉、地位的向往，以及个人能力、工作成就为他人所承认等。马斯洛认为，除病态人格外，所有的人都有自尊心，都渴望实力、成就、独立、自由、名誉、声望等，都希望得到别人的认可、赏识、注意和尊重。尊重需要得到满足，能使人对自己充满信心，对社会满腔热情，体会到自己的用处和价值。这种需要一旦受到阻碍，便会使人产生自卑感、虚弱感和无能感，以致丧失人生的信心。

5. 自我实现的需要

自我实现的需要指实现个人的理想、抱负，并充分显示出个人能力的高层需要。马斯洛认为，即使上述 4 种需要均获得了满足，还会产生一种新的需要，那就是自我实现的需要。自我实现的需要即希望发挥自己潜在的能力，做与能力相称的事情，成为一名自己所期望成为的那种人。马斯洛曾经说过，音乐家必须演奏音乐，画家必须画画，诗人必须写诗，这样才会使他们感到最大的快乐。是什么样的角色就应该干什么样的事。我们把这种需要叫作自我实现。

（二）需要各层次间的关系

马斯洛认为需要各层次间的相互关系表现为以下几方面：

（1）这 5 种层次需要像阶梯一样从低到高，且大多数人的需要层次是一个固定系列。但是，因人与人之间的个体差异，也有例外情况。

1）有些人把自尊看得比爱更重要。这种人自高自大，想突出自己。

2）具有天赋创造性的人，其创造性的驱动力似乎比其他因素更为重要。这种人尽管缺乏基本需要的满足，仍有创造性。

3）有些人的抱负水平可能永远被压抑或低下。如长期失业的人，只要能在有生之年得到足够的食物，他们就会心满意足。

4）病态人格的人永远丧失“爱”的需要。这些人在他们生命的最初的岁月中就已缺乏爱，因而永远丧失了给予和接纳感情的愿望和能力。

5）有些某种需要长期得到满足的人，反而会对这种需要的价值估计不足。一个从未经历过长期饥饿的人，容易低估饥饿的效应，而把食物看作是不重要的东西。这种人为了追求较高层的需要，会把自己置于许多基本需要被剥夺的境地。但是，当其基本需要被长期剥夺后，他又会放弃高层需要转而追求低层需要。

6）有些人受许多其他因素的影响，不按自己的需要和愿望行事。

7）有理想、有崇高社会标准的人，为了追求真理、实现理想，可以牺牲个人的一切。

（2）一个层次的需要相对地满足了，就会向高一层次发展。这5种需要不可能完全满足，愈到上层，满足的百分比愈小。

（3）同一时期内，可能同时存在几种需要。因为人的行为是受多种需要支配的。但是，每一时期内总有一种需要相对更为强烈，占支配地位，即成为优势需要，如图6－5所示。任何一种需要并不因为下一个高层需要的发展而告消失，各层次的需要相互依赖与重叠。高层需要发展后，低层需要仍然存在，只是对行为影响的比重减轻而已。

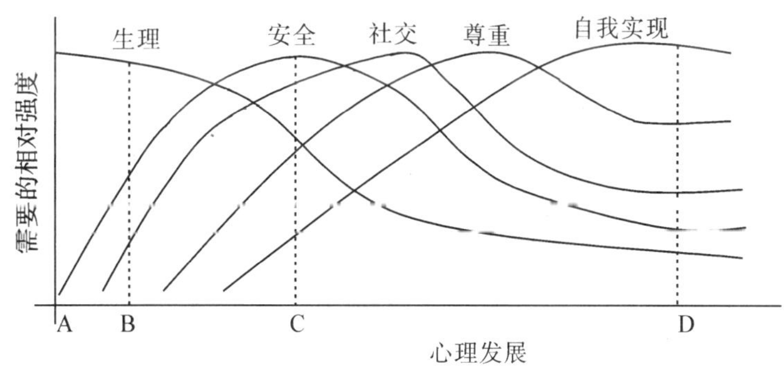

图6－5 优势需要图

（4）需要满足了，该需要就不再是一股激励力量。需要一旦得到满足，其动力作用即消失，不再对人产生激励作用。除非产生新的需要，才又成为动力。

（5）需要层次论的核心是自我实现。马斯洛强调需要层次论的核心是自我实现，他把那些将优势需要上升为自我实现的人称为理想的人。这些人具有独立、自主、创造性、孤僻、离群等品质。

（三）需要层次论的意义

马斯洛的需要理论对研究人类的心理与行为有重要的贡献，但它具有两面性。一方面，这是一种激励理论，在一定程度上反映了人类行为和心理活动的共同规律。马斯洛提出人的需要有一个从低层向高层发展的过程，这一过程的一般趋势在某种程度上是符合人类需要发展的一般规律的。例如，一个人从出生到成年，其需要的发展基本上遵循了马斯洛提出的需要层次顺序。马斯洛对人的需要的分类比较细致，符合人的需要的多样性这个特点。他同时还指出了低层和高层需要的差别，有利于把动物的需要和人的需要区别开来。在需要理论中，马斯洛提出需要具有阶梯递进式发展的性质，每个时期有一个主导的需要出现，即优势需要，表明在一定的时间里，人的行动受这个优势需要的调节支配，这也是比较符合实际的。了解员工在某个时期的主导需要，可以使我们了解员工的心理状态，预测其行为表现，便于在管理工作中进行有效的动机诱导。

另一方面，马斯洛作为人本主义心理学的代表人物，其需要层次论的理论基础是错误的。它否定了人的社会存在对人的成长有决定性的影响。马斯洛认为人的需要都是本能的活动，都是生而具有的。人有生理需要是为了维持自己的生存；人有安全的需要是出于“趋利避害”的本能；人有社交的需要是为了自己享受生活的乐趣；人有尊重和自我实现的需要是为了自己能出人头地，高高在上。因此，人的一切行为都是出于利己的本能。另外，马斯洛的需要层次论带有一定的机械主义色彩。这一理论提出了人类需要发展的一般趋势，在一定程度上又把需要层次看成是固定的程序，是一种机械式的上升运动。它忽视了人的主观能动性，忽视了通过思想教育在一定条件下改变人们需要主次关系的可能性。

三、阿德佛的 ERG 理论

阿德佛（Alderfer）改变了马斯洛“需要优先”的关系，把马斯洛的 5 个需要层次简化为 3 个需要层次，即生存需要（existence）、关系需要（relatedness）和成长需要（growth），简称为 ERG 需要理论。

（一）生存需要

阿德佛认为，生存的需要是人类最基本的需要，它包括人的衣、食、住、行、性等方面的生理和物质欲望，以及社会环境中的物质条件和工资津贴的需要，即物质型的安全需要。

（二）关系需要

关系需要相当于马斯洛提出的人际型的安全需要、社交和尊重的需要。阿德佛认为，当个体的生存需要满足之后，便会希望在群体中得到友谊，建立良好的人际关系。

（三）成长需要

阿德佛认为，成长需要是个人对工作上的创造性和成长发展的追求。这种追求主要通过事业的成功，前途的发展得到满足。

阿德佛的理论与马斯洛的理论在激励的观点上是一致的，即不论是生存需要、关系需要、成长需要哪一种满足较少，都会促使人们去追求这一需要的满足，从而激励人们去寻求和实现目标。但不同的是，以上 3 种需要没有明显的界线。阿德佛认为，生存需要、关系需要、成长需要三者是一个连续体，没有层次等级的差异。他不认为低层需要必须在高层需要起激励作用之前得到满足。低层需要得到满足后，人们将会进到更高一层的需要上去。但是，如果低层需要未得到满足，人们也会转而寻求高一层次的需要；

在高层需要遭受挫折时，又会倒退至较低的需要层次。

阿德佛还认为人类的3种需要不完全是生来就有的，有的需要，特别是成长发展的需要是通过后天学习而产生的。人的需要不一定严格地按照由低层到高层的发展顺序，它可能越层产生。如生存需要得到满足后，可以不经过关系需要的满足而直接上升到追求成长发展的需要。

四、麦克利兰的成就需要理论

美国心理学家、哈佛大学教授麦克利兰（Meclelland）及其学生创立了成就需要理论，也称成就激励论。

麦克利兰认为，人类在生理需要得到基本满足之后，还有权力需要（power need）、友谊需要（friendship need）和成就需要（achievement need）。

（一）权力需要

权利需要是指一种影响别人和控制别人的欲望。权力需要强的人常喜欢揽权，希望别人奉承，强调下属顺从，以至产生强迫命令。这种人追求形式，不大关心实际效果，其成就需要相对低一点。

（二）友谊需要

友谊需要是指一种追求人与人之间的友谊和良好的信赖关系的愿望。友谊需要高的人，喜欢合作环境胜于竞争环境，他们把人际关系看得比权力和成就更为重要。在处理人际冲突时，往往倾向于协调和折中。

（三）成就需要

成就需要是指一个人对取得事业成功的欲望。成就需要高的人，往往期望把工作做得更好、更有效果，超过他人；他们事业心强，敢冒风险，但不是赌博；敢于承担责任，但也比较实际；他们把个人成就看得比金钱更重要，从成功中得到的鼓励远高于物质激励的作用，金钱只是衡量其成就大小的工具。

麦克利兰认为，具有强烈成就需要的人喜欢这样的情景：身处其境者可以通过自己的努力（而不是机会或巧遇）去取得成功，可以承担个人责任并相信会有结果。

不同的人对权力、友谊、成就需要的排列层次和所占比重是不同的。成就需要对管理者尤为重要。如果把高成就需要的人放在有困难的岗位上，工作的挑战性会提高人的快感，激发其致力于成就的期望。相反，如果把高成就需要的人放在平凡的、没有挑战性的岗位上，则其成就的动机就有可能不被激发，才智被埋没，雄心壮志受到压抑。

麦克利兰还认为，高成就需要的人对一个企业和国家都很重要，一个国家具有高成就需要的人越多，企业或国家就越兴旺发达。高成就需要可以通过学习得来，通过培训可以培养人的成就需要。

五、需要理论在管理中的应用

需要是人行为的基本原因，满足人的需要是一切活动的目的。在马克思主义理论中，也把满足人的需要看成是社会主义和共产主义的目的本身，并且把衣、食、住称为人的第一需要。列宁也强调指出，要充分保证社会全体成员的福利和自由的全面的发展。斯大林根据马克思、恩格斯、列宁的论述，对需要的满足作了极为明确的阐述，他认为社会主义生产的目的不是为了利润，而是人及其需要，即满足人的物质和文化的需要。因此，最大限度地满足社会成员的需要，是社会活动的根本目的。但是，由于社会、经济、文化的发展不平衡，对社会每个成员来讲，还不能做到各取所需，也不能无限度地满足每个人的欲望。因此，在管理中，领导者应关心员工、解决员工的困难、满足员工的需要，以提高其积极性。同时，领导者还要考虑解决员工需要的原则和方法。如果放弃原则，或者有原则而方法不当，其结果不仅不能满足广大员工的合理需要，还会挫伤广大员工的积极性，从而带来消极影响。

（一）满足需要的原则

在解决需要问题时，应遵循以下原则：

1. 现实性原则

满足员工需要首先应从国情出发，要考虑我国是一个处在发展中的国家，应该量力而行。解决需要的程度必须和生产力发展水平相适应。

2. 利益兼顾原则

解决需要问题必须正确处理国家、单位、个人三者之间的关系。不能以关心员工、满足员工需要的名义而不顾国家、集体的利益，也不能借口维护国家、集体利益而对员工的困难、需要不管不顾。

3. 按劳分配原则

满足需要应坚持各尽所能、按劳分配的原则，员工需要的满足程度应与贡献相联系。只有这样才能激发员工的工作动机，提高其积极性。

4. 多样化原则

每个员工的需要有差异，特别是优势需要的差异。在满足需要时，应针对不同的优势需要采取不同的激励方式。

（二）满足需要的途径

一般地说，满足需要有以下两条途径：

1. 职务外满足

职务外满足又称间接满足，这种满足不是工作本身获得的，而是工作以后获得的。如工资、奖金、福利、医疗保障、劳动保险等，这些都是工作以外获得的。这类满足的局限性在于工作和满足需要之间缺乏直接的联系。这种需要容易获得满足，但满足后不再成为激励力量。

2. 职务内满足

职务内满足又称直接满足，即一个人从工作本身获得满足。如工作环境舒适，工作期间带来美好享受；工作有乐趣，工作如同游戏充满快乐；工作有挑战性，取得成功有成就感等。这种满足是内心的真正体验，而且追求这种满足是一个漫长的过程。因此，其激励时间持续较长，使人们总是处于不断的追求中。

（三）满足需要的方法

1. 调查研究

通过调查研究，了解员工的需要是解决员工需要问题的前提。管理者应摸清员工的思想状况，了解员工在这段时间的主要问题、优势需要。只有这样，解决问题才有针对性，有的放矢。

了解需要的方法有多种形式，如形式简便的行为观察法、访谈法等。管理者在日常工作中通过与员工的接触和交往，可随时了解员工的思想状况。目前应用较多的有问卷法，通过问卷调查的形式了解员工的需要和其他问题。这种方法有翔实数据，便于总结、分析。

2. 分析需要

在调查研究的基础上，综合分析需要。员工的需要多种多样，有精神需要，也有物质需要；有合理的需要，也有不合理的需要；有现实的需要，也有不现实的需要；有眼前的需要，也有长远的需要。管理者对这些繁多的需要应有清楚的认识，否则就毫无头绪，无从下手。我国学者在实际的研究中，提出了一种需要分析的途径，对帮助管理者分析需要有一定的启示，如图 6－6 所示。

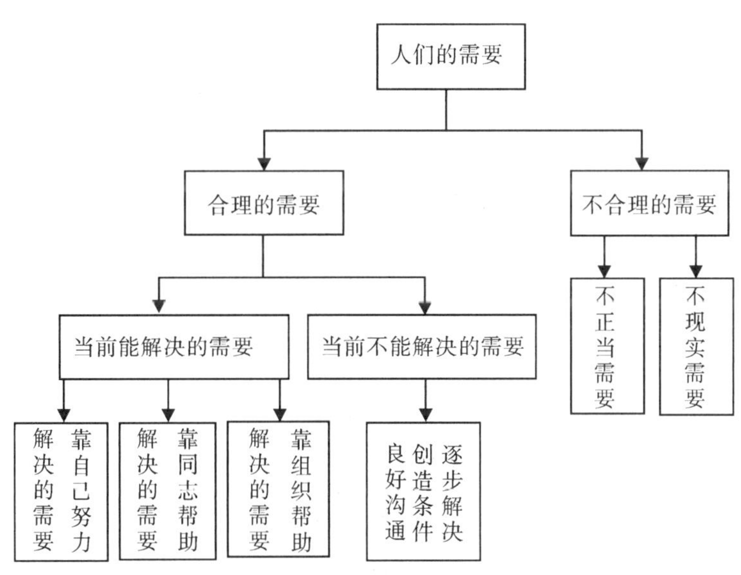

图 6－6 员工需要及满足途径分析图

3. 采取满足需要的措施

对员工的需要经过分析后，应针对不同的情况予以解决。对员工中存在的不正当和不现实的需要，应给以抵制，但必须正确引导。对合理的，但一时因客观原因还不能满足的需要，应加强与员工的沟通，做好解释说明，取得员工的理解，并制订计划逐步满足。对于可以解决的需要问题，管理者要切实做好工作，关心员工，帮助员工解决困难。

第三节　双因素理论

一、双因素理论的基本内容

双因素理论是美国心理学家赫茨伯格（Herzberg）在20世纪50年代末提出的理论。赫茨伯格和他的同事在匹兹堡的一些工厂、企业里进行了调查研究，研究对象是会计师和工程师群体。他设计了许多问题，如“什么时候你对工作特别满意”“什么时候你对工作特别不满意”“你满意和不满意的原因是什么”等，向一批会计师、工程师征询意见。从分析调查所得的大量资料中，他发现使员工感到不满意的因素与使员工感到满意的因素是不同的。前者往往是由外界的工作环境引起的，后者通常是由工作本身产生的。调查结果如图6－7所示。

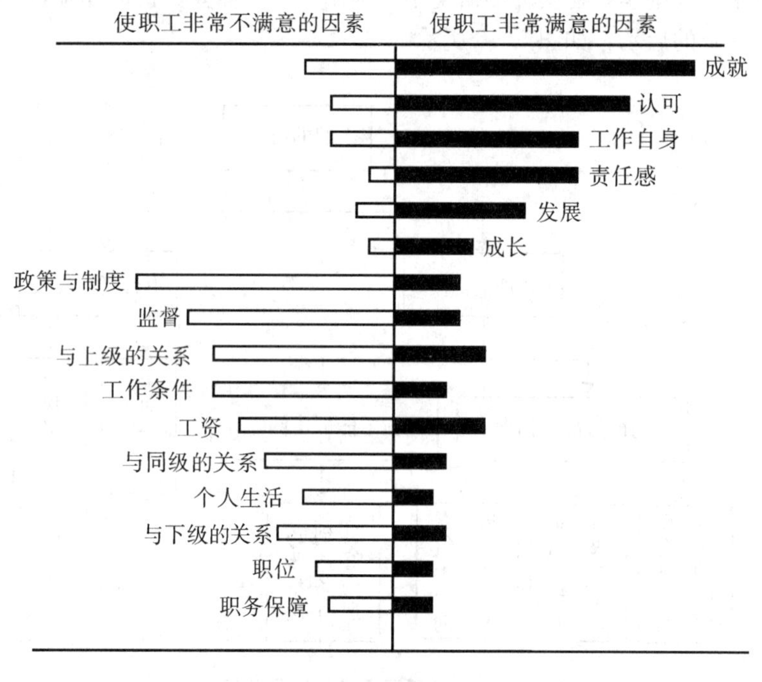

图6－7　双因素内容

赫茨伯格从1 844个调查案例的研究中发现，造成员工非常不满意的原因，主要是由于公司政策、行政管理、监督、与上级的关系、工作条件、与下级的关系、地位、职位、职务等方面的因素处理不当。这些因素的改善，只能够消除员工的不满，并不能使员工变得非常满意，也不能激发其积极性，促进生产效率的增长。赫茨伯格把这一类因素称为保健因素（hygiene factor），意思是不能医治疾病，只能预防疾病，起保健作用。

另外，他又从1 753个案例的调查中发现，使员工感到非常满意的因素主要是工作有成就感、工作成绩能得到社会认可、工作本身具有挑战性、负有重大的责任、在事业上能够发展等。这些因素的改善能够激励员工的积极性和热情，提高员工的生产效率。如果对这类因素处理不好，也能引起员工不满，但影响不是很大。赫茨伯格把这一类因素称为激励因素（motivation factor）。

二、双因素理论要点

第一，双因素理论修正了传统的关于满意与不满意的观点。传统观点认为满意的对立面是不满意；双因素理论则认为满意的对立面是没有满意，不满意的对立面是没有不满意，如图 6－8 所示。

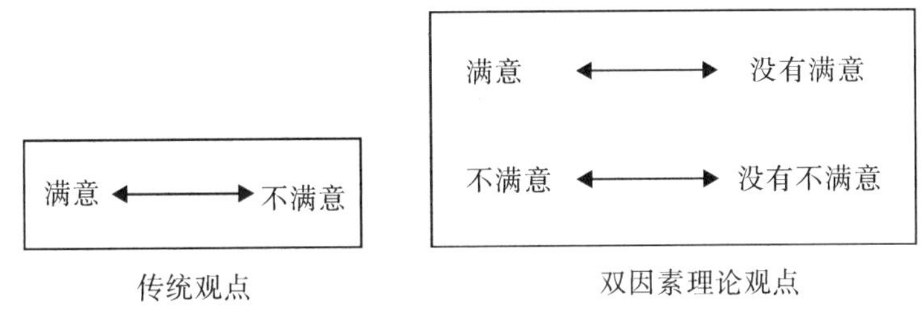

图 6－8　传统观点与双因素理论观点比较

第二，双因素理论认为，不是所有的需要得到满足都能激发起人们的积极性，只有那些被称为激励因素的需要得到满足，人们的积极性才能得到极大的调动。

第三，不具备保健因素时将引起许多不满，但具备时并不一定会调动强烈的积极性。另一方面，具备激励因素时会引起强烈的积极性和满足，但缺乏时却并不引起很大的不满。

第四，激励因素以工作为核心。如果要调动员工的积极性，应从工作本身入手。如使工作具有乐趣、富于挑战，能使员工从内心得以激励。当员工受到很大激励时，他们对外部因素引起的不满足感有很大的忍受力，反之则不能。

三、双因素理论在管理中的应用

赫茨伯格提出“双因素理论”后，引起了许多争议。反对方认为其研究对象主要是会计师、工程师等，缺乏代表性，不能概括其他类型的员工。有人将双因素理论用于工人中间去研究，结果发现，有些赫茨伯格认为是保健因素的东西，如工资、安全感等，工人却认为是激励因素。如我国学者通过对员工的调查，并与美国学者所做的一个调查结果进行了比较（表 6－1），发现对激励因素的理解，不同职业的人有明显差异。

表 6－1　中美人员对激励因素的看法

因素	企业经理		行政干部	教师、科技人员		工　人	
	中国	美国	中国	中国	美国	中国	美国
成就	1	4	1	1	1	—	4

续表6-1

因素	企业经理		行政干部	教师、科技人员		工　人	
	中国	美国	中国	中国	美国	中国	美国
工资	4	—	4	3	—	1	3
称赞	—	3	—	—	2	—	—
有吸引力工作	2	—	2	2	4	4	—
家庭前途	—	—	—	3	—	2	—
提升	—	1	—	—	3	—	2
能干的领导	—	—	—	—	—	—	—
友好的领导	—	—	—	—	—	4	—
工作环境条件	3	—	3	3	—	3	—
责任	—	2	—	—	—	—	1

另外，还有学者提出，人们有一种心理倾向，往往把满意的原因归功于自己所取得的成就，自己的责任感等；把不满意的原因归之于单位的政策、人际关系、管理人员的阻碍等外部条件，而不归于他们自己的缺点。因此，这种心理上的局限性使所取得的调查结果不一定正确。

尽管对双因素理论的争议不断，但它还是受到了人们的注意，引起了越来越多人的重视。双因素理论提出的从工作上即工作本身来激励员工，是以前的理论所欠缺的。过去，人们通常把激励重心放在工作的外部，如工资、奖金、住房、地位、荣誉、制度以及人际关系，而较少考虑到工作本身的激励作用，如工作的乐趣、成就感等给员工带来的动力。

根据双因素理论的观点，国外一些企业采用扩大工人的工作范围，让工人在工作计划和工作管理中负有更大的责任等方式，以此调动员工的生产积极性，提高劳动生产效率，收到了较好效果。具体方法有以下几种：

1. 工作丰富化

工作丰富化是根据双因素理论提出的一种新的劳动组织形式。这种劳动组织要让工人有机会参加工作的计划或设计，得到信息反馈，估价和修正自己的工作，使工人对工作本身产生兴趣，获得责任感和成就感。

2. 工作扩大化

随着科学技术的发展，社会生产向精细专业化和高度自动化的方向发展。但随之而来的是人变成机器，终日干着单调、重复的工作，工人的积极性受到影响。工作扩大化是一种与专业分工背道而驰的生产方式，它要让工人增加工作的种类，同时承担几项工作或者做周期更长的工作，以增加员工对工作的兴趣。

3. 弹性工作时间

弹性工作时间是国外为了方便员工、提高他们的工作情绪而实行的一种组织制度的变革。这种制度规定员工除一部分时间须按规定时间上班外，其余时间在一定范围内可让员工自行安排。

第四节　期望理论

一、期望的定义

行为科学理论的观点认为，期望是指一个人根据以往的经验在一定时间里希望达到目标以满足需要的一种心理活动。人的需要是多种多样的，由于主客观条件限制，人的需要并不都能立即获得满足。但是，人的需要也不会因一时得不到满足就消失。在适当条件下，当人看到可以满足自己需要的目标时，就会受需要的驱使产生一种期望。但是，目标出现只是一种诱因，一个人还必须分析这个目标的意义、价值，同时还要对自己是否能达到这个目标进行估计，即根据自己以往的经验对达到目标的可能性进行一番分析判断，然后决定是否采取行动。因此，人的期望心理在产生和形成过程中，一般都与目标、目标价值及可行性比较相联系。这里的目标及目标价值是促使人们产生期望心理的外在因素。可行性比较，即个人能力及经验与达到目标所需的条件相比较，是形成期望心理的内在因素。期望心理表现为一定的行为动力，期望心理与行为相联系。一般来说，高期望会促成高表现，低期望则会导致低表现。当期望成功的概率较高、成功后满足需要的价值大时，驱使行为表现的动力就愈大。

二、期望理论的内容和模式

（一）期望理论的内容

美国心理学家弗罗姆（Vroom）于 1964 年在《工作与激励》一书中提出了期望理论。它是一种通过考察人们的努力行为与其所获得的最终奖酬之间的因果关系来说明激励过程，并以选择合适的行为达到最终的奖酬目标的理论。该理论认为，人们只有在预期其行为有助于达到某种目标的情况下，才能被充分激励起来，从而采取行为，以达到预期目标。激励水平取决于期望值和效价的乘积，用公式表达即为：

$$\text{激励力量}=\text{期望值}\times\text{效价}$$

$$M(\text{motivation})=E(\text{Expectancy})\times V(\text{Valence})$$

激励力量是指激励水平的高低，它表明动机的强烈程度，被激发的工作动机的大小，即为达到高绩效而做的努力程度。

期望值是指人们对自己的行为能否导致所想得到的工作绩效和目标（奖酬）的主观概率，即主观上估计达到目标、获得奖酬的可能性。概率的数字范围在 0 至 1 之间变化，受每个人的能力、经验、个性、情感、动机的影响。

效价是指人们对某一目标（奖酬）的重视程度与评价高低，即人们在主观上认为该奖酬的价值大小。效价与人的价值观相联系，一个人对目标效价的评价因价值观的差异而不同。效价还有正、负之分，一个人不希望出现这种结果，宁可不要，效价为负值；个人期望这种结果出现，效价为正值。

效价和期望值的不同结合，会产生不同的激励水平，其规律如下：

（1）当效价、期望值均大时，就会产生强大的激励力量。

（2）当效价、期望值中的任何一项数值较小时，所产生的激励力量也小。

（3）当效价、期望值中的任何一项数值为零时，所产生的激励力量也为零，人们根本没有兴趣去行动。

（4）当效价为负值时，激励力量转化为消极力量。

（二）期望模式

员工行为的直接结果是工作绩效，但是员工经过努力所获得的绩效往往对员工不具有效价，它只是取得第二级结果的媒介，如图 6－9 所示。员工所需要的是报酬，即工资、住房、提升或赏识等。也就是说，激励力量越大，努力的程度越高，取得的绩效也就越好，因此而带来的报酬就会越多。这对于员工才是最有意义、最有吸引力的。

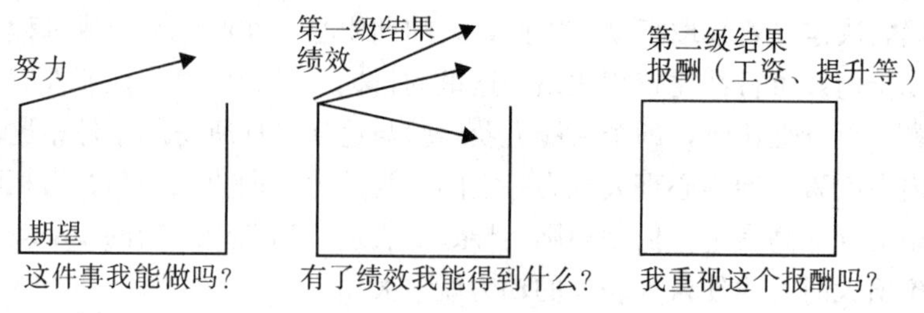

图 6－9　期望模式分解图

因此，在衡量期望值时，员工通常考虑的问题是：这件工作我能否完成（取得第一级结果的概率）？完成工作、做出成绩后，是否会有相应的报酬、奖励（第二级结果能否兑现）？在通常的情况下，一个人付出一定努力就会有相应的绩效，也有相应的奖励。问题是这个人是否有能力、知识和经验做这个工作并取得绩效，而且有绩效后是否真的有奖励。从期望值看，概率从 1（100％的把握达到高绩效）到 0（即使竭尽全力也无法达到规定的任务）。而媒介则是指第一级结果和第二级结果之间的关系，从＋1 到－1 不等。如果第一级结果总是导致第二级结果（如连续几次的高绩效，都得到提薪、晋职），媒介为＋1；如果第二级结果与第一级结果无关（干好干坏一个样），媒介接近于 0；如果高的绩效反而受到冷遇（鞭打快牛），则媒介是负值，最小值为－1。

员工是否具有较高的激励力量，需要看努力—绩效—奖酬之间是否有高的关联（表 6－2）。在管理制度上，管理者应促使这种关联的存在，并要让员工意识到努力、绩效与报酬之间的关系。

表 6－2　期望、媒介、效价的关系

期望（努力导致绩效）	媒介（绩效导致结果）	效价（结果的价值）	激励力量
高	高	高	高
低	高	高	低

续表6－2

期望（努力导致绩效）	媒介（绩效导致结果）	效价（结果的价值）	激励力量
高	低	高	低
中	中	中	中
高	高	低	低
低	低	低	低

1. 努力与绩效的关系

如果一个员工认为通过自己的努力，有能力去完成工作目标，即主观上认为达到工作目标的概率很高，就会有信心和决心，就会激发出强大的力量。如果认为目标太高，可望而不可即，就会灰心丧气，失去动力。

2. 绩效与奖励的关系

人总是期望取得预期的成绩后能得到适当的奖励，如工资、奖金、表扬、提级、晋升等。如果没有这些物质或精神的奖励进行强化，人们激发起来的工作热情也会慢慢消退，人们也不会为了追求需要的满足（第二级结果）而去提高绩效（第一级结果）。

3. 奖励与满足个人需要的关系

人行为的基本原因是需要未满足。人因经济、地位、文化的不同，需要有所差异。同一种形式的奖励，对不同人的价值不一样，所体验到的效价也不同。因此，奖励的形式应多种多样，因人而异。

三、管理中应注意的问题

人的期望心理是客观存在的，管理者在管理过程中必须遵循人的这种心理活动规律，注意工作方法，加强疏导，把员工的积极性充分调动起来。

（一）建立良好的激励制度

一种激励制度应能充分发挥员工的积极性，挖掘员工的潜力，使他们在满足自己需要的同时，也为组织目标的实现而奋斗。努力、绩效（组织的目标）、奖励（满足个人的需要）应密切结合，并成为一种制度。管理者需要注意的有以下几点：一是要明确做什么工作给什么奖酬；二是要使员工认识到这种奖酬与工作绩效有联系；三是要使员工相信只要努力工作，绩效就能提高。

（二）合理树立目标

在调动员工积极性的过程中，我们不仅要了解员工的需要，还要根据其需要，适时地树立起有一定价值的目标，以此激发他们对目标的期望，从而产生行为动力。但应注意的是，目标过高，令人望而生畏，会使员工丧失信心而没有积极性；目标过低，或者价值不大，同样使员工毫无兴趣。

由于人们的经验、能力、需要以及个性的不同，对同一目标不同人的期望概率不一样。有的人是能力、知识不够，无能为力；有的人是畏难情绪重，对自己没有信心。领导者对此应进行正确的引导，帮助员工分析自己的主、客观条件，提高达到目标的信心。如目标的分解，使庞大的目标细化，员工会觉得该目标相对容易，可以完成。对能力不足的员工应进行培训或让其进修并提供业务上的帮助，提高其完成工作的能力，使其增加达到目标的信心。

（三）认识和提高目标的效价

影响激励力量的还有达到目标的效价问题。对效价的认识与人的价值观有关系，同一个工作不同的人有不同的效价评价。如果追求经济价值，一个人就会看重工作的报酬是否多，工资高，他就认为这个工作的效价高；反之，则认为效价低而没积极性。但另一个人可能因为从事这个工作社会地位高、受人尊重而选择它，并保持高昂的工作热情。因此，从多方面正确认识效价有利于员工积极性的提高。

当然，也有些工作确实在待遇或者地位方面都不尽如人意。因此，员工没有工作热情，纷纷跳槽，人员流失严重。对于这种情况，管理者除了加强引导教育外，还应想法提高待遇，增加其效价。

（四）注意期望和现实的冲突

员工期望工作取得绩效，绩效带来预期的报酬，以满足自己的需要。但这种期望由于多种原因可能和最后结果并不完全相等。通常有 3 种情况，这些情况对员工积极性的影响也不一样：一是结果大于期望值，让人喜出望外，可使激励力量倍增；二是结果等于期望值，全在意料之中，激励力量可维持在期望值水平之上；三是结果小于期望值，出乎人意料之外，可使激励力量转化为消极的力量。管理者要根据不同情况，采取不同的方法，掌握并驾驭期望值与结果的关系，保护员工的积极性。

第五节　目标理论

一、目标概述

目标是组织在一定时期内通过努力争取达到的理想状态或期望获得的成果，它包括组织的目的、任务，具体的目标项目和指标，以及指标的时限等。组织的各种管理活动都要以管理目标为依据，有序、有效地展开。管理活动的终结又要以管理目标为标准，进行合理、有效的评估。

（一）目标的作用

目标是对组织的宗旨与使命的进一步阐述。在组织的宗旨、使命和实际活动之间需要架设一座桥梁，这座桥梁就是目标。只有在组织的每个部门、每个成员都明确了解“我应该做什么”的时候，组织的宗旨与使命才能变成有效的行动。目标具有以下 4 个方面的作用：

1. 目标的导向作用

目标的首要作用是为组织指明前进方向。一个组织如果没有明确的目标，就没有前进的方向，就无法有效地协调资源。因此，每一个组织都必须为自己设立明确的目标，使组织成员能够互相协调，为追求共同的目标而奋斗。

2. 目标的激励作用

目标具有激励组织成员的作用。目标可以激发组织成员工作的积极性，特别是当组织的目标充分体现了组织成员的共同利益并与每个成员的个人利益很好地结合在一起时，就会极大地激发组织成员的工作热情、献身精神和首创精神。

3. 目标的标准作用

目标可作为衡量、比较和评价工作绩效的标准。管理的目的在于促进组织成员取得绩效，而工作绩效是以目标达到的程度为标准加以衡量的。没有目标就无法衡量工作是否取得了绩效及绩效的大小。

4. 目标的凝聚作用

组织是一个社会协作系统，它是靠目标使组织成员联系起来的。组织的凝聚力受到很多因素的影响，其中一个主要的因素就是组织目标。特别是在组织目标充分体现了组织成员的需要或者是变成了组织成员的共同利益和共同追求的目标时，就能够大大地激发组织成员的工作热情、献身精神和创造力，使组织成为生机勃勃、互相团结的群体；反之，就会产生不良的效果或难以推动组织活动的开展。

（二）确定目标的原则

为了保证目标的作用得到发挥，需要遵循下列原则：

1. 目标必须预先确定

目标是组织希望实现的预期效果，有了明确而具体的目标，才能够有统一的计划，才能够与有关部门的人员以目标为依据协调配合。因此目标必须事先确定。

2. 目标必须体现组织的宗旨与使命

目标必须是实现组织宗旨与使命的手段，必须是将组织的宗旨与使命具体化的目标，只有达到目标，才有可能实现组织的宗旨与使命。

3. 目标必须落实

目标的落实具体包括：第一，目标应具体化。目标是工作安排的基础，因此，目标必须转化为具体的工作安排。第二，目标应可衡量。目标是衡量工作成绩和贡献的标准，因此，目标必须具体而且能够考核，必须明确定出衡量目标达到程度的具体标准，不应使用含糊笼统的目标。第三，目标应规定完成的时限。目标是组织希望实现的预期效果，因此，确定目标时必须规定实现的期限。如果不规定目标实现的时间，人们就很容易采取拖延的态度使目标的实现遥遥无期。指明目标实现的时间也有助于拟订相应的行动计划。

（三）目标的层次

一个完备的组织目标，应包括以下 3 个层次。

1. 总的目标

总的目标即组织的整体目标，其内容应包括：①社会目标，即策略层级的目标，须配合社会情势，适应社会需要，承担社会责任。②管理目标，即协调层级的目标，亦是行政性的目标。其主旨在于规定如何有效地运用组织的资源达成社会目标。资源指人、财、物、法、权等。③技术目标，即实作层级的目标，规定如何使用经济有效的工作技术、知识方法、设备，以最佳的操作完成任务。

2. 部门目标

部门目标即构成组织整体各部门或单位的目标，其内容包括：①生产目标，即各部门或各单位所应完成的工作种类、标准、数量及进度等。②财务目标，即组织的财源筹措、分配、控制及计算与记载等。③人事目标，即所需员工的选用、教育、维护、使用、考核、奖惩等。④服务目标，即如何搞好公共关系，树立组织的良好声誉与信用以获得社会的有力支持。

3. 个人目标

个人目标即在适当满足员工需求的基础上，使之安心乐意地分担组织的各项任务与工作，从而踊跃地、协同一致地完成组织目标。

二、目标管理理论

（一）目标管理的概念

目标管理（management by objectives，MBO）理论，是20世纪50年代中期出现于美国，以泰勒的科学管理和行为科学理论（特别是其中的参与管理）为基础形成的一套管理制度。

1954年，德鲁克在《管理的实践》一书中，首先提出了“目标管理和自我控制”的主张。之后，他又在此基础上发展了这一主张。他认为，企业的目的和任务，必须化为目标，企业的各级主管必须通过这些目标对下级进行领导，以此来达到企业的总目标。

目标管理是一种以建立目标体系为基础的管理程序，特别强调员工与上司共同参与设定具体、确实又能客观衡量成果的目标。目标管理将组织整体目标借由参与管理，逐层转化为各阶层与各单位的子目标，形成目标体系，同时拟订目标作为激励员工的工具，定期回馈上级，共同讨论并进行绩效评估，是一种完整的规划与控制程序。简言之，目标管理就是让组织的主管人员和员工亲自参加目标的制订，在工作中实行“自我控制”并努力完成工作目标的一种管理制度或方法。

目标是一种刺激，合适的目标能够诱发人的动机，指出人行动的方向。心理学上把目标称为诱因。由诱因诱发动机，再由动机到实现目标的过程就称为激励过程。因此目标管理是一种过程型的激励理论，它强调通过目标的设置来激发动机、指导行为，使员工需要与组织的目标挂起钩来，以激励他们的积极性。

（二）目标管理的基本特点

目标管理与其他管理方法相比较，具有以下几个方面的特点：

1. 具有完整的目标体系

目标管理方法通过手段－目的链，将组织的总目标层层分解，形成目标体系，并用目标层层展开的方法和用目标卡片的形式，把目标明确固定下来。目标体系把全体员工有机地组织起来，使员工们产生整体观念和团结欲望，有利于发挥集体的力量。因而目标管理能够发挥企业各部门和全体员工的积极性，是一种全方位的管理，可以取得全面的管理效果。

2. 是参与管理的一种形式

目标管理实际上也是一种参与管理制度，在目标管理的实施过程中，它让全体员工参与管理，实行企业管理民主化。制定目标时，下级可以就目标向上级提出建议，经过反复讨论和协商共同确定出下级的目标。下级有权在组织的政策规定范围内自己决定如何取得最佳成果，上级的责任只是在必要时给予下级指导。这和以往的管理由上而下摊派工作任务的做法截然不同，是一个很重要的管理特色。目标管理重视协商、讨论和意见交流，而不是命令、指示、独断专行，是一种民主管理。这使员工在思想上感到自己受到尊重，因而能在一定程度上缓和上下级之间的某些矛盾，使关系更加密切，有利于调动员工的工作积极性和独创性。

3. 强调自我控制

目标管理是一种“主动”的管理方式，自觉地努力追求目标的实现，上级主管必须转换其所担任的角色，从监督者转变为指导者，舍弃过去那种“亦步亦趋”、严密控管下属的习性，让下属能够发挥工作热情，尽情地放手一搏，高效率地完成所设定的目标。目标管理注重人性，以目标激励人们，使人们把隐藏的潜力尽量地发挥出来，并以自我控制实现组织和个人的目标。

4. 注重管理实效

目标管理非常强调成果，注重目标的实现程度和难度，重视目标的评定，因此也叫作“根据成果进行企业管理的方法”。成果评定的结果，不仅给予相应的奖励和表彰，还把个人成果反映到人事考核上，作为晋级、提升的依据。目标管理注重成果，从而能够激发员工勤奋向上，充分发挥员工的能力，大大提高企业的劳动生产效率。

（三）目标管理的过程

目标管理的过程包括以下 3 个阶段：

1. 建立一套完整的目标体系

制定组织总体目标，是目标管理的关键。其前提是进行科学的调查、预测以及上下级之间自下而上、自上而下的反复协商。在总体目标确定后，组织目标既要层层分解，具体化为方方面面的更基本、更具体的目标，形成企业目标体系；又要在每个层次上都制定出实现目标的具体对策和措施，并落实到每个部门、班组和个人。

在制定目标时，尽量尊重目标制订者的愿望，使人们增强责任感和提高工作的兴趣，而非自上而下地摊派工作任务。因为各个分目标是整体目标中的一部分，所以整个目标体系和各个分目标设置的好坏，对总目标的达到影响很大，也左右着组织的业绩和成果。目标设置不但是目标管理的第一个阶段，也是最重要的步骤。目标设置得恰当，则目标实施过程的管理，以及目标实施结果的测量与评估就比较容易。

2. 组织实施

组织实施即在分解落实组织目标的基础上，按照目标体系的要求，各个方面分工协作，努力实现目标的过程。在实施过程中，主管人员就应充分授权给下级成员，而自己去抓重点的综合性管理。这样做有利于调动目标完成者的积极性和独创性，充分发挥他们的能力。上级管理者要改变过去那种干涉下级工作的态度和方式，对下级达到目标的方法不加干涉，只给予必要的协助和建议，以支持的态度帮助下级达到自己设置的目标。

3. 目标评估与反馈

对各级目标的完成情况进行自下而上的评定、考核、奖励和惩罚，做到奖罚分明，奖勤惩懒。同时，通过评价目标，应对本期实行目标管理的情况，进行认真的全面的分析，既肯定成绩，又找出不足，从而确定新的目标，为开始新的目标管理循环打下良好基础。

三、目标管理中应注意的问题

目标管理在实践中往往被机械地运用。领导为下级设立目标后通常只看结果，如果他完成了目标，就会获得奖赏；如果失败，就受到惩罚。人们在这种情况下工作，压力巨大，最后导致整个体系的崩溃。目标管理的精髓是需要共同的责任感。它依靠团队合作。领导要问自己，是否就任务选配了最适合的人选，是否成功引导、帮助、鼓励其下属去理解和实现组织的目标。

(1) 注重成果不等于忽视过程。因为目标管理方法注重成果，很可能产生这样一种态度，只要能够获得成果，任何行动都可以接受。这种态度很可能使人们做出对组织构成损害的不明智的决策。例如，工厂厂长可能会决定减少或取消机器的必要保养维修，以保证工厂的年度生产计划能够完成。这个决定虽然可以使工厂年度生产计划按时完成，但却会因设备的加速磨损而损害公司的长期利益。过于注重成果，特别是经济成果，会对下级产生压力，导致不道德的行为。

这个问题的解决途径是强调“如何”达到目标，而不是达到“什么”目标。如何达到目标的问题可以在上级和下级协商目标时一并加以讨论。当目标商定之后，接着便讨论可以用什么方式达到目标。而在目标执行过程中，管理者必须适时的进行适量的指导与调控。目标管理有松散目标实现过程的重要特征。但是这一特征并不等于放任，适量的指导与调控是必须的。目标评估完成之后，还可以重新提起如何达到目标的问题。为了减少采用不道德的手段去获得成果的可能性，高层管理者必须承认合理的目标，奖励道德的行为，惩罚不道德的行为。

(2) 目标要与组织的长期目标一致。目标管理所确定的目标一般都不超过1年，这对长期生存的组织会有一定影响。在某些情况下，短期目标的成就会妨碍组织的长期利益。每个单位和个人都关注自身目标的完成，很容易忽略相互协作和组织目标的实现，滋长本位主义、临时观点和急功近利倾向。避免发生短期行为的办法是使制定的现行目标不仅要和其他目标相配合，而且要和长期目标相配合。

(3) 加强各级人员对目标的认识。一个有效的目标管理计划需要投入足够的时间进行准备。目标管理的原理虽然并不难理解，实际做起来却要花费许多时间。目标商定、上下沟通、统一认识是很费时间的。许多组织推行目标管理之所以失败或收效甚微，都是因为这些组织的管理者不能或不愿在统一思想、协商目标、提供协助等方面花费必要的时间，从而削弱了目标管理的效果。

（4）目标管理需要全员参与。让员工参与目标的设立过程就是让员工了解价值创造的过程，就是让员工明晰目标方向的过程，就是管理者与员工相互承诺的过程。另外，员工可能比管理者更了解基层工作环境，让员工参与进来，可以提高员工在组织中的地位，还使制定的目标更为合理，从而更易实现。员工的主人翁感对员工的积极性影响重大。这是目标实现的保证。

（5）目标管理需要责、权、利相结合。实施目标管理时要明确员工在目标管理中的职责，不能只是流于形式。同时，要赋予他们在日常管理上的权力。权限的大小，应根据目标责任大小和完成任务的需要来确定。还要给予他们应得的利益，责、权、利的有机结合才能调动广大员工的积极性和持久性。奖惩一定要能和目标成果相配合，否则很难保证公正性，会削弱目标管理的效果。

（6）目标的时限不宜过长。目标是缺乏灵活性的。如果目标经常改变，可能会使人认为这个目标是没有经过深思熟虑和周密计划的，因而是毫无意义的。另外，目标经常变动，如果下级不能达到目标，也很难确定到底是上级的责任还是下级的责任使目标没有实现。因此，实施目标管理时目标不宜定得太长远，一般不超过1年。

（7）目标管理是一个有机的过程。目标管理不像安装机器一样是一个机械的过程，而是一个有机的过程，类似于培育树木。在计划工作的前提条件已经发生变化、组织的目标和政策已经改变的情况下，让下级为过时的目标继续奋斗，显然是不明智的行为。上、下级应及时进行协调，分析原因，提出目标改进的方向。确因客观环境因素影响而使目标执行发生困难，无法解决时，目标执行部门或个人应提出修订目标申请书来加以调整，以提高目标的执行力。

第六节　公平理论

一、公平理论的基本内容

在管理中，有的管理者认为员工在得到预期的奖酬之后，需要得到满足，积极性就会增加。但是，他们不知奖酬与满足感之间还有一个介入因素，那就是对奖酬公正性的感觉。美国心理学家亚当斯（Adams）于1956年提出了公平理论（equity theory）。这是探讨个人所作的贡献与他所得的奖酬之间如何平衡的一种理论，侧重于对工资及其他报酬分配的合理性、公平性对员工积极性的影响的研究，故也称为社会比较理论。

公平理论认为，一个人对他所得的报酬是否满意不是只看其绝对值，而是要进行社会横向的比较或历史纵向的比较，看其相对的情况。每个人都把个人的报酬与贡献的比率与另外的情况的比率进行比较，如果比率相等，则认为公平合理而感到满意，心情舒畅；如果认为不相等，则产生不公平感，影响其情绪。

公平理论引入了经济学上的概念，用投入（imput）来表示贡献，用产出（outcome）来代表奖酬。把贡献与奖酬的比率看成是投入与产出的一种交换关系。一个人在进行比较时，常把他的年龄、资力、受教育程度、经验、技能、工作态度以及工作的勤奋程度纳入他的投入；而将得到物质奖酬和精神奖励，即工资、奖金、津贴、晋升以及名誉地位等纳入他的产出。

人们在进行比较时，可以以自己做过的工作或担任过的角色作参考依据，把自己不同时间的结果进行比较，这是一种历史纵向的比较。但更多的情况是，一个人把自己的投入和产出与同行、同事、朋友、邻居，以及其他行业的人的投入和产出进行比较，以他们作为参考依据。这是一种社会横向的比较。

一个人如果认为自己的贡献与奖酬的比率和上述的参考比率是一样的，则认为自己的工作得到承认，体会到满足感。如果认为自己的比率在很大程度上偏离了参考依据的比率（图 6－10），就会产生不公平感。多数情况是认为自己比别人干得多，却和别人得到同样的报酬，甚至比别人更少。公平理论认为，公平是平衡稳定状态，报酬过高和过低都会使身受者心理上感到紧张、不安，从而激励其采取行动以消除或减少引起心理紧张不安状态的差异。国外研究显示，在计时工资和计件工资制度下，过高或过低的报酬对产量和质量都有影响，如表 6－3 所示。从表中可以看到，工人感到奖酬过高时，计时工资制的工人会以提高产量、改进质量来消除自身的不公正感；计件工资制的工人则为了保护定额标准，防止企业降低单件工资，或者怕差距过大引起矛盾而将产量降低，但产品质量会高些。当奖酬过低时，计时工资制的工人会降低产量和质量来消除不公平感；而计件工资制的工人就不顾质量下降，力图增加产量来提高收入，以使达到公平。

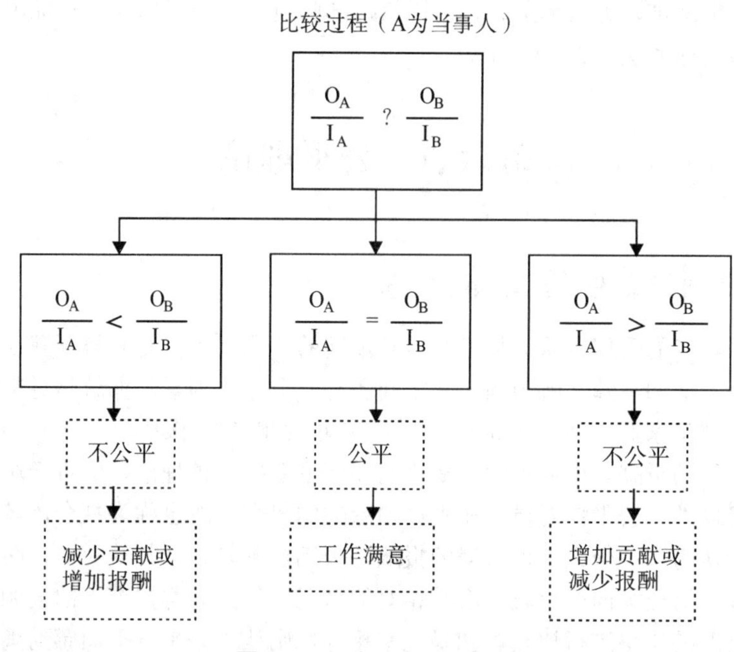

图 6－10　公平理论示意

表 6－3　不公平报酬对产量和质量的影响

	计时工资		计件工资	
	产量变化	质量变化	产量变化	质量变化
奖酬过高	↗	↗	↘	↗
奖酬过低	↘	↘	↗	↘

二、不公平感产生的后果

当一个人感觉到受到不公平的对待时，通常会在情绪上感到紧张、满腔怨气或者灰心丧气，在行为上也可能采取以下措施：

（1）通过自我解释，达到自我安慰。这是经受挫折后的一种心理防卫，自己给自己找个借口，以此来消除不公平感。

（2）采取一定行动，使别人的投入与产出比率减少，以此达到平衡。如通过申述、上告、吵闹等使别人的奖酬降下来。

（3）采取一定的行动，努力改变自己的投入与产出比率。如通过罢工、吵闹等要求提高自己的奖酬，或者消极怠工减少自己的投入。

（4）选择另一种情况进行比较，获得主观上的平衡。

（5）情绪发泄，制造人际矛盾，甚至放弃工作。

西方行为科学家对西方国家员工的不公平感进行了研究，描绘了员工对报酬不满意的后果模式，如图 6－11 所示。在一般情况下，员工对工资及其他报酬不满意，而他们又认为这是由于不公正所造成的，其后果主要表现为：谋求更多的工资报酬；减低工作的兴趣和吸引力。如果在问题不能得到很好解决时，他们通常以离职来表达自己的不满。

三、不公平感产生的原因

造成员工不公平感的原因有很多，归纳起来主要有以下几类。

（一）领导者的官僚主义和不正之风

员工需要领导者对其成绩给予恰如其分的肯定、认同，使其成就需要和尊重需要得到满足。当员工经过多方努力取得良好的绩效后，领导者却对该员工所作的贡献不甚了解，也无准确的评价，并且不根据贡献大小“论功行赏”，而是拍脑袋、凭印象来分配利益、评选先进以及提升等，人为造成不公平的感觉。有的领导者怀有私心杂念，拉帮结派，通过奖酬来培植私人感情和个人权威。还有的领导者因为品德问题，贪污腐化，为自己捞好处而损害员工的利益。这些都会引起员工的不公平感，挫伤员工的积极性。

（二）社会分配制度不合理

由于我国处于社会主义初级阶段，经济发展在地区间、行业间不平衡，分配制度还有待完善。特别是在从计划经济向市场经济转型的时期，利益分配的公正性受到影响，贡献与奖酬并不完全呈正比关系。如行业或职业收入差距过大，有的行业是“金饭碗”，

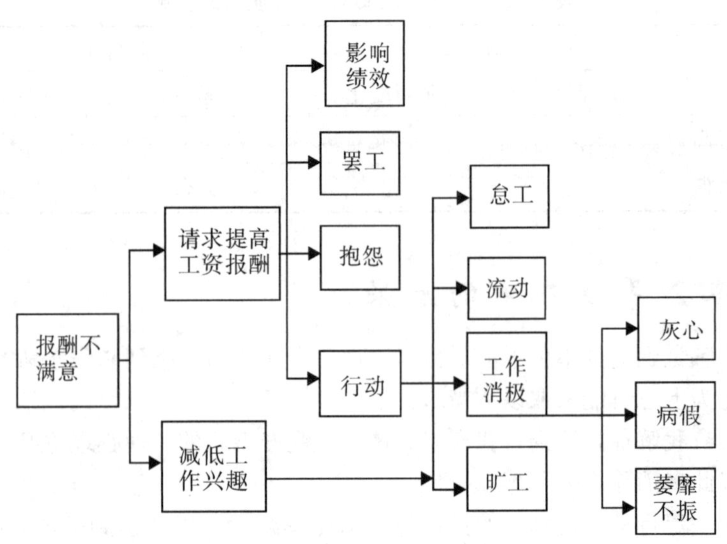

图 6-11　报酬不满意的后果

但与其贡献不符。这些会在社会人群中引起不公平感。

（三）过高估计自己的心理倾向

人们往往在心理上有一种倾向，即对别人的绩效估价过低、报酬估价过高。同时，总是认为自己做得比别人多，比别人贡献大；而得到的比别人少，吃了亏。由于感觉上的这种错误，往往对自己的奖酬感到不满意。这对员工的士气和激励会产生破坏性的影响。

（四）对公平的认识差异

由于每个人对公平含义的认识不同，可能会造成不公平感。一个人的报酬应该以其贡献为基础，报酬应该与贡献呈正比关系才是公平的，这是“贡献律”对公平的认识。但也有人认为，“人人都是主人，人人有份”才是公平，这种认识称为“平均律”。还有人认为，公平应该顾及人们的需要，根据人们的需要来给以奖酬才是公平，这是“需要律”的认识。应该说“贡献律”的认识是值得提倡的，它与社会主义按劳分配的原则是一致的。“平均律”的认识实质是平均主义，主张的是大锅饭、人人有份、轮流坐庄等。“需要律”超越了现实的可能性，在目前的物质基础上还不能做到“各取所需”。

四、管理中应注意的问题

公平问题存在于管理的各个方面，在现实的工作中经常出现。员工因不公平感而争吵、怠工，甚至罢工、离职，这些都严重影响了工作的进行。管理者应该重视公平问题，对此应该有一个正确的认识和恰当的处理。

员工之间的相互比较是一种普遍的心理现象，要杜绝比较的发生有很大难度。在资本主义国家，有的企业采用秘密奖励的办法，如工资、奖金保密以减少员工相互间的攀比。但这仅是权宜之计。其实员工之间的比较在一定范围内有其积极的一面，可以使人发现自己的不足，产生动力而奋起直追。

管理者要正确认识和理解员工的比较和由不公平感产生的行为。员工对金钱、地位、荣誉等进行比较，感觉到不公平的对待，因而产生怨言、怠工等行为，并不能由此认为这个员工贪婪、斤斤计较，并给以否定。根据公平理论观点，员工是在把自己的贡献与奖酬的比率进行衡量。在多数情况下，员工认为自己的贡献没有得到他人、领导及社会的承认，从而产生不满情绪，产生挫折感。

公平与不公平感是个体的一种主观感觉，员工往往由于过高估计自己的心理倾向而产生错误的感觉，因此对自己的报酬不满意。管理者应该了解和关心员工这方面的心理状态，加强信息的沟通以及适当的教育，引导员工正确地对待自己和别人，正确地对待奖酬，把旺盛的精力用于组织目标的完成。

管理者应以身作则，严格要求自己，做到廉洁公正，不以权谋私、拉帮结派，对员工一视同仁，任人唯贤，以贡献给予员工相应的奖酬。如果领导者自己贪污腐化，不管员工利益而自己捞好处，甚至损害员工利益，就会严重影响员工的积极性，甚至会遭到员工的唾弃。

建立良好、有效的激励制度。奖惩应该明确化、制度化。只有这样，每个员工才能清楚地认识到自己的行为、绩效以及由此而带来的奖酬，减少因模糊操作而带来的不公平感。

公平绝对不是平均主义。在管理中要注意公平问题，但不是提倡“平均主义”“大锅饭”。如果实行人人有份的平均主义，实际上是造成了新的不公平。

第七节 激励的实践

实施科学有效的激励，可以激发员工的工作积极性和提高他们在工作中的满意度，从而高效率地实现组织目标。

一、激励的方法

激励的方法有许多，按照不同的标准可将激励分为物质激励和精神激励、正激励和负激励、他人激励和自我激励。这些激励方法各有不同的激励功能，它们相互联系，互为补充，构成有机的激励体系。

（一）物质激励和精神激励

按激励的内容可将激励分为物质激励和精神激励。物质激励和精神激励有不同的内涵，可以满足不同人的需要及人不同的需要。相对于精神激励来讲，物质激励的作用较表面，激励深度有限。随着被激励人员素质的提高，激励的重点应向精神激励转移。正确处理好物质激励和精神激励两者的关系，是激励工作中的一个重要问题。

1. 物质激励

常用的物质激励方法有薪金、奖金、红利、各种形式的津贴及实物奖励等，目的是肯定员工的行为，以调动员工的工作积极性。在实践中，物质激励比较容易操作，见效快，对实施者要求低；但仍存在一些缺陷：物质激励的作用会逐步减弱，直接提高成本，可能逐渐改变员工的工作动机，从而产生负面影响。

2. 精神激励

精神激励是通过创造良好的工作氛围和人际环境，满足员工自尊、自我发展和自我实现的需要，激发员工的工作积极性。精神激励有深度，维持时间较长。精神激励的方法有许多，常用的有：

（1）目标激励：是指将组织目标和个人目标结合起来，宣传两者的一致性，使员工更加了解自己在组织目标实现过程中应起的作用，并让员工了解到，只有实现组织的目标才能实现个人的目标。这样，员工会更加关心组织的利益和发展前途，自觉地搞好本职工作。

（2）工作激励：员工在工作中充分表现自己的才能，会感到满足。通过调动工作的各种因素，使工作变成更具内在意义的挑战，从而对员工实现有效的激励。工作激励有以下一些途径：增强工作的完整性、自主性；赋予工作的意义与挑战性；工作丰富化，指从纵向上赋予员工更复杂、更系列化的工作，使员工有更大的控制权；工作扩大化，指在横向水平上增加工作任务的数目或变化性，使工作多样化。

（3）荣誉激励：受荣辱观决定，正常人都有荣誉感。荣誉激励包括发给奖状、奖旗、奖牌，给予记功、授予称号等。同时，对好人好事给予公开赞扬，对人们身上存在的积极因素和积极表现及时肯定、鼓励和支持，也是一种荣誉激励。通过满足员工自尊、自我实现的需要，充分激发员工的自豪感和责任感，调动他们的工作积极性。荣誉激励的成本低廉，但效果很好。

（4）情感激励：是指以感情作为激励的诱因，调动员工的积极性。通过加强与员工的感情沟通、尊重员工，建立组织与员工的亲密关系，进而将其对亲密关系的需要引导为行为的动机，激起人们高度的责任感和工作积极性。

（5）信任激励：是指对员工充分信任，充分了解，看到他们的事业心和责任感，了解他们的能力和长处，用人之长，使员工充分发挥主动精神和创造精神。

（6）民主激励：是指充分发扬民主，采取多种形式给予员工参与决策和管理的机会，充分表达对员工的信任和尊重，培养他们的集体责任感，让其把个人利益和组织利益自觉联系在一起，有利于调动员工的工作积极性。

（二）正激励和负激励

按激励的作用可将激励分为正激励和负激励。正激励是指对员工符合组织目标的行为进行奖励，以强化这种行为的出现。负激励是指对员工违背组织目标的行为进行惩罚，以抑制这种行为的发生。激励是通过影响员工的动机来引导行为的，因此，在采用负激励的时候，要注意帮助员工调整目标、审视自己的需要，并通过适宜的途径来满足这些需要，从而帮助员工改变消极的动机，而不能依靠简单的惩罚来激励员工改变行为。

（三）他人激励和自我激励

按激励的对象可将激励分为他人激励和自我激励。他人激励可以调整他人的动机；

自我激励可以调整自己的动机，是对自己进行激励。他人激励是必要的，但具有一定的局限性，因为从本质上讲，员工的行为是由自己控制的、由自己的动机所引导的，更多时候，员工的积极性和工作动力需要他们自己来调动。让员工明白善于激励自己、调整自己的动机，能有效地增强他们的工作积极性和创造性。

二、实施激励的原则

（一）以期望作为激励员工的不竭动力

期望可使人们在工作中保持不竭的动力。管理中首先要运用人的期望来调动员工的工作积极性。利用期望激励员工要注意以下几点：

1. 接连不断地建立新的期望值

不断建立新的期望值可使员工不断有新的追求，保持旺盛的精力。管理者可从多个角度去建立员工的期望值，如工资待遇、工作环境、交通、生活条件、学习和升职的机会等。

2. 让员工实现期望

如果员工的各种期望得不到满足，会导致他们的失望和挫折，并无法建立新的期望值，工作积极性也会慢慢消失。为了避免这种情况的发生，管理者一方面要想方设法为员工实现这些期望创造有利条件，另一方面要为员工建立多项期望。这样，即使有一项落空，员工对企业仍然保持其他期望。

3. 做到短期期望、中期期望和长期期望的统一

人的期望可分为短期期望、中期期望和长期期望3种。短期期望是眼前最容易实现的一些目标，如多得奖金、提升、买房子等；中期期望是员工工作了一段时间后才能实现的，包括事业的成功、上级良好的评价、生活的逐步富裕、自己在企业中的威信、与同事之间的友谊等；长期期望则是员工在一生中所要追求的不同目标，包括各方面素质的提高、自我价值的实现等。

作为管理者，要善于总结员工的各种期望，鼓励员工努力工作，满足自己的期望，并帮助员工进行职业生涯设计，鼓励员工树立长远的期望，追求事业上的成功和自我完善。只有这样，才能保持员工的持久工作动力和积极性。当然，组织本身也要有远大的发展目标和科学的战略规划，合理地配置和整合各种资源，保证组织的持续发展，从而为员工的个人发展提供显身手的机会和舞台，做到组织目标和个人目标的有机结合。

（二）奖惩结合但以奖励为主

奖惩是见于古今、行之中外的激励手段。激励理论中的需要层次理论、双因素理论、期望理论、强化理论、公平理论等都与奖惩问题有关。从管理的整体看，奖（正激励）惩（负激励）必须兼用，不可偏废。只奖不惩，就降低了奖励的价值，影响奖励的效果；只惩不奖，动辄得咎，就会使人不知所措，甚至还可能引起人们的逆反心理而产生反作用。所以，必须坚持奖惩结合，而在人力资源管理中，又必须以奖励为主。同时要注意惩罚要合理，使受罚者口服心服；惩罚要与教育相结合，达到惩前毖后、治病救人的目的；还要掌握惩罚时机，及时处理；惩罚时要考虑原因与动机；对一般性错误，惩罚宜轻不宜重。

（三）物质激励与精神激励相结合但以精神激励为主

通过满足人的物质需要和精神需要来达到激励的目的是管理者最常采用的方法。物质需要是人最基本的需要，物质生活的改善，对调动人的积极性有着重要意义。人对物质需要有强烈的紧迫性，但在物质需要得到基本满足以后，人的精神需要就更迫切，就应该把激励重心转移到满足较高层需要，如安全、社交、自尊、自我实现需要等方面上来。不同时期、不同环境以及人的不同的性格、职业、文化程度等也会对人的需求结构产生一定的影响。因此，在实施激励时，必须因地制宜、因时制宜、因人制宜地运用精神和物质两种手段，把两者有机地结合起来。

就人们的需要层次来看，无论是精神激励还是物质激励，最终都要通过产生一定的心理效应、精神作用来达到调动人们积极性的目的。所以，就是在运用物质激励时，也要注意与精神激励联系起来，注意物质激励的形式可能引起的精神效应。如果奖励的物质对受奖者不适用，或者搞平均主义，必然达不到激励的效果。管理实践证明，“重金奖赏”有重要的激励作用。但如果只有物质奖励，也会助长一切向钱看、一切讲物质待遇的不良社会风气。只有把物质激励和精神激励结合起来，以精神激励为主，才能激发人的荣誉感，实现个人价值时所出现的成就感、自豪感、自我实现感等，引发人的内在动机。精神激励所产生的工作动力远比物质激励深刻和持久。

（四）实行按劳分配、奖勤罚懒、奖优罚劣

按劳分配是制定激励措施的重要原则，奖勤罚懒、奖优罚劣，有助于克服平均主义，避免挫伤贡献较大的员工的积极性，体现脑力与体力劳动、复杂与简单劳动、熟练与非熟练劳动、繁重与非繁重劳动之间的差异。但分配和奖励必须做到公平合理，不能因人的地位、家庭背景以及同领导关系的亲疏等而有所不同。如果是公平合理的，无论受奖的还是未受奖的员工，都会有一种公平感。受奖者光荣，未受奖者也服气。如果标准不一，不但未受奖者不服气，就是受奖者也不一定高兴。因为受奖者会将自己的表现、贡献及所受奖励的大小与别的受奖者进行比较。只有感到自己受到公平对待时，才会心情舒畅，受到鼓舞，以后更好地工作。否则，得到奖励也会有怨言。要做到公平合理，就必须奖励得当。这就是说是否给予员工奖励，给予何种奖励，都要根据员工的表现的突出程度和贡献的大小，做到当奖即奖，大功大奖，小功小奖，无功不奖。

（五）认清个体差异而实行个别化奖励

激励是通过满足人的正当的、合理的需要来调动人们的积极性。管理者能够支配的奖励措施很多，如加薪、晋升、表彰、授权、参与目标制订和决策机会等。当代激励理论认为每个员工都是一个独特的不同于他人的个体，他们的需要、态度、个性及其他重要的个体变量各不相同。因此对某人有效的强化措施，可能并不适合于其他人。管理者应当根据员工的差异对他们进行个别化的奖励，必须花时间来了解什么对每个员工来说是最重要的，以确实掌握员工的基本需要以及其满足的程度，还要了解哪些需要的满足最能调动他们的积极性。如果不了解员工的需要差别，采取统一的奖励，即使花费了资金和心血，也收不到好的效果。对于低收入的员工，可以充分利用奖金的效用：对于收

入水平较高的员工，则要注重精神奖励，如晋升职称和职务、尊重其人格以及放手让其大胆工作等。

（六）差距恰当且时机适宜

无论何种激励都应适当拉开实际效价的档次，控制奖励的效价差，效价差过小，搞成平均主义；效价差过大，超过了贡献的差距。两者均会使员工感到不公平，减弱或失去激励作用。

同时，我们还要注意掌握奖励的时机和频率。奖励时机直接影响到激励效果。而奖励时机又与奖励频率密切相关，频率过高或过低都会削弱激励效果。因此，要根据实际情况选择奖励时机和频率。一般来说，对于复杂、难度大的任务，奖励频率宜低；对于简单、容易的任务，奖励频率宜高。任务周期长的，奖励频率宜低；任务周期短的，奖励频率宜高。此外在进行物质奖励时同样要注意其精神效果，如通过举行颁奖仪式等，让受奖员工在得到物质实惠的同时，也可以得到精神上的鼓励。

绩效工资的困惑

公共卫生与基层医疗卫生事业单位实施绩效工资，是事业单位收入分配制度改革的重要内容，是深化医药卫生体制改革特别是实行基本药物制度的重要措施。该制度目的在于保障和改善医疗卫生人员工资待遇，建立保障公平、效率的长效激励机制，提高公共医疗卫生公益服务水平，促进公共卫生与基层医疗卫生事业发展。在此背景下，各省市按照国家统一文件精神，从2009年起陆续出台了公共卫生与基层医疗卫生事业单位绩效工资政策并开始实施。

绩效工资主要原则是在绩效工资总量水平核定基础上实行绩效工资总量控制。绩效工资水平由县级以上人力资源社会保障、财政部门按照与当地事业单位工作人员平均工资水平相衔接的原则核定，具体核定办法由各地结合本地实际确定。绩效工资总量核定后，原则上当年不作调整。

绩效工资分为基础性绩效工资和奖励性绩效工资两部分。基础性绩效工资主要体现地区经济发展、物价水平、岗位职责等因素，基础性绩效工资占绩效工资的70%，一般按月发放。奖励性绩效工资主要体现工作量和实际贡献等因素，根据考核结果发放，奖励性绩效工资占绩效工资的30%。

某乡镇卫生院位于贫困山区，距离县城较远且交通不太方便，老百姓看病还是主要到该乡镇卫生院，虽然该乡镇卫生院规模不大，仅有10名卫生技术人员，但一直是附近区域老百姓接受医疗卫生服务的中心，特别是2名年纪较大的医生，每次赶集时病人都选择他们。几位年轻的医生虽然心里也有不舒服，但是也知道只有取得病人信任才是关键。

听说实行绩效工资会提高大家的收入，大家开始很高兴，也盼到绩效工资早日实施。但是绩效工资实施后，问题也来了。该院张院长说：“我们属于贫困地区，本来收入不高，县里面给我们乡镇卫生院核定的绩效工资总额水平大概是每年 2.5 万元，虽然医生级别不一样绩效工资有差异，但平均下来全院每月绩效工资就人均 2000 元左右。如果 70%基础性绩效工资每月打入医生的工资卡，剩下 30%作为奖励性绩效工资，根据考核结果发放，平均也就 600 元左右。我们乡镇卫生院也制定了绩效考核方案，对医生的各种工作考核打分，然后根据考核等级分配奖励性绩效工资。但是实施起来难度很大，扣了谁都不舒服，多的也就多 100～200 元，反而带来了矛盾。”

该乡镇卫生院一位老中医，深受老百姓信任，他的门诊量一直很大，甚至晚上病人找上门来，他也会从家里赶过来接待病人，在绩效工资实施前，他的收入是全院最高的。现在实行绩效工资后，积极性一下就没有了，他抱怨道：“虽然现在我绩效还是比其他医生每个月多 200～300 元，但是拿钱后很不舒服，钱多不了多少，反而遭到其他同事的白眼，好像我占了别人的好处，我宁可不要了，干多少算多少呗。”

该乡镇卫生院去年好不容易引入一名医科大学的本科生，也是该院现在唯一的本科生，张院长对他抱有很大期望，希望培养几年让他来接替院长的位置，但是前段时间听人说他在私下联系调动，想调到县城去。张院长很失望，找他聊过并希望他能留下来。但该同志说：“我原来也是满腔热情来到这里，希望自己有所作为，但现实就是这样，收入比自己城里的同学少了很多，我也要娶妻生子养家糊口，每次同学聚会自己觉得比人家矮了几分。而且现在大家干不干都一样，这种工作状况长此以往我也怕自己技术没有进步，反而荒废了自己。”

张院长现在很困惑，不知道怎样改变现状。

问题 1：如何评价该乡镇卫生院实施的绩效工资制度？

问题 2：员工积极性不高的原因是什么？

问题 3：对于完善绩效工资制度你有什么建议？

（刘　毅　屈　伟）

第七章　情绪与挫折管理

学习目标

通过本章学习，你应该能够：

掌握　不良情绪的调节方法，管理中挫折的应对，以及工作应激的管理策略。

熟悉　情绪调节的过程，挫折后的行为表现及心理防御机制，引起工作应激的原因。

了解　情绪、挫折以及应激的基本概念。

第一节　情绪管理

常言道："人非草木，孰能无情"。人生活在社会中，在变革现实的过程中，必然要遇到得失、顺逆境等各种情境，因而有时感到高兴和狂喜，有时感到愤怒和恐惧等。当客观事物或情境符合主体的需要和愿望时，就能引起积极的、肯定的情绪；当客观事物或情境不符合主体的需要和愿望时，就会产生消极、否定的情绪。情绪管理就是要善于掌握和调节自我和他人的情绪，对工作生活中矛盾和事件引起的反应能适可而止地排解，以乐观的态度、幽默的情趣及时缓解紧张的心理状态，形成轻松愉悦的环境气氛。

一、情绪的定义

从 19 世纪以来，心理学家对情绪进行了长期而深入的研究，对情绪的实质提出了各种不同的看法。在当代心理学中，比较流行的一种看法是，情绪是以个体的愿望和需要为中介的一种心理活动，主要是由需要能否获得满足所引起的主观体验。情绪是最基本的感情现象（历史上曾将情绪和情感统称为感情），着重体现感情的过程方面。根据情绪发生的速度、强度和持续时间的长短，可把情绪分为心境、激情和应激 3 种状态。情绪一般具有外部表现明显、持续时间相对较短的特点。

（一）情绪的特性

1. 生理特性

各种心理现象的背后都有一定的生理基础，情绪也不例外。但与其他心理现象不同的是，情绪发生时，个体身体内部会出现一系列明显的生理变化，这是情绪的一个重要特点，称之为情绪的生理特性。情绪发生时的生理变化主要是人体内自主神经系统的交感神经和副交感神经的拮抗作用导致的，它主要表现为包括呼吸系统、血液循环系统、消化系统、内分泌系统以及脑电、皮肤电反应等一系列的变化。一般说来，交感神经与紧张和不快乐的情绪有关，其兴奋时会引起血管收缩、血压升高、心跳加快、消化器官运动减弱、血糖升高、肾上腺素分泌增加、汗腺分泌增加等变化；副交感神经与平静而快乐的情绪有关，其兴奋时会引起一系列与上述相反的生理变化。由于情绪具有生理特性，所以在研究情绪时，通过测量一个人的生理变化来了解其情绪状况，也就成为一个重要的测量情绪的客观手段。所谓“测谎仪”，也就是根据“说谎—紧张—生理反应”的原理制作的一种包括测试皮肤电、脑电波、呼吸、脉搏、血压等反应在内的多道生理仪。

2. 外显特性

当个体产生情绪时，还会出现身体外部变化，这是情绪不同于其他心理现象的又一个显著特点，称之为情绪的外显特征。这种情绪变化引起的身体外部变化，就叫作表情。西方心理学将表情行为、情绪的生理反应与情绪的主观体验确定为情绪的 3 个基本成分。人的表情可分为言语表情和非言语表情两大类。言语表情是指反映一个人言语时的不同情绪的语言、语调、语速、停顿等。非言语表情是指面部表情、姿态表情等。人类表情本身具有先天共性、后天习得性和可控性等一系列特点。

3. 两极性

人的情绪在性质、强度、紧张度等各方面都存在着两极状态，称之为情绪的两极性。从性质上看，有事情进展顺利时的积极感受，或与社会利益相符，有利于个性发展的积极情绪；也有给人的心理造成负面影响，或与社会利益相违背，有碍于个性发展的消极情绪。从强度上看，情绪有强弱不同之分，如从愉快到狂喜，从微愠到狂怒，从微愠到狂怒之间还有愤怒、大怒等不同程度的怒。从紧张度上看，情绪有紧张与轻松之分。

4. 情境性

人的情绪会随所处情境的变化而变化，这就是情绪的情境性，也称之为情绪的波动性。情绪是个体在某种具体的情境之中，在客观事物的作用下，并以主客观之间的一定关系为中介而发生的。当某人情绪不好时，旁人会劝他出去走走，换一下环境来调节情绪，道理即于此。情绪的情境性或波动性为人们在特定场合进行情绪调控提供了可能性。

（二）情绪发生的心理机制

情绪发生的机制是相当复杂的，但从迄今的研究看，在心理层面上至少存在着一些重要因素，了解这些因素有助于人们把握情绪调控的关键。

1. 客体与需要的关系

客体与需要的关系是决定情绪的主要因素。需要是一个人对客观事物的要求在头脑中的反映，属个性倾向范畴。同样的客体在不同人身上之所以会引起不同的情绪反映，在很大程度上与人的需要不同有关。这一关系首先决定了情绪发生的性质。一般来说，当客观事物满足个体需要时，会产生快乐、喜悦、欢欣等正情绪；当客观事物不满足个体需要时，则产生痛苦、愤怒、忧郁等负情绪。其次，这一关系决定了情绪发生的种类。例如，对个体生存需要构成威胁的客体，往往会引起恐惧；而有损自尊需要满足的客体，则易导致焦虑；更有甚者，当客体与一个人的多种需要发生关系，它虽满足个体某一需要，但同时又不能满足个体另一需要，便会产生诸如悲喜交加、爱恨交织的对立情绪，乃至百感交集之类的复杂情绪。再次，这一关系决定了情绪发生的水平。一般而言，需要层次越高，与之相联系的情绪发生水平也越高。

2. 客体与预期的关系

客体与预期的关系是决定情绪的又一重要因素。预期是一个人根据自己的经验、习惯对客观事物做出的一种事前估量，属认知范畴。它根植于个体在生活过程中逐渐内化形成的认知结构，并依据外来信息不断修正，始终处于动态变化之中。它可以被人充分意识到，表现为有意识的估量，也可以未被充分意识到，表现为潜意识的估量。例如，晴天出门未带雨具，这是因为“不会下雨”的潜意识估量所致。人的绝大多数行为活动都伴有预期，这是人的意识活动的超前性的表现。这一关系首先决定了情绪发生的强度。一般来说，客观事物超出个体预期越大，它满足个体需要与否所引起的情绪越强烈；反之，则越微弱。人们往往会因意外的收获感到格外高兴，也会因意外的失败感到分外懊丧；而对意料中发生的事，无论满足需要与否，产生的情绪都要平静得多。其次，这一关系还直接引起惊奇一类情绪的发生。当与个体需要之间关系尚不明确的客观事物出乎预期地发生时，只要超出预期达到一定程度，就会引起惊奇情绪，并可由超出预期的不同程度，区分出从新鲜感、新奇感，到惊异、惊讶、惊愕，直至震惊、惊呆、惊厥等一系列不同强度的惊奇类情绪。

3. 认知评价

认知评价是决定情绪发生的关键因素。随着认知心理学的发展，现代情感心理学越来越重视情绪发生的认知理论。正如美国女心理学家阿诺德（Arnold）举例所说：在森林里看到熊会产生恐惧，而在动物园里看到关在笼子里的熊却不产生恐惧。其原因是情绪产生取决于人对情境的认知评价，通过评价来确定刺激情境对人的意义。心理学家拉扎勒斯认为认知评价有三个层次：初评价、次评价和再评价。初评价是指个体在某一刺激事件发生时立即通过认知活动判断其与自己是否有利害关系，以及这种关系的程度。次评价是指个体对事件的性质和个人的应对能力作出的估计。如果次评价认为事件是可应对的，则个体会采取行为进行应对，如果次评价认为事件是不可改变的，则个体往往采用情绪应对。再评价是指个体对自己所采取的行为和表现出的情绪的有效性和适宜性的评价。如果再评价结果表明行为是无效的或不适宜的，个体就会调整自己对事件的次评价，并相应地调整自己的情绪和行为。心理学研究表明，认知评价会受一个人知识、经验、思想、方法，以及信念、价值观等的影响。受到挫折后，缺乏辩证观念的人只会看到失败的一面，产生悲观情绪；而具有辩证观念的人，会从“失败是成功之母”的角度认识挫折，避免消极情绪。

二、情绪的调节

情绪反应是每个人行为必备的方面，但有积极与消极、正常与不正常之分。乐观的、愉快的情绪使人生气勃勃、乐观开朗、豁达大度，悲观的、不愉快的情绪使人情绪低沉、忧心忡忡、愁眉不展、狭隘小气。情绪调节（emotion regulation）就是个体管理和改变自己或他人情绪的过程。在这个过程中，通过一定的策略和机制，使情绪在生理活动、主观体验、表情行为等方面发生一定的变化。

（一）情绪调节的基本过程

1. 生理调节

情绪的生理调节是以一定的生理过程为基础的，调节过程中存在着相应的生理反应变化模式。以呼吸为例，有研究表明，呼吸频率在消极悲伤时为 9 次/分钟，高兴时为 17 次/分钟，愤怒时为 40 次/分钟，恐惧时可达 64 次/分钟。人们可以通过适当调节呼吸频率调控情绪发生的程度。

2. 情绪体验调节

情绪体验调节是情绪调节的重要方面，不同情绪体验有着不同情绪调节过程，可采用不同的策略。在愤怒时人们可采用问题解决的策略，悲伤时可采用寻求帮助的策略，伤感、厌恶时可采取回避、忽视的策略，兴奋时可采取适当抑制的策略。

3. 行为调节

行为调节是个体通过控制和改变自己的表情和行为来实现的。在日常生活中，人们主要采用两种调节方式，一是抑制和掩盖不适当的情绪表达；二是呈现适当的交流信息。如一个人在向他人表示请求时，即使感到失望或愤怒，也要管理和控制自己的情绪，不要影响信息的表达和交流。

4. 认知调节

情绪可以是信息加工过程的启动状态，也可以是信息加工的背景。人们可以通过对引起情绪的原因重新进行解释、改变来调节情绪体验程度。

5. 人际调节

人际调节属于社会调节，即外部环境的调节。在社会调节中，主要是通过调节人际关系来实现对情绪的主动控制，尤其是与个体关系密切的人（如家人、同事、朋友）发出的信息对情绪调节有较大的作用。当然，人们学习、生活、工作的自然环境对人的情绪调节也有较大的作用。清新、美丽的环境令人赏心悦目，而混乱、肮脏、臭气熏天的环境则令人恶心。

（二）情绪调节中的个体差异

现代心理学认为，人的情绪调节可以发展为一种能力，即情绪智力（emotional

intelligence)，不同的个体情绪智力是有差异的。美国心理学家沙洛维（Salovey）和梅耶尔（Mayer）首创了“EQ”（情商）的理论。EQ是Emotion Quotient的简称，意译为“情绪商数”，是与智商相对应的概念。它主要是指人在情绪表达、调节和运用中的能力和品质。美国心理学家戈尔曼（Goleman）指出，情商主要包括以下5方面的能力：认识自身情绪的能力、妥善管理情绪的能力、自我激励的能力、认识他人情绪的能力、人际关系的管理能力。情商概念的提出，使人认识到在智商之外，人有“多元智慧”的潜能。

情绪管理必须建立在情商的自我认识基础上。情商偏低的人常受低落、不良情绪的困扰，忧郁而不能自救；情商较高的人能控制自身情绪，能将情绪体验运用于追求成功的动机和意志过程中，更能充分反映人的社会适应性。要提高人的情商，应先从宽容豁达、乐观向上、诚信待人、善待生命做起，不因情绪不佳而产生影响人生生活和工作的缺憾。

三、管理中不良情绪的调节

员工的情绪受诸多心理条件的制约。从主观上讲，员工要有正确的人生观、开拓宽广的胸怀、适应生活与工作的能力，要有知足常乐的心境、风趣幽默的态度，也要有多角度看问题的思维方式。从客观上讲，管理者要保持良好和谐的人际关系，营造丰富多彩的组织环境，创造能使员工从工作中获得乐趣和成就感的条件，也要合理调控员工学习、工作、生活的时间和节奏。任何员工都有情绪失控的时候，都会受到不良情绪的困扰，很多负面、消极的情绪会影响组织的工作状况，管理者必须对组织中员工的不良情绪加以控制。管理中对不良情绪的调节通常有以下几种方法。

（一）排遣宣泄法

“喜怒不形于色”，压抑自己的情绪反应，不仅会加重不良情绪的困扰，有时还会导致某些心身疾病。合理的排遣宣泄方法包括：①向外宣泄，将自己的动机、想法、态度和欲望投射到别人身上或外界的事物上，投射出去的是内压，身心自然减压，是为一种投射宣泄。②同化宣泄，同化是一种深层次的模仿，人失掉一些重要情感，用自己感受与别人同化的方法，缓解内心痛苦，求得心理平衡。③想象宣泄，想象是万能的，所遇各种难事，只要瞑目想象，愿望就得以实现，如是“心想事成”，虽是“精神胜利”，也能获得安慰。④退化宣泄，每当难事缠身、进退维谷、束手无策时，不妨退化到童年，用宣泄的方法大哭一场，顿时会有轻松感。

（二）理智消解法

理智是一种认知，是具备判断、抉择、实践的一种力量。一个人遇事缺乏理智，就容易与人发生矛盾，引起冲动行为，产生不良情绪。要用理智去消解和调控个人的不良情绪。一个人受到不良情绪困扰时，可以冷静地自我检讨、反省，以减轻心理紧张；与人发生争执时，学会换位思考，理智地站在对方立场上设想，人会变得心平气和；当受他人的干扰和挤压时，不妨理智地谦让，“退一步海阔天空”，把不良情绪消除在萌芽状态。

（三）转移抽离法

人不能为了一些非原则性的小烦恼而忽略了人生中的大事，与其沉浸在灰色情绪当中无所作为，不如把注意力转到那些令人感到自信、愉快和充实的活动上去。俗话说："当局者迷，旁观者清"，要以一个置身事外的视角来看问题，进而说服自己获得解脱。把长远利益放在首位，抛开小事专注于自己的远大目标，是达人智士的处世之道。

（四）升华法

升华是将不为社会所接受的消极情绪，导向比较崇高的有利于建设与创造的行为。著名心理学家弗洛伊德把升华视为最高水平的自我防御机制。当亲人或师长去世时，产生悲哀情绪是人之常情，但是过于悲痛容易伤身并使人精神不振。化悲痛为力量，用工作与事业的成就来寄托人们对亡者的哀思，是一种升华。当遇到不公平的事情，一味地发牢骚、生气、憋气也是无济于事的，正确的态度应该是"立志、争气"，将挫折变成动力，做生活中的强者。

（五）自慰法

当碰到某种不顺心的事情时，人要寻找某种"理由"来安慰自己，以减少内心的失望与痛苦。"酸葡萄心理"就是用某种理由来冲淡内心不安与痛苦的方法。在人类中，这种以巧辩自慰者不乏其人，低劣者如阿 Q 的"权当儿子打老子"，高明者如孔明的"谋事在人，成事在天"。个人在其生活道路上难免会遇到不可挽回的失败，届时假借理由以自我解脱，泰然处之，未必不是一种适应之道。

（六）生理调息法

当不安情绪袭来时，人们常会为解除紧张而深叹一口气或突然大吐一口气等，这是日常生活中常见的生理调息法。运动员为了缓冲紧张的情绪也常用"调息法"。平时人们在发生冲突，受压抑而憋气的时候，也常用这种方法来释放情绪。

四、情绪劳动

20 世纪中叶以前，劳动往往仅被看作一种体力或脑力的付出过程。到了 70 年代，情绪劳动吸引了研究者们的注意，劳动被注入新的内容：劳动不仅仅是一种体力、脑力的付出，更是一种情绪资源的付出。

（一）情绪劳动的定义

1979 年，美国社会学家霍奇柴尔德（Hochoschild）首先提出了"情绪劳动"（emotional labor）的概念：指在工作中表现出令组织满意的情绪状态。情绪劳动必须满足以下条件：

（1）情绪劳动是在与服务对象面对面、声对声的言语传递互动中完成的。

（2）情绪表达的目的在于影响他人的情绪、态度和行为。

（3）情绪表现遵循一定的规则。

情绪劳动多存在于服务行业中，比如医疗、教育。随着医疗体制的改革、医疗环境的变化，社会对医疗工作者的要求日益提高，情绪劳动日益受到重视。医疗工作者在为病人提供优质服务过程中既需要付出其体力和技术，还需要付出情绪上的努力，给病人展示一个适宜的情绪，利用情绪的感染和交流使患者在心理上产生满意感，从而提高医疗服务质量。

情绪劳动有三个特征。

1. 目的的间接性

员工通过恰当的情绪表达，影响服务对象的情绪、态度和行为，从而达到提高工作效率、实现组织目标和增加组织信誉等目的。如医生在诊疗过程中，当诊断和治疗方法会导致病人感到害怕时，他就必须付出情绪劳动来缓解或改变病人情绪。

2. 调节的主动性

情绪性工作通常由员工与服务对象的交互作用而构成，员工的情绪表达不仅影响服务对象的情绪体验和反应，而且也受服务对象情绪反应的影响。员工为了使服务对象的情绪朝着组织所期待的方向发展，则必须积极主动地观察服务对象的情绪反应，并及时灵活地调整自己的情绪状态及策略。

3. 要求的职业性

员工的情绪表达要求与岗位职责、职业道德、行为规范和组织文化等息息相关。如医务人员需要表现出理智与温暖的特性，服务员需要表现出热情的特性，银行理财顾问需要表现出冷静明智的特性。

（二）情绪劳动的作用

情绪劳动的作用有积极的一面。服务过程中，服务对象的满意感一是受产品和服务功能的影响，一是受消费过程中心理体验的影响，如果服务人员按照组织的要求和服务对象的期待做出恰当的访谈举止，微笑服务，满足了服务对象的情感需求，会使顾客心情愉快而提高满意度。对于服务人员来说，情绪劳动能让工作正常有效地开展，可以提高员工的自我效能感，提升员工的工作满意度。对组织而言，通过员工的情绪劳动可以提高服务对象对公司产品的满意度和购买额，进而使组织的整体绩效提高。

情绪劳动也存在消极作用。众多研究表明，员工在工作中进行过度的情绪劳动或是情绪不协调，会产生一定的消极作用，降低工作满意度，导致职业倦怠，甚至会在工作中出现服务破坏现象，等等。

（三）情绪劳动的管理策略

在情绪劳动中，如何进行情绪管理以减少或消除其消极作用，霍奇柴尔德（Hochoschild）提出了三种策略。

1. 自然表现

自然表现是指当个体没有必要去刻意扮演，内心感受的情绪与组织所要求的表现一致时，个体情绪自然流露，表现出相应的行为。例如，教师看到学生取得优秀成绩时很自然地产生一种欣喜并对学生提出表扬。

2. 表层扮演

表层扮演是指个体感知到自己的情绪和组织所要求的情绪不一致时，只是改变外部可见的表情或行为来表现所要求的情绪，而其内心感受并没有改变。这种策略关注个体的外部行为，内心感受与外部表情之间存在分离，就是我们常说的“陪笑脸”。

3. 深层扮演

深层扮演是指个体感知到自己的情绪体验与所要求的情绪行为不一致时，通过主动的思考、想象、记忆等活动产生或压制某种情绪，做到内心的感受与外部情绪表现与行为相一致。

第二节 挫折管理

在需要的基础上，个人会产生多种愿望：希望实现自己的理想，成就自己的事业，还有说不尽的雄心壮志。但是，世间不可能事事如愿。由于自身能力、个人机遇、环境条件等多方面的限制，个人不得不承受各种失利所带来的精神压力，这种引起内心剧烈冲突的情绪状态即是挫折。以利而言，它能磨炼一个人的意志，给人以丰富的经验，可以增强性格的坚韧性和提高其解决问题的能力。以弊而言，挫折会造成个人心理上的伤痕，导致行为上的缺陷，甚至会导致人格分裂，形成行为失常或心理疾病。了解挫折产生的原因、挫折的表现以及应付挫折的方法，有助于做好员工的管理工作，调动员工的工作积极性。

一、挫折的定义

人们因需要而产生动机，动机引导人们的行为指向目标。但由于受到社会、政治、经济以及自身条件等的影响，并不是任何时候都能达到目标的。在通常情况下，一个人的动机、行为产生后，在其达到目标的过程中，可能会有以下几种结果：

（1）无需特别努力即可达到目标，动机轻易获得满足。

（2）动机可能受到阻碍或延迟，但经过个人努力，不断尝试解决，最终达到目标。

（3）当一种动机、行为正在进行时，忽然另有一个较强的动机出现，个人可能先满足后一动机而暂时放弃前一动机。

（4）动机、行为完全受到干扰或阻碍，个人无法实现目标，感受到挫败、阻挠、失意。

在以上几种结果中，只有第四种才是真正意义上的挫折，其给人带来的主观感受即为挫折感。心理学上将挫折（frustration）解释为：当个人从事有目的的活动时，遇到障碍或干扰，致使其动机不能获得满足时的情绪状态。

在生活与工作中，人们随时都可能遇到挫折。挫折的结果既有积极的一面，也有消极的一面。从积极的一面来说，挫折可以激发力量，激励人发奋努力，从逆境中崛起，引导个人的认识产生创造性的变化，即提高解决问题的能力，也能引导人们以更好的方式和途径解决问题，满足个人欲望。从消极的一面来说，如果挫折太大，超过人们对挫折的容忍能力，则可能使人产生心理痛苦，致使其情绪低落、行为偏差、一蹶不振。经常性的挫折感会使生理、心理长期处于紧张状态，可能引起心身疾病。在工作中，员工受到挫折以后，可能会产生对抗行为。理智的对抗行为可能会导致目标的变化或需要强度的减低。非理智的对抗行为可能导致侵略性的行为或破坏性行为，如人际冲突、罢工等。

二、挫折产生的影响因素

一个人是否产生挫折感，其感受程度怎样，通常受到客观和主观两方面因素的影响。

（一）客观因素

由客观原因引起的挫折称为外因性挫折（environment frustration），是由于外界因素的阻碍使人不能达到目标，动机不能获得满足。

1. 自然因素

自然因素是指个人能力无法克服的限制，如时间限制、空间限制，人世间的衰老、疾病、死亡，以及天灾人祸等。

2. 社会因素

社会因素包括个人在社会生活中所遭受到的政治、经济、道德、宗教、家庭、风俗习惯等人为因素的限制。社会因素的限制比自然因素的限制更多，后果也更严重。社会因素引起的挫折有更多的人为性。当其使人们的动机无法满足、目标不能实现时，更易使人产生愧疚、愤懑，甚至产生消极性的对抗行为。

（二）主观因素

由主观原因引起的挫折称为内因性挫折（personal frustration），是由于个人自身的因素引起的挫折感。

1. 个人条件

个人条件指个人的智力、能力、容貌、身材，以及生理上的缺陷、疾病所带来的限制，使人不能达到目标，动机未能满足。

2. 动机冲突

个人在日常生活中，可能有多个目标要实现，因此可能同时产生两个或两个以上的动机。假如这些并存的动机无法同时获得满足，而且互相对立或排斥，其中某一个动机获得满足，另一个动机就会受到阻碍，则产生难于抉择的“两难”心理状态，称为动机冲突。通常的动机冲突有“接近－接近型冲突”“回避－回避型冲突”“接近－回避型冲突”“双重接近－回避型冲突”4 种。

3. 动机强烈程度

个人的重要动机受到阻碍时，其挫折感较大；而较不重要的动机受到阻碍时，则易被克服或被别的动机的满足所代替。因此，只构成一种丧失的心理感受，个人感受的挫折不大。然而，对重要动机和不重要动机的区别，因各人的心理层次不同，各人认识的方法不同以及自身环境的不同有很大的差异。因此可以说，挫折是一种主观的感受，对某人构成挫折的情况，对另一个人可能并不一定会使其感受到挫折。

4. 抱负水平

抱负水平（level of aspiration）指一个人对自己要达到的目标所定的标准。抱负水平高的人，对自己成功所定的标准也高，越容易感受到挫折。

5. 挫折容忍力

每个人的容忍力（tolerance）不同，对挫折的感受也不一样。在生活中，人随时都有可能受到挫折，有的比较严重，有的比较轻微。人们遇到挫折时所产生的反应各不相同。有人在遇到严重的挫折时，能向挫折挑战，百折不挠，克服挫折；有人在遇到轻微的挫折时，就一蹶不振，意志消沉。这种对挫折的适应能力，即受到挫折时避免行为失常的能力，称为挫折容忍力。心理学研究证明，一个人挫折容忍力的高低，受到以下因素的影响：

（1）生理条件。通常一个身强体壮、发育正常的人，比一个疾病缠身、生理上有缺陷的人更能容忍挫折。

（2）过去的经验与学习。挫折容忍力与个人的习惯或态度一样，是可以经学习而获得的。如果一个人从小娇生惯养，很少遇到挫折，或遇到挫折就逃避，他就不能从挫折中学习经验。这种人的挫折容忍力就比生活中历尽艰辛的人要低。

（3）对挫折的知觉判断。由于每个人所处的环境不同，对世界的认识也不相同，因此，对挫折的情景有不同的判断。即使客观的挫折情况相同，个人对此感到的威胁也不相同，因而对每个人所构成的打击或压力也不同。

三、遭受挫折后的行为表现

人在遭受挫折后，由于情绪的作用，行为上会有相应的表现，而这些表现往往以综合的形式出现。遭受挫折后的主要行为表现有以下 5 种。

（一）攻击行为

美国耶鲁大学心理学家多拉德（Dollard）及其同事提出了“挫折—攻击”假说。该假说最初认为，任何挫折必然导致攻击（aggression）行为。以后又根据研究结果对该假说进行了修改，认为攻击行为的产生依赖于 4 种因素：①受挫折驱力的强弱；②受挫折驱力的范围；③以前遭受挫折的频率；④随着攻击反应而可能受到惩罚的程度。

后来的心理学家认为，“挫折—攻击”假说有很大片面性。许多心理学家指出，挫折与攻击之间没有必然的因果关系；攻击只是人们遇到挫折时的表现形式之一，而不是唯一的表现形式；挫折也不是产生攻击行为的唯一原因。

根据攻击的方式，可以将攻击分为直接攻击和转向攻击。

1. 直接攻击

直接攻击指个人受到挫折后，产生了愤怒的情绪，直接对引起挫折的人或物进行的攻击。一个人如果受到同事无故的指责，他可能会怒目而视、反唇相讥或还以拳头，这就是直接攻击。攻击行为可以是动作上的殴打；也可以表现为表情上的攻击，如一个蔑视的表情；还可以是言语上的攻击，如谩骂；其他的姿态语言、眼神等也具有攻击性。但并不是所有的人在遭受挫折时都表现出攻击行为。一般说来，对自己的才能、权力、地位、身体力量或其他各方面较有自信者，容易将愤怒的情绪向外发泄，采取直接的攻击行为。

2. 转向攻击

转向攻击通常有3种表现形式：①当一个人对自己的才能、权力、地位、身体力量没有自信的时候，或者碍于某种情景而不能发作的时候，他不敢或不能对引起其挫折的真正对象进行直接攻击，只能把愤怒的情绪发泄到其他的人或物上，这就是一种“迁怒行为”。②挫折来源不明，引起挫折的对象不清楚，可能是日常生活中许多小挫折的累积，亦可能是个人内在的因素，如内分泌失调或疾病。在此情形下，个人找不到明显的引起挫折的对象可以攻击，于是将此闷闷不乐的情绪发泄到与真正引起其挫折不相干的人或物上去。此时遭受攻击的对象便成了“替罪羊”。③由于个人自身的个性特点，有的人严重内倾，对自己缺乏信心，有悲观情绪。具有该个性特点的人在遭受挫折时，不是攻击其他人或物，而是出现“自责行为”，即把攻击的对象转向自己，责备或体罚自己，有的甚至有自杀行为。

（二）退化行为

当一个人受到挫折时，其行为的表现往往比其年龄应有的表现显得幼稚，即表现出与自己年龄、身份不相称的幼稚行为。这种倒退现象，称为退化行为（regression）。尤其在情绪方面，人们通过社会生活的学习，由孩童时期的任意发泄，慢慢学会了如何控制自己的情绪，如何在适当的时候做适当的情绪反应。但一个人遇到挫折时，却可能失去这种控制，像小孩一样哭闹、激动，为一点小事暴跳如雷，甚至挥动拳头。在工作中，有的人在遭受挫折时，不能控制自己的情绪而无理取闹；有的人可能毫无主见，任人摆布；也有的人在遭受挫折后表现为缺乏责任心，不负责任，这些均属退化行为。

（三）固执

个体在环境中遇到问题时，需要随机应变的能力，以适当的方式解决问题。但在挫折状态下，有的人不能理智地思考和寻求解决问题的办法，总是采取一成不变的反应方法，或者重复某些无效的行为。这种现象就是固执（fixation）的表现。

（四）冷漠

冷漠（apathy）是指一个人在遭受挫折后，对引起其挫折的真正对象无法攻击，或认为攻击无效或可能因攻击而招致更大的痛苦又无适当的“替罪羊”可以攻击时，便将其愤怒的情绪压抑下去，在表面上表现出一种冷淡、无动于衷的态度，失去了喜怒哀乐的表情。但这种情形下，内心的痛苦可能更甚。

（五）不安

不安（inquietude）是指一个人连续遭到挫折、失败，便慢慢失去了自尊和信心，变得茫然、不知所措。在情绪上出现不稳定、忧虑、焦急和恐惧等反应，在生理上出现头昏、冒冷汗、心悸、胸闷、面色苍白等反应。

四、管理中应注意的问题

现实的社会生活充满各种矛盾，个人不可能总是一帆风顺，随时有受到挫折的可能。在管理工作中，挫折可能给员工带来积极的影响，也可能产生消极的作用。医疗工作中，医务人员服务的对象是人，他们的行为直接关系到人的健康和生命，任何消极的挫折反应都有可能造成不可估量的后果。因此，正确处理挫折是管理者以至每个员工都必须重视的问题。在工作中，管理者一方面应尽量消除引起员工挫折的环境，避免使员工受到不应有的挫折；另一方面，当员工受到挫折时，应尽量减低挫折所引起的不良反应，提高员工对挫折的容忍力，以减少消极的对抗性行为。

（一）消除形成挫折的根源

影响挫折形成的因素既有客观上的自然原因和社会原因，也有主观上的生理条件、动机冲突、抱负水平以及容忍力等方面的原因。除此以外，在工作环境中，给员工带来挫折感的因素通常还有以下一些：

1. 组织的管理制度

在组织中，如果组织的目标与员工的个人目标不协调，员工的需要动机就不能得到满足，可能会给员工带来挫折感。随着我国人事用工制度的改革，传统的“铁饭碗”制度被打破，如医疗卫生部门的人事制度改革，使部分人的地位和职位受到影响或改变，不稳定感增加，由此可能带来挫折感。其他的如单位的分配制度、医疗保障制度、养老保障制度等的变革也可能影响人们的利益而引起挫折的产生。

2. 组织内的人群关系

组织内上级与下属间的关系不协调，过分强调单向沟通，员工没有机会向上反映自己的意见，则影响其人群关系。其表现为彼此缺乏信赖，产生不满的情绪，甚至彼此争吵、仇视。另外，过分强调竞争与责任，而缺乏相互间的合作、心理相容，出现彼此拆台、诋毁等，都会引起员工紧张、焦虑而产生挫折感。

3. 工作性质

工作对员工的心理具有两种重要的意义：一是表现出个人的才能与价值，获得自我实现的满足；二是在团体中表现自己，以提高个人的社会地位。如果工作的性质与个人的兴趣、志向不符，不能满足自我价值的实现，就可能造成挫折感。在管理中，权力和责任分配不当，大材小用或小材大用，都将增加员工的心理负担而构成挫折。又如现代的管理中，过分强调分工精细和自动化，多以生产过程为中心，忽略人的因素，以致工作显得单调、枯燥与重复，可能给员工带来挫折感。另外，工作性质与员工的个性特点不适应，有的工作需要外向型、善于交际的人才；有的工作紧张、刺激，需要能承受高强度压力的人。如果员工的个性特点不能适应这份工作，则可能产生挫折感。

4. 工作环境

工作场所的通风、照明、噪声、安全措施及卫生设备等，如果不理想，不但直接影响员工的身体健康，也会引起其情绪上的不满。

5. 其他因素

在工作中，领导者的不正之风、任人唯亲，不公平的晋升制度和分配制度，会给员工带来严重的挫折感。另外，工作与休息时间安排不当，工作时间过长或恶性延长加班时间，偏低的福利待遇，工作的过分紧张和辛劳等都足以引起员工的不满情绪。

在管理中，管理者可以通过适时调整组织结构，取消有碍发挥员工积极性的不合的管理制度，加强组织内上级与部属间、管理者与被管理者间的沟通，创造和谐的人际关系，改善工作环境，注意人职匹配等方式来消除形成挫折的根源，从而减少员工的受挫折原因。

（二）正确对待受挫折者的行为反应

领导者应了解员工在挫折后可能产生的行为和情绪反应，积极寻找原因，帮助员工从根本上解决挫折问题。

另外，对领导者来说，对受挫折者的攻击行为采取宽容的态度是很重要的。帮助受挫折者是领导者的责任之一，对受挫折者应耐心细致地做思想工作，以理服人，不应该采取针锋相对的反击措施来对付受挫折者的攻击行为。这并不表明管理者软弱无能，而是表示他有比反击更好的方法来应付攻击。因为以反击对付攻击不仅不符合互助友好原则，也收不到良好的效果，严重者还可能使矛盾激化。领导者应当把受挫折者看成像生理上的病人一样的心理上的病人，他们常需要得到像医生一样的领导者的帮助。但是宽容的态度不等于是非不分，领导者应当在受挫折者冷静下来的时候，以理服人，热情帮助他们提高认识、分清是非。只有这样才有利于受挫折者正确认识自己，变消极行为为积极行为，使挫折的情绪成为前进的动力。

（三）改变挫折情景

改变挫折情景的办法有两种，一是调离原工作和生活的环境，到新的环境中去，避免挫折情景的持续刺激；二是改变环境气氛，关心、体贴、同情、温暖受挫折者。在工作中，除非必要，领导者应尽量减少惩罚性措施，给予员工更多的鼓励和支持，以使其消极对抗转化为积极的行为。

（四）精神发泄法

精神发泄法（catharsis）是一种心理治疗方法，即创造一种环境，使受挫折者可以自由表达他们受压抑的情感。人们在受到挫折后，心理失去了平衡，焦虑、不安、紧张的情绪反应代替了理智的行为。只有让他们这种紧张情绪发泄出来，才能恢复理智状态，达到心理平衡。日本松下电气公司较早建立了一个“情绪发泄控制室”（humour control room），也称出气室。室内有公司老板的照片，也有橡皮做的人形靶。有气的员工可以进去用棍子或拳头打击人形靶，以发泄自己的情绪。

情绪发泄的方式有多种，可以让受挫折者以写信、记日记、写申诉的方式发泄不满，也可以采取面对面的方式倾诉心里的委屈。管理者应采取多种方法，耐心倾听员工的意见，让员工有合适的途径和机会发泄不满的情绪，以消除挫折后的不良反应。

五、应用心理防卫机制

一个人受挫折后，有时为了减轻或避免挫折可能带来的生理、心理上的不愉快和痛苦，会采取妥协的方式来减轻心理的紧张状态。这些方式能防止或减轻挫折可能引起的焦虑，使自己免受过分紧张压力损害，精神分析学家弗洛伊德称之为“心理防卫机制”（defense mechanisms）。常见的心理防卫方式有以下几种。

（一）文饰作用

文饰作用（rationalization）是指一个人无法达到其追求的目标，或其表现的行为不符合社会的价值标准时，给自己找出适当的理由来解释，以此安慰自己，达到心安理得。所谓的“酸葡萄心理”“精神胜利法”即属这种防卫方式。

（二）逃避作用

逃避作用（escape）是指一个人受挫折后不敢面对挫折情境，而进行逃避。有的逃向另一现实，以回避挫折的情景；有的则是逃向幻想世界，从现实的困难情境撤退，逃到幻想的自由境界；还有的逃向生理疾病，借生理上某种功能的障碍而避免面对困难。

（三）替代作用

一个人对某一对象所抱有的动机、情感与态度，不为社会所接受，或自忖将遇到困难而难以实现目标时，将此种感情与态度转向其他对象取而代之，称为替代作用（replacement）。替代作用中最积极的形式称为“升华”（sublimation）。如人们的攻击性、性欲本能等受到社会的禁忌时便转移到较高境界的文学、艺术或运动上。

（四）投射作用

存在于个体内部的许多动机或者不良品质，由于自己不愿意承认，或者害怕承认了之后会引起内心的不安及厌恶感，而无意识地把这些动机及不良品质排除于本身之外，加到别人身上，以此来减轻自己的不安、内疚和焦虑，称为投射作用（replacement）。如一个自私的人常议论别人如何自私，一个作风不正派的人常大谈别人的行为不正常等。

（五）表同作用

表同作用（identification）是与投射作用完全相反的表现。投射作用是把自己的不良品质加到别人身上，而表同作用是把别人具有的、自己羡慕的品质加到自己身上。如一个人在现实生活中，无法获得成功或满足时，便将自己比拟为某一成功者（如电影明星），模仿他的穿着、言行，宛如自己得到了成功，以此得到心理的满足。

（六）反向作用

人们表现于外的行为和情感与他们内心的感受完全相反，称为反向作用（reaction formation）。个体为了防止某些自认为不好的动机呈现于外表行为，可能采取与动机相反方向的行动。例如过分的亲切及屈从，背后可能隐藏有憎恶或反抗的动机。

以上种种防卫方式都不能从根本上消除人们的挫折，但它们具有调和自己与环境间矛盾的功能，产生缓冲作用，使人免于持续的紧张、焦虑。采用防卫方式只是消极地维护个人免于遭受打击，而非真正解决问题。

第三节　应激管理

应激的研究最早始于医学领域，创始人是加拿大学者塞利（Selye）。塞利在他的早期著作中把这种现象称为一般适应综合征（general adaptation syndrome，GAS）。10年以后塞利才在他的著作中提出了应激的概念。应激的研究不仅对医学领域作出了重要贡献，对于管理工作也有重要意义。目前，由工作引起的应激问题，已成为管理心理学、组织行为学和人力资源管理研究的重要课题。管理人员掌握有关应激的知识，可以建立相应的管理制度，采取相应的管理措施，减轻或防止员工的过度应激状态，从而提高组织的工作效率。

一、应激的定义

应激（stress）也称为压力，是一种高度紧张的情绪状态，是个体面临或觉察到环境刺激对自己有威胁或挑战时所作出的适应性反应。有两种性质的应激，一种是短期的或者偶然发生的，是出乎意料的紧急情况所引起的应急反应。如飞机在飞行中，发动机突然发生故障，驾驶员紧急采取措施。另一种应激是长期的，是由工作、生活压力引起的。

（一）应激的特性

应激会引起机体的一系列生物性反应，肌肉紧张度、血压、心率、呼吸以及腺体活动都会出现明显的变化。这些变化有助于人适应急剧变化的环境刺激，维护机体功能的完整性。塞利指出，这种适应综合征包括动员、阻抗和衰竭 3 个阶段。动员阶段是指有机体在受到外界紧张刺激时，通过自身的生理功能的变化和调节来进行适应性防御的阶段。阻抗阶段是通过心率和呼吸加快、血压升高、血糖增加等变化，充分动员人体的潜能，以对付环境的突变的阶段。衰竭阶段是指引起紧张的刺激继续存在，阻抗持续下去，此时必需的适应能力已经用尽，机体被其自身的防御力量所损害，导致适应性疾病的阶段。

应激具有超压性和超荷性。所谓超压性，是指在应激状态下，个体往往会在心理上感觉到超乎寻常的压力。无论是出自危险情境的应激状态，还是出自紧要关头的应激状态，都会因客观事物的强烈刺激而导致个体承受巨大的心理压力，并集中反映在情绪的紧张度上。所谓超荷性，是指在应激状态下，个体必然会在生理上承受超乎平常的负荷，以充分调动体内的各种功能资源去应付紧急、重大的事变。

个体在应激状态下的反应有积极和消极两种情况。积极反应表现为急中生智、力量倍增，使体力和智力都得到充分调动，以获得“超水平发挥”。消极反应表现为惊慌失措、四肢瘫痪、意识狭窄、动作反复出错。有的学生平时成绩尚好，但参加重大考试或竞赛，往往发挥不佳，出现“砸锅”的现象，这便是应激的消极反应导致的。在一般情况下，应激更易导致的是消极反应。若要增加积极反应的倾向，事先的演练是有效手段。学生的模拟考试、军人的实战训练等，都是为了促成应激状态下的积极反应。

（二）应激对心理行为的影响

应激强烈时，认知能力普遍下降，包括注意力集中困难，注意范围狭窄，记忆力减退，思维受组，工作满意度降低和缺乏自我认同感等。

强烈的应激可能伴随有焦虑、压抑、神经质、易激动、紧张、厌烦等情绪状态的出现。应激对人们心理最主要的影响是焦虑的产生。焦虑会在人遭受挫折时出现，也会在没有明显的诱因时发生，即在缺乏客观根据的情况下出现某些情绪紊乱现象。当个人产生焦虑状态时，很容易产生消极情绪，在工作中经常出差错，对工作缺乏热情。在由于应激而产生焦虑的情况下，某些人会产生攻击性行为。例如，管理人员会因一些小事大发雷霆，对人吹毛求疵。同样，持敌对情绪的员工也会给管理人员出难题，在工作中制造障碍。当人受到较严重的挫折而产生强烈应激时，某些人会变得悲观失望、情绪低落、缺乏自信和自尊、孤僻。在极强烈应激的情况下，某些人还可能产生厌世情绪。当然，在一定条件下，适度的应激也会使人精神振奋，并全力以赴地投入工作。但在多数情况下，应激过高或时间过长，对人的心理都会产生不良影响。

强烈的应激也会在人们的行为上有明显的表现。应激状态下表现出来的直接行为包括食欲减退、失眠、过量吸烟和饮酒以及滥用药物等。从工作的角度来看，应激与工作绩效、缺勤率、离职率以及决策失误都有密切关系。研究表明，应激与工作绩效之间的关系呈倒 U 型曲线，如图 7－1 所示。

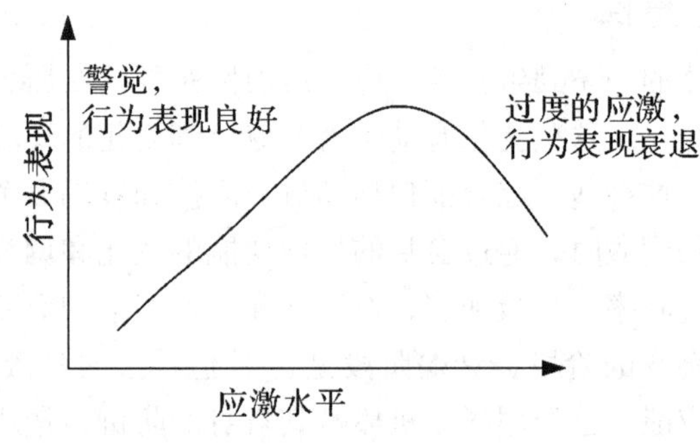

图 7－1　应激与行为反应曲线

当人们的应激处于中低水平时，随着应激水平的提高，工作绩效会随之提高，工作会干得更快更好；但如果人们处于高度的应激状态时，工作绩效会急剧降低，甚至发生差错或事故。员工迟到、早退和缺勤现象增多，甚至产生离职的念头。

总之，高度的应激在心理和行为上都会造成不良的后果。在工作中，管理者应采取有效的对策防止员工高度应激的产生。

二、引起工作应激的原因

在组织活动中，由工作引起的应激原因是多种多样的。一般认为，引起工作应激的因素主要有环境因素、组织因素、群体因素和个体因素。

（一）环境因素

现代社会中，人们已日益清楚地认识到，外界环境因素对应激的产生有较大影响。研究表明，社会经济的变革、科学技术的发展、社区环境的变化以及员工对生活质量的要求等都可能是引起应激的因素。首先，社会经济的变革使组织的生存和发展面临诸多挑战，也必然带来许多压力。这就要求组织管理者必须从战略、战术上千方百计地采取各种策略和对策去应对激烈的竞争，以保证组织的生存和发展。在这种情况下，许多管理者都会处于高度的应激状态中。其次，科学技术日新月异地发展必然促使组织内部不断进行技术改造和采用新技术、新工艺，管理者和员工也要转变观念，更新知识，提高能力，以适应工作的要求。在这种快节奏、高要求的工作状况中，组织内部的部分员工产生严重的不适应感，甚至会面临下岗失业的威胁，必然会处于应激状态中。再次，社区、邻里、单位关系紧张，社区各利益团体的冲突，员工对生活质量的追求等都可能成为引起应激的原因。

（二）组织因素

组织是社会分工的产物，是在一定的社会环境中具有一定目标、一定内部结构和分工的社会技术系统。一般而言，组织越庞大、越复杂，引起员工工作应激的因素也会越多。绩效评定不公正、报酬分配不公平、规章制度不健全、工作程序与工作职责不明确等，会引起组织政策方面的工作应激；工作负荷不合理、参与管理的机会缺乏、发展晋升的机会很少、工作丰富化的机会贫乏、业务部门与职能部门的冲突加剧等，会产生组织结构方面的工作应激；工作场地拥挤、工作环境恶劣、工作安全缺乏保证等，会引起工作条件方面的工作应激；信息沟通不畅、信息反馈不良、目标利益冲突等，会产生组织信息方面的工作应激。

（三）群体因素

群体因素对员工的心理和行为产生着重要影响。缺乏内聚力的群体会在群体内形成各种非正式的群体。由于各非正式群体的利益冲突或意见不一致，往往会造成紧张的人际关系，使人产生焦虑、烦躁、愤怒等不良情绪；缺乏社会支持的群体会在员工产生挫折、失误或失败时，使员工得不到应有的关心、理解和安慰，让员工感到孤立无援、心情压抑和情绪低落。这些情绪表现，实质上是工作应激的心理表现。

（四）个体因素

每个人的认知水平、情感体验、意志品质都存在着差异。同样的工作事件对不同的人引起的应激程度各不相同。这就是说，员工的工作应激状态存在着个体差异。研究表明，角色模糊与角色冲突、工作超负荷与工作低负荷、工作岗位的变化等是个体因素中引起工作应激的主要方面。如果一个人不明确自己的工作职责，不清楚别人对自己扮演角色的期望，不能在各种对象中转换角色，就会产生角色模糊甚至角色冲突，这种情况持续时间过长或较为严重，就会出现应激状态。当员工长期担负过重的工作任务或工作任务太少，就会感到烦闷、焦躁，出现精神疲劳现象，导致个人的严重应激状态。长期高度专业化的工作，容易使人感到枯燥、单调，而工作岗位的频繁变化则会让那些成就需要低、担心工作失败的人产生较强烈的应激表现。工作与生活的失衡也是引起员工产生应激的重要因素。除了职业角色外，人在生活中还扮演许多其他角色，这些角色与职业角色可能产生冲突，成为应激源。

三、工作应激的管理

适当的工作应激水平能调动员工的工作热情，对提高工作绩效具有积极意义。但强烈而持久的工作应激，往往使人心力交瘁，对工作绩效产生消极影响。如何控制工作应激水平，已成为管理者的一项重要工作任务。从员工个人来讲，提高心理素质，增强心理承受能力，正确对待工作中的挫折和压力，避免强烈而持久的应激状态，是一条最根本的自我保护措施。从组织管理来讲，应针对引起应激的工作因素，提出消除或减轻应激的组织对策。

（一）建立民主型组织结构

传统的组织大多具有集权化、层级化的倾向，在这种理性行政组织中，员工的工作主动性和积极性往往受到压制，这可能是导致员工产生工作应激的原因之一。若建立权力相对分散、工作机制相对灵活的组织结构，给予中下层管理人员和员工更多参与决策的机会，使纵向和横向信息沟通更为畅通，形成民主参与的氛围，可以防止或减轻员工的工作应激。

（二）创造社会支持气氛

社会支持主要是指一个人通过社会联系从他人那里获得一定程度的精神和物质支持，特别是精神支持。一个人一般有三大社会支持系统：家庭、单位和社会。当个人处于应激状态时，可以从这三大支持系统中寻求帮助。员工社会支持的最大来源是领导、同事和各种团体。如果管理者能在组织中创造一种良好的社会支持气氛，可以使员工得到被尊重、被理解、被同情、被关爱的主观体验，这样可以有效地减少员工的孤独无助感和抑郁烦闷感，从而防止高度应激的产生。一项叫作员工援助计划（Employee Assistant Program，简称 EAP）的服务已在很多国家和地区开展起来，我国的许多组织也在实践中。员工援助计划是组织为员工设置的一套系统的、长期的福利与支持项目。它通过对员工及其家属的指导、培训，帮助员工解决自我及家庭成员的各种心理和行为问题，从而提高员工的适应性，降低员工的应激反应，最终达到提升员工工作绩效的目的。完整的员工援助计划包括三个部分：减少或消除应激源、缓解应激反应和完善员工个人心理。第一部分针对造成问题的外部压力源，即减少或消除不适当的管理和环境因素；第二部分是处理压力所造成的情绪、行为及生理等方面的症状；第三部分是改变员工不合理的信念、行为模式和生活方式等。具体内容包括自我认知辅导、人际交往辅导、应激与挫折辅导、职业生涯辅导、健康生活辅导、家庭和工作平衡辅导。通过员工援助计划，为员工提供多方面支持，使员工从纷繁复杂的个人问题中脱离出来，减轻压力，增进心理健康。

（三）设计丰富化工作

长期从事高度专业化的工作，对一部分员工来讲，会因为工作的单调乏味、没有新意而产生厌烦感和自卑感，这也是应激产生的根源之一。管理者可以通过改善工作内容、改进工作特征，甚至调换工作岗位使工作丰富化，让员工在这些过程中担负更大的责任、获得成长发展的机会、感受尊重和自信的体验。当然，工作丰富化设计也要因人而异。例如，一些成就需要低、担心工作失败的员工面对丰富化的工作可能会体验到较强烈的工作应激。但对于大多数员工而言，恰当的工作丰富化设计是对付工作应激的一种有效对策。目前，国外一些大型企业都制定了员工职业发展规划方案。例如，日本丰田汽车公司规定，凡在公司某一岗位工作满 5 年的员工，可以自由挑选到公司的任何部门去任职。美国明尼苏达采矿和制造公司成立了专门的职业信息中心，配有专业咨询人员，为员工提供不对外公布的公司内职业信息，帮助员工确定工作目标和变换工作的行动计划。

（四）明确个人工作角色

组织中的员工如果工作职责不明确、工作任务不清楚、工作目标不确定，就极容易产生角色模糊和角色冲突，这也是造成工作应激的重要原因。从组织的角度来看，应让员工清楚他在工作中扮演的角色，了解自己工作的内容、范围和责任，知道组织和他人对他的期望，并为目标完成的程度提供及时的信息反馈。这样不仅对员工具有激励作用，而且可以极大地降低工作应激的水平。

张盟的烦恼

张盟擅长软件设计与开发工作，8 年前出任一家私营软件公司技术总监。公司因为规模小，名气不大，资金也不足，经营状况一直不佳，张盟总是担心公司会破产。因此对于公司的事务，张盟事无巨细都要参与处理。比如员工的录用与工作安排，员工的考勤与员工的工资核算和发放；跑市场招揽项目，应酬客户；亲自完成软件的程序设计与代码编写。管理与营销工作让他觉得力不从心，工作压力越来越大。他经常感到烦躁不安，极易发怒，埋怨股东不支持他的工作，指责员工工作不用心。太多事务不能按预期完成，让他经常焦虑得无法入睡。下班回到家，张盟无心照顾家庭，也不愿意与家人交流，与妻子和孩子的关系越来越紧张，他心里既愧疚又无奈。有时他会觉得工作生活一团糟，觉得自己无用，变得情绪低落。最近身体也开始出现各种症状，身体发胖，胸口好像总是压着一块大石头，喉咙里堵着，浑身肌肉酸痛，容易感冒。

问题 1：通过这个案例提供的信息，可以看到张盟的情绪状态如何？试用本章所学的情绪方面的知识，分析一下张盟情绪产生的原因，并为他提供情绪管理的建议。

问题 2：结合本章所学的知识，试分析张盟产生挫折的原因。

问题 3：结合本章所学的知识，试分析引起张盟工作应激的原因。如果你是公司负责人，你将如何帮助张盟进行应激管理？

（陈玉兰　彭　刚）

第八章　态度与管理

学习目标

通过本章学习，你应该能够：

掌握　态度的概念与成分，态度形成与改变的主要理论，组织承诺的概念与成分，职业倦怠的概念与维度。

熟悉　态度形成与改变的过程，工作满意度的影响因素及提升途径，组织承诺的决定因素，职业倦怠测量。

了解　态度的特征，工作满意度评定的主要因素，职业倦怠的危害。

第一节　态度概述

态度是构成个性倾向性的重要组成部分，是内隐的心理变量，与个人的主观能动性有着深刻联系。态度差异是个体差异的重要方面，对人们的行为具有重要影响。态度一直是人们探讨社会中人的心理和行为的中心课题。

一、态度的概念

态度是个人对某一特定对象所持有的、较稳定的评价性内部心理倾向。它使人的心理处于准备状态，具有行为的倾向性。态度包含了认知、情感和意向 3 种成分。如果一个人注意到自己将要做出的反应，即在心理上对要做出的反应有所准备的时候，他的反应就比那些只集中注意于将要来临的刺激的人所做出的反应要快。如一个人的记忆、判断和思考等活动效率都要受到他的心理准备状态的支配。阿尔波特在 1935 年提出，态度是一种精神和神经准备就绪的状态，它通过经验组织起来，是个人对所有客观对象和与之有关的情境的反应，产生一种起指导作用的影响。后来的心理学家也提出了相似的观点，认为态度是对任何特定的客观对象都具有的认知成分、情感成分和行为倾向的持久系统。态度和意见有一定区别。意见是对态度、信念的言语表现，它本身不包括情感成分，也不含有行为的倾向，更多地表现为对某一特定对象的解释和评价。

态度来自价值，也就是说，价值是态度的核心。人们所拥有的价值观对态度的形成和改变具有重大作用。价值通常指的是某一特定对象对人们所具有的意义。人们对这一对象的态度取决于这一对象对人们具有什么样的意义和意义的大小。事物对人的价值，主要分为经济价值、科学价值、道德价值、艺术价值、政治价值、宗教价值等六种。也就是说，事物通常在这几个方面对人具有重要的意义。在不同的情景中，某一特定对象对人们有无意义、具有什么样的意义，这受到人的需要、动机、世界观以及社会环境等因素的影响，价值观的不同而使人们对客观对象形成了不同的态度。

二、态度的成分及其相互间的关系

态度包括认知、情感和意向三种成分。

（一）认知成分

认知成分是个人对态度对象的认识和理解。它通常是带有评价意义的叙述，包括对态度的认识与理解以及赞成或反对。比如，“我认为吸烟是有害的”，这就是带有好坏评价性的叙述。

（二）情感成分

情感成分是个人对态度对象的情感体验。它是一种内心的体验，表现出对态度对象的喜欢和厌恶的程度，如喜欢与厌恶、热爱与仇恨、同情与挑剔、尊敬与轻视等。情感体验是在认知的基础上产生的。如前面所提到的“我认为吸烟是有害的”这一认知问题，可能产生相应的情感体验——“我不喜欢吸烟的人”，“我对吸烟行为感到厌恶”。

（三）意向成分

意向成分是个人对态度对象的一种反应倾向，即行为的直接准备状态，准备对态度对象做出某种反应。意向成分表现出的是做不做这件事？如果要做，应怎样去做？如一个人有反对吸烟的态度，这种意向成分表现出的就是“我不能吸烟”，“即使别人给我烟，我也会拒绝”。意向并不等于行为本身，而是在做出行为之前的一种准备状态，即行为倾向。

（四）认知、情感和意向的关系

在通常情况下，认知、情感、意向三者是协调一致的。如一个人认为吸烟可能会导致肺癌，那么对吸烟就会产生一种恐惧感，厌恶吸烟，在今后的行动中，也就不去吸烟。又如一个人认为另一个人聪明、能干，就对他产生一种喜欢的情绪体验，也就有愿意与他接近的行为倾向。这说明三者是协调的、和谐的。认知、情感、意向三种成分中，认知因素是基础。人们对态度对象的了解和判断，都是以通过认知所获得的信息为依据。通过认知，使人们对态度对象有所了解。在此基础上，人们才产生了对这一对象的情绪体验和行为倾向，从而形成了人们对这一对象所持有的态度。此外，态度中的情感成分也占有重要的地位。认知作为基础，使人们对态度对象产生了某种情绪体验，而这种情感的产生又促使人们愿意与他接触和交往，从而对他也就有进一步的了解，产生更强烈的态度。

三、态度的特征

（一）针对性

态度必须是针对某一对象而来的。态度总是有一定的对象，这种对象可以是某一个人或某一群体，如医生对病人的态度，病人对医护人员的态度。态度对象还可以是一些抽象的概念和某种制度、政策等，如人们对计划生育政策的态度，人们对改革的态度，病人对医疗保险的态度等。

（二）社会性

态度不是遗传的，而是后天习得的。一个人刚出生时，只是具有生物属性的个体，态度是在他成长的过程中，不断通过他人和社会环境的相互作用而逐渐形成的。也就是说，态度是在人们社会化的过程中，受到整个社会环境的不断影响形成的。态度一经形成，又反过来指导人们的行为和对外界的反应。在这种不断循环往复的过程中，态度得到发展、巩固并日趋完善。

（三）协调性

态度包括了认知、情感和意向三种成分。在通常情况下，一个人对某个对象产生态度，其认知、情感和意向三种成分都是协调一致的。一个人如果被认为诚实、能干、富有同情心，那么大家就喜欢和尊敬他，而且也愿意与他交往。这些都表现出认知、情感和意向三种成分的协调一致。当然，在某些情况下，态度的成分也可能发生矛盾而出现不一致，在这种时候，情感因素具有较重要的作用。如“这个人虽然聪明能干，又有很多优点，但是我不怎么喜欢他，也不想与他来往。”这在认知成分上对他人是肯定的，但因为情感上有隔阂，有一种否定的内心体验，所以行为上也表现出一种消极的心理倾向。一般认为，情感与意向的相关程度高于认知与意向或情感与认知的相关程度。

（四）稳定性

态度的形成需要一段时间，而态度一经形成后又是比较持久、稳固的，成为个性的一部分。一个人对某一对象的态度，表现出他对这一对象一贯的反应倾向，在行为反应模式上具有规律性。当然，态度的稳定性，并不是说态度有不变性。态度是能改变的，只是需要一定的时间和精力。

（五）间接性

态度是一种内心体验，是行为的准备状态，它不等于行为。因此，一个人具有什么样的态度，我们无法直接观察，只能从他的外显行为加以推测。然而，一个人的外显行为也受到很多因素的影响，要真正地认识态度和对态度进行测量是一个复杂的过程。

四、态度与行为

（一）态度与行为的关系

态度是一种行为反应的心理倾向。行为是外显的活动，是一个人在其态度的影响下，表现出来的对态度对象的具体反应。如一个人有反对吸烟的态度，就可能表现出拒绝吸烟的行为。这说明在通常情况下态度与行为是一致的。但是，态度与行为的关系并不完全是这样简单，有些情况下也可能表现出不一致。行为作为态度的外在表现，与其心理的准备状态即态度有着密切的关系。但是，这种关系并不是简单的对应关系，而要受到很多因素的影响。

（二）影响态度与行为一致性的因素

态度并不等于行为，它只是提供了行为的一种心理上的可能性。这种可能性是否能变成现实，即形成具体的行为，还必须在特定的社会环境中依据一定的条件来实施。如一个人持反对吸烟的态度，但在某种情况下（如在寂寞的时候或是朋友相聚的时候），他可能并不拒绝吸烟。从态度到行为是一个复杂的过程，很多因素的介入影响到行为的表现。

态度本身的协调性会影响行为的表现。如果态度的认知、情感和意向 3 种成分是协调的，那么态度和行为的一致性程度亦高。态度内部越协调，态度对行为的决定力量就越大，态度和行为就更具有一致性。诺尔曼（Orman）于 1975 年考察了自愿参加心理实验的行为和一个人对自愿参加的态度两个方面。他发现，当研究对象认知成分和表达感情的成分一致时，态度与行为是密切联系在一起的；当这两种成分有冲突时，它们就不是密切相关的了。因此认为，态度与行为的不一致可能与认知成分和情感成分的不协调有关。

态度的强烈程度会影响行为的表现。一种态度越强烈，也就是对态度对象的反应倾向越大，那么其相关行为的可能性就越大。如果一个人对某件事物的态度不是很坚决，甚至抱无所谓的态度，那么态度与行为的一致性就较差。

动机会影响行为的表现。作为行为推动力的动机是复杂的。同一种行为，可能受到很多动机支配，而同一种动机又可能表现出不同的行为。态度作为行为的心理准备状态，它具有动机的作用，如果作为动机呈现的态度与这个人的其他动机发生冲突时，将影响到态度与行为的一致性。如果其他动机很强烈，就可能支配行为表现与态度不一致。

情景的压力会影响行为的表现。人的行为都是在具体的情景中表现出来的，情景的压力也影响到态度与行为的一致性。正如顺从行为一样，一个人可能对某件事持否定的态度，但在群体中，由于多数人的态度与他相反，他为了避免与别人发生冲突，不被群体抛弃，在行为上可能表现为与多数人一致，而完全违背自己的态度。一个人喜欢吸烟，对吸烟持赞同的态度，但在办公室里吸烟可能引起别人反感，这种压力迫使他在办公室里不吸烟。这表明，情景压力很强的时候，态度就成为一种很强的行为决定因素。

第二节 态度的形成与改变

态度是在后天的社会环境中逐渐习得的。对客观对象所具有的态度直接影响到人们对客观外界的评价与反应，并指导人们的行为。态度的形成和改变不能截然分开，这两个过程常常结合在一起。一个人某种态度的改变，又涉及一种新的态度的形成；新态度的形成又可能包含了某种过去态度的改变。因此，人们常将态度的形成和改变一起进行探讨。

一、态度形成与改变的过程

（一）态度的形成、改变与个体的社会化

态度的形成和改变，实际上就是个体的社会化过程。一个人出生时，仅是一个生物体，一个自然人。一个人学习知识、技能，学习各种社会行为规范，成为一个被社会接受、能很好适应社会环境的社会人的过程，就是其社会化的过程。也正是在社会化过程中，一个人逐渐形成对周围世界的各种态度，形成了自己的人生价值观。人的一生中，所面临的社会环境总是处于动态变化之中。为了适应变化，要求人们不断学习和吸收新的知识。在这个过程中，要形成和改变自己的态度。随着社会环境的变化，对事物的态度也会发生相应的改变，以使自己成为符合社会要求的社会成员。

家庭的影响对儿童态度的形成具有重要的作用。对于儿童的早期生活经验来说，家庭是培养他们整个认知世界的摇篮。儿童对于客观世界的最初认识，主要通过家庭来获得。儿童通过观察他人，从模仿、顺从开始与一些客观对象发生反应。儿童的行为表现符合人们的期望和要求，就会得到赞许与认可，这样逐渐通过强化使这些行为表现固定下来，慢慢就形成了自己的态度。父母和其他家庭成员都是儿童学习的对象，父母和其他家庭成员的行为表现，会成为儿童模仿的榜样。如讲卫生的习惯、偏食的行为、尊敬老人的态度等都可能因为“妈妈都是这样的”而对儿童产生影响。另外，儿童对客观世界的认识和评价，常以家庭其他成员的好坏、是非标准为依据。父母具有什么样的态度，在潜移默化中影响到儿童态度的形成。

随着年龄的增长，社交活动的逐渐增多，青少年都有自己的活动圈子，他们对父母的依赖性减少，家庭环境的信息交流不能满足他们日益增长的求知欲。这时，家庭的影响变得较小，而朋友、同伴成为他们重要的参考群体。这种情况下，朋友、同伴对他们态度的产生具有重要的影响。朋友、同伴之间的交往并不完全是被动的模仿、顺从，而要通过相互之间大量的信息交流，逐渐改变自己原有的认识和看法，并在相互影响下形成自己稳定的态度。

社会群体对个人态度的形成和改变也起着重要的作用。学校、单位以及其他一些与人们有联系的群体，都会影响人们的态度形成。人们学习、吸收大量的知识，经验日益丰富，交往的范围更加广阔。特别是学校，不但给学生提供了大量的信息，还培养了学生独立思考的能力，这些都使学生不断修正自己的观点和行为，对客观世界产生了自己的态度。群体的规范约束着人们的行为，这种规范的压力迫使人们与群体在信念、价值观以及行为等方面保持一致。如果一个人的态度与群体发生冲突，他可能会受到这种压力的影响而改变自己的行为和看法。

另外，一个人生活的社会情景也会影响态度的形成和改变。不同的社会地位，不同的文化背景，不同的生活环境，都会影响人们的态度。如不同民族的人，农村的人与城市的人，他们对有些客观事物的态度就有差异。

（二）态度形成、改变的过程

一个人形成某种态度需要一段相当长的时间来孕育和准备，但一经形成就比较持久和稳定。美国社会心理学家凯尔曼（Kelman）1961 年提出了态度形成的三阶段理论。

1. 顺从

顺从又称服从，是指人们为了获得某种物质和精神的满足或为了避免某种惩罚而表现出来的、符合他人要求或规范要求的行为。顺从是被迫的行为，顺从的对象可以是行政命令、规章制度或是权威意志，这些都形成一种很强大的压力，迫使人们无条件地接受。另有一些压力可能不是来自某种规定，而是一些社会舆论对人们的影响。人们为了不被群体抛弃，能归属于群体，常违心地与大家保持一致的行为，这就是规范压力下的顺从行为。不管是顺从或是服从，都是在压力的推动下产生的，而不是心甘情愿的行为，即此时在认知成分上可能还存在矛盾的因素。它是暂时性的，当压力被解除的时候，其行为和观点就可能改变。而态度的形成和改变也正是从这种顺从开始，由于种种压力，人们在表面上转变自己的观点和看法，从而逐渐形成稳定的态度。

在现实生活中，人们要执行很多规章制度和命令，不管是否愿意都得顺从。如不准闯红灯、不准随地吐痰、公共场所禁止吸烟等规定，人们必须遵守。开始可能是一种被强制的行为，但天长日久，当人们习惯以后，就会变成一种自觉的行为，并逐渐形成和改变了态度。

2. 同化

同化不是被迫地接受，而是自觉自愿地接受他人的观点、信念、行为，使自己的态度与他人的要求相接近。这时态度的形成和改变不仅仅停留在表面上，而是逐渐向认知、情感等方面发展，即态度的认知成分和情感成分都趋于一致。

3. 内化

内化是态度形成的最后阶段，是指一个人深信并接受了他人的观点、情感、信念等，并将这些新观点、新思想纳入了自己的价值体系，成为自己态度体系中的一个有机组成部分，彻底形成了自己的新态度，产生了强烈的行为意向。态度进入了这种内化阶段，才是持久的、稳定的。

从顺从、同化到内化是态度形成和转变的一个复杂过程。表面的顺从是被迫的，但它可能是转变态度的基础和必经阶段。要形成或改变人们的态度，首先就要使其对这种行为和态度顺从，习惯成自然，慢慢就会改变。另外，并不是对所有事物的态度形成都经过这三个阶段，对这种事物的态度可能达到内化阶段，而对那种对象的态度又可能只停留在顺从或同化阶段。

二、态度形成与改变的理论

态度的形成和改变是一个重要的过程。很多心理学家对态度的形成和改变进行了大量的研究，力图揭示其规律性，各自从不同的侧面提出了态度形成和改变的理论。

（一）刺激－反应及强化理论

刺激－反应及强化理论在态度的研究中又称学习理论，是根据学习的观点对态度进行讨论的理论。该理论认为，态度同其他行为习惯一样是后天习得的，人们能像获得某种事实、概念、思维方式和行为习惯一样去获得态度。态度的形成和改变过程与学习的过程是一致的。适用于其他学习的原则，同样也适合于态度的形成和改变。

霍夫兰德（Hovland）和贾尼斯（Janis）在 1959 年提出了一个以刺激－反应学习理论为依据的态度改变模式，如图 8－1 所示。该模式认为，个体接受到态度对象的刺激，从而发生相应的反应，即对态度对象产生或改变了态度。但这种反应的发生，必须经过注意—了解—接受三个过程。态度形成和改变的第一步是吸引个体注意信息传播带来的刺激，这里面包括信息的形式、特点以及信息所代表的意义；第二步是必须使个体了解信息的内容；第三步是让个体接受信息内容所主张的观点。如果他接受了这种观点，就可能导致他改变原来的态度或者更坚定了原来的态度。因此，第三步是态度形成与改变的关键。要使人们接受这种信息的观点，必须要增加人们对这种新的观点的期望，这样有可能使其放弃原来的观点而接受新的东西。

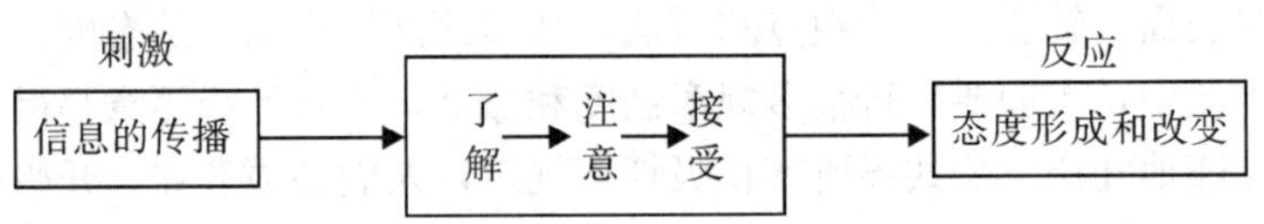

图 8－1　态度的刺激－反应模式

在态度的变化过程中，个体可通过联想作用来获得一些信息和情感资料，从而使态度得以形成和巩固。当多种刺激同时出现时，联想作用就形成。例如，报纸、电视谈到吸烟的害处，或者当人们看到肺癌病人的痛苦表情，这些形象就与香烟联系起来，提到香烟就会联想到这些形象，从而逐步对吸烟持否定的态度。相反，如果有人说香烟是好东西，吸烟是妙不可言的，并且看到人们吸烟时表现出一种兴奋、满足的样子，那么“香烟”就可能与“舒适愉快”联系起来，而对它持一种肯定的态度。

强化作用也具有重要意义。态度所支配的行为结果，能给人们带来鼓励、赞赏或是心理的满足。对这种结果的体验使人们的态度与行为得以形成与巩固。如果一个人吸毒成瘾，每次吸毒都有一种舒适、愉快、飘飘欲仙的体验，这种体验就使他的行为和对吸毒的态度得以巩固和加强。这是一种强化，使他今后更有可能去吸毒。如果吸毒伴随的不是愉快的体验，而是一种不舒服、难受的感觉或者身体受到损害，这种体验就能使继续吸毒的态度受到打击和减弱，就可能使他改变原来的态度。

刺激－反应及强化理论对态度的形成和改变的研究具有很大的贡献，但也存在片面性。它把态度的形成和改变仅归结为一种简单的模式，认为人的态度是一种机械的反应，个体只是被动接受外界的刺激，而忽视了人的主观能动性。

（二）认知均衡理论

认知均衡理论又称一致性理论，是研究态度的另一主要理论。这种理论认为，促成态度改变的主要因素是态度各认知信念间的不一致性。生理上，有保持身体内环境达到平衡的需要；心理上，同样也有保持态度体系成均衡状态的需要。如果各认知信念间不一致，态度的均衡状态受到干扰，就会驱使个体产生恢复平衡的动机性行为，就可能使行为或态度发生改变。由于对一致性的定义理解不同，这种理论又分成不同的派别。

1. 海德的平衡理论

美国心理学家海德（F. Heider）在1958年提出了态度改变的“平衡理论”。该理论认为，在社会环境中生活着的人，是因他自身以外的各件事件、人、观念、文化等因素密切相连的。而且，人与人在关系上都相互影响，有一种追求心理平衡的需要。特别是在情感方面，在人的认知体系中存在着某些情感或评价之间趋向于一致的压力。如果在认知上出现了不平衡，就会在心理上产生紧张和焦虑，从而促使他的认知结构向平衡转化。

海德提出以一个人与两个态度对象之间的三角关系作为一种模式，其理论试图揭示三个实体之间的关系。假设P表示认知的主体，O与X表示两个态度对象（其中一个往往是另一个人），且两个对象是有联系的，组成一个单元整体。认知主体P对单元内的两个态度对象O与X都会产生评价，并带有肯定的（+）或否定的（-）情感体验。这种评价和情感体验就构成了特定的P—O—X模式，如图8-2所示。在三者关系中存在着平衡与不平衡的状态。如一个人（P）喜欢跳舞（X），而他所喜欢的妻子（O）也喜欢跳舞，那么这三者的关系是和谐的，这个人（P）的认知评价和情感体验是平衡的。如果这个人（P）喜欢跳舞（X），P—X的关系是积极肯定的（+）。同时，这个人（P）又非常喜欢他的妻子（O），P—O的关系也是积极肯定的（+）。但是，他的妻子（O）却坚决反对跳舞（X），O—X的关系是否定的（-），那么三者之间的关系就会出现矛盾，对P来说，其心理体系就出现一种不平衡的状态。这种不平衡状态会对他产生压力，使他有一种紧张感，他必须改变对O或X的态度，来求得心理上的平衡。

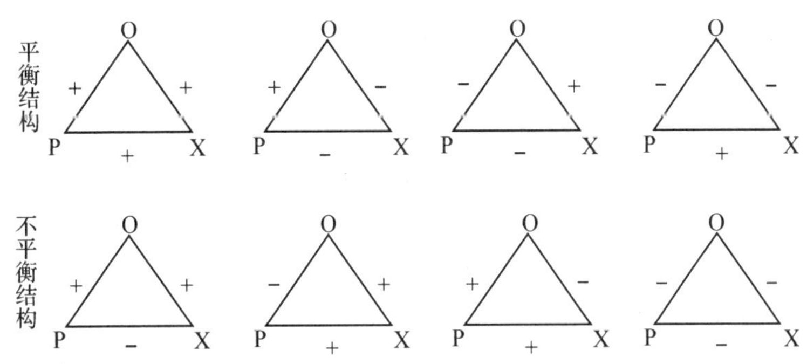

图8-2 海德平衡理论示意图

根据P—O—X的关系，可以推论出8种状态。肯定、正向的关系用（+）表示，否定、负向的关系用（-）表示。在这8种关系中，有4种是平衡结构，4种是不平衡结构，如图8-2所示。判断是否平衡的依据是：三角形三边符号相乘为正，即为平衡结构；三角形三边符号相乘为负，则为不平衡结构。任何一种不平衡结构都必须得到解决，以尽力去维护其平衡。

2. 费斯挺格的认知失调理论

费斯挺格（Festinger）在1957年提出，人的认知结构包含了较宽的范围，既有对人的认知，也有对物和社会环境的认知。一个人对这些对象的有关行为、知识、观点、观念等态度的总和，构成了这个人的认知系统。认知系统中最基本的单位是认知因素。费斯挺格认为，在人的认知系统中存在很多认知因素，这些认知因素有些是相互联系的，有的是独立的。例如，“今天要下雨”这一认知因素与“我吸烟很厉害”这一认知因素在一般情况下是互不关联的，是独立的；“我吸烟很厉害”这一认知因素与“吸烟引起肺癌”或者是“吸烟带来快感”这一认知因素却是有联系的。在有关联的两种认知因素之间可能会呈现两种状态，一是两个认知因素呈协调的状态，如“我喜欢吸烟”与“吸烟带来快感”这两种认知因素就是协调的；二是两个认知因素呈现不协调的状态，如“我吸烟很厉害”与“吸烟引起肺癌”这两种认知因素就是不协调的，也就是认知失调。认知因素之间的失调，就会使个体在心理上不愉快，有种紧张和压迫感。这种压力就迫使人们想方设法去减轻或解除这种不协调状态。当认知体系出现协调状态时，人们就会尽力保持这种协调状态，甚至避免接触与已有认知因素相矛盾的信息。费斯挺格认为，认知因素之间失调强度越大，人们想要减轻或解除失调的动机就越强烈，态度就更容易改变。如一个人吸烟已成瘾，吸烟后心情舒畅，不吸烟就感到痛苦、心情烦躁，但又有“吸烟可能患肺癌，肺癌会危及生命”的认知，这两种认知因素产生强烈的冲突，迫使他改变其态度与行为。如果这个人偶尔吸烟，虽然也认知到吸烟的危害，但两者冲突不是很大，其改变认知达到平衡的迫切性就相对小一些。

认知失调后，人们都会想法去减轻或解除这种不协调状态。人们会根据自己的条件，改变认知因素双方中的任何一种，使双方趋于协调。例如，前面列举的吸烟例子中，出现认知失调时，解除失调的办法有以下几种：第一，改变“我吸烟很厉害”的认知因素，在行为上表现出戒烟，今后不再吸烟。第二，对另一种认知因素——“吸烟可能导致肺癌”加以改变，认为“吸烟导致肺癌的结论是没有根据的”或者“不吸烟的人也会得肺癌”，这样的认知改变，便可达到认知协调。第三，如果上述两种认知都不改变，为了达到协调，就再增加新的认知因素。例如，“癌症也并不可怕，早期发现也是可以治疗的”，这些增加的新的认知因素，就降低或解除了原有认知因素之间的冲突。

认知失调理论强调在认知失调时，个体将通过自我调节来达到认知平衡。这对人们在现实中改变和纠正行为及态度都有较重要的意义。

（三）参与改变理论

德裔美国心理学家库尔特·勒温（Kurt Lewin）在他的群体动力研究中，发现个体在群体活动中可以分为两种类型：一种是主动型的人，这种人主动参与群体活动，自觉地遵守群体的规范；另一种是被动型的人，他们只是被动地参与群体活动，服从权威和已制定的政策，遵守群体的规范等。

为了进一步研究个体在群体中的活动对改变态度的影响，他作了如下实验：第二次世界大战期间，美国由于食品短缺，政府号召家庭主妇食用动物内脏，而当时美国人一般不喜欢这样。勒温以此为题，把被试的美国家庭主妇们分成控制组与实验组两组：对控制组采取演讲的方式，亲自讲解猪、牛等内脏的营养价值、烹调方法、口味等，要求大家改变对杂碎的态度，把杂碎作为日常食品，并且赠送每人一份烹调内脏的食谱；对实验组则要求她们开展讨论，共同议论杂碎做菜的营养价值、烹调方法和口味等，并且分析使用杂碎做菜可能遇到的困难，如家人不喜欢吃、不易清洁等问题，最后由营养学家指导每个人亲自试验烹调。结果控制组有3%的人采用杂碎做菜，实验组有32%的人采用杂碎做菜。

由此可见，由于实验组的被试者是主动参与群体活动的，他们在讨论中自己提出某些难题，又亲自解决这些难题，因而态度的改变非常明显，速度也比较快。而控制组的被试者由于是被动地参与群体活动，很少把演讲的内容与自己相联系，因而，其态度也就难以改变。基于这一实验，勒温提出了他的“参与改变理论”，认为个体态度的改变依赖于在群体中参与活动的方式；个体在群体中的活动方式，既能决定他的态度，也会改变他的态度。

（四）沟通改变态度理论

美国社会心理学家加德纳·墨菲（Gardner Murphy ）曾进行了白人对黑人态度转变的研究。他随机将一批白人被试分成实验组和控制组，测量每个成员对种族歧视的态度，证实两组被试大体相同；接着让实验组观看宣传黑人在国际比赛中取得的各项成就的电影、电视或杂志，再测量时发现实验组对黑人的态度有了显著的改变，而控制组则无变化。他基于此提出了“沟通改变态度理论”，强调了人容易受到周围环境和一些媒介的影响。许多心理学家也认为，通过沟通，可以显著地改变对某些事物和人的态度看法；但要讲究沟通的技巧，才能取得良好的效果。

一般沟通对态度改变的影响，倚赖于沟通者、沟通过程和沟通对象三个因素，沟通者需有良好的沟通能力，沟通过程要能充分了解对象的需要和动机，以其惯用的言语来传达。当然，即便是这两个过程都做好了，还得看看沟通对象的因素。在组织管理中，管理者可以通过与某些员工的对话来改变其态度，尽可能使其与管理者达成共识，进而在员工中产生更大的影响以利于管理。

三、改变态度的方法

在管理工作中，要想在改变员工态度方面收到好的成效，就必须使改变态度的方法符合态度改变的如上规律。同时，应重视从改变认知因素入手来改变态度，因为态度的三个构成成分中认知因素是影响情感和意向成分的基础。

（一）从改变认知因素着手

1. 信息传播者的权威性

不同的信息传播者自身的特征影响着说服、劝导的效果，其中最重要的一个因素是其权威及大小。一般可从专业性和可信性判断权威性。心理学家伯洛（Bello）在研究了信息传播者本身的威信与态度改变之间的关系后，指出如下三个因素对宣传者的威信有重要作用：一是可靠性因素，包括态度是否公正、友好与否、诚恳与否；二是专业性因素，包括宣传者有无经验、有无技术、知识丰富与否；第三是表达方式因素，比如语调是坚定还是软弱、勇敢还是胆小、主动还是被动、精力充沛还是疲倦乏力等。

2. 传播的内容及其组织方式

研究发现，传播的内容和组织形式上的如下特点对态度改变的影响是明显的：第一，在内容方面，提供的事实可信度高、具有针对性，就能有效影响态度的改变。同时对文化水平较高并持有不同看法者，运用正反两方面的材料进行论证的效果好；而对文化水平低又没有不同看法者，运用正面材料论证效果好。第二，在内容的组织形式上，正反两方面材料在提供时间上的先后顺序对态度改变也有影响：先提供正面材料后提供反面材料，以利于正面材料产生优先效应；如果正反两方面材料提供的时间间隔较长，可以提供一些反面材料后再提供正面材料，以利于正面材料产生近因效应。第三，如果新旧态度之间距离较大，一般来说传播说服时宜逐步提出要求；如果一下子提出很高的要求，有时不但新态度不能形成，甚至还会使旧态度更坚定。第四，在传播的媒体方面，直接口头宣传比间接文字宣传更容易使对方态度发生改变。

（二）从改变行为着手

意向因素也是构成态度的三大成分之一，因此如果引导或迫使需要被改变者参加有关活动，往往能收到很好的效果。费斯挺格也曾研究过美国白人对黑人态度的转变，这些白人和黑人虽然住得很近，但平时交往不多。实验安排三种情况 ：一组是白人与黑人一起玩纸牌游戏；另一组是白人与黑人一起看别人玩牌；再有一组就是双方都在一个房间里，没有组织任何活动。结果表明，通过上述的活动后，白人对黑人的态度发生了改变，但又有区别：三组中白人对黑人表示友好态度的白人比例分别为 66.7%、42.9%和 11.1%。这证明，引导人们参加积极活动的行为，更能改变人们的态度；而且参加活动的程度不同，其态度改变的程度也不同。

（三）运用群体规定的力量

在群体中，群体的规范和压力会对人们产生约束，使人们倾向于与群体保持一致。因此，以群体规定所传播的信息，容易被人们接受。

勒温曾经对这些问题进行了实验。他把刚生小孩并准备出院回家的产妇分成两组：一组以个别劝说的形式告知这些产妇，为了婴儿的健康，回家后每天应该给孩子吃鱼肝油和橘子汁；另一组则以医院规定的形式告知这些产妇，让她们回去以后必须给孩子吃上述食品。一个月后进行检查，发现被告之是医院规定的产妇几乎都照办了，而进行个别说服的产妇只有少部分照办了。这说明，群体的规定能有效地改变人们的态度和行为。在现实中，各种规章制度、政策、公约和规范等都是通过群体的规定形式来引起人们态度和行为的改变。

第三节　工作满意度研究

管理心理学中重点研究的是工作态度。所谓工作态度，是指人们对其所从事的工作的评价与行为倾向。作为工作的内在心理动力，工作态度会引发各种工作行为，影响着员工对工作的知觉、判断、忍耐力等。

一、工作满意度概述

越来越多的组织把工作满意度作为反映组织员工管理状况的重要测度指标，对它的构成维度、影响因素进行了深入的研究。

（一）工作满意度的概念

工作满意度（job satisfaction）是指个体对自己的工作所抱有的一般性满足与否的态度。对管理者而言，员工工作满意度应得到高度的关注，因为它不单单反映了个体现象，还直接或间接地影响员工的工作行为和绩效。据美国零售业巨头西尔斯的研究证实，员工工作满意度提高 3%，会连带提升 5%的顾客满意度。同时，工作满意度也表现组织特征，它与员工缺勤率、离职率间存在负相关关系。

（二）工作满意度的维度

工作满意度是一个多维度的概念。一般认为，它主要包括工作条件和工作中的人际特征这两大方面的内容，大多数人会在工作中对这两方面中的诸多要素产生比较稳定的态度。

1. 工作条件

工作条件包括工作本身、报酬、工作环境、晋升机会等。工作本身具有的挑战性并能提供的进一步学习的机会，会使人们在努力完成任务的过程中得到满足，并体验积极的情感。而所得报酬的多少、报酬的公平性和支付报酬的方式，也会使员工在情感上产生反应。

2. 人际特征

人际特征包括上下级、同事和员工本人。上司的管理能力和技术水平，对员工及其利益的关心程度；同事的技术水平，合作与支持的程度；下级的理解水平与配合程度，都会增强或减弱个体的工作满意感。同时，如果缺乏明确的职责分工，员工会产生“角色含糊”；对同一个人提出多种角色行为要求或给予不一致的指导，会造成“角色冲突”，使人感到心理紧张、焦虑和不满。

表 8－1 为最具代表性的美国学者洛克（E. A. Locke）对工作满意度的侧面所做的分类。

表 8－1 员工工作满意度评定的主要维度

类别		维度	维度说明
事件或条件	工作	工作本身	内在兴趣、活动多样、挑战性、学习机会、成功机会、对工作流程的控制
	奖励	报酬	数量、公平性、合理
		晋升	机会、公平、合理
		认可	表扬、赞誉、批评等
	工作背景	工作条件	工作时间、休息时间、设备、工作空间、气温通风、厂址等
人	自己	自己	价值观、技能、能力等
	单位内其他人	领导	管理风格、管理技能、行政技能
		同事	权力、友好态度、合作互助、技术能力

续表8－1

类别	维度	维度说明
单位外其他人	顾客	技术能力、友好态度等
	家人	支持、对职务的理解、对时间的要求等
	其他	按职位划分，如学生、家长、选民等

二、影响工作满意度的因素

工作满意度是个体的主观感受，其影响因素比较多，主要包括员工自身因素（年龄、职业阶层、教育程度、个性与工作的匹配等）和环境因素（组织前景、组织规模、领导风格等）。

（一）员工个体因素

1. 年龄

研究发现，随着年龄的增加，员工的工作满意度增加（表8－2）。

表8－2 年龄与工作满意度

年龄	工作满意度指数
小于30岁	3.41
30～40岁	3.42
41～55岁	3.57
大于55岁	3.62

对上表的一般解释是：随着一个人在职业生涯中的逐渐成熟、社会经验的逐渐丰富，对自身、对环境的评价会更加理性、现实，因而满足感得以提高。

2. 职业阶层

个体的职业阶层越高，由于其工资福利、工作条件、自我价值实现的程度都会有所提高，因而其工作满意度有可能提高。

3. 教育因素

一些调查发现，受教育年限与工作满意度间有着较复杂的关系：受教育年限少时工作满意度一般，中等年限时工作满意较低，较高年限时工作满意度越来越大。

4. 个性与工作的匹配程度

1959年，美国心理学家约翰霍兰德（John Holland）提出了个性－工作匹配理论（Personality-Job Fit Theory），认为当人们的个性特征与所选择的职业相一致时，会发现自己有足够的才能和能力来适应工作要求，并且在这些工作中更有可能获得成功，同时他们更有可能从工作中获得较高的满意度，即个性与职业的高度匹配将提高员工的工作满意度。

(二)环境因素

1. 组织因素

具有清晰战略标、美好前景的组织更能激发员工的工作激情，提高员工的工作满意度。一般而言，组织规模越大，员工满意度越低。究其原因可能是因为当组织规模越大时，管理层级越多，造成沟通协调越不通畅，员工越难以参与组织管理与决策。专制型领导下的员工工作满意度低，而民主型领导下的员工工作满意度相对较高。

2. 社会因素

社会影响主要是指个体或群体对一个人的态度和行为的影响。个体成长和生活的家庭与文化环境、个体所从属的群体等因素都有可能影响员工的工作满意度。比如一个在富裕家庭长大的员工可能对工作薪酬的高低并不太在意，在强调共性与集体文化环境中成长的员工可能对鼓励个性发挥与个人成就的工作感到不满，工作中的同事对员工尤其是新员工的工作满意度也有直接影响。

三、工作满意度的调查

现在，很多组织都将员工的工作满意度调查（employee satisfaction survey）作为一种有效的实用管理工具。它既可以作为预防和监控的手段，帮助组织采取针对性的应对措施，提高管理决策水平，同时可以激发员工参与管理、提升员工对组织的认同感。一般而言，员工工作满意度的调查可分为 4 个步骤。

(一)调查策划

在此阶段的主要工作是确定调查内容、调查对象、调查时机和调查方法。调查方法一般有访谈法和问卷法，其中问卷法更为常用，国内外已有多种模型可供参考，下面介绍主要的几种。

1. 工作描述指数法（job descriptive index，JDI）

美国学者 Smith、Kendall 等人在 1969 年使用固定反应项目发展出来的工作描述指数量表，工作描述指数法是最常用的员工满意度调查问卷。它对工作本身、薪酬水平、晋升机会、主管和同事等因素都有各自的满意等级，适用于各种形式的组织（表 8-3)。

表 8-3 工作描述指数量表

		是	不确定	否
工作	有吸引力			
	一般			
	使人厌烦			
	很好			
	有创造性			
	受人尊敬			

续表8－3

		是	不确定	否
报酬	足以应付正常开支			
	勉强维持生活			
	很差			
	无保障			
	酬薪过低			
晋升	有晋升机会			
	到顶了			
	能定期提级			
	提升政策不公平			
上级	能征求我的意见			
	很难相处			
	粗暴无礼			
	老练圆滑			
	紧跟时代			
同事	能鼓励人			
	迟钝			
	懒惰			
	有雄心			
	愚蠢			
	机敏			

2. 明尼苏达满意度量表

明尼苏达满意度量表（Minnesota satisfaction questionnaire，MSQ）分为长式量表和短式量表见附录6。长式量表最为流行，它包括100道题，分别从20个方面测量员工的工作满意度（表8－4）。其中有20道题目又可以组成一个独立地反映整体工作满意度的量表，即MSQ的压缩版。

表8－4　MSQ的维度

（1）能力发挥	（2）成就
（3）主动性	（4）自我发展
（5）权力	（6）政策及实施
（7）报酬	（8）同事
（9）创造力	（10）独立性
（11）道德准则	（12）承认

续表8－3

(13) 责任	(14) 安全
(15) 社会服务	(16) 社会地位
(17) 人际关系	(18) 管理技术
(19) 多样性	(20) 工作条件

(二) 调查实施

调查过程中应注意以下两点：

(1) 重视调查前动员。调查前必须进行全面宣传动员，使员工明白调查的意义与作用，以保障资料的及时回收与可信性。

(2) 采用匿名形式。为了获得真实有价值的信息，工作满意度的调查宜采用匿名形式。

(三) 诊断

调查结束后应及时进行统计与分析，同时找到数据间的内在关联，深入思考问题的实质并作出诊断，以利于更好地进行管理决策。

(四) 反馈

应及时、真实地向员工反馈调查结果，以避免员工产生“走过场”的印象，并根据调查结果采取相应措施，还可参考员工的建议，使员工满意度调查真正成为人力资源管理中有力的沟通工具。

四、提高工作满意度的途径与方法

一个人一生的大部分时间都在工作，而且是在逐渐成熟，独立以后真正实现自我生命意义的重要时期。这就使员工对组织有了一种期望。从这一角度看，组织也应当注意提高员工的工作满意度，以促进员工从“满意”变成“忠诚”，达到双赢的结果。越来越多的组织把提高员工工作满意度当作一种战略来对待，最大限度地满足员工的合理需要，激发员工的积极主动性。美国奥辛顿工业公司的总裁曾提出一条“黄金法则”：关爱你的客户，关爱你的员工，那么市场就会对你倍加关爱。一般可从以下途径提高员工的工作满意度：

(一) 创造公平的组织氛围

公平的组织环境可使员工相信付出后会有公平的回报，从而促使其踏实工作。组织的公平体现在经营管理过程中的各个方面，并需要用制度加以保障，如招聘时的公平、绩效考评时的公平、报酬体系的公平、晋升与发展机会的公平、离职时的公平等。组织应从以上方面入手提升员工的工作满意度，从而使员工更投入地专心工作。

(二) 改善工作性质

工作本身对员工的工作满意度有着重要的影响，如果工作内容丰富多彩、员工能有更多的学习机会和更大的自主权，那么员工的工作满意度会得到提高。一般可通过提供工作轮换、设立有挑战性的目标、鼓励员工提出合理化建议、允许员工参与组织决策、重视在职培训、帮助员工规划职业生涯发展等方法来改善工作性质。

（三）营造和谐自由、关爱员工的组织文化

每个人都有友谊、关爱和归属的需要。一个和谐自由、关爱员工的组织文化，能给员工带来较高的满意感。如果员工在工作中能得到上级及时、友好的指导和同事的理解与支持，则员工能较大地提高工作满意度；如果组织在重视员工身心健康、缓解员工的工作压力方面做出了积极主动的举措，如带薪休假、健康体检、举办员工体育运动比赛、丰富员工业余生活等，那么员工较高的工作满意度更能得以持久。组织可通过对各级管理人员进行领导方式与技巧的培训、组织社团活动增进员工间沟通与理解等途径来满足员工的心理与感情需要，营造良好的组织文化。

（四）提供良好的工作条件

好的工作条件会给员工带来生理上的舒适感，缓解工作压力带来的紧张感，并提升员工自我感受和对于组织的认同感与归属感。因此，组织应尽可能地从办公设施的齐备与否，装修装饰中的质量水平，工作环境中的温度、湿度、光线、噪声、通气情况等要素，工作安排中的休息时间长短、科学轮班等方面尽可能地为员工创造良好条件，最终提高员工的工作满意度。

第四节　组织承诺

组织承诺（organizational commitment）是指员工对组织的承诺，继工作满意度之后新兴的涉及员工态度的热点研究问题，也可译为“组织归属感”或“组织忠诚”等。

最初研究者们把组织承诺作为预测员工离职行为的指标，认为比用工作满意度预测更准确。这是因为工作满意度是员工对自己所从事的工作的反应结果，在短时间内会随着工作环境等条件的变化而发生变化；而组织承诺是长期、逐渐地发展形成的，是对组织整体的更全面、更长远的反应。然而研究者们渐渐发现，研究员工的组织承诺的意义远不局限于此，事实上员工的组织承诺可以扩展为员工对组织目标的一种使命感与忠诚感，它与组织整体绩效水平、核心竞争力形成以及组织文化建设等密切相关。例如，据沃森怀亚特公司的一份对 7 500 名员工的调查显示（2001 年），拥有较高组织承诺的员工的公司，在 3 年内对股东的总体回报率（112%）远远高于那些员工承诺水平低的公司（76%）。可见，对管理者而言，了解员工的组织承诺对于制定政策和改进管理至关重要。

一、组织承诺的概念

最早提出组织承诺这一概念的是美国社会学家贝克尔（Becker，1960 年）。他将组织承诺定义为“由单边投入（side-bet）产生的维持活动一致性的倾向，是一种甘愿全身心参与组织的各项活动的感情，反映个体与组织间的心理默契”。Steer 和 Porter（1983 年）把组织承诺定义为“一种与某一特定组织的目标与价值观相认同的心理状

态”。加拿大学者 Meyer 与 Allen 对以前诸多研究结果进行了全面的分析与回顾，将组织承诺定义为“体现员工和组织之间关系的一种心理状态，它隐含了员工对于是否继续留在该组织的决定”。

综上所述，组织承诺是指员工对于特定组织及其目标的认同，愿意为组织的利益出力，并希望保持该组织成员身份的资格的一种状态。

二、组织承诺的基本成分

Meyer 和 Allen 于 1990 年提出的组织承诺三因素模型产生了广泛的影响，成为目前最广为接受的组织承诺概念。该模型认为，员工的组织承诺主要包含了感情承诺、继续承诺和规范承诺 3 种基本成分。

（一）感情承诺

感情承诺（affective commitment）是指员工对组织的感情依赖程度、认同程度和投入程度。它是个体对一个实体的情感，包括价值目标认同、员工自豪感以及为了组织的利益自愿为组织做出牺牲与贡献等成分。

感情承诺的特点是具有波动性，其承诺强度受到成员所感受到的来自组织的关心和支持程度的影响。

（二）继续承诺

继续承诺（continuance commitment）是指员工为了不失去在组织内已有的位置和多年投入所换来的待遇而不得不继续留在组织内的一种承诺。

继续承诺与个人的经济物质实利直接挂钩，具有浓厚的交易色彩。一般而言，当员工进入组织后，会逐渐形成“单边投入”，如精力、已掌握的用于该组织的特定的技能、在组织中形成的人际关系和所拥有的资历地位等。一旦员工离职，可能将损失上述一切。可见，“单边投入”构成了员工继续留在组织的获益和离开组织的成本，并有效地阻绝了员工的离职倾向。这也是资深员工总是比新员工离职率低的原因之一。

（三）规范承诺

规范承诺（normative commitment）又译为“标准承诺”，是指员工由于受到了长期社会影响而形成了一定的社会责任感，因而选择继续留在组织内的承诺。

一方面，在个体社会化的进程中，忠诚于组织是普遍能得到肯定和鼓励的一种恰当行为，这强化了个体内心顺从这种规范的倾向；另一方面，社会普遍存在的价值体系也促进了员工在从组织那里得到利益时在内心产生一种要回报的义务感，这也使员工选择继续留在组织内。影响规范承诺的因素包括对组织承诺的规模要求、员工的个性特征及受教育程度等。

三、组织承诺的决定因素

为了寻找提高员工组织承诺的有效途径，国内外学者进行了深入研究，发现员工组织承诺的高低主要与以下 3 类因素有关。

（一）文化价值观因素

文化价值观因素包括社会文化与组织文化特征。如前所述，规范承诺与员工的价值观的社会化进程直接相关。而中国传统文化重视经验中的情感体验成分，为了获得员工的感情承诺，需要员工能在工作中体会到组织的关心与支持。

（二）管理因素

管理因素包括组织领导行为、结构体制、工作特征、组织经济效益、组织凝聚力等。如角色模糊与角色冲突会使员工之间角色不清、互相推诿，这既影响员工的工作成就感，又导致工作压力，与员工的组织承诺呈负相关；而工作任务的自主性、技能的多样性这些工作本身的特征与员工的组织承诺呈正相关：任务自主性减少了监督、增加了信任，技能多样性发挥了员工的多种才能，有利于提高员工对组织的认同感；组织凝聚力高的员工之间互相帮助、合作支持的氛围让员工身心愉快而舍不得离开，也与员工的组织承诺呈正相关。

（三）个体因素

个体因素包括学历、资历、个人重要性等。个体的受教育水平与其组织承诺呈负相关：学历越高，组织承诺越低，这与高学历员工可能认为自己有更多选择机会有关；资历与组织承诺呈正相关，即在某组织的工作时间越长，组织承诺越高；个人重要性指员工对自己在组织内的贡献大小、职位关键性的感知，员工若感觉自己对组织的发展贡献大、工作举足轻重，则个体的内在工作动机能得到满足，对组织的情感依赖也增强，组织承诺就较高。

第五节　职业倦怠

随着我国经济的快速发展，现代化进程以及工作节奏的加快，人们的工作压力也日益加大，出现了使职业人士苦恼、使管理人员头痛、影响家庭生活稳定、不利于社会发展的现象：职业人士总是处于无法缓解的身心疲惫状态，莫名其妙的情绪烦躁，脾气变大，对工作和他人不再有以往的热情和兴趣，无明显缘由地频繁跳槽……所有这一切都可以用一个词语来加以解释，那就是职业倦怠（job burnout），也称工作倦怠，也有译作工作耗竭或职业枯竭等。它是与工作相关的一系列症状，是工作中逐渐积累的慢性情绪和人际压力的延迟反映。

一、职业倦怠的概念与维度

美国社会心理学家弗登伯格（H. J. Freudenberger）于1974年首次提出了职业倦怠的概念，用来特指从事助人职业的工作者由于工作的要求，需要持续的情感付出，在人际互动过程中，由于各种矛盾冲突引起的挫折感加剧，最终导致在情绪、情感和行为等方面的身心耗竭状态。职业倦怠导致员工出现工作厌倦、退缩甚至离职，因此是组织管理的重要课题。

国外关于职业倦怠的研究已有多年的历史，不同研究者从不同角度进行了研究，产生了许多理论和模型，其中在美国社会心理学家 Maslach 和 Jackson 对服务业进行研究的基础上，于 1981 年编制了职业倦怠量表（Maslach Burnout Inventory，MBI），并通过对量表的探索性因素分析，认为职业倦怠可从三个维度来进行定义。

（一）情绪衰竭（Emotional Exhaustion）

情绪衰竭反映了职业倦怠的压力维度，指个体超负荷工作且忽视自身需要所引起的疲惫状态，尤其是情感过度消耗，被认为是职业倦怠的核心纬度，并具有最明显的症状表现。

（二）去人性化（Depersonalization）

去人格化反映了职业倦怠的人际交往维度，描述个体刻意在自身和工作对象间保持距离，以负性的、冷漠的、犬儒主义的态度去面对服务对象或工作，对工作敷衍了事，个人发展停滞，行为怪僻，提出调度申请等。

（三）个人成就感（Personal Accomplishment）

个人成就感又称为无力感，指倾向于消极地评价自己，并伴有工作能力体验和成就体验的下降，认为工作不但不能发挥自身才能，而且是枯燥无味的繁琐事物，反映了职业倦怠的自我评价维度。

随着研究的发展，Maslach 等人对理论模型做了一定的修正，使其不只局限在专业助人行业中，后来又有 Pines、Shirom 等学者关注职业倦怠并提出了不同的看法，但三维度理论成为已成为职业倦怠研究领域影响最大、居主导地位的理论。

二、职业倦怠的危害及影响因素

（一）职业倦怠的危害

研究发现职业倦怠并不是短期内很快形成的，它具有一定的规律发展阶段。一般认为，职场人士的职业倦怠会经历蜜月阶段、调试阶段、早期警告阶段、慢性症状阶段、严重症状阶段、危机阶段、耗竭阶段。这一阶段划分的意义在于有助于提醒人们了解职业倦怠发展规律，及时觉察、调整自己的职业生涯，从而避免掉入这一有巨大危害的陷阱。

多年来国内外学者广泛而深入的研究发现，职业倦怠是一种症候群。从生理、心理、行为等角度来看，它常常有如下表现，给个体和组织带来极大的危害。

(1) 亚健康状态（sub health）。职业倦怠的最开始阶段会表现为亚健康状态，又称为健康和疾病之间的“第三状态”。它多指无临床症状和体征，或者有病症感觉而无临床检查证据，但已有潜在发病倾向，处于一种机体结构退化、生理功能减退、心理开始失衡的状态，表现为不明原因或排除疾病原因的躯体神经精神系统、心血管系统 、消化系统等各个系统的症状。

(2) 慢性疲劳综合征（chronic fatigue syndrome，CFS）。其是由美国疾病预防控制中心在 1988 年命名的一种新的疾病，是现代快节奏生活方式下出现的一组以长期极度疲劳为突出表现的全身性症候群，可伴有头晕、头痛、失眠、健忘、低热、肌肉关节疼痛和多种神经精神症状，基本特征为休息后不能缓解，理化检查没有器质性病变。慢性疲劳综合征会使人的免疫功能紊乱，削弱机体抗病能力，增加患病概率。

（3）睡眠障碍（sleep-disorder）。美国精神医学会疾病诊断与统计手册第四版（DSM-IV）对睡眠障碍的定义包括两个要点：①连续睡眠障碍时间长达 1 个月以上；②睡眠障碍的程度足以造成主观的疲累、焦虑或者客观的工作效率下降、角色功能受损。睡眠问题与躯体症状关系密切，睡眠不足会使人体免疫力下降，抗病和康复能力低下，诱发原有疾病。

（4）心身疾病（psychosomatic disease）。其是一组发生发展与心理社会因素密切相关，但以躯体症状表现为主的疾病，主要特点包括：①心理社会因素在疾病的发生与发展过程中起重要作用；②表现为躯体症状，有器质性病理改变或已知的病理生理过程；③不属于躯体形式障碍。心身疾病发生在循环、消化、神经和呼吸系统，表现为冠心病、高血压、消化性溃疡、偏头痛、神经衰弱等疾病。

（5）心理危害。职业倦怠症状者心理健康水平较低，在感知觉、注意力、记忆力、思维等认知方面出现问题，同时会有焦虑、易激惹、多疑、淡漠、抑郁等情绪问题，以及动机丧失、价值衰落、待人冷淡等个性的变化。

（6）行为危害。除有躯体和心理上的变化以外，职业倦怠者还可能出现攻击行为、消极怠工、厌食或者嗜食、酗酒、网瘾等行为变化。这些行为的出现对个体身心、组织绩效以及周围社会都有着极大的危害。

（二）职业倦怠的影响因素

造成个体产生职业倦怠感的因素很多，学者们一致认为主要包括以下三大类：一是个体因素，包括人口学因素、人格特征、压力应对方式等；二是工作和职业特征因素；三是组织因素，包括组织的奖惩体系、组织支持、组织的文化氛围、组织变革等。

三、职业倦怠的测量

由于职业产生与发展通常不易察觉，个体会在达到某个临界点之后，突然感到情感上的疲惫和枯竭并最终导致职业倦怠。因此，尽早、全面、准确的评估与诊断，对职业倦怠的预防和干预有着重要的意义。除进行身心健康状况的自我观察外，专业评估尤为重要，即是指心理学家或受过严格培训的专业人员采用专业方法对求助者的职业倦怠状况作出较为准确的评估诊断。其中影响力较大、较常用的是采用职业倦怠测量量表。

1982 年，Maslach 和 Jackson 共同开发的问卷（Maslach Burnout Inventory，MBI），虽然不是第一份职业倦怠测量问卷，但却是在其后的 20 年中该领域应用最广泛、最权威的工具。在已发表的有关工作倦怠的实证研究中，90%以上的论文和研究报告都采用 MBI 量表作为测量工具。大量研究都证实 MBI 系列量表有较好的信度和效度。该量表共有三个修订版：MBI 服务版（MBI-Human Services Survey，MBI-HSS），适用于咨询员、社会工作者、医生、警察等服务行业的工作者；MBI 教育版（MBI-Educators Survey，MBI-ES），适用于教师、学校心理学家等教育行业的工作者；1996 年出版的 MBI 通用版（MBI-General Survey，MBI-GS），它淡化了服务者和服务对象的关系，适用 16 岁以上各个行业的所有人群。该量表包括三个子量表：衰竭（共五个项目)、讥消（五个项目）及职业效能感（六个项目）。与MBI其他版本的区别表现在它更强调人与工作间关系，而其他版本多强调人与人之间的关系。2002年，中国人民大学李超平教授获得该问卷开发者Michael Leiter教授的授权，在国内修订MBI-GS，结果表明该量表在国内具有较好的信度和效度（见附录7）。

李医生的问题

李医生在医院肿瘤科工作11年了，最近不知道为什么，总觉得很累，感觉自己总是处于很疲乏的状态，有气无力的。每天早晨起床的时候一想到有一整天的工作要做，就好像一晚上没睡似的感到疲乏。到了医院，一想到有那么多病人需要处理，心理就莫名地烦躁，有意无意地避免与病人直接接触，也不愿意多说话。在办公室里，他也不愿意主动和同事聊天了，只是坐在办公桌前，希望谁都不要打扰自己。李医生甚至开始怀疑自己不适合做这份工作。李医生原来可不是这样，以前工作上有冲劲，肯钻研，关心病人，愿意与病人做仔细沟通和交流，与同事关系融洽……

问题1：通过这个案例提供的信息，可以看到李医生处于何种状态？如何评定他的这种状态？

问题2：结合本章所学的知识，试分析李医生产生这种状态的原因和危害。

问题3：如果你是医院管理者，你将如何帮助李医生进行调整与应对？

（张瑞华　李春燕）

第九章　群体心理基本问题

学习目标

通过本章的学习，你应该能够：

掌握　非正式群体在管理中的作用和提高群体内聚力以及建设高效团队的方法。

熟悉　非正式群体的形成原因以及特点，群体内聚力与生产效率的关系，高效团队的特点等。

了解　群体、非正式群体、群体内聚力以及高效团队的概念等内容。

第一节　群体概述

群体是人类社会的基本组织形式。一个人不能脱离群体而单独生活，必须与他人、社会发生联系，以群体形式存在。在管理中，群体也是一个企业或单位的基本组成部分。由具有不同心理和行为特征的个体所组成的群体对个人或组织都会产生极大的影响。因此，管理心理学必须研究正式群体中人的心理和行为问题。

一、群体的定义

关于群体的定义，还没有一个统一完整的解释。早在1905年，美国社会学家阿尔比恩·W. 斯莫尔就将群体定义为“一大群或一小群的人，在其间所存在的关系使我们必须把他们作为整体来考虑”。此后，人们认为这一定义过于宽泛，于是对群体的含义又提出了各种各样的解释。

从广义的理解，群体可以大到一个阶级、民族、政党，也可以小到只有几个人。因此，对群体广义的解释是：群体是由某种社会关系联结而成的，具有独立特征，从而能与其他人群区别开来的人的集合体，它既同社会和个人相区别，又介于社会和个人之间，并且是联结二者的中介。这一解释概括了所有群体的基本特征。

管理心理学中涉及的群体是介于组织与个人之间的人群集合体。但是，它不是简单的几个人的集合，没有共同的目标或者相互之间没有关系等的人群集合体都不能称为群体。如同一辆公共汽车上的乘客、某一事件的几个围观者等，在同一个规模很大的组织中工作的人们也不能称为群体。

群体应该是一个有机的整体，它通常有以下几个特征：

（1）由几个以上的人组成。群体成员至少有两个人，这是构成群体的主体基础。

（2）群体成员具有共同的目的、目标。群体目标是群体功能的具体体现，也是组织的灵魂。为了实现共同的目标，成员之间彼此合作，协调一致。这些目标是构成和维持群体的基本条件。没有目标的群体是不可能存在的。

（3）成员彼此间相互交往和相互作用，即行为互动。群体成员围绕群体目标开展活动，具有相对独特的互动方式。

（4）成员心理上具有认同感和起码的归属感。群体成员之间相互依赖，在心理上和行为上相互影响，彼此都有“我们同属于某个集体”的感受；能意识到对方的存在，也意识到自己是群体的一员，有归属感。

（5）群体具有一定的价值和行为规范，并以此约束群体成员。这些规范能保证群体有秩序、协调地开展活动。

（6）群体是一个有序的整体，有一定的组织性。群体成员都在其中占有一定的地位，扮演一定的角色，承担一定的任务，肩负一定的责任，以保证群体目标的实现。

根据以上特征，我们可把群体解释为：在一个组织系统中，为实现组织目标和利益，由若干人通过相互交往和相互作用，并根据一定的社会规范而建立起来的有机整体。

二、群体的分类

群体作为人类基本活动形式，有着纷繁复杂的类型。依据不同的评判标准，可以将其划分为不同类别。据统计，目前对群体已经有近 40 种分类方法。下面介绍几种主要的分类方法和群体类型。

（一）大型群体与小型群体

按照群体构成的规模大小，可以把群体划分为大型群体和小型群体。但是，群体的大与小是相对的。如一个大型医院有几百名员工，它相对于医院内的某科室的几个人来讲是大的群体，但对它所隶属的卫生厅（局）来讲，它又是相对较小的群体。仅仅按人数的多少来划分大、小型群体显然是不够的。对群体大小的划分还主要根据群体内部的联系方式，也就是从社会心理学的角度进行划分。凡是群体成员间有直接的、个人间的、面对面接触和相互联系与互动的群体，称之为小型群体。内部联系方式主要靠目标、任务、组织机构和规章制度，成员之间较少直接互动的群体是大型群体。

大群体的成员之间一般不是面对面的接触，而是通过群体的共同目标或各级组织机构，以间接的方式联系在一起，如企业、事业单位等组织。大群体成员在心理上、情感上联系较少，受心理因素的影响较小，而受社会因素的影响较大。

小型群体中的成员有直接、面对面的接触与交往，并且具有共同的活动。群体成员数量比较少，一般为几个人或十几个人。他们在行为上相互作用、相互影响，在心理上彼此意识到对方，保持着直接的思想沟通。因此，小型群体的成员彼此间的心理影响远大于大型群体。在管理心理学中，主要研究彼此影响的小型群体。

（二）正式群体与非正式群体

按照建立群体的方式或构成原则，可以把群体分为正式群体与非正式群体。

正式群体又称工作群体，是指根据组织目标、任务的需要，由某个部门决定成立并组建，且以明文规定的形式成立的群体，如医院中的科室、学校中的班级属于正式群体。正式群体有固定的编制和严格的隶属关系，有明确的权利和义务以及责任分工，有一定的组织制度和纪律性，由上级任命“首领”。

在组织中，正式群体占多数，并且占主导地位。

非正式群体是指没有正式规定，自发产生的，无明确权利、义务的群体。非正式群体是自发形成的，没有固定的编制，成员之间的相互关系带有明显的情绪色彩，以个人之间的好感、喜爱为基础。非正式群体中也存在非明文规定的或明文规定的相关结构行为规范，有自然形成的“首领”，其权利基础是自下而上形成的。

非正式群体存在于正式群体之中或与正式群体交叉相容。在正式群体中出现非正式群体，是一个客观存在的事实，不能因为对它不喜欢而否认其存在。管理者应正视非正式群体的存在，应认识、把握、利用其为正式群体服务。

（三）假设群体与实际群体

按照群体是否实际存在，可以把群体分为假设群体与实际群体。

假设群体又称统计群体，它实际上是不存在的，只是为了研究和分析问题的需要而划分出来的群体。也就是把具有某种或某些特征的人，在头脑中观念组织成一个群体。它可以按照不同的特征，如阶级、民族、性别、年龄、文化、职业等进行划分。实际上，假设群体中的成员彼此从未直接和间接交往过，他们之间并不相互认识，相互了解，只是具有某方面共同的特征。

实际群体是实际存在的群体。成员之间能相互意识到对方的存在，在不同程度上发生着直接或间接的联系，由共同的目标和活动相互结合在一起，它是真实的，在一定的时间或空间里存在的群体。例如，学校里的班级，医院里的科室，工厂里的车间、班组等等，都是实际群体。

（四）松散群体、联合群体与集体

按照群体发展的水平和群体成员之间关系的密切程度，可以把群体划分为松散群体、联合群体与集体。

松散群体是指人们只是由于偶然的机会而在时间和空间上结成的群体，但群体成员之间并没有明确的、共同活动的内容、目的和意义，成员之间的关系比较松散，群体成员有时会采取一致行动。松散群体不是严格意义上的群体。如同一病房的病人，同一车厢的乘客以及刚刚建立起来的生产班组等都可以看作是松散集体。

联合群体是松散群体进一步发展形成的，成员除了时间、空间的联系，还参与某一共同活动。这种群体的成员有着共同的目标、共同利益和共同活动目的，但这种共同活动都只有个人意义，群体活动的成功与失败仅与个人利益密切相关。如学会、协会、社团等。

集体与群体有区别，它是群体发展的高级阶段，具有组织性和心理上团结一致的特点。集体除了具备群体的特征外，还要求其成员集合在一起的共同活动对社会、人民有益，具有社会意义。集体成员不仅认识到集体活动对个人和整个集体的利益，而且还认识到整个社会的利益。真正的集体应兼顾个人、集体和国家的利益，当个人利益、集体利益与国家利益三者之间发生矛盾时，能使个人利益服从于集体利益，集体利益服从于国家利益。彼得罗夫斯基认为，只有在社会主义国家才有真正的集体，而且只有集中多数成员，具有集体主义精神时，才能称为真正的集体。从范围来讲，群体大于集体；但从层次来讲，集体高于群体。

（五）参照群体与一般群体

按照群体所发挥的作用和产生的影响，可以将群体划分为参照群体和一般群体。

参照群体亦可称为标准群体或榜样群体，指的是个体自觉接受其规范准则并以此来指导自己行为的群体。这种群体的标准、目标或规范可以成为人们行动的指南，成为人们努力要求达到的标准，成为其他群体效仿的样板。通过把自己的行为与这种群体的标准进行对照，人们会改正自己那些不符合这些标准的行为。应当指出，个体所参加的群体不一定是个人心目中的参照群体。生活中常有这样的现象，一个人参加了某个群体，却把另一个群体作为自己的参照群体。一个人可以同时参加几个群体，一个人的心目中也可以有几个参照群体。参照群体也不等同于先进群体，只有一个人把先进群体的行为规范与自己的行为相对照，并按其标准行事，先进群体才会成为参照群体。在管理中评选先进集体、树立典型等的目的，就是力图使这些先进、典型等成为广大员工心目中的参照群体，使员工用他们的行为规范和准则来指导自己的行动。

一般群体是与参照群体相对而言的，是指那些虽然也存在并活动于社会上，但其标准和目标、规范还不足以成为人们行为楷模的一般群体。一般群体占实际群体中的大多数。

（六）固定群体和临时群体

按照群体存在时间的长短，可以将群体划分为固定群体和临时群体。

固定群体又称常设群体，是指在时间上存在时期较长的群体，具有比较稳定的结构，其成员可以发生变化，但组织形态相对稳定。固定群体一般为正式群体。

临时群体是指为了完成某项临时任务而组建的群体，完成任务后它就被解散。临时群体有的属于正式群体，也有的属于非正式群体。

三、群体的作用

作为介于个体与组织之间的人群集合体，群体在两者之间起着桥梁作用，具有完成组织任务、实现组织目标和协调人际关系、满足成员的社会心理需要的多重功能和作用。

（一）积极作用

1. 完成组织任务

群体对组织的功能是完成组织赋予它的任务，这是群体的工作性功能，也是正式群体的基本功能，相应的，群体活动就是工作性活动。一个庞大的组织要想有效地达到其目标，必须分工合作，把最终目标分成若干分目标，分配给较小的单位，由群体成员来共同完成。如医院的内科、外科等科室，组成的这些群体是规定他们完成医院内科、外科病人的诊治任务。

群体的工作性功能使群体发挥整体效能，随之创造出一种新的社会生产力。比如从事不同工种的人组合成的群体可以完成单独个体所无法完成的复杂任务并能提高效率，也可以做出优于个人所做出的决策和发明创造。通过信息的交流与沟通，可以促进群体成员新思想、新方法的产生。因此，组织工作的效率和效果得到很大的提高。

2. 满足成员的心理需要

群体对其成员的功能主要是满足成员的心理需要。人有许多需要，既有物质的需要，也有精神的需要。这些需要有的可以通过工作满足，有的需通过群体的组成来得以满足。因为个体归属于群体，群体不仅满足了个体归属的需要，而且还通过工作中的相互联系和合作，使个体有了社会交往的机会，产生了情感上的共鸣。在过去的管理中，有些领导者只重视了群体对组织目标任务的完成，而忽略了群体所具有的满足成员心理需要的作用，造成成员需要的不满足，影响了群体的行为。群体成员在群体中可以满足的需要有以下几种：

（1）满足安全感：实验研究证实，有他人的存在，可以抵消部分恐惧感。一个人只有属于群体，并和群体成员交往时，才能免于孤独和恐惧，获得心理上的安全感。力量、地位越是弱小的人，对群体依赖感越强，也就越需要群体力量的支持，满足其安全感。

（2）满足社交需要：人有交往的需要、爱的需要、人际关系的需要等。而这些需要必须通过与他人的交往得以满足。在群体中，成员可以与别人保持联系，进行交往、沟通，从而促进人际间的信任与合作，并且获得友情、爱情、社会支持等需要的满足。

（3）满足自我确认的需要：通过参与群体的活动，一个人不但可以体会自己是群体甚至社会的一分子，而且能确认自己在社会中的地位，满足其归属感。

（4）满足尊重的需要：人有尊重的需要，而它必须依赖与人交往才能得到满足。在群体中，成员通过团队协作，可以取得个人难以取得的成绩，从而产生成就感；并且个人在群体中的地位，无论是职务上的地位或心理上的地位，如果受人欢迎、受人敬重，也可满足其尊重的需要。

（5）增加自信心：一个人的认识、观点以及行为正确与否，有时无法独自判断。在群体中通过与大家交换意见，可以使个人对社会情景中某些不明确、无把握的看法获得支持，从而增加其信心。

（6）增加力量感：人多力量大，在面临外来的某种威胁时，群体可以增加个人的安全感与力量感。

（7）规范与熏陶作用：群体能够规范其成员行为，熏陶其成员的思想方面。

3. 协调人际关系

在同一群体中工作、学习或生活的个体，彼此间既可能形成亲密友好的关系，也有可能会因为不同的原因而产生隔阂、矛盾和冲突。群体可以根据这些隔阂和矛盾产生的具体原因，有针对性的进行工作，既能进行各种信息沟通，也能促进成员间的情感交流，推动成员间相互了解，协调成员间的彼此关系，以此消除隔阂，解决矛盾和冲突。促进群体成员团结、协调一致的去完成组织任务、实现组织目标。

4. 促进成员的相互激励

处于群体的环境之下，群体成员一方面可以通过彼此间的思想交流、信息沟通来巩固自己原本不确定、不定型的看法和意见，增强个人的自信心，完善自我认知；另一方面，通过成员的相互交往，能够发现其他成员的优点、长处，认识自己的不足，从而激发整个群体奋发向上。这样，群体就在客观上起到激励群体成员相互激励、共同提高的作用。

（二）消极作用

在群体活动中，每个群体成员的活动效率也可能受群体中的其他成员影响，从而出现效率减弱的现象，其主要原因来自个体的心理紧张，这一现象被称为社会抑制。成员个体期望从群体之中获得尊重和赞许的心理愿望，与个体本身不充足的信心之间存在差距。当受到他人在场的外在刺激，或因他人评价产生焦虑等成员难以集中精力。工作任务的难易度，个体对目标工作掌握的熟练度，不同个体的性格特点，以及个人的心理成熟度等因素都会对群体成员的工作效率带来影响。一般来说，在复杂的脑力活动中，群体环境对成员有着干扰作用；在简单的机械活动中，群体环境对成员能够起到助长作用。但是，即使是在简单活动中，如果个体不能熟练地掌握活动技能，群体活动仍会带来消极作用。

第二节　管理中的非正式群体

在上一节我们已经初步介绍了根据建立群体的方式或构成原则可以将群体划分为正式群体和非正式群体。组织中非正式群体的存在，是一个普遍存在的社会客观现象。非正式群体是在成员个人倡议的基础上建立的，它对满足个人工作之外的一些心理需要、个性特征、情境和共同兴趣都起着重要作用。管理者应当正确认识非正式群体的形成原因和作用，并加以引导、利用和改造，这对顺利实现组织目标具有非常重要的意义。

一、非正式群体的定义

非正式群体是相对于正式群体而言的群体，它不是官方规定的，而是人们在交往中自然形成的无形组织。由于某种原因，如利益或爱好一致，情感相通，或者观点相同等，都可能把人们彼此联结起来，而成为非正式群体。

非正式群体是正式群体里的一种客观存在，不论其作用是好是坏，也不论领导者是肯定或否定它，它总是存在于正式群体中，并对正式群体产生影响。非正式群体可以由同一小型正式群体的成员组成，也可以由不同正式群体的成员混合组成。如内科中有几个人结成一个小团体，或者内科 2 人、外科 1 人结成一个“三人帮”。领导者应正视非正式群体的存在，避免其不良作用，促成其为正式群体服务。

二、非正式群体形成的原因

非正式群体形成的原因有多种，主要的原因有以下几类：

(1) 某种利益的一致性。由于相同的利害冲突，即利益一致，使人具有“患难与共”的情感。为了维护自己的利益或追求利益，几个人可能团结起来，成为非正式群体。

(2) 有共同的观点和价值观。在人际交往中，“物以类聚，人以群分”。具有相同观点和价值观的人，彼此间有“共同语言”，可以促进其有效沟通。他们彼此的感情和意见得以充分交流，增加相互的了解，最后形成非正式群体。

(3) 兴趣爱好的一致性。在群体中，有些人具有相同的情趣和爱好，彼此活动与交往，产生“情投意合”的感觉，而逐渐形成非正式群体。

(4) 有相类似的经历或背景。如果在社会经历、背景和社会地位方面具有相似性，容易产生“自己人效应”，而形成非正式群体。例如：在“文化大革命”之后，大批上山下乡的青年从农村回到城市，由于拥有一段相似的生活经历，容易形成以知青为特征的非正式群体。

(5) 管理者的工作作风和工作方法的影响。管理者的作风不民主、管理方法简单粗暴或对员工缺乏耐心等原因可能导致员工心理上存在某些方面不满足而促使非正式群体形成。

(6) 工作、生活方式与交往频率。有些人由于工作空间或生活方式比较接近，如同在一部门科室工作的同事，同一班级的同学，他们交往机会较多，所以相互比较了解，比较信任，容易产生心理上的共鸣，易于形成非正式群体。

(7) 性格、脾气相同或互补。性格、脾气相同的人往往愿意在一起交往，因而形成非正式群体。但性格、脾气不同的人也会因心理上的“互补作用”而相互吸引，聚在一起，形成非正式群体。如独立性强的人往往乐意与依赖性强的人在一起，脾气暴躁的人大都喜欢同脾气温和的人相处。

三、非正式群体的特点

非正式群体的特点由其性质和组成形式决定。与正式群体比较，非正式群体具有以下特点：

(1) 没有正式明文规定，而以共同利益、观点、爱好为基础，以感情为纽带。非正式群体是在人际交往过程中自然或自发形成的，它没有正式群体所具有的章程、权利和义务。

(2) 有较强的内聚力和行为一致性。非正式群体是因为利益、观点、爱好等接近而形成的，通常具有较好的感情基础。因此，和正式群体比较，非正式群体内聚力高。正式群体是因为职位把大家联结在一起，不论感情好坏都必须待在一起，给成员一种心理上的被迫感，故内聚力不如非正式群体。由于非正式群体内聚力高，成员出现“抱团”现象，常常追求行为的一致性，而忽略其正确性。

(3) 领导人威信的基础是自然性影响力，对成员拥有精神上的支配权力。非正式群体同样存在领导人，即所谓的“领袖人物”，但他没有被正式任命，没有法定的权力。因此，这种领导人是依赖自身的力量，如能力、知识、道德水平或其他一些因素，而赢得其他人的信赖、钦佩，由此而将其他人吸引在自己周围。这是一种自然性的影响力。对正式群体领导人来讲，既有自然性的影响力，同时还具有权力带来的强制性影响力。

（4）成员间有一条比较灵敏的信息传递渠道。非正式群体不遵从正式沟通的渠道，它有自己传递信息的渠道，快捷而灵敏。并且非正式群体成员感情密切，交往频繁，利益一致，所以他们对信息的反应往往具有很大的相似性，这对信息沟通也有促进作用。

（5）有一套见效快的、不成文的奖惩制度与手段。正式群体有明文的规章制度，人们必须遵守规章制度。而非正式群体也有自己的群体规范，它是不成文的，对成员的约束是无形的。这种群体规范比正式群体规范有更大的约束力。如果非正式群体内成员行为“越轨”，超出了行为规范的要求，同样会受到惩罚。这种惩罚主要在于心理上的打击。

（6）有较强的自卫性和排他性。加入或退出正式群体必须履行完备的手续，而加入非正式群体不要求办理手续。但是，非正式群体中的每个成员都有强烈的归属感，为自己成为该群体的一员而自豪，因而可能出现排挤其他群体的倾向。这种群体一旦形成，群体成员行为往往趋向一致，具有很强的自卫性、排他性，使得“圈外人”难以接近。

（7）成员归属的重叠性。非正式群体的成员可以根据自己的爱好和需要参加一个或几个非正式群体，这样一个人有可能归属于一个非正式群体，也有可能同时归属于几个非正式群体。

（8）两重性作用。非正式群体在与正式群体或组织的目标一致的情况下，能够成为正式群体或组织的辅助力量；在与正式群体或组织的目标不一致的时候，则会成为正式群体或组织的异己力量，削弱或阻碍正式群体或组织目标的实现。

四、非正式群体的类型

非正式群体的类型多种多样，可以根据不同的标准来将其进行分类。

1. 按非正式群体形成的原因分类

（1）利益型：由于利益一致而结成的群体，维系群体成员关系的是利益上的关系、利害的一致性。它的内聚力最强，也容易判断。

（2）情感型：由于彼此相互喜欢、感情共鸣而形成的非正式群体，维系群体成员关系的是日常培养起来的深厚感情。这是以互相了解、互相信任，有着共同的遭遇、共同的语言而建立起来的群体。

（3）爱好型：由于兴趣、爱好相同而形成的非正式群体，维系群体成员关系的是共同的兴趣、爱好。此型的内聚力不是很强，群体作用也不明显。

（4）信仰型：由于共同的观点、价值观或信仰一致而结成的非正式群体，维系群体成员关系的是以信仰、理想、观点相同为基础，因共同的理想而结合在一起。内聚力较强，但由于是思想上的结合，除与信仰、观点有关问题外，群体作用并不十分明显。

（5）亲缘型：由于宗族、亲戚朋友关系而形成的非正式群体，维系群体成员关系的是血缘上的联系。群体内聚力强，内部互帮互助和对外自卫的作用明显。

2. 按非正式群体的性质或效益分类

（1）积极型：这种类型的非正式群体的目标或活动的准则与正式群体或组织的一致或基本一致。它的活动效果对达成群体或组织目标有积极的意义，具有建设性作用。在这样的非正式群体中，成员在工作上有进取精神。

（2）中间型：这种类型的非正式群体的活动有时候与组织目标一致，有时又不一致。当其目标与组织目标一致时，就能对组织起积极作用；当其目标与组织目标发生利害冲突时，就会对组织有消极作用。

（3）消极型：这种类型的非正式群体的目标与组织目标并不一致，对于群体、组织目标有消极的影响。它不关心组织目标的实现，有它自己感兴趣的东西，一般其利益与组织目标无多大冲突，没有多大害处。但当其利益与组织目标发生冲突时，就可能放弃组织利益而不顾。虽然它所起的作用是消极的，但其成员的活动未超出法律许可的范围。

（4）破坏型：这种类型的非正式群体的活动已经超出法律允许的范围，也可以称作犯罪群体，是由一些具有犯罪动机的人自发形成的群体。这种群体的活动与正式群体或组织的目标背道而驰，对正式群体的利益起着损害与瓦解的作用，对社会也具有很大的危害作用。

3. 按非正式群体成员构成分类

（1）平行型：又称横的群体，由处于同一群体内的同一层次的人员构成，如同班同学、同科室同事等。参加这类群体可能是为了维护本身的利益，也可能是为了取长补短，搞好工作。

（2）垂直型：又称纵的群体，由同一群体上下不同层次的人员构成。这类非正式群体的积极作用是有助于上下级的信息沟通，提高工作效率；其消极作用是上级对下级的袒护、下级对上级的奉承等。

（3）混合型：又称纵横交错群体，由不同群体、不同层次的人混合而成。

五、非正式群体的作用

（一）非正式群体对其成员的作用

1. 满足成员的心理需要

人有很多需要应予以满足，正式群体应该实现这一功能。当人们在正式群体中无法得到满足时，就会转而寻求非正式群体的满足。人有利益的需要、爱与尊重的需要、文化娱乐的需要、理想和信念的需要等，而这些共同的需要即成为非正式群体形成的原因。非正式群体成员通过频繁的交往，获得了情感上的交流和心理上的沟通，满足了友谊的需要，得到了精神上的快乐，成员把这种快乐带到正式群体的工作中，可以在群体内创造一种和谐的工作氛围，从而增强群体的内聚力，促进群体工作顺利进行。

2. 给成员以现实的帮助以提高成员士气

非正式群体的内聚力高，成员间有较多共同之处。他们通常感情融洽、关系密切，在行为上能彼此照应、相互帮助，具有较高的互助性。因此，非正式群体能够及时消除成员的顾虑，提高他们的士气。

3. 对成员行为产生规范作用

非正式群体有自己的行为规范，成员必须遵从这些行为规范，其行为要符合规范的要求。虽然这些规范不是明文规定的，但身处其中的成员都能意识到它的存在。如果某个人的行为超出规范，则会感受到群体的压力，并可能会受到群体的抛弃。非正式群体对成员行为的作用表现在3个方面：①控制成员的行为，使其行为不越轨；②改造成员的行为，使其行为符合规范的要求；③激励成员的行为，给予成员行为的信心和动力。

（二）非正式群体对正式群体的作用

非正式群体对正式群体具有两方面的作用，即积极作用和消极作用。

1. 积极作用

国内外许多研究表明，非正式群体具有积极的一面，它是正式群体的补充形式，可以弥补正式群体的不足。非正式群体可以满足人的心理、情感上的需要，如单位里存在的集邮、钓鱼、打球等非正式群体，可以使人们的兴趣、爱好得到满足，有益于成员的身心健康，从而促进正式群体的工作。非正式群体内聚力强、行为一致性高、行为爆发力好，如经过积极引导，他们能表现出极大的工作热情，而使其工作效率提高。非正式群体中信息传递灵敏，领导者可利用非正式群体收集信息、资料，或了解员工的思想状况等。

2. 消极作用

当非正式群体与正式群体或组织发生冲突时，会表现出消极作用。如搞“小团体主义”、拉山头、搞宗派等。具体冲突包括以下几方面：①目标冲突，与正式群体或组织目标对立，不服从组织安排，干扰组织目标实现；②意识冲突，非正式群体按照自己的价值观念，混淆是非，颠倒黑白；③行为冲突，不遵从正式群体的行为规范，自行其是。这些冲突可导致群体成员产生对群体和群体领导的抵触情绪，从而影响到群体的工作质量和效率。此外，非正式群体信息沟通灵活迅速，它不仅能成为传播有效信息的渠道，也可能成为小道消息和谣言的传播渠道。如果对非正式群体不能进行正确引导和有效控制，就会使非正式群体这种小道消息和谣言的传播影响到群体内聚力和积极性，甚至会干扰组织的正常运行，也会对组织管理产生不利的因素。

第三节 群体内聚力

群体内聚力反映了群体成员留在群体内的愿望，它对群体成员的行为和工作效率都存在着重要的影响作用，是群体完成工作任务和实现目标的重要保证。管理者应适当把握群体内聚力，对其进行正确引导，从而提高群体生产效率、工作效率以及群体成员的工作满意度，实现高效率的管理。

一、群体内聚力的定义

一个群体能有效活动的前提，是这个群体能把自己的成员紧紧吸引在一起，大家齐心协力，使群体内部处于良好的团结状态。群体成员之间的感情和相互作用会影响群体活动的效率。如一个群体中，成员之间意见分歧、关系紧张，或者发生激烈的冲突，造成彼此离心离德，工作不配合，甚至相互拆台，这些都将使群体活动受到影响。

群体内聚力（group cohesion）又称凝聚力，是指群体对成员的吸引力和群体成员之间相互的吸引力。它含有“向心力”和“内部团结性”双重意义。由于它的存在，而使得群体成员难于离开群体。群体的内聚力对于群体行为和群体效能的发挥有着重要作用，它不仅是维持群体存在的必要条件，而且也是增强群体功能，实现群体目标不可缺少的条件。一个群体如果失去了内聚力，它就不能很好地完成组织赋予它的任务，也就失去了它存在的意义。所以，群体内聚力是衡量一个群体是否有战斗力的重要标志。一个内聚力高的群体，其成员有强烈的归属感，人际关系融洽、和谐，群体显示出活力，并且具有很强的战斗力。

群体内聚力和群体团结性有一定区别。内聚力仅指群体内部的团结性，它具有排斥其他群体的倾向。而群体的团结性既包括内部的团结，还包括与其他群体的相容，能得到其他群体的支持。

在工作中，可以通过内聚力测量来评价群体内聚力的高低。其测量的方法有多种。由莫雷诺（1934）提出的测量团队内聚力的方法较简单易行，该方法让某一团队成员选择愿意一起完成某项任务的其他人，这些人有的处于团队中，有的则在团队外。如果大部分成员选择了团队之外的人，则说明该团队的凝聚力偏低。在每一个群体中，成员间由于存在着相互交往的作用和关系，在心理上必然会有一定的相互影响，这种影响也一定程度反映在他们的行为上。莫雷诺认为，成员在群体中做出选择和被选择的情况如果被测出，就有助于了解成员个体与他人的关系状况、该个体在团队中的地位及整个团队的结构状况。莫雷诺采用社会指向图（9－1）来展现团队成员间的选择，E、F 两人处于团队外部。箭头方向为选择的方向，双箭头为互相选择。团队内聚力用五个人内部的选择在总选择中的比例衡量。

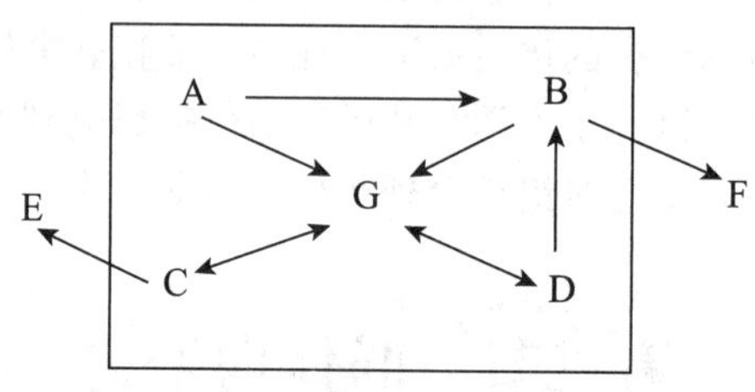

图 9－1　社会指向图

二、群体内聚力与工作效率

通常认为，群体内聚力与工作效率呈正比关系。要提高工作效率，必须重视改善群体成员之间的关系。有不少研究表明，群体内聚力高，其成员的满意感就高，同时士气也高，这些都有助于提高其工作效率。

然而群体的内聚力高是否就一定能带来高的工作效率？对此问题，社会心理学家沙赫特（Schachter）进行了实验研究。他在严格控制条件下，检验了群体内聚力和不同的诱导对群体生产效率的影响。实验的自变量是内聚力和诱导，因变量是生产效率。实验对象分为 5 个组，即 1 个对照组，4 个实验组。这 4 个实验组按照内聚力的高、低和诱导的情况来划分，如图 9－2 所示。

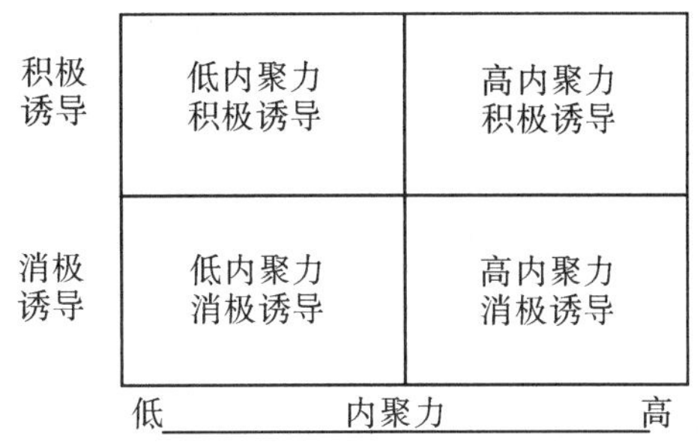

图 9－2　内聚力与诱导关系

实验中，内聚力的高低由指导语控制。实验的任务是制作棋盘。实验分为两个阶段。在前 16 min 不加诱导，从图 9－3 中可见，参加实验的群体的生产都平稳发展，没有差异。在后 16 min 加以诱导，诱导的方式是让小组内成员互相写字条。积极诱导的字条是要求小组提高速度，增加生产；消极的诱导则要求减慢完成任务的速度，限制生产。每个实验组都收到 6 次诱导字条。结果发现，两种诱导在不同内聚力的群体中产生明显不同的效应。

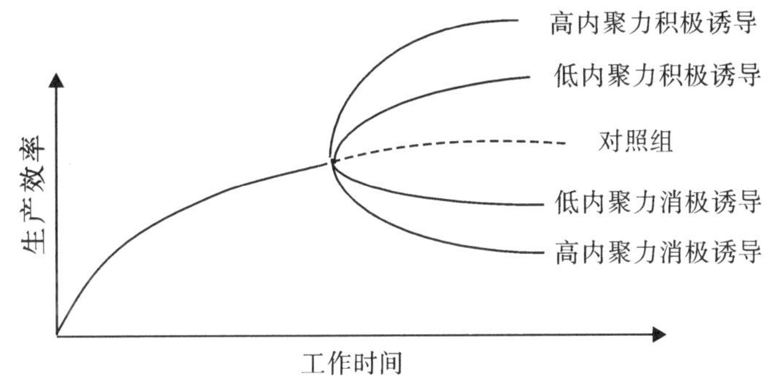

图 9－3　内聚力与生产效率的关系

(1) 群体内聚力高低与生产效率不是完全对应的关系，既可能带来高的效率，也可能带来低的效率。

(2) 内聚力对生产效率的影响与诱导有关，不论内聚力高低，积极诱导都能提高生产效率。

(3) 高内聚力群体更易受到诱导的影响，高内聚力组的积极诱导，其生产效率更高；而高内聚力组的消极诱导，其生产效率更低。

上述实验结果提示我们，在管理中，仅仅追求群体内聚力而不注意对群体的正确引导可能也是不利的。内聚力过高时，群体成员过度关心内部团结而忽略群体决策的质量，可能会因过分追求一致而产生小团体意识。只有在群体内部团结的同时，加强对群体成员的思想教育和指导，防止和克服群体可能出现的消极因素，使群体目标与组织目标达到一致，引导大家为群体的目标齐心协力，这样才能使群体内聚力成为提高效率的动力。

三、影响群体内聚力的因素

一个群体内聚力的高低，受到以下几方面的影响：

（1）群体领导方式。不同领导方式，对群体内聚力的形成、巩固和发展，都有着重要的作用。根据心理学家勒温等人的实验，在“民主”“专制”“放任自流”几种领导方式中，民主领导方式下的成员更友爱，士气更高，内聚力也更强。

（2）群体的规模。群体规模的大小对群体内聚力的影响也是显而易见的。群体的规模如果太大或人数太多，一方面相互接触的机会相对减少；另一方面容易造成意见分歧从而降低群体的内聚力。如果群体较小，成员之间接触、交流的机会就会增加，彼此了解增加，从而易产生感情上的喜爱。因此，小型群体的内聚力通常更高一些。但是如果群体规模太小，又会影响任务的完成。所以，根据组织行为学的研究，群体的规模应该能保证群体的工作机能，又能维持群体的内聚力。

（3）群体的目标。群体中成员的个人目标与群体的目标是否一致，影响内聚力。如果成员的目标互不关联，各行其是，那么很难拧成一股绳。只有个人目标和群体目标相统一，大家为了达成一个目的，而齐心合力奋斗，才能形成高的内聚力。

（4）群体奖励方式。个人奖励可能引起成员的竞争，使内聚力受到影响。国外的一些心理学研究比较了个人奖励和群体奖励的作用，发现不同的奖励方式会影响成员的情感和期望。研究者认为，个人奖励与群体奖励相结合有利于内聚力的提高。在认识上，如果成员认识到个人利益是与群体利益紧密相连的，自觉把个人融入群体之中，其内聚力就高；如果成员只盯住自己的利益，认为自己的利益与群体的利益没有联系，斤斤计较，其内聚力会受到影响。

（5）群体成员的同质性。一般地说，群体成员越是在背景、爱好、兴趣、利益、目标等方面具有共同性，群体的内聚力也越高。有时也会由于工作性质类似，造成群体成员之间的竞争。这种情况下会破坏群体的内聚力。

（6）成员满足其需要对群体的依赖性。这种依赖性越强，则群体对成员的吸引力越大，群体的内聚力越高。

（7）群体成员之间的沟通。群体成员相互之间沟通机会越多，信息越畅通，越容易相互理解支持，群体内聚力就越高。群体成员在一起的时间长短和物理距离远近会影响彼此间的沟通，从而影响群体的内聚力。

（8）其他因素。一般情况下，与外界比较隔离的群体，其内聚力相对较高。当面临外来威胁的时候，群体的内聚力也会增强。群体之间的竞争会给群体内部带来高的内聚力。另外，群体本身的社会地位、声誉和成功经历等也会影响其内聚力。

第四节　高效团队

团队是 20 世纪后期管理学界开始关注的一种组织现象。它可以弥补传统组织缺乏灵活性、成员互动不足等方面的缺陷，有利于通过实现团队目标而实现整个组织的目标，以及个人的全面发展，在取得好的经济效益的同时，还能产生良好的社会效益。因而，建设高效团队是以人为本的现代管理应当重视的组织发展趋势。

一、团队的概念与类型

（一）团队的概念

团队是为了实现组织目标而由一群相互依存、有共同志向的人组成的并对任务完成负责的群体。工作团队中的每一个组成人员都有一个共同的目标，而且他们必须相互合作以实现这个目标 。也就是说，当群体成员产生一种对群体的高度认同时，群体便可成为一种团队。因此，团队是更高层次的群体，它是通过其成员的共同努力产生积极的协同作用，其结果使团队的绩效水平远远大于个体成员绩效的综合。可以说所有的团队都是群体，但是群体并不一定都是团队，它们二者之间既有联系又有区别。表 9－1 明确展示了群体与团队的这些区别。

表 9－1　群体与团队的区别

	工作群体	工作团队
领导	强烈的、清楚的被关注的领导	分享领导权
目标结构	共享型	依存型
协同配合	中性（有时消极）	积极型
责任	个人的责任	个人的或共同的责任
技能	随机的或不同的	相互补充的

身处同一团队的不同成员，他们的知识、技能互补，他们承诺于共同的行为目标，并且保持相互负责的工作关系，共享绩效。团队的目标没有成员的交流和合作是无法完成的。当团队形成之后，其成员必须很快展现出适合能力，共同实现目标。

研究发现，在多变的环境中，团队比传统部门结构或其他形式的稳定性群体更加灵活，反应更迅速，它具有快速组合、重组、解散等优势。目前，人们普遍认为，团队是管理的最佳组织形式，它能够有效地把创造力和内聚力结合起来，避免了竞争或一团和气所带来的不利因素，可以成为现代企业和组织管理的基础。

（二）团队的类型

在组织中，根据团队存在的目的，可将团队分为多种类型，最常见的团队类型有 3 种：解决问题型团队、自我管理型团队和多功能型团队。

1. 解决问题型团队

解决问题型团队是组织内部出现特定任务时所建立起来的团队，一般由来自一个部门的 5～12 个员工组成。成员们每周用几个小时的时间碰碰头，讨论如何提高产品质量、生产效率和工作环境等问题。在解决问题型团队里，成员就如何改进工作程序和工作方法相互交换看法或提供建议。但是这些团队几乎没有权力根据这些建议单方面采取行动。此外，创新是这类团队存在的一个重要条件。20 世纪 80 年代以来，应用最广的一种解决问题型团队是质量圈。这种团队由职责范围部分重叠的员工和主管人员组成，定期相聚讨论他们面临的质量问题，调查问题的原因，提出解决问题的建议并采取有效的行动。

解决问题型团队的做法行之有效，但在调动员工参与决策过程的积极性方面，尚显不足。

2. 自我管理型团队

自我管理型团队是指由成员合作处理日常事务，自行为整个工作流程负责的团队。这种团队一般由10～15人组成，成员们承担着以前自己上司所承担的一些责任。一般来说，其职责范围包括控制工作节奏、决定工作任务的分配、安排工间休息等。彻底的自我管理型团队甚至可以挑选自己的成员，并让成员相互进行绩效评估。这样主管人员的重要性大大下降。自我管理团队在许多著名公司里起到了明显节约成本、提高生产效率和员工满意度的作用。通用汽车公司、百事可乐、惠普公司都是推行自我管理团队的代表。

但是，自我管理型团队的应用也不尽如人意。对自我管理型团队效果的总体研究表明，实行这种团队形式并不一定带来积极的效果。比如，在这种团队中，员工的满意度较高，但也造成了成员较高的缺勤率和流动率。

3. 多功能型团队

多功能型团队是指为完成某项特定任务而由来自同一等级、不同工作领域的员工组成的团队。这种团队兴盛于20世纪80年代末。当时所有的汽车制造公司都采用了多功能团队来协调完成复杂的项目。可以认为，多功能团队是一种有效的方式，它能使组织内（甚至组织之间）不同领域员工之间交换信息，激发出新的观念，解决面临的问题，协调复杂的项目。

二、高效团队的特点

虽然团队是行之有效的群体运作方式，但其形式本身并不能自动地保证高效率的运作。团队组建的成功并不意味着高的群体绩效产生，也不一定带来生产效率的提高。只有靠建立高效团队才能真正地发挥团队作用，实现组织目标。

高效团队有一些共同的特点，这些特点能够满足团队成员的心理需要，为之带来愉快的工作环境和经验。从而提高团队的工作效率，达到工作绩效最大化。

（1）共同认同且明确的目标。高效团队必须具备全体成员渴望实现且富有意义的目标。团队成员都非常清楚并且从心里接受、认同这一目标。这种对目标的认同感可以激发团队成员将其所有的能力投入到工作中，为组织目标的实现做出奉献。所有团队成员都清晰地知道开会的流程、任务的分派，还有工作的进度，同时知道如何集中精力，做好目前的任务。

（2）适当的规模。一般来说，高效团队的规模比较小，团队成员不超过12人。若团队规模过大，成员过多，容易引起成员工作不积极，消极被动，难以进行良好的沟通而保证思想行动上的一致，团体的内聚力也会随之降低。如果一个工作群体本身较大，而又希望这个工作群体达到团队的效果，那么可以考虑把工作群体分成几个小的工作团队。当然，这个规模标准并不是绝对的。

（3）相互信任的氛围。团队成员相互信任彼此的能力和品质是高效团队的又一显著特征。在对对方具有高度信任感的情况下，成员之间的交流沟通会更加真诚和顺畅，产生矛盾冲突的概率也会大大降低，从而团队的工作效率就会有所提高。但是，从日常的人际关系中我们体会到，信任是脆弱的，它需要很长时间才能建立起来，却又容易被破坏，破坏之后要恢复又很困难。因此，要维持一种信任关系就需要管理人员处处留意。

（4）配套的技能。高效团队由一群有能力的成员组成，这些成员具有多种技能组合，可以保证团队目标的顺利完成。团队成员技能的互补性越强，团队的效率就越高。

（5）良好的沟通。高效团队的内部具有畅通的渠道供团队成员交流信息。这种信息的沟通有助于化解成员间的矛盾冲突，营造良好的工作氛围。良好的沟通让所有成员对未来有清晰的认识，并且承认自己和他人的贡献。

（6）明确的角色和任务。完成团队的目标需要所有团队成员的相互配合。因此，每个成员的角色必须明确，并且清楚计划中自己需要完成的工作。避免因为分工不清而造成的工作效率低下。

（7）恰当的领导。领导者是整个团队的核心人物。一个优秀的领导者能够集合全体成员的力量顺利完成组织目标，同时满足团队成员物质、心理上的需要。高效团队的领导者往往并不试图去控制整个团队的运作，而是担任着教练的角色，为团队提供指导与支持。

（8）内外部的支持。在高效团队内部应具有一个由员工培训、绩效评估系统和人力资源系统组成的合理的基础结构。同时，有提供完成工作所需要的各种资源的外部条件。

一般来说，可以将一个高效团队的成员划分为 4 种不同的类型，每一种类型的成员对团队的成员都具有积极的作用。这 4 种类型的成员分别为贡献者、合作者、沟通者和挑战者。贡献者属于任务导向的人，他们视团队为一个由各种专家组成的团队，每一个成员都各有所长，他们不仅尽量提供别人可利用的信息，也常帮助其他团队训练成员。合作者认为对团队目标的承认是很重要的，因此必须确保团队的目标明确，他们愿意广泛的参与，而且任劳任怨，乐于与其他成员分享荣誉。沟通者属于程序导向的人，他们对团队如何完成任务、达到目标最有兴趣，他们善于督促沉默的成员多发表意见，同时要求健谈者多倾听。挑战者特别关心团队的方向与成败，他们往往不停地质疑团队的目标、作业方式，甚至工作伦理。

三、建设高效团队的策略

高效团队是在创建中完成的。成功团队的管理者能融合各种风格的长处，从以下几个步骤入手，利用不同的风格建立有效的团队。

（1）认识成员。在团队活动开始之前，非正式的与每位成员见面，交换彼此的背景及对团队的感受，并且了解成员的动机是否有助于团队目标的完成。

（2）确定团队的目标。说明你对团队的期望，并且检查时间表、预算和各种限制。让每一位成员参与预先设定议程的讨论，以明确了解团队的任务与目标。

（3）明确角色。使每个人都清楚团队对自己的期望。

(4) 建立标准。鼓励团队发展共同工作的标准。

(5) 描绘计划。发展目标与行动计划，包括任务与完成期限等。

(6) 鼓励提出问题。意见不一是很自然的事。领导者应该表现出鼓励对现状的质疑，接受不同意见。

(7) 维持均衡。有效团队能在不同风格的成员间有良好的均衡。均衡并不代表每一种风格一律平均利用，而是指在必要时适当引用每一种风格。

(8) 分享荣誉。每个成员贡献的多寡与团队的成就如何，都由领导人决定。而且领导要负责将喜悦与外界分享，特别是高层主管与公司内部通信的编辑。

(9) 强调参与。让每一位成员参与团队的工作，并且让每一个人都得到任务的分派。对于重要的决策，应设法达成共识。

(10) 庆祝成功。庆祝每阶段的成就与其他重要的事件。

(11) 评估团队的有效程度。领导人应负责推行至少每年一次的自我评估，包括团队的实力、进展情形，还有任务的时效性、有效性，对工作品质的满足程度，以及必要的改变等。

“取经团队”与阿里巴巴的成功之道

《西游记》是中国四大名著之一，长久以来可谓妇孺皆知。师徒四人“取经团队”也不失为古代最成功的项目团队。唐僧承担团队管理者一角色，目标明确，遵纪守法，坚定不移，有时糊涂软弱，是非不辨。孙悟空作为团队中具有超强个人能力的一员，技能突出，个性鲜明，影响力强。用之妥当，无所不能；控制不当，寸步难行。猪八戒能力虽一般，好吃懒做，易受诱惑，却能沟通协调，增加团队活力；沙僧任劳任怨，平凡实在，无私奉献……

师徒团队四人历经磨难取得真经，为实现西天取经的团队目标在所不辞，从团队构成和建设上来说相对合理。唐僧作为团队的中坚力量，毫不动摇地坚定事业方向，不折不扣地实施统领战略；同时，唐僧对员工进行教育培训，一路说教，并以身作则，在艰难险阻的取经途中进行思想教育和行为培训。任凭徒弟再高强的本领，师傅制定的规则不可超越，才使得徒弟紧随其后。此外，团队成员素质相对较高，身怀绝技，各司其职，遇到妖魔鬼怪时兄弟齐心保护师傅，彼此间虽时有矛盾和冲突，但是大家目标明确，利益一致，风格和才能得以融合，总体维持均衡团结。除不懈努力外，善于利用外部资源也必不可少，师徒四人适时寻求上级的各路神仙支持以解决问题，最终获得成功。

中国第一和世界第二大网络公司阿里巴巴的成功近乎神话，公司推崇唐僧团队管理模式，创始人马云认为有共同认可的使命感和价值观的团队便是无往不胜的团队。团队合作几乎是所有伟大的公司不可或缺的核心价值观，也是阿里巴巴所提倡的“六脉神剑”中的第二支：共享共担，平凡人做非凡事。团队中教学相长，经验和知识共享；个人积极融入，乐于互助，支持团队工作；做出决策前充分讨论，并以开放的心态虚心听取他人意见，决策后坚决执行；在工作中，不是自己分内的工作也要做到不推诿；擅长与不同类型的同事合作，个人喜好不带入工作中；积极参与团队建设，有主人翁意识。由此我们更易理解马云所说的“我们可以输掉一个产品，一个项目，但不会输掉一个团队！”

问题1：结合本章内容分析，唐僧是如何管理“取经团队”的？

问题2：阿里巴巴的成功对我们如今建设高效团队的启示是什么？

（黄　莉　许　平）

第十章　群体动力

学习目标

通过本章的学习，你应该能够：

掌握　社会促进与干扰、竞争与合作、从众行为的基本概念及其在实际工作中的应用。

熟悉　社会促进与干扰、竞争与合作、从众行为产生的原因和影响因素。

了解　利他行为、去个性化、群体极化、服从行为的概念、产生的原因及其在实际工作中的应用。

第一节　社会促进和社会干扰

群体的规范和压力会影响每个个体的心理和行为，使他们表现出与个体单独存在时的差异。在群体中，只要有他人在场，一个人的思想、行为和他单独一个人时就会有所不同。

一、社会促进和社会干扰现象

（一）社会促进现象

一个人单独工作时，可能感到很吃力、很枯燥；而几个人在一起工作的时候，工作好像变得轻松多了，不知不觉中就完成了工作。当人们骑车去郊游的时候，可能会惊奇地发现，有伙伴同行，骑车的速度会快得多，平时漫长的距离好像变短了一些。伙伴的存在，提高了人们的效率。

当进行某项工作时，和其他人一起工作，比一个人单独进行这项工作时做得更好。应该注意的是：这种情况的发生，并不是由某项规定或竞赛引起的，而是人们结伴工作或结伴同行产生的现象，这种现象称为“结伴效应”。“结伴效应”还包括有其他人在场时，并不一定需要他人和自己做相同的工作，都会促进自己加快工作速度，提高效率。“他人在场”成为一个重要的刺激，影响人们的工作行为。例如，室内有个人在单独运算简单的数学题，他安静地工作，这时又有一个人进入室内，彼此互不相识，也不交谈。然而第二个人的到来对第一个人产生了影响，他可能算得就比刚才更快一些。在生活中还有一些现象，如学生全神贯注听老师讲课，老师讲课积极性就高，一站上讲台，就神采奕奕，并口若悬河、思路开阔。演员一上舞台，就会忘掉一切烦恼，进入角色里面，若此时观众注意力集中，不时报以掌声，那么演员的情绪也就更高昂，就会越演越有劲。这种由于“观众”的存在，而对人们产生刺激的现象，社会心理学家称之为“观众效应”。

这种由于他人同自己一起从事某种工作，或是因为有他人存在而对自己的工作产生促进作用，称为“社会促进”。换句话说，社会促进就是在一个人从事某项活动时，如果有他人在场，就会产生刺激，而促使其完成活动。“结伴效应”和“观众效应”都属于社会促进现象。

（二）社会干扰现象

在工作时，有他人在场并不一定都能提高人们的工作效率，反而有可能干扰个体的工作。如人们在写文章时，有他人在场会干扰思路，从而影响其写文章的速度和质量，通常单独一个人时效果更好。有的同学在与其他同学交往时，并不感到拘束，谈论时口若悬河，但是，当他上台宣读论文的时候却结结巴巴、面红耳赤。有研究认为，在群体情况下，让研究对象写一篇具有批驳逻辑论点的文章，文章的质量低于个人在单独情况下写的。另外，有旁观者在场时，会降低有关记忆工作的效率。这些都说明，有他人在场时会干扰人们的活动，它和社会促进的效果刚好相反。社会心理学家把这种有他人在场时对活动的干扰现象称为“社会干扰”。

二、动机的激起、促进和干扰

20世纪60年代中期，美国心理学家罗伯特·查荣克（R. B. Zajonc）根据动机学理论提出了一个假设。他认为，动机的增强能诱导人们做出他们最占优势的反应，而非优势反应会受到刺激。对于简单的工作来说，人们可以相当熟练地完成，并且很少出差错，这种习惯性的正确反应，就成为这个人占优势的反应。他人在场可造成一个人的内驱力或动机增加，这种动机的增加会加强优势反应，有时会促进工作，有时又会干扰工作，具体是促进或干扰，这要依工作的性质而定。对于简单而熟悉的工作来说，可能是一种促进，而对复杂工作或是学习新的工作，不正确的反应占优势，可能就是妨碍。我们做简单的算术题，骑车到郊外游玩，或是从事其他简单的、重复操作的工作，可能会因他人在场而干得更好、更快一些。如果人们正在编辑加工稿件、背诵要宣读的论文或其他操作复杂的工作，他人的存在就会对其产生干扰，而使工作出现更多的错误。

学生初次上台宣读他的论文时，他还没有经验，不会选择正确的反应。听众的存在会唤醒他，使他更多地做出不正确的反应，可能表现出手足无措、词不达意。当他经常上台锻炼，能够熟练自如地面对听众时，上台演讲成为一种习惯性行为，即正确的反应成了占优势的反应。在这种情况下，他的表现就会更好，就会取得较佳的效果。

查荣克提出的这些观点对人们的学习是有价值的。他建议人们尽量自己单独学习，不要和很多人在一起，最好自己有一个安静的环境，这样对知识就掌握得比较好。这就是减少干扰的作用。如果一个人的知识掌握得相当牢固，考试时就可能因其他同学和老师在场而产生促进作用，临场发挥就佳。

三、他人在场的竞争与评价

查荣克提出的是他人在场时会激发某种动机，影响活动效果。然而，这种动机究竟是什么呢？而且需要什么条件才能产生这种效果呢？这些问题似乎还不是很明确。就动机的激发而言，有他人在场似乎激发了某种竞争情感。人们增强的动机，可能包括想出成绩、想得到社会认可、想听到别人的赞美，这些都同时暗含了竞争的倾向。当有人在室内时，每个人都可能与别人竞争。这种动机的激起自己甚至没有感觉到，而在行为中无意识地表现出来。他可能想到别人会对自己的工作进行判断比较，并希望自己能做得尽可能好一些。这和后面要讲的有意竞争是有区别的。

另外，他人在场时，往往会让人产生别人正在对自己评头论足的想法，即评价的动机。人们都希望自己能被别人接受和喜欢，而不要被人轻视或抛弃。当有他人在场的时候，这种动机更为强烈。如果一个人觉得有人正在观察他，或是对他进行评价（这包括各方面的评价，如外貌、姿势、表情、工作），他就会感到紧张。如果其他人表现得漫不经心，并不注意他的行为，他就感到轻松自如一些。在生活中也有这样一些体会，如操作计算机时，人们可以边按键盘边和其他人交谈；而如果他人停止谈话，长时间注视着自己按键盘的行为，自己可能就会感到慌乱，虽然尽力想表现得好一些，但常会出差错。

一个人对他人评价的介意程度也是一种影响因素。如果一个人处于高度自我评价状态，他人在场可能对他产生更大的影响。因为这种人特别注意自身形象，非常在乎别人的评价。初次上台宣读论文的学生，总是希望给老师和同学留下好的印象，害怕自己失败，特别注意自己本身。如我这样的姿势行不行？我的声音是否颤抖？他们是不是在嘲笑我？他愈是想控制自己的行为，表现得好一些，结果却愈糟糕。而那些不过分注意自我评价的人，他们可能就更专注于所要完成的活动，而表现得好一些。

他人的评价对自己的意义，也是很重要的。如一个护士在她管理的病房里给病人和家属介绍有关糖尿病的预防知识时，如果她面对病人感到很有信心，就会愈讲愈有劲；而主任医师在旁边时，她马上就会感到一种压力，不再像以前那样表现自如，可能会显得慌乱。有的青年在同性面前谈笑自如，而有异性在场时，却显得笨手笨脚、紧张不安。这说明，“他人在场”中“他人”的意义对不同的人来说是不一样的，其影响也就不同。一般来说，有领导者、权威、内行或其他特殊人物在场，促进或干扰的影响就要大一些。

近来也有人提出，他人在场引起精神涣散。一个人工作时，环境安静，除工作外不去注意别的事情。若是有其他人存在，可能会出现各种声音而转移注意力，不能全力以赴完成活动，他人在场就会引起精神涣散而产生干扰。在一个人学习新的知识时，由于别人在场而导致精神涣散是令人心烦的。对于一些需要全力以赴、集中注意力的工作，他人在场会干扰注意力的集中。因此，精神涣散具有不良作用。

第二节　竞争与合作

一、竞争与合作的定义

在群体中，成员间的交往是一种互动的过程。在他们相互作用时，普遍存在着竞争与合作的问题。同样，在群体与群体之间、单位与单位之间，竞争与合作也普遍存在。例如，医院之间的市场之争，学校之间的人才之争。

竞争是相互作用的双方为了获得物质的或精神的目标而争夺的过程，争夺的结果是区分出优劣胜败的名次。竞争就是为了各自利益而采取的对抗性行为。合作是相互作用的双方联合起来，为相互利益而协调一致的活动，活动的结果不仅有利于自身，也有利于对方。选择竞争还是合作常以各自的需要是否得到满足为前提。当一个人利益的获得会损害到另一个人的利益时，双方就会出现竞争；如果相互间的作用能给双方共同带来利益的时候，双方就倾向于合作。

在现实生活中，人们之间的利益存在多种情况。有些利益是相容的，也就是一方获得利益的同时，也给另一方带来好处；另一方在达到目标的时候，也帮助了这一方实现目标。这种利益称为“一致利益”。如医院外科做手术时，手术组的成员从主刀医生、助手，到麻醉师和器械护士，他们将面临一致的利益。如果手术成功，大家都会获利；如果手术失败，大家都有责任。因此，在这种一致利益面前，大家会通力合作。然而，有些利益又是相互排斥的，一方获得利益就会阻碍另一方利益的获得，这种利益称为“分歧利益”。相互间的利益有些是既相容又互相排斥的。体育比赛的双方，明显存在着这些利益的关系。如甲队和乙队进行排球比赛，彼此的利益是不一致的，是对立的。如果甲队赢一局，那么乙队必定输一局；而乙队胜利，那么甲队必然失败，因此他们的利益相互排斥。而对甲队或乙队的队员来说，本队队员的利益是一致的、相容的。因为本队取得胜利，他们每个人都会得到利益；相反，本队失败，他们每个人都要承担责任。他们之间的利益是相容的，因此他们会通力合作、齐心协力争取胜利。团体内部的合作有助于团体竞争。如果设置另外的情景，彼此间的利益关系可能又有改变。假设比赛组委会要从这次比赛中评选最佳球员或选拔国家队队员，队员为了本队的胜利，必须和同伴很好配合；同时，为了争取入选，自己又必须在表现上超过同伴。此时，球员的利益就出现既相容又排斥的情况，称之为“交叉利益”。因此，有了这种利益，就可能出现既合作又竞争的局面。团体内部有合作有竞争，应以合作为主。

竞争与合作是互相对立的，又是互相依存的。竞争能激发强烈的动机，使人们对所从事的活动产生更浓厚的兴趣。由于受到目标的鼓舞，便使心理处于积极的准备状态，这能提高活动的效率。但是一味追求竞争，而忽视合作，可能使双方的利益都受损害，也影响到良好的人际关系的建立。

二、竞争或合作的选择

什么时候选择竞争，什么时候选择合作，理论上没有明确的区分。一般认为，人们会根据利益的得失来选择竞争或合作，但实际情况并不完全是这样。在有些情况下，有时相互之间的合作能够产生最大利益，但也有许多人宁可竞争而不合作。

（一）卡车竞赛游戏

杜什与克劳斯于1960年对这些问题进行了经典性的研究和实验。他们让研究对象成对进行这种游戏竞赛，要求每对研究对象假设正经营一家卡车公司（不是阿克米公司就是波德公司），这两个公司有自己各自的起点和终点，但方向相反。公司有各自的道路，只是远一点，需多花10 min时间。两者都有最近的路线，但汇合在一条狭小的道路上，如图10－1所示。这条道路只能容许一辆卡车通过，不论哪辆卡车进入通道，另一辆卡车只能等其通过后才能通行。如果两辆卡车同时驶入通道，除非一辆卡车退出去，否则都不能通行。另外，每个公司都有一个栏门横跨在直接的路线上，一个由阿克米公司控制，另一个由波德公司控制，可通过按电钮将栏门提升起来。竞赛者要把卡车从各自起点开到终点，每完成一次运输，将得到60美分的报酬（游戏中用分数代替）。此外，将游戏者到达目的地的时间计入成本，每消耗1 min从60美分中扣1美分。要求竞赛者尽可能为自己赢得更多的钱，即分数，而不要求两位比输赢。

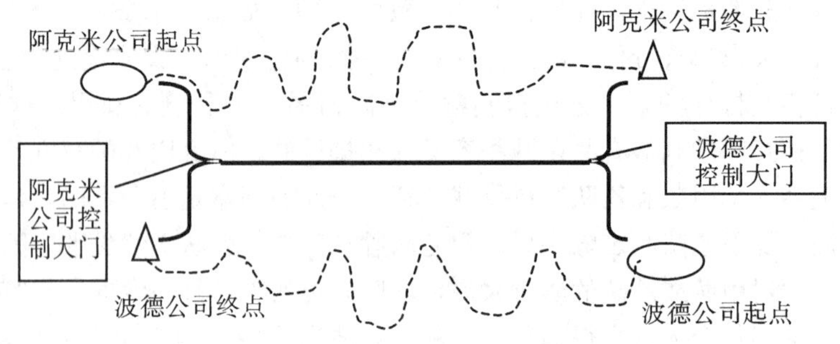

图10－1　卡车竞赛路线图

实验结果显示：双方都很清楚，要赢得更多的分数，最好的策略是合作，双方共同使用这条小通道。如果一方等待几秒钟，让另一方先通行，自己也能很快就通过。但他们都不愿先让对方使用这条通道。如果相遇于中途，就僵持着，谁也不肯倒退，结果耗费了更多的时间，双方均损失了分数。少数情况下，有一方可能会倒车，打开栏门走备用路线，但下一次双方还是会抢着先进入通道，不肯合作。

（二）囚犯的难题

这个游戏研究了人们在彼此利益既相容又排斥的情况下，对竞争与合作的选择。

在警察局，有两个犯罪嫌疑人面临着一个问题，检察官认为他们犯了罪，但对任何一个人都没有掌握证据。囚犯被隔离关押，并被告知有两种选择：认罪或不认罪。如果两个人都不认罪，虽然不会宣判他们犯有重罪，但根据他们犯有的其他轻罪（私带武器罪）也要接受轻微的惩罚，如各判 2 年刑；如果他们认罪，那么根据罪行要严惩，但根据坦白从宽的原则，给予一定的宽大处理，各判 10 年刑；如果其中一人认罪而另一人不认罪，那么认罪者将因表现好而被释放，而另一人将被严惩，判 20 年刑，如表 10－1 所示。

表 10－1　囚犯的选择

乙犯＼甲犯	不认罪	认罪
不认罪	2 年＼2 年	释放＼20 年
认罪	20 年＼释放	10 年＼10 年

很明显，囚犯在这里遇到了两大难题，选择的前提是彼此对对方的信任程度有多深。对两囚犯来说，最好的结局是两人都不认罪，各判 2 年刑，但这需要双方高度信任。另一种情况是甲坚决不认罪，而乙有可能认罪，那么甲将受到严惩，乙将得到释放；如果甲确信乙不会认罪，那么对他来说，最好的选择就是认罪，从而获得释放。

后来，人们对这个游戏做了一些修改，但问题的实质是类似的。该游戏不是进行判刑惩罚，而给予金钱和分数来刺激。游戏时两人或两组在一起，但互相不交谈。游戏的双方都有两种选择，即 X 和 Y。每人的得失，根据自己的选择和他人的选择共同来决定，如表 10－2 所示。从表中可以看出，对他们来说，要想稳定得到分数或取得金钱，最优的选择就是双方合作，都选择 X；如果一方想要得到更多（如选择 Y），那么就要冒失分的风险。

表 10－2　竞争与合作游戏示例

乙方＼甲方	X	Y
X	＋3＼＋3	＋6＼－6
Y	－6＼＋6	－3＼－3

理论上，要想挣得较多的分数，双方应合作，选择 X 才能得到最多的分数，但在实际中，竞争的倾向却非常强烈。竞争者典型的实验中只有约三分之一的人选择合作。随着游戏的进展，越来越多的人选择竞争的策略，尽管他们都知道这样会使自己失掉很多的分数，但也在所不惜，结果是两败俱伤。这种情况，竞争者违背了要他们尽可能多挣分的要求，只是想比别人多挣一些。当问及这样做的原因时，多数人都认为，是自己希望战胜对方。

（三）竞争的影响

竞争会带来什么样的影响，美国心理学家谢里夫（Muzafer Sherif）在他的一个实验里对此进行了研究。他发现在群体与群体之间竞争而产生冲突的情况下，竞争者的心理和行为将发生改变。

1. 竞争对每一群体内部的影响

（1）群体内聚力增强，其成员对群体更加忠诚，内部分歧减少。

（2）使群体的气氛由非正式的、以游戏为主的转变为以工作和完成任务为主的。

（3）群体对成员个人需要的关心逐渐减弱，对完成任务的关心逐渐增强。

（4）领导的方式逐渐从民主型转变为专制型，而且群体成员逐渐心甘情愿忍受专制型的领导。

（5）每一群体都逐渐成为组织严密、纪律严明的群体。

（6）群体要求成员更加效忠和服从，形成“坚强的阵线”。

2. 竞争对群体与群体之间关系的影响

（1）与其他群体对立，而不是站在客观的、中立的立场。

（2）产生偏见，只看到自己的优点，而看不到自己的弱点。只看到对方的缺点，而看不到对方的优点。

（3）对对方的敌意逐渐增强，与对方的交往和沟通减少，结果使偏见难于纠正。

（4）假如强迫他们交往，他们通常只坚持自己的意见。对于对方的发言，除挑剔毛病外，根本不注意听取其他意见。

3. 竞争对胜利一方的影响

（1）保持群体凝聚力，并且有增强的倾向。

（2）消除紧张的情绪，同时也失去战斗的意志，显示得意忘形的倾向。

（3）群体内的合作得到强化，关注成员的心理需求，但对完成任务的关注有逐渐减少的趋势。

（4）感到满足与舒畅，认为胜利证实了自己的强大和对方的弱小，因此，也不想重新检查自己是否需要改善。

4. 竞争对失败一方的影响

（1）如果胜败的决定有暧昧之处，失败的一方会以“合理化作用”来掩饰自己的失败，为自己找借口。

（2）若失败得很厉害，群体内部可能发生混乱与斗争，攻击其他成员或领导者、仲裁者以及竞赛规则，群体将趋于瓦解。若胜败的差距不大，则可能团结协作，奋起直追，以求挽回群体的荣誉。

（3）失败的群体比较不关心成员的心理需求，而集中精力工作。

（4）不得不重新审视原来的自认为强大的想法。

三、竞争与合作的影响因素

（一）动机的作用

竞争者双方动机的激起，对于他们选择竞争与合作有影响。在特定的情境中，双方的互动是由什么动机驱使，是想获得利益或仅仅是为了战胜对方，这点非常重要。如两人一组的卡车竞赛游戏中，给一些组奖以现金，另一些组奖以分数，奖给现金的组多倾向于合作，而奖给分数的组则倾向于竞争。

给研究对象不同的动机指导，也会影响到他们竞争与合作的选择。合作的指导，强调在自己获得利益的同时必须关心他人的利益；竞争的指导，要求竞争者尽量为自己赢得更多的利益，特别是胜过对手；个人主义的指导，就是置其他竞争者于不顾，唯一目的就是最大限度获得利益。结果被要求合作的研究对象 90%以上选择了合作。相反，个人主义的指导使 50%左右选择合作。而合作最少的就是进行竞争的指导，只有 20%左右选择合作。在现实生活中，朋友之间交往或买卖双方的交易都存在竞争与合作的问题。如果以互惠互利为出发点，就会增加合作；而以唯利是图或争强好胜为出发点，可能导致更多的竞争。

（二）彼此信任程度

相互作用的双方彼此信任，程度越高，合作的可能性也越大。如果认为对方诚实可信，就会放心地与他合作；如果认为对方狡猾、自私、不值得信赖，那么就有更大可能性去竞争。正如前面所说的囚犯游戏那样，如果一个囚犯高度信赖另一个囚犯，肯定对方不会认罪，那么他也不会认罪。他们的这种合作，使双方都得到最好的结局。如果他们互不信任，都怕由于自己不认罪，而对方认罪给自己带来更严厉的惩罚，为避免这种结果，就只好认罪了。在课堂上让学生进行这类游戏时也发现，学生经过协商后，可以达成合作。但如果一方不守信用，另一方会感到受了欺骗，并且很愤怒，马上就进行报复。要想双方再次达成合作的协议，就比较困难了。

（三）信息交流

双方在相互作用的过程中，如能有充分的信息沟通，那么合作的机会就多一些。竞赛时，人们常常错误地觉察别人的意图，倾向于认为别人要选择竞争。当可以交流信息时，人们就可以了解对方，特别是对方的意图，对对方错误判断的可能性就减少。另外，通过交流可能增加双方彼此信任的程度。双方共同协商合作的方法，可通过许诺来加强彼此的合作。

（四）过去的经验

如果在以前的交往中，双方配合默契，彼此从合作中都得到很大的利益，有一种愉快的体验，那么以后交往时，合作的可能性就大；如果在以前的交往中，受到对方欺骗而上当吃亏，感情上受到伤害，就不会再与之合作，即使有合作的机会，也会因感情上的厌恶而拒绝。

（五）酬赏的形式

如果双方的酬赏以合作取得的成绩为基础，人们就会倾向于合作；如果以个人成绩为酬赏的基础，那么人们就可能为自己的利益进行竞争。如评先进时，如果是评先进集体，那么集体里的每一个人，为了集体的荣誉，就会团结起来，采取更多的合作，以取得更好的成绩；如果是评先进个人，这依赖个人的资历、水平和工作表现，那么竞争的倾向就可能大一些。

四、竞争与合作在管理中的现实意义

竞争与合作是人际交往中普遍存在的行为特征。竞争与合作的方式是多种多样的：竞争，既包括友好的角逐、比赛，也包括你死我活的对抗；合作，既有互惠互利基础上的共同协作，也有不计较得失的互相帮助。竞争与合作是普遍存在的社会现象，资本主义国家存在，社会主义国家也有，只是在社会主义制度下被赋予了新的特点。正如《中共中央关于经济体制改革的决定》中指出的那样："社会主义企业之间的关系，首先是互相协作、互相支援的关系，但这种关系并不排斥竞争。长期以来，人们往往把竞争看作是资本主义特有的现象，其实，只要有商品生产就必然有竞争，只不过在不同的社会制度下，竞争的目的、性质、范围和手段不同。"社会主义的竞争与合作，是为了扩大整个社会的功效，社会成员的积极性能得到最大限度的发挥，使每个人为社会做出最大的贡献。竞争会带来行为的动力，促进更有效的合作，没有竞争，只谈合作，结果可能是合而不作，但是也不能没有合作而一味竞争。社会主义制度下，人民的根本利益是一致的，没有完全对立的冲突。由于人民的根本利益和社会目标的一致性，在竞争中就必然要加强合作，这样才能共同取得胜利。社会主义制度下的竞争，并不仅仅停留在优胜劣败这一结局上。在竞争中，有胜利者，必然就有失败者，但他们并不是你死我活的对抗关系。对胜利者，要予以表彰和奖励，使他们更上一层楼，在先进的基础上更先进；而失败者，并不被社会所抛弃，而是促使其吸取经验教训，找出差距和不足，帮助其采取有力的措施，从而向先进靠拢，甚至超过先进。这样，成功和失败相互转化，双方在相互作用中共同得到了发展。

第三节　群体中的从众行为

一、从众行为的定义

群体会以各种行为规范来约束个人的行为，并使个人感到压力的存在。在群体中，个体常不知不觉地受到群体压力影响，而在知觉、判断、信仰以及行为上表现出与群体中多数人相一致的现象。这种现象就是从众行为，有的学者也把它称为遵从行为。

真正的从众行为是一个人在群体压力下，彻底放弃自己的观点，而相信多数人的观点和意见，并在行为上与大家表现一致。与从众行为相似的还有顺从行为。有些人在压力下并不放弃自己的观点，而是坚持自己的意见，只是为了与他人保持一致性，而表现出符合大家要求的行为，也就是表面上的顺从。从众行为和顺从行为都是在社会压力下产生的相符行为。二者的区别在于，从众行为是放弃自己原来的观点来符合群体的行为；顺从行为是保留自己原来的观点而采取与大家一致的行为，它也被称为权宜的从众。

产生从众行为的社会压力，并不是明文规定的规章制度和法律条款，而是在无形中影响人们的精神压力，它包括信息压力和规范压力。人们获得的关于外界的信息很多来

自别人，通常认为，多数人提供的信息是全面而可靠的。因此，人们倾向于相信多数，而怀疑自己的判断，在遇到模棱两可的情况下更是如此。另外，人们生活在群体中，总要遵守群体的行为规范，与人融洽相处，适应整个环境。人们不愿偏离群体规范而成为“越轨者”，不愿标新立异成为被孤立的“不合群的人”。因此，个体总是与群体保持一致而“委曲求全”。

二、关于从众行为的研究

社会心理学家阿希（Asch）在20世纪50年代做了一系列被认为是经典的研究从众现象的实验。实验材料是18套卡片，每套卡片各2张（图10-2）。该实验要求研究对象判断X线段与另一张卡片上的A、B、C三条线段中哪一段等长。在一般情况下，这样的判断并不困难，关键是实验设置了特殊的情景。实验按小组进行，每组里有7个研究对象，但是这7个人里面只有一个是真正的研究对象，另外6个人都是研究者的助手，即“假研究对象”。研究者选择假研究对象时都事先作了规定，为了避免真研究对象的怀疑，研究者指示假研究对象在18套卡片中，要有6套给予正确回答。

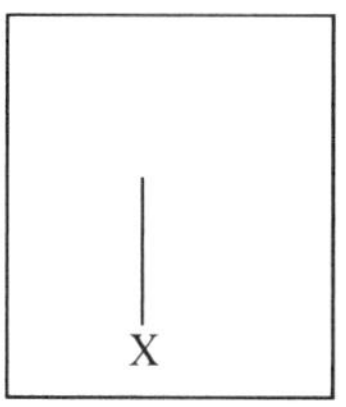

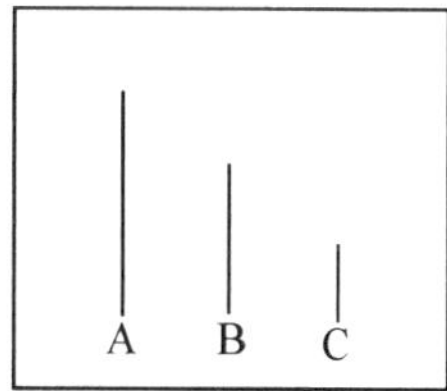

图10-2　阿希实验卡片

实验开始时，研究者出示每套卡片，要求研究对象逐一回答。真研究对象总是被安排在倒数第二个回答。开始时，大家判断都是正确的。问题是前面几个假研究对象都共同做出了错误的、一致的回答后，真研究对象的表现将怎样呢？他是相信自己的眼睛，还是相信别人的判断呢？他是坚持自己的观点，还是附和别人的意见呢？这就是研究者要观察的问题。

阿希多次重复这个实验，所得结果都非常接近。大约有四分之一到三分之一的研究对象保持了独立性，没有出现从众行为。大约有15%的研究对象，在回答次数中平均有75%的从众行为。所有研究对象平均从众行为百分比是37%。

实验结束后，阿希找研究对象个别谈话，询问其发生错误选择的原因。归纳起来有以下几点：

知觉歪曲：研究对象的观察发生了错误，把他人的判断作为自己判断的标准。

判断歪曲：研究对象虽然意识到自己看到的与他人不一样，但对自己缺乏信心，总是认为多数人的判断比自己正确。

行为歪曲：研究对象明知他人的判断是错误的，但不愿“标新立异”，表面上产生了顺从行为。

后来很多学者在其他国家多次重复这个实验，都获得了与阿希实验相似的结果。

从以上的实验中，得出如下3种结论：

（1）表面服从大家的行为，内心也接受大家的观点，这种“口服心服”的表现就是从众行为。

（2）内心相信自己的观点，但行为上表现出与大家一致，这种“口服心不服”的表现就是权宜从众，即顺从行为。

(3) 内心相信自己的观点，表现上也坚持自己的行为，不人云亦云，这是一种独立行为。

此外，也有个体表现为表面不服从大家的行为，但内心却接受大家的观点，这将引起心理上的不协调。

三、影响从众行为的因素

一个人是从众或是独立，受到很多因素的影响。这些因素既有情境的，也有个体本身的特点。

1. 群体规模

群体的规模影响从众行为。但是，究竟群体有多大的规模，人们才容易产生从众行为呢？很多心理学家对此进行了实验。阿希把“多数人”的规模从 1 个人增加到 16 个人，并比较了不同的从众效果。结果是当“假研究对象”增加到 4 人时，从众行为最显著；超过 4 个人以后，就不再增加从众效果。因此他得出如下结论：要产生最多的从众现象，最适宜的群体规模是 3 至 4 人（表 10 - 3）。但另外的一些研究者认为，群体规模的继续增长，仍然能产生更大的从众效果。群体规模对从众的影响，在不同的情况下是有差异的。在生活中常常是赞成某一观点的人越多或采取某一行为的人越多，则社会压力就越大，越容易使人产生从众行为。

表 10 - 3 假研究对象人数与从众效果

（阿希）

假研究对象人数	1	2	3	4	8	16
平均从众次数	0.33	1.53	4.0	4.2	3.48	3.75
研究对象人数	10	15	10	10	50	12

2. 群体的一致性

在产生从众行为的过程中，群体意见的一致性是一个较重要的因素。当一个人在群体中，他面临的群体一致性愈强，他所感到的社会压力就愈大，就愈有可能产生从众行为。正如前面提到的那样，在一定范围内研究对象愈多，他们的看法愈一致，那么对真研究对象的影响就愈大。群体的看法不一致，也就是群体的分歧有损于群体的力量，它会减少从众行为的压力。阿希在实验时设置了这样的情景，他要求一个假研究对象做出“反对多数”而支持研究对象的判断。这个假研究对象表现出反从众行为，然后观察真研究对象的行为会怎样。结果发现，在这种情况下，真研究对象发生从众行为的频率降低了 75%，真研究对象所作的错误回答，只占没有分歧的假研究对象影响他的情况下所犯错误的四分之一。因此，当群体出现不一致时，人们对它的信任程度降低而影响从众。此外，一个人不愿标新立异，怕出丑，但是当前面有人能勇敢地站出来提出自己的见解时，可能就会鼓励他的行为保持独立性，而减少从众行为。

3. 群体中个体的地位

群体中处于较低地位的成员，往往会感到有从众的压力。群体中成员地位愈高，就愈不容易屈服于群体的压力，他们愈有才干，其他人就愈信任，也就愈把他们的意见当作有价值的信息，发生从众行为的可能性就大。如下级常听从上级的意见，由一个德高望重的老领导提出的某种观点，更易引起下级的从众。相反，地位高的人，充满自信，有较多的独立性。如一位知识渊博的老教授，在一群学生面前，可能就较少产生从众行为。

4. 个体的特征

个体的特征也会影响人们的从众行为。个体的特征包括心理和生理特征。人的智力水平和自信心与从众行为密切相关。智力水平高的人，接受信息比较快，解决问题能力强，自我评价较高，自尊心强，经常表现出独立的行为；而智力水平低的人，接受信息较少，自卑感强，总是怀疑自己并相信多数人的观点，人云亦云，经常发生从众行为。

有较高社会赞誉需求的人，特别重视社会对自己的评价，常常因为害怕“出丑”“丢面子”而不敢表达自己与众不同的观点，因此容易表现出从众行为。那些对社会评价感到无所谓的人，并不重视别人怎样看待自己，常坚持自己的独立性，容易表现出“我行我素”的行为。

过去还有一些人对性别进行了研究。有的认为，女性比男性更易产生从众行为，并将其解释为传统文化对女性温顺驯服的要求和对男性侵犯和独立的鼓励。但近年来的研究对这种观点持否定的态度。研究认为，过去得出的妇女从众性大于男性的结论，是因为设计和掌握这些实验的是男性，且实验材料都取自于男子熟悉而女子感到陌生的东西。这些材料对女性来说，既无意义也不感兴趣，故导致她们从众性大于男性。相反，对于女性熟悉的材料，如儿童护理、时装式样、烹调等，她们就表现出较多的独立性，而男子在这些项目上表现出了更多的从众行为。对某一事物越了解，掌握的信息越多，就越不容易从众；反之则越容易从众。可见知识与经验也是影响从众行为的因素。

四、从众行为的作用

从众行为是人们感受到某种社会群体的压力而产生的一种与大家一致的行为。从众行为具有两重性，既有积极的一面，也有消极的一面。

（一）积极作用

从众行为有利于保持群体的一致性。群体有各种规范，人们不愿偏离常规而“越轨”，总是在思想上和行动上力图与大家保持一致。

另外，群体可通过其压力来影响和改变人们的观念和行为。如卫生部门和宣传部门应利用从众行为来改变人们有关健康的不良行为和错误观念，帮助人们掌握正确的健康知识和行为习惯。如果会议室里其他人都没有吸烟，一个人想吸烟，可能就会感到某种压力。如果社会舆论大力宣传“被动吸烟身体也要受到危害”，那么这种情况下，一个人在会议室里抽烟的可能性就更小。因此，要大力宣传卫生知识，提倡良好的卫生习惯，在全社会形成一种风尚，利用人们的从众心理来改变和纠正不良的行为。

（二）消极作用

从众行为的发生，容易扼杀成员的独创性。人们为了追求“一致性”而随大流，人云亦云。特别是在管理中，如群体决策时，地位低的下级由于不自信或是惧怕权威，他们不能或不敢表达自己的观点，而使决策失去创造性。

从众行为的消极性还表现在容易出现“表面一致”的现象。在决策时，由于多种原因，有些人不敢坚持自己的正确意见而违心地附和他人，如附和权威或独裁的领导者。为了追求这种“一致性”而忽略了决策的质量，在“表面一致”通过的情况下，作出了不正确的决策，也就是产生“小集团意识”，这些都是管理工作中要避免的问题。

第四节　其他群体行为

一、利他行为

（一）利他行为的概念

现实生活中，人们常把利他行为称为亲社会行为、利他主义行为。尽管利他行为和亲社会行为两个概念很相似，但仍存在一定差异。亲社会行为是指一切有益于他人和社会的行为，如助人、分享、谦让、合作、自我牺牲等。亲社会行为可以是不指望任何酬赏的自觉自愿的行动，也可能是为了回报别人或弥补曾给他人造成的伤害而做出的助人行为，还可能是带有一定的功利主义动机而做出的助人行为。例如，我们常说的“方便别人就是方便自己，帮助别人就是帮助自己”，可以说它带有一定的功利主义，但它是一种可以被广为接受，甚至值得肯定的助人动机。利他行为是一种不指望任何外在酬赏的、自愿的、有利于他人和社会的行为。可见，亲社会行为的概念比利他行为的概念更广，而利他行为是一种最高意义上的亲社会行为。

（二）利他行为的特点

根据利他行为的概念及其表现，可以发现其特点如下：

（1）它是自觉、自愿并具有选择权力的行为。

（2）它必须以有利于他人为目的。

（3）它不应该附带任何外在酬赏的期望，也不期望日后的报答。

（4）它应该包括利他者本身有所损失。这种损失包括时间、资源或能量等的损失，既可能是物质方面的损失，也可能是精神方面的付出。

（三）利他行为的分类

1. 根据动机分类

根据利他行为的动机，可将利他行为分为纯利他主义行为和偿还行为。纯利他主义行为以帮助他人为行为目的，只有真正有利他动机的行为才可以称为纯利他主义行为；偿还行为是指由于感激，为了回报以往曾得到的帮助，或出于内疚补偿自己使他人蒙受的损失而产生的助他行为。

2. 根据情境分类

根据利他行为的情境，可将利他行为分为非紧急情境下的利他行为和紧急情境下的利他行为。前者在日常生活中比较普遍，受个体的习惯与社会美德的影响较大，因为无危害生命财产的威胁，无须采取紧急措施，所以容易做到，但要长期坚持下去并不容易。后者是日常生活中不多见或不可预见的，往往存在生命安全和财产安全的威胁，需要人们采取特殊手段去救助，时间紧、代价大、准备不充分。

（四）利他行为产生的原因

关于利他行为的产生，主要有两种理论上的解释：本能论和习得论。本能论认为利他行为是人类社会和动物世界中种族保存的一种不可或缺的生物学本能。利他主义是一种由遗传决定的，为保证物种的繁衍而牺牲个体的内部机制。而人与动物的重要区别在于人的利他行为是有意识的，它受到很多社会因素的影响，也受后天的干扰，但不能就此而否认人类生来就有这种本能。习得论认为人类的利他行为与侵犯行为以及其他社会行为一样，都是从后天学习中获得的。研究表明，一方面，利他行为与年龄有关，利他行为随着年龄的增长而增长，以道德认知发展和移情能力的发展为基础。另一方面，利他行为的发展受到父母、同伴以及其他社会因素的影响。个体在同他人的交往活动中，在社会舆论、社会道德、社会公约要求下，遵守帮助他人的行为规范和准则，通过模仿、学习而形成利他行为。社会不仅为人们提供了有关帮助他人的行为规范和准则，而且还树立了可供人们模仿、学习的榜样。几乎每个民族、每个国家都有本民族、本国革命先烈的有关纪念方式，通过吸引与组织人们去瞻仰，弘扬为国为民英勇无私的献身精神。从一定意义上说，也是一种利他主义的宣传与教育。同时，整个社会都重视对现实生活中利他行为的颂扬，对社会成员学习与形成利他行为也起到了积极作用。利他行为的榜样，不仅提高了人们对于他人需要帮助的敏感程度，从而更加容易注意到他人的困难处境，而且也为人们提供了具体的助人技巧和方法，提高采取行动的能力。

（五）利他行为的作用过程及影响因素

利他行为是个人出于自愿而不期望日后报答的助人行为。利他行为者可能需要做出某种程度的个人牺牲，但却会给他人带来实在的益处。利他行为包括两种：一种是人们在非紧急情况下的一般社会交往中的利他行为；另一种是人们在紧急事件中的利他行为。在非紧急情况下的一般社会交往中，社会规范对个人的行为具有重要的制约作用。这种遵循社会规范的行为在人与人之间是互相的，而且在程度上也是相应的。社会规范的制约作用还表现为在遇到有人需要帮助时，会自觉地将提供帮助看作是自己的责任。交往情景中的榜样作用也是影响利他行为的重要因素。实验证明，人会不自觉地按照情景中榜样的行为方式行动，或采取利他行为，或在一边袖手旁观。在紧急突发情境中，由于旁观者的突发性与集聚性，容易形成“旁观者效应”，即在突发情况下，助人行动的责任会在旁观者中扩散。旁观者越多，每个人所感受到的责任就越小，提供帮助的可能性也越小。除上述环境因素外，个人内部的心理状态，如个人的认识评价心境，对产生利他行为也有影响。此外，人在交往中因伤害他人而产生的内疚感也可以成为他采取利他行为的动机。

二、去个性化

（一）去个性化的概念

去个性化是指个人在群体压力和群体意识影响下，被淹没在群体之中，并丧失了个人身份和责任感，从而产生一些个人单独活动时不会出现的行为。当群体的参与使个人感到被激发并处于匿名状态时，去个性化就可能会发生。一旦人们处于去个性化状态，就表现出无自知性，行为与内在标准不一致，自制力降低，结果便导致人们可能加入重复的、冲动的、情绪化的，有时甚至是破坏性的行动中去。去个性化的研究为解释暴力行为和反社会行为找到一条途径。

（二）产生去个性化的原因

产生去个性化的一些重要因素包括匿名性、责任分散、自觉性减少。①匿名性：是产生去个性化现象的诱因。由于匿名，使外界和他人难以辨认他的真实身份和姓名，因此他就可能任意行动、为所欲为。②责任分散：一个人单独行动时，往往能从伦理、道德、法律等多种角度去考虑其后果和意义。可是在群体中，其成员就会感到一些不良行为是以整体出现的，责任只能落实到群体身上，责任人人有份，后果个个承担，甚至可以推卸给别人。③自觉性减少：个体自觉性水平的高低，是影响去个性化发生的另一个关键因素。当一个人能清楚地意识到自己的角色、责任时，即使外界去个性化诱因十分强烈，他也不会赞赏别人或加入带有破坏性的去个性化行为的行列中。

避免去个性化的产生，最好的方法是使每个人都有适度的自我评价和自我控制能力，能够随时意识到自己的行为，并知道其意义和产生的后果，并能够对自己的行为做出控制。另外，不要过多地卷入（指情绪和感情）到某一个团体中也是维持自我的一种方式。

三、群体极化

（一）群体极化的概念

群体极化是指一个群体的主导倾向不断得到加强，使一种观点或态度从原来的群体平均水平加强到具有支配性地位的现象。群体极化假设指出，群体的讨论可以使群体中多数人同意的观点得到加强，使原来同意这一观点的人更相信观点的正确性。这样，原先群体支持的观点，讨论后会变得更加支持；而原先群体反对的观点，讨论后反对的程度也更强烈，最终使群体的观点出现极端化倾向（图 10－3）。

如图 10－3 所示，群体极化包括群体决策观点向极端方向改变的倾向，该倾向比群体成员开始时的观点更极端，但是是在同方向上的极化。因此，如果群体刚开始时倾向只是轻微赞同某个观点或立场，在大家商议之后，大家最后所持的观点经常会更加强烈、极端，这种极端化在很多方面都有危险性。

个人在参与群体讨论时，由于受群体气氛的影响，也会出现支持极端化决策的心理倾向。这种群体决策极端化的倾向可以区分为两种情况，一种叫冒险偏移，另一种叫谨慎偏移。如果群体成员中冒险激进者较多，则群体所作出的决策就会比个人决策更趋向冒险激进，这称为冒险偏移；如果群体成员中谨慎保守者较多，则群体所作出的决策就会比个人决策更为谨慎保守，这称为谨慎偏移。

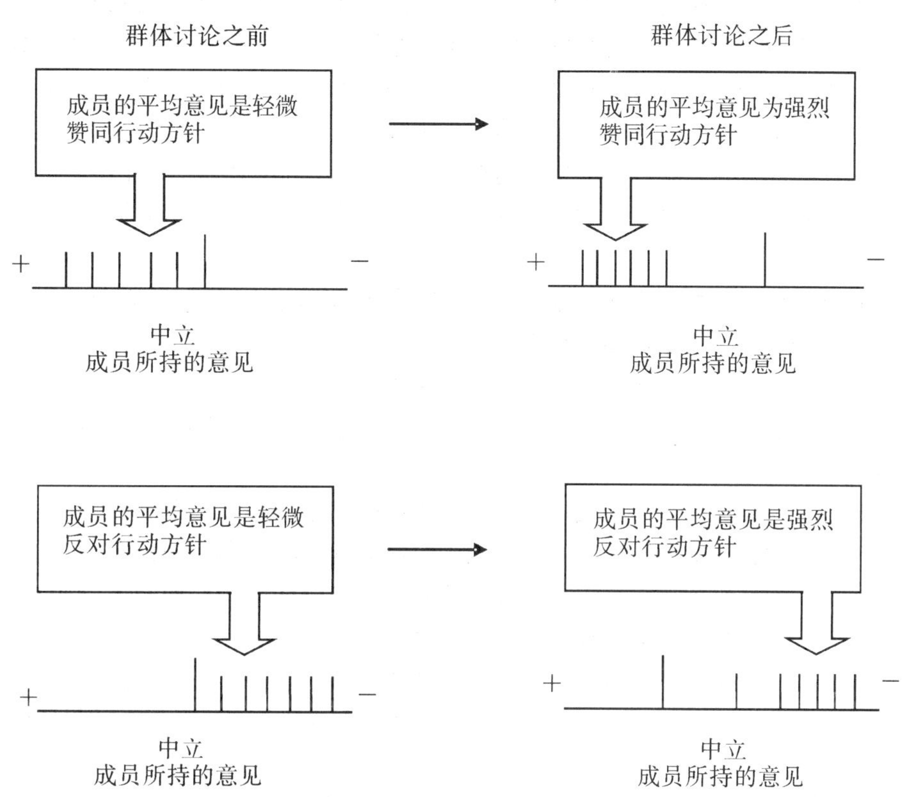

图 10－3　极端化倾向示意

（二）群体极化的原因

个人参与群体决策会比单独决策表现出更大的冒险倾向，其主要原因如下：

（1）群体非理性思维。个人单独决策时，是用自己的理性在思考；而群体决策时，理性被情感所取代，表现为非理性思考。群体非常容易被情感和情绪左右，这时人们的理性和自控能力降低，更倾向于冒险决策。

（2）责任分散。在群体决策的背景下，个人应承担的责任相应减少，从而减少了对不良后果的恐惧心理，因此敢于提出冒险性建议。“法不治众”心理就是其典型表现。

（3）个人单独决策时，由于掌握的信息有限，提建议便趋于谨慎，但经过群体讨论，不断有人提出新观点，支持和补充更多信息，因此也不再谨慎而敢于进行冒险决策。

（4）文化价值倾向对于高冒险性行为有较高评价。高冒险行为往往与英雄气概联系到一起，容易获得好评，从而使人们倾向于鼓励冒险，担心决策过于谨慎而被别人轻视和看不起。

（三）群体极化的影响与预防

为了实现群体目标，人们总是希望凡事大家共同讨论，集体决定，这种期望是合理的。群体极化可以产生有利的结果，它可以增强一种广受欢迎的崇高意识或强化自助群体中成员的决心。但是，它同时也可能产生不好的结果。群体极化现象的研究结果提示我们，追求决策的一致性固然必要，但也应预防整体偏离、冒险偏移，那样也会给工作带来不良的甚至严重的后果。这种群体极化所带来的决策失误，古今中外，大大小小的事情可以说不胜枚举。导致决策失误的群体极化有以下 8 种表现：无懈可击错觉、合理化、对群体道德深信不疑、对对手的看法刻板化、从众压力、自我压抑、统一错觉、思想警卫等。

在管理中应防范群体极化现象，主要预防方法和措施包括以下几方面：

（1）使群体成员懂得群体极化现象及其产生原因和后果。

（2）领导者要保持公正，不要偏向任何立场。

（3）领导者应引导每一位成员对提出的意见进行批评性评价，应鼓励提出反对意见和怀疑。

（4）应该指定一位或多位成员充当反对者角色，专门提出反对意见。

（5）时常将群体分成小组，并让他们分组提出建议，然后再全体聚会，交流意见。

（6）充分研究一切警告性信息，并确认对手群体会采取的各种可能行动。

（7）形成预备的决定后，应再召开一次会议，并要求每位成员提出自己的疑问。

（8）在决议达成前，请群体外的专家参加会议，并请他们对群体意见提出质疑。

（9）每位群体成员都应向可信赖的有关人士就群体决策交换意见，并将他们的反应反馈回群体。

（10）分成几个不同的独立小组，分别同时就有关问题进行决议，在此基础上形成最后决议。

群体极化具有双重的意义。从积极的一面来看，它能促进群体意见一致，增强群体内聚力和群体行为；从消极的一面看，它能使错误的判断和决定更趋极端。群体极化似乎很容易在一个具有强烈群体意识的群体内产生，也许是在这样的群体中，其成员对群体意见常做出比实际情况更一致和更极端的错误决定。21 世纪以来，群体极化的研究范畴从关注“小群体”转向到更广阔的“社会公众”，新媒体环境下的公众极化越来越受到关注。

四、服从行为

（一）服从行为的概念

在现实生活中，社会影响是以微妙的、方向不定的方式产生于同等地位的群体之间的，但当影响来源于地位较高的群体时，会产生完全不同的效果。当地位高的群体给出明确的命令，要求人们接受某种行为方式时，一般情况下，人们会毫不怀疑地按照要求去做，即使这种行为方式违反了个人的道德和伦理标准，人们还会不断地注意是否有新命令颁布。这就是我们接下来讨论的另一种社会影响方式——服从行为。

服从是指个体受到社会要求、群体规范或他人的压力，而被迫做出的符合社会要求、群体规范、他人意志的行为。我们可以根据服从对象——压力的来源，把服从分为对权威人物的服从和对群体规范的服从两大类。所谓对权威人物的服从，主要指的是人们在群体活动中对个别德高望重、学识渊博或掌握一定权力的权威人物（如领导、师长、知名人士等）表现出服从行为。这种服从往往是有条件的，可能是出自对权威人物的敬仰，发自内心的信服；也可能是对权威人物的惧怕，而做违心的服从。所谓对群体规范的服从，主要是指社会群体所强调的一种组织原则，即个体服从群体，下级服从上级，少数服从多数。服从这种组织原则，是维护和增强群体生命力、战斗力的一个非常重要的方面。除此之外，还包括对各种法律、政策及规章制度的服从。

（二）服从和从众的关系

服从和从众两者之间既有共同点又有区别。两者都属于社会影响的方式，有时甚至还交织在一起难以区分。服从不同于从众的最显著的特点是强迫性。因此，个体的意愿和心理也不同于从众者，而是带有很强的被迫成分。也就是说，对于群体规范、行政命令或权威人物的意志等，不管是否理解都必须无条件地服从。而且服从行为久而久之还可以转变成为一种惯例行为，甚至在压力解除后，仍然按压力存在时的惯例去行动。很显然，从众行为不同于服从行为。从众是对群体压力的附和，一旦这种压力解除，从众行为就会自然消失。

服从是指个人依照社会要求、群体规范或他人的命令而做出的行为，这一行为是在外界的明确要求下发生的。服从有两种情况：一种是在有组织的群体规范的影响下的服从，如员工对公司纪律的服从；另一种是对权威事物的服从。服从与从众既相似又有区别。它们都是在群体压力下采取与群体规范相符的行为，但服从是没有选择的对命令、观念和权威的遵从；从众是自愿遵从他人的做法，是为了消除群体压力，求得心理的平衡。

（三）不服从的主要表现

在日常生活中虽然有很多人都按照群体规范或权威人物的意志去行动，且这些规范或意志都合乎道德和伦理的原则，但当它们与个人实际需要相去甚远时，个人就可能表现出不服从的情况。不服从在不同的场合有不同的表现形式，一般有以下几种类型：

1. 抗拒

抗拒表现为提出口头或书面的抗议，并且拒不履行群体规范或权威人物的要求，主观上情绪偏激且对立。这在日常生活中较为多见，如某服务公司的员工在工作中出现了失误，其管理者决定要扣发该员工的当月奖金，该员工就可能会做出抗拒行为而拒不执行管理者的要求，并且使当事者双方关系十分紧张。

2. 消极抵制

消极抵制是指有些群体成员对群体规范不愿意执行，但不敢公开表示反对，于是采取表面上服从而暗地里消极抵抗的态度。如某医院里有些科室主任、护士长对医院的过分严格的规章制度不满，但又不敢公开表示自己的不满情绪，于是私底下对员工违反规章制度的现象“睁一只眼闭一只眼”。

3. 自由主义态度

群体中有些成员对群体规范或权威人物的要求的服从是被迫的，不自愿的。在有人监管或督促的情况下，一般都能维护群体规范或服从权威人物的意志；但如果没有人督促与监管，他们就会变得自由散漫、“为所欲为”。通常交通管制较典型，如有些汽车司机在有交警或监视器的路段，能够按规定的时速开车；一旦进入无人管辖的路段就很容易开“英雄”车，超速行驶。

“快的”与“滴滴”之战

我国一、二线城市打车难的问题长期存在，我国出租汽车拥有量相对较少，出租汽车数量难以满足市场的实际需求是打车难的主要原因。此外，乘客和出租车司机之间信息不对称，出租车市场供求失衡，使打车难的矛盾更加突出。打车软件应运而生，有效缓解了市场供求失衡问题。我国打车软件主要出现在2012年，问世后得到快速发展。

2012年6月15日，杭州快智科技有限公司研发推出一款便民打车的智能手机App——快的打车。2013年快的获得阿里巴巴、经纬创投融资，并与支付宝形成战略合作伙伴。2013年12月，快的打车城市覆盖数量超过40个，稳居行业第一。

2012年9月9日，北京小桔科技有限公司成立，经过3个月的准备与推广，嘀嘀打车软件在北京上线。经过腾讯集团、中信产业基金融资后，2013年10月底，艾瑞集团行业报告显示，嘀嘀打车在打车App市场份额占比第一。2014年1月，嘀嘀打车与微信平台达成战略合作，开启微信支付“补贴”营销活动，掀起了打车软件补贴大战，嘀嘀打车、快的打车掷金数亿元，补贴用户与司机，开启市场争夺大战。大战历程如下：

2014年1月10日，嘀嘀打车软件在32个城市开通微信支付，使用微信支付，乘客车费立减10元，司机立奖10元。

2014年1月20日，快的打车和支付宝宣布，乘客车费返现10元，司机奖励10元。2014年1月21日，快的和支付宝再次提升力度，司机奖励增至15元。

2014年2月10日，嘀嘀打车宣布对乘客补贴降至5元；快的打车表示奖励不变，乘客每单仍可得到10元奖励。

2014年2月17日，嘀嘀打车宣布，乘客每次使用可奖10元，每天3次；北京、上海、深圳、杭州的司机每单奖10元，每天10单，其他城市的司机每天前5单每单奖5元，后5单每单奖10元；新乘客首单立减15元，新司机首单立奖50元。快的和支付宝也宣布，乘客每单立减11元；司机北京每天奖10单，高峰期每单奖11元（每天5笔），非高峰期每单奖5元（每天5笔）；上海、杭州、广州、深圳每天奖10单。

2014年2月18日，嘀嘀打车开启“游戏补贴”模式：使用嘀嘀打车并且微信支付每次能随机获得12至20元不等的补贴，每天3次。快的打车每单最少给乘客减免13元，每天2次。

2014 年 3 月底，嘀嘀打车公布，自补贴开始其用户数从 2200 万增至 1 亿，日均订单数从 35 万增至 521.83 万，补贴达 14 亿元。虽然每单补贴已从最高峰时下降了三分之二，但每个月依然得砸下数亿元。数据显示，2014 年第一季度中国打车软件累计市场份额中，快的打车排第一位，市场份额为 57.6%；嘀嘀打车排在第二位，市场份额为 39.8%。

2014 年 5 月，嘀嘀打车更名为“滴滴打车”。

2014 年 5 月 17 日，滴滴打车和快的打车两款软件同时宣布取消打车补贴，持续了半年的“烧钱大战”正式熄火。

2014 年 6 月 11 日，平息了不到 1 个月的打车补贴大战又现战火：快的打车启动“打车返代金券”的活动，为期一周，而滴滴打车也启动了“打车送红包”的活动。打车软件重返补贴之路，经过半年多的补贴大战，打车软件市场几乎被快的打车和滴滴打车瓜分。

2015 年 2 月 14 日，打车软件市场最大变局发生，滴滴打车和快的打车在经过长期的价格大战后联合发布声明，宣布两家实现战略合并，两家公司在人员架构上保持不变，业务继续平行发展，并将保留各自的品牌和业务独立性。合并后，将集中两家公司的优势技术、产品人才，不断推出更为完美的出行服务产品，进一步加速市场拓展速度，产生更多的携同效应，提升整体竞争力，更积极有效地推动整个移动出行行业的发展。放眼未来，顾全大局，以精诚合作的方式实现合并后的滴滴快的将成为这一大领域毫无争议的领先者。

（上述案例来自互联网整理）

问题 1：滴滴打车和快的打车为什么会在 2014 年掀起补贴大战，对双方有什么影响？

问题 2：滴滴打车和快的打车为什么会在 2015 年宣布实施战略合并？

问题 3：结合案例分析选择竞争与合作的影响因素。

（李春燕　张瑞华）

第十一章　管理中的人际关系

学习目标

通过本章的学习，你应该能够：

掌握　人际吸引的影响因素以及在实际工作中的运用。

熟悉　人际关系测量方法、人际关系基本能力。

了解　人际关系的基本概念、人际交往行为模式、人际关系类型以及人际关系形态等。

第一节　人际关系概述

一、人际关系的概念

人与人通过在社会生活中的共同活动，建立了各种各样复杂的社会关系。社会关系有两大类，一类是社会的生产关系，如阶级之间的阶级关系，民族之间的民族关系，国家之间的外交关系等；另一类是人们在社会活动过程中直接的、人与人的关系，即人际关系。如家庭中的亲子关系、夫妻关系，工作中的同事关系、上下级关系，还有邻居关系、师生关系等。人际关系是人们社会关系的一种基本形式。

人际关系是人们在社会交往过程中形成的社会关系网络，在情绪的基础上形成的人与人的心理关系。人与人在社会活动中，为了满足相互的需要，彼此交往而形成关系。随着需要满足的程度不同，将产生不同的情感体验。因此，人际关系有情绪的参与，如彼此喜欢或厌恶。虽然人际关系的好坏以交往行为表现出来，但人际关系的实质是人与人的心理关系，即彼此间心理上的距离。两人间的关系是亲密或疏远，由心理距离的远近决定。如两心相倾，彼此吸引，心理距离近，则表现出亲密的人际关系。如两心互相排斥，心理距离远，则人际关系表现为疏远，甚至敌对。

人际关系对人具有重要的作用。良好的人际关系，可以使人心情舒畅、精神愉快，彼此间感情融洽，相互关心、体贴和帮助。而不好的人际关系，会使人心情忧郁、压抑，彼此间争吵，相互诋毁、拆台等。人际关系对人的影响总的说来有以下几个方面：①影响身心健康；②影响生活质量；③影响内聚力和工作效率；④影响自我发展和完善。

二、人际交往的行为模式

在人际关系中，存在着人际交往行为，人际关系的好坏也需要交往行为来体现。人际交往行为是指有一定人际关系的各方表现出来的相互作用行为。具有良好人际关系的双方，能够相互表现出积极、有意义的行为，如友好、帮助等。具有不良人际关系的双方会表现出消极的行为，如争吵、敌视等。在一般情况下，人际关系的行为还是比较稳定的，即一方表示积极的行为会引起另一方相应的积极行为；一方做出消极的行为，另一方也会做出消极的反应。

美国社会心理学家李雷从几千份人际关系的研究报告中，分析了人际交往的行为，并将其归纳为 8 类模式，详见表 11－1。

表 11－1　人际交往的行为模式

一方的行为	另一方的反应
管理、指导、劝告、教育	尊敬、顺从
帮助、支持、同情	信任、接受
赞同、合作、友好	协助、友好
尊敬、信任、赞扬、求助	劝导、帮助
怯懦、礼貌、服从	骄傲、控制
反抗、怀疑、厌倦	惩罚、拒绝
攻击、惩罚、责骂	仇恨、反抗
夸张、拒绝、炫耀	不信任、自卑

以上的模式只是一般的框架，由于人际关系的复杂性，人际交往会受到具体情景以及人的个性、地位、价值观和权力等的影响，有时具有良好的人际关系的双方可能也会表现出不友好的行为。

三、人际关系的分类

人际关系的分类方法有多种，现主要介绍以下几种。

（一）以达成关系的媒介划分

1. 亲缘人际关系

亲缘人际关系既包括以血缘为媒介联系结成的人际关系，如父子关系、叔侄关系等；也包括以婚姻为媒介达成的姻缘关系，如夫妻关系、妯娌关系等。亲缘人际关系以家庭为中心，形成人际关系的网络结构。

2. 趣缘人际关系

趣缘人际关系指因情趣、爱好相同而建立的人际关系，如棋友、舞伴等关系。兴趣、爱好是建立趣缘人际关系的基础，友谊是连接这种关系的纽带。趣缘人际关系具有较好的感情基础。

3. 业缘人际关系

业缘人际关系指以行业、专业、事业为媒介建立的人际关系，如同事关系、上下级关系、师生关系、买卖双方的关系等。

4. 地缘人际关系

地缘人际关系指以一定的地理空间为媒介达成的人际关系，如老乡关系、邻居关系、同胞关系等。由于地理环境和文化背景不同，地缘人际关系表现出浓厚的文化传统和地方色彩。

（二）以交往的频率划分

由于交往双方的需要满足程度、彼此吸引程度不同，在人际交往中，有些关系亲近、经常来往，而有些关系则较疏远。因此，不同关系的人在交往频率上显示出了差异。以交往的频率划分人际关系可分为首属关系、次属关系和无关系。

1. 首属关系

首属关系指交往频率高、关系密切的人际关系，通常家庭中的关系、好朋友的关系属于此类。

2. 次属关系

次属关系是指交往频率低、关系一般的人际关系，如一般朋友、同街的邻居、很少来往的远房亲戚等的关系。

3. 无关系

从交往频率来看，对于那些有名义上的联系，但从无实际交往的，称之为无关系。

在人际关系的形成和发展中，人们通常是从“无关系”开始，经过彼此交往，到达“次属关系”，最后通过了解、喜爱而发展到“首属关系”。

（三）以交往距离划分

人的交往中，有空间距离的差异。有些朋友远在天涯，而有的朋友近在咫尺。根据交往距离远近，把人际关系分为远距离交往和近距离交往两种。

虽然现代科学技术发达，使人们之间的消息传递不再是一个困扰人际交往的问题，但距离对人际关系的影响还是存在的。人们可以远隔千山万水通过电话交谈，但这种远距离的交流不可能完整地、全面地展示双方交往的全过程和各个方面，如相互间的身体接触、表情、体味以及环境的气氛等。通常远距离的交往对人际关系的促进作用不如近距离交往，它主要受到以下一些限制：①交往频率限制，远距离交往的次数不如近距离多，近距离可以随时随地交往；②交往手段限制，远距离交往必须依赖通信工具，而且书面交往还需要文化和文字表达能力；③情感强化的影响，远距离交往的信息反馈较慢，彼此的感情不能及时、有效得到强化。

（四）以交往的社会层次划分

人际交往虽然是个人之间的接触和交往，但人是社会的基本构成部分，因此，人际交往同样体现了人与社会的关系。人在实现这种关系的过程中，会以不同的身份出现而与他人交往。按照交往时的身份或身份所体现的层次来划分，人际关系可分为以下几种：

1. 个人与个人交往

个人与个人交往又称私人关系，如朋友关系、夫妻关系、邻居关系等。在这种交往中，关系主体和关系对象均以个人身份出现。它的特点是：交往双方地位平等，双方均有选择行为的自由和解除关系的权力。

2. 个人与集体交往

个人与集体交往指在关系主体与关系对象的人际交往中，关系主体是通过关系对象与集体打交道，关系对象是集体的代表者。如一个员工与科室主任的交往，或者一个医生与院长的交往，虽然主任或院长是一个人，但这种情景下，他们是代表这个科室或这家医院在与员工交往。这一层次人际交往的特点是：双方地位不平等，他们是从属关系，个人属于集体，受制于集体；双方没有选择行为的自由，个人的行为必须符合集体的规定；双方可以解除关系。

3. 个人与社会交往

个人与社会交往指关系主体与关系对象的交往中，关系主体通过关系对象与社会打交道，关系对象是社会某一职能部门的代表者。如一个人与警察、法官和税务官员的交往，病人与医生的交往，食品从业人员与食品卫生监督人员的交往等等，皆属此层次。个人与社会交往的特点是：双方地位不平等，是一种支配关系，关系主体处于被动地位；关系对象对关系主体具有支配权力，关系主体的行为必须服从社会的要求；关系主体没有解除关系的权力和可能性。

四、人际关系的形态

人际关系的好坏是一种动态的发展过程。在人际关系发展的不同阶段，它具有不同的表现形式。一般用人际关系的形态来概括和描述人际关系在不同阶段的特点。

（一）稳定形态

稳定形态是人际关系功能发挥最好的阶段。这种形态的特点如下：

（1）人际交往频率高，交流信息量大而稳定。

（2）双方对彼此的需要和吸引程度高，并且稳定，交往满足程度也高。

（3）人际关系自调节功能强而稳定，彼此信任、理解，为了维护关系可以做出一定妥协，淡化矛盾。

这一形态常常出现在多年患难与共的夫妻间，以及经过长期交往的、经受过困难考验的朋友间。一般的朋友、同事、上下级和邻居等没有达到这种形态。

（二）互补形态

互补形态是人际关系功能发挥良好的阶段。这一阶段是人际交往的双方相互依存，通过对物质、精神和情感的交换而使各自的需要得到满足。人有不同的需要，并可通过与人交往来得到满足。互补形态的人际关系基础是双方的相互需要和吸引。如果在交往中，人们彼此得到需要的满足，如爱的需要、尊重的需要、信息的需要，甚至某些物质的需要等，人们会体验到满足感。这种情绪基础会增加彼此喜爱和吸引，从而保持稳定的人际交往。这一形态在人际关系中较为常见。

(三) 互利形态

互利形态原则上也属于良好的人际关系。在这种形态下，双方的需要单一、明确，即对物质、利益的需要获得满足。如买卖双方、合同甲乙双方的人际交往属于这种形态。这种形态中，双方交往频率不规则，并且双方没有感情基础，只是以互惠互利为原则。此种形态，情感和吸引力不是内在的动力，驱动人们交往的动力是利益的追求。但在这种交往中，文明的礼仪、相互的尊重还是必需的，故原则上属良好的人际关系。

(四) 强制形态

强制形态是人际关系的一般形态。强制形态的人际关系是双方由于利害牵动或外力的压迫，在不得已的情况下实行的非自愿的交往。在这种关系下，双方或一方已毫无吸引力可言，甚至在一定程度上存在厌恶的感情，只是对对方的需要还存在而必须维持关系。如一个人不喜欢某位同事或领导者，但由于工作原因或压力，不得不与之交往。

(五) 障碍形态

障碍形态是人际关系功能发挥不正常的轻度阶段。由于多种原因，双方的信任程度减弱，彼此产生隔阂，情绪发生改变。这种形态表现为人际沟通受到损害，交流受阻，话不投机。

(六) 冲突形态

冲突形态是人际关系功能不正常发展的严重阶段。在这种形态下，双方的情绪基础恶化，已相互不能容忍，对对方的反感无约束地表露出来，都在做向对方摊牌、最后表明自己观点的准备。但冲突形态并不表明人际关系的必然结束，也可能通过冲突，双方的意见得到交流、解释，双方不计前嫌而重新恢复关系。

(七) 封闭形态

封闭形态指人际关系的功能处于丧失或休眠状态。在这种形态下，双方的人际交往停止，并努力避免接触。

第二节 人际吸引的心理分析

人际吸引（interpersonal attraction）指人与人之间彼此互有好感，进而建立友爱感情的心路历程。人际关系实际上体现的是相互之间心理上的距离。这种距离的远近对不同的人来说是有差异的。心理距离近也就是相互间喜欢和吸引，则彼此亲近、相互关心，也可以表现得如胶似漆、形影不离。如果相互间心理距离远，喜欢和吸引程度差，就可能相互排斥、彼此疏远、相互厌恶，甚至仇恨。因此，分析了解影响人际吸引的因素，对建立良好的人际关系具有重要作用。

一、增进人际吸引的因素

（一）邻近性吸引

邻近性吸引指的是空间距离越近，越能促进良好人际关系的建立；距离越远，关系也会逐渐疏远。很多社会心理学家对此进行了研究，并证实了这种吸引的存在。如西格尔在一个对学生的研究中，把学生的名字按其字母顺序排列起来，并根据这个顺序依次安排教室座位和宿舍房间，6 个月后，要求学生说出 3 个最亲近伙伴的名字。结果发现，学生的好朋友都是在名字字母顺序上和自己相近的人，平均相差 4.5 个字母。

为什么邻近性会增加人们的喜欢和吸引，心理学家分析其主要原因有以下几点：

第一，距离近的人比距离远的人更有用，也就是“有用性”问题。一个人住得和自己越近就越容易了解他，并且可以满足自己各方面的需要，包括物质的和精神的需要。各种信息的获得，生活上的相互关心、帮助，感情交流等，都经常是在邻近的朋友间实现的，常说的“远亲不如近邻”就是这个道理。

第二，是人们出于长期交往的需要。每个人都希望有融洽的人际关系，希望生活在愉快、友爱的环境中。与自己邻近的人都是与自己长期交往和共事的人，和他们搞好关系，将直接影响到自己的工作、学习和生活。因此，人们总是竭力去发展和维护与自己邻近的人之间的关系，即使发生了一点冲突，也容易淡化，尽量从积极、正面的方面去评价他人。

第三，邻近性增加了人们交往的频率，为人们提供了相互了解的机会。人们相互喜欢，在很大程度上也是因为对方具有值得喜欢的某种特质。这需要相互接触才能逐渐了解，邻近性就为人们提供了相互了解的机会。其作用过程是“邻近—交往—了解—喜欢和吸引”。

但是，邻近性并非总是增进人们的喜欢和吸引，如有的人并不喜欢他的邻居，甚至还是冤家对头，说明人际关系的建立还与其他很多因素有关。总体来说，与邻近的人感情融洽，善于处理好与周围人的人际关系，是良好社会适应性的表现。有亲密融洽的关系，生活在愉快的心理氛围中，有利于工作和身心的健康发展。

（二）频率吸引

交往频率越高，越容易形成密切的关系。因为交往越多，彼此了解越深，越容易形成共同的经验和感受，促进感情强化。但是，人际交往中不能片面强调频率的作用，而忽视交往的形式和内容，如果能在高频率的基础上，加强人际沟通和感情的交流，更能促使人际关系的发展。

（三）魅力吸引

人们喜欢漂亮、有风度的人远胜过喜欢丑陋的人。如一个人有翩翩的风度、高雅的气质或幽默的谈吐、渊博的学识，人们就愿意与之亲近，其人际吸引力就大。“关关雎鸠，在河之洲，窈窕淑女，君子好逑”，就是这个道理。

人与人之间要建立良好的人际关系，第一印象具有重要的作用。第一印象的好坏，常常来自仪表的魅力。国外有些社会心理学家用“电脑约会”来研究人们外貌吸引力的影响，如沃尔斯特（Walser）等在1966年进行的实验中用计算机随机匹配男女大学生，让他们进行初次会面。该实验事先对学生做一套人格测验，看哪些特征决定他们的相互喜爱。人格测验结果是他们的才智、气质、能力、温顺、独立性或者态度都相似。但实验结果却显示：决定一对人是否相互喜欢，并再次约会的关键因素是其外貌的吸引力，外貌的吸引力和是否再次约会的相关系数为0.89。这说明外貌的魅力对人们的喜欢和相互间的吸引力有很大影响。

人们喜欢漂亮的人，同时给予漂亮的人更多的帮助。兰德（Landy）和赛格尔（Sigall）等在他们进行的一个实验中，让研究对象阅读一些文章，然后对文章的水平给予评价。有的文章附的作者照片很漂亮，有的文章附的作者照片不漂亮，还有的文章不附照片。通过对比后发现：人们对漂亮作者的文章评价高，对不漂亮作者的文章评价低，详见表11-2。

表11-2　对不同外貌作者文章的评分情况

（Landy、Sigall）

论文客观水平	作者照片状况		
	漂亮	对照	不漂亮
高	6.7	6.6	5.9
低	5.2	4.7	2.7
总计	6.0	5.5	4.3

为什么漂亮能赢得喜欢和帮助？心理学家分析认为，在人的情感中有美感的存在，人人都有追求美的愿望。尽管在不同的文化背景下对美的标准有所不同，但置身于一个人们认为美的环境中，会使人赏心悦目、心情愉快，并愿意与之亲近。这是一种精神上的酬赏。另外，仪表魅力还会产生严重的晕轮效应，通常有魅力的人被认为具有其他一系列好的品质特征。

应该指出的是，一个人的魅力虽然与容貌等先天因素有关，但并不完全取决于先天因素。魅力包括了美的容貌、优雅的举止、翩翩的风度、风趣幽默的谈吐、良好的教养等特征。在生活中，加强自身的修养，丰富自己的内心世界，这些都能增加自己的魅力，弥补自己的不足。一个人即使仪表堂堂，却举止粗鲁、毫无修养，也会遭到人们的嫌弃。

（四）能力与特长吸引

人们都喜欢有能力、有才干的人。一个人要想赢得他人的喜爱，就应表现自己的能力和特长。处于同样的情境，一个人越有能力，越会赢得人们的钦佩和信任，人们会因此而喜欢他。心理学家认为，人都有一种要使自己正确的需要。经常接触有能力的人，就可能得到某种帮助，而使自己正确，少犯错误。但是生活中也有例外的情况出现，那些被认为最有能力、最有才华的人也并非都得到人们的喜欢。太有能力而“十全十美的人”，会使人们感到不真实或者不安，使人们产生一种无能、自卑的感觉，人们就不会喜欢他，而表现为敬而远之。另外，研究认为，这种吸引力还受到一个人自尊心的影响。通常自尊心很强或很低的人，更喜欢那些没有错误的、能力非凡的人。如果这些人有缺点，就会使他们失望而不喜欢。

（五）相似性吸引

“物以类聚，人以群分”。如果一个人在很多方面与周围的人们表现一致，人们就比较喜欢他。在人际交往中，因为双方有诸多方面的相似，对所交流和提供的信息，都有相同的理解，有共同的情绪体验，能达到“情投意合”，它使彼此的思想、感情和行为互相强化，从而产生感情共鸣，引起相互喜欢和吸引。邻近性和魅力等因素，在人际交往的初期，对人际吸引有较大的影响。然而，要进一步维持和增进人际吸引，相似性因素起到很重要的作用。相似性包括以下几种：

1. 年龄相似

在不同年龄阶段，有不同的心理特征。同一年龄组的人在情感、行为，以及兴趣爱好等方面都比较接近，因此同龄人之间具有较强的亲和力。这种吸引是我们生活中最常见的友谊形式。

2. 社会地位、经历和背景相似

籍贯、生活环境、教育程度、过去的经历、经济状况等都可能影响到人际吸引。如大学里来自同一个地方的老乡或同是来自于农村的同学，就容易形成良好的人际关系。这些相似的背景和经历，能使人产生亲近感，对很多事物有一致看法，相互理解，容易引起喜欢和吸引。社会地位不一样，人们的生活方式、行为习惯、思想、情感等都有差异，因为缺乏“共同语言”，而影响到喜欢和吸引。社会心理学家将这种社会地位、经历和背景的相似性对人际吸引的促进作用称为“自己人效应”。

3. 态度和价值观相似

共同的兴趣、爱好、理想、信念及人生价值观，都会增进人际吸引。因态度和价值观的相似而引起的人际吸引具有较稳定的作用。“志同道合”的朋友，才是最亲密的朋友。不管邻近性如何，他人魅力如何，如果在态度和价值观方面有分歧，最终也可能分道扬镳。

心理学研究证实，如果一个人赞成自己的观点，而另一个人老是反对自己的观点，通常情况下，人们喜欢赞成自己观点的人。在人际交往中，如果先对对方的某些观点（尽量找出你可以接受的观点）表示赞同，或表明自己与对方有相同的态度，会使对方感到你与他有很多相似性，从而减少与你的心理距离，就会愿意与你亲近并达成良好的关系。这就是“心理名片”效应。

（六）赞扬和利他行为吸引

他人的赞扬会使人感到一种正确性，产生一种自尊的满足感。人们希望听到别人的赞美，由此也喜欢赞扬自己的人。在生活中，经常都有赞扬存在。我们可以赞扬某个人的仪表、风度、穿着打扮，同样可以赞扬对方的家庭、工作情况、社会地位等。出自人们内心真诚的赞扬是美好的，能使人得到精神上的满足，看到自己的成绩，增强自信心，从而促进人们之间的喜欢和吸引。但有的人把“赞扬”当作满足私欲或得到某种好处的手段，而无边际地对他人进行吹捧。有的人虚荣心极强，听到好话飘飘然，而不能正确把握自己。这些吹牛拍马、阿谀奉承的行为，是赞扬行为的特例，不能以此否定赞扬行为。

利他行为也是影响吸引的因素。人们喜欢那些帮助自己的人，这是毋庸置疑的。特别是一个人在困境中得到的帮助，会让人铭记终生。另外，送礼物给他人也容易引起他人的好感，增进人际吸引。但是正如赞扬一样，人们并不总是喜欢有利他行为的人。阿伦森等研究认为："我们不喜欢那样的人，他们的帮助看来附有一些绳索，这些绳索对接受者的自由是一种威胁。如果送别人礼物时要求别人回赠，人们就不喜欢接受这种礼物。"如果一个人在竞争职称名额时，送礼物给主管领导，那么企图是明显的。社会上存在着行贿受贿的不正之风，这种利他行为，并不能促进情感上的喜爱，更多的是一种买卖关系而已。因此，只有真诚地帮助他人，才能得到别人的喜欢。

（七）互补性吸引

互补性吸引包括需要的互补和个性的互补。

人际交往是为了满足人们物质和精神的需要。如果交往中双方能满足需要，并体验到这种满足感，彼此会产生喜爱、吸引，稳定和促进进一步的交往。如人有爱的需要、尊重的需要，在人际交往中，双方相互关心、彼此尊重，都从对方体验到这种满足感，那么彼此就会产生喜爱和吸引。

在个性上的相互补充，也会增进彼此的吸引。如一个支配型人格的人和一个被支配型人格的人可能成为好朋友；一个情绪型性格的人和一个理智型性格的人能够融洽相处。

（八）对等性吸引

自己喜欢他人，他人也会喜欢自己；如果自己尊重他人，也会得到他人的尊重，这就是对等性吸引。

在国外的一个实验中，安排假研究对象（他是研究者的同伙）和真研究对象共同活动一段时间，然后让真研究对象"偶然"听到假研究对象与研究者的谈话，其谈话内容是假研究对象对真研究对象的评价。这个谈话有几种情景：①假研究对象说喜欢真研究对象，对真研究对象持肯定评价；②假研究对象不喜欢真研究对象，对真研究对象持否定评价；③开始时假研究对象对真研究对象持肯定评价，过一段时间转向否定评价；④开始时假研究对象对真研究对象持否定评价，过一段时间转向肯定评价。让真研究对象"偶然"听到评价后，研究者调查真研究对象对假研究对象的好感和评价。结果显示，在①和②的比较中，真研究对象更喜欢①情景中的假研究对象；在③和④的比较中，真研究对象更喜欢④情景中的假研究对象；在①和④的比较中，④情景中的假研究对象更能赢得喜欢。

（九）个性品质吸引

一个人良好的个性品质，能增进人际吸引。人们喜欢有高尚道德情操的人，喜欢热情开朗的人，喜欢那些尊重他人、关心他人，富有同情心的人。一个聪明、爱独立思考，并有谦虚品质的人，也容易得到人们的好感。受人喜欢的个性品质被称为"人缘型人格特征"。表 11－3 列出了一些国内外学者对人缘型人格特征的研究。

表 11－3　人缘型人格特征

	最受欢迎的 10 项人格特征（安德逊研究）	受人喜欢的个性特征（我国学者对大学生的调查）
1	诚恳	尊重他人，关心他人，对人一视同仁，富有同情心
2	诚实	热心班集体活动，对工作非常可靠、负责
3	了解	持重，耐心，忠厚老实
4	忠心	热情，开朗，喜爱交往，待人真诚
5	可信	聪颖，爱独立思考，成绩优良，乐于助人
6	可依赖	重视自己的独立性和自治，并且有谦逊的品质
7	聪明	有多方面的兴趣和爱好
8	关怀细心	有审美的眼光和幽默感，但不尖酸刻薄
9	体谅	温文尔雅，端庄，仪表美
10	热忱	

二、阻碍人际吸引的因素

以上的因素如果缺乏，通常会影响人际交往，阻碍人际关系的发展。但除了以上因素外，还应注意一些对人际关系有阻碍的因素。

（一）信息交流障碍

信息交流障碍是一个影响人际关系的因素。人际交往是以彼此的信息沟通为前提，如果信息交流不能有效进行，人际关系的发展会受到影响。如相互之间语言不通，或因观点、态度不同造成的意见不合等等，都可能使双方的思想、情感、动机等不能有效表达、交流，从而阻碍人际交往。

（二）情感冲突

情感冲突会严重影响人际关系的发展。如果产生情感冲突，会给现存的人际关系带来毁灭性的打击，甚至终止彼此间的人际交往。另外，情感冲突具有“定型效应”。如果对某类人持有否定情感，会影响到与这类人中的某个人的交往，不容易与之建立良好的人际关系。

（三）不良的个性品质

不良的个性品质又称“嫌弃型人格特征”，这些个性品质是大家所反对的、厌恶的，会阻碍人际间的喜欢和吸引。如虚伪的人、自私自利的人、嫉妒心强的人，猜疑心重的人，尖酸刻薄、吹毛求疵的人，都会引起人们的反感。一个人应该加强自身修养，培养良好的品质，这对于建立良好的人际关系是很重要的。表 11－4 列出了一些不受人喜欢的人格特征。

表 11－4　嫌弃型人格特征

最不受欢迎的10项人格特征（安德逊研究）		不受人喜欢的个性特征（我国学者对大学生的调查）
1	欺诈	以自我为中心，不为他人的利益着想，有极强的妒忌心
2	稀奇古怪	对集体的工作缺乏责任感、敷衍了事，或浮夸、不诚实
3	恶意	虚伪，固执，爱吹毛求疵
4	残忍	不尊重他人，操纵欲、支配欲强
5	不诚实	对人淡漠，孤僻，不合群
6	不真诚	有敌对、猜疑和报复性格
7	做作	行为古怪，喜怒无常，粗暴，粗鲁，神经质
8	不可信赖	狂妄自大，自命不凡
9	冷漠	学习成绩好，但不肯帮助他人，小视他人
10	贪得无厌	自我期望很高，气量狭小，对人际关系过分敏感
11		势利眼，巴结领导
12		学习不努力，无组织，无纪律，不求上进
13		兴趣贫乏
14		生活无约束

第三节　人际关系的测量

在一个群体中，了解人际关系的情况，对管理者具有十分重要的意义。它可使管理者把握群体人际关系的状况和结构，以利于对群体的管理。测量人际关系的方法有很多，现主要介绍人际关系的社会测量法。

社会测量法是美国社会心理学家莫里诺（Moreno）提出的一种测量人际关系的方法，后经人们的补充和发展，日益完善，具有较高的信度和效度，并在世界范围内被广泛应用。

这种方法可以半定量测量群体中的人际关系，特别对小型群体更适用。它可以达到的目的有：①了解整个群体人际关系的性质；②了解群体中存在非正式群体的情况；③了解正式群体领导人的地位情况。这种方法以问卷量表的形式进行测量。其基本观点如下：人们相互间的“好感”“反感”和“冷淡”的情绪，可以通过人们之间的“选择”“拒绝”和“忽视”来衡量。具体方法和评价如下。

一、问卷设计和测量

问卷设计主要是问题的设计，应根据研究对象的实际情况和特点设计一些问题，让研究对象对这些问题进行选择。如工作群体中的问题，“如果调整办公室的话，你愿意和谁坐一间办公室？”“如果明天出去郊游，你愿意和谁结伴？”“谁离开这个群体，你感到愉快?”等。所提的问题不能太直截了当，如“你最喜欢谁、厌恶谁?”等，以免研究对象由于某些原因不能真实地回答。在实际测量中，所用的问题最少 2~3 个，最多可用 5~7 个。

在测量中，如果群体较大，人数较多，可以规定“选择”的人数，如最多只能选 3 人或 2 人，这是参量选择。如果总人数本身较少，只有几个人，可以不规定选择人数，这是非参量选择。

在测量前，应向研究对象解释、说明测量的目的和意义，打消他们的思想顾虑，以利于真实地回答。

二、测量的评价

（一）社会测量矩阵表

把群体成员编号，根据群体成员的编号和总人数（n）制成 $n \times n$ 的行列表（表 11－5），问卷中每个问题制成一个矩阵表。将每个成员问卷中的选择填入矩阵表。

表 11－5　人际关系矩阵表

问题：________________

选择者 \ 被选择者	1	2	3	4	5	6	7	8	9	10
1										
2										
3										
4										
5										
6										
7										
8										
9										
10										
被选择（被拒绝）人数合计										
被选择（被拒绝）分数合计										

如果问卷中仅是对某人作的选择（拒绝），只需将该选择填入某人相应空格类，最后计算某人被选择（被拒绝）的总人数。如果一个问题可以选择（拒绝）多人，并且在选择（拒绝）时排了顺序，那么将其选择和顺序转换成分值，填入相应的空格内，最后计算每个人被选择（被拒绝）的总分数。譬如，要求每个人对某一问题可以选择（拒绝）3 人，并排出第一、第二、第三选择（拒绝）顺序，那么第一选择记 3 分（第一拒

绝记−3)，第二选择记 2 分（第二拒绝记−2)，第三选择记 1 分（第三拒绝记−1)。

从矩阵表中，可以从被选择或被拒绝的人数和分数看出每个人受人欢迎和被人排斥的程度。谁被人选择多（被选分数高)，他的人际关系可能就最好，并且可以看到是哪些人选择了他。

最后，还可把各个矩阵表加以综合，以反映每个人总的好恶关系。

（二）人际关系图

把彼此间喜欢和不喜欢的关系用图来表示，即为人际关系图。在图中，用小圆圈表示群体中的成员，实线与虚线表示相互间的关系，箭头表示方向，实线箭头表示一个人对另一个人喜欢、友好，虚线箭头表示一个人对另一个人不喜欢、排斥。

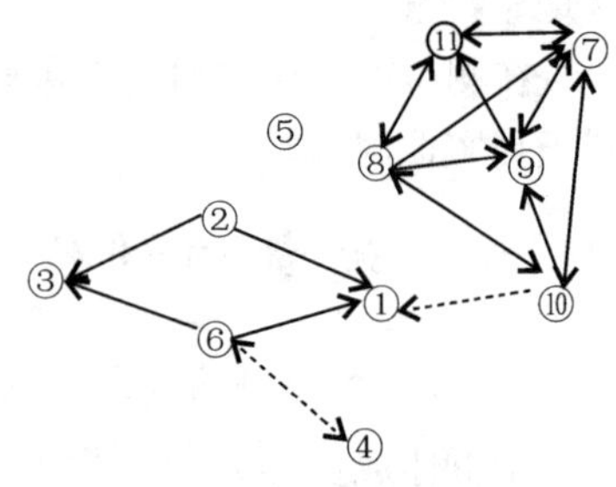

图 11－1　人际关系图例

①⟶② 1对2友好，2忽视1

①┈┈>② 1对2不友好，2忽视1

①⟷② 互相友好

①⇄② 1对2友好，2不喜欢1

①<┈>② 彼此不喜欢

图 11－1 是一个 10 人的科室的人际关系图例。从图上可看出，这个科室的总的人际关系一般，相互实线的选择不是太多；科室的领导者（1 号）地位不是很强，只有 2 号和 6 号喜欢他，而 10 号对他表示反感；在这个科室中存在非正式群体，7,8,9,10 号相互之间抱成团，并以 9 号为中心。

（三）人际关系指数

人际关系指数分为两大类，分别评价个人人际关系和群体人际关系，其实质是用分数来表示群体中个人或群体的人际关系情况。

1. 评价个人的人际关系

(1) 受选指数：表示一个人在群体中受人欢迎的程度。

$$受选指数 = \frac{被人选择的数目}{n-1}$$

公式中的 n 表示群体总人数。如一个 10 人的群体中，假设有 5 人选择愿意与甲“同坐一间办公室”，那么，甲在这个问题上的受选指数是 5/(10−1)=0.56。指数范围为 0～1。

(2) 受拒指数：表示一个人在群体中受人排斥的程度。

$$受拒指数 = \frac{被人拒绝的数目}{n-1}$$

(3) 社会地位指数：表示一个人在群体中受人重视的程度。

$$社会地位指数 = \frac{被人选择的数目 + 被人拒绝的数目}{n-1}$$

2. 评价群体人际关系

可用内聚力指数来评价群体人际关系。

$$\text{群体内聚力指数}=\frac{\text{群体中实际相互选择的数目}}{\text{群体中应有的相互选择的数目}}$$

第四节 人际关系能力的培养

在一个人的生活与事业中，人际关系占有重要的地位。“天时不如地利，地利不如人和”，是人们对人际关系重要性的精辟概括。有的人不善于处理人际关系，不谙为人处世之道，常与人发生冲突，被人孤立，或整日处于紧张、压抑和痛苦的心情中，既影响了身心健康，也为事业的发展带来障碍。有的人虽有搞好人际关系、与人和睦相处的主观愿望，但在实际交往中却事与愿违。有的人老是抱怨别人对自己刻薄，或者得不到别人的理解。有些领导者在未走上领导岗位前，与人相处尚能和谐、融洽，而在成为领导者后，人际关系却紧张起来，甚至与要好的朋友也慢慢疏远。对于以上情况，人们并非不愿意搞好人际关系，而可能是因其人际关系的能力存在问题。培养、提高人际关系的能力对每个人都极为重要。

一、人际关系的基本能力

人际关系的基本能力包括人际关系的感受能力、适应能力、协调和处理能力。

（一）人际关系的感受能力

人际关系的感受能力也称人际敏感性或人际感受性，主要指人们对别人的思想、情感、需要和动机的认识与体验能力，以及对周围人际关系变化的敏锐洞察力，对自己行为后果的预见能力。人际关系的感受能力是人际关系能力的基础结构部分。

（二）人际关系的适应能力

人际关系的适应能力主要指适应自己与他人、他人与他人人际关系的变化，不断根据变化了的人际环境调整自己的思想、情感和行为方式的能力。有了人际关系的适应能力，一个人在不同环境中和不同情景下，才能游刃有余，妥善处理人际关系。

（三）人际关系的协调和处理能力

人际关系的协调和处理能力指通过自己的行为有意识、有目的地影响人际关系变化与发展方向的能力。人际关系的协调、处理能力是在敏感性和适应性的基础上发展起来的，体现了人际关系的能动作用。一个人不能仅仅是去感受别人的思想、情感，以及被动地适应人际关系，还需要主动把握和改造人际关系。只有人际关系的感受能力和适应能力，而没有主动改造人际关系的能力，一个人也只能是随波逐流，在应付环境的变化中了其一生。

以上 3 种人际关系的能力缺一不可。要提高其人际关系能力，需要每个人在生活与工作中不断地实践、锻炼并总结经验。

二、敏感性训练

敏感性训练（sensitivity training）也称为 T 组训练（T group training），这是西方

国家广泛用来培养、提高领导者和管理人员的人际关系能力的一种方法。在西方管理心理学中有一种认识，即领导者容易缺乏人际关系的敏感性，长期在一个领导岗位任职，特殊地位可能造成他们唯我独尊、武断专横的粗暴的管理方式。他们不顾下属的思想、情感，也不会去预见自己的行为后果，随意斥责下属，使上下级关系受到影响。通过敏感性训练，可以提高领导者和管理人员的人际关系能力。

（一）敏感性训练的目的

敏感性训练要达到的目的有：①增强对别人需要、动机、情感及其表达方式的敏感性；②通过观察别人的反应和体验自己的情感变化，提高洞察自己行为的后果并从中吸取教训的能力；③提高使自己的行为既符合自己的价值观念、行动目标，又与外在环境相吻合的能力；④提高活动技能，使意图、行为和行为后果一致。

（二）敏感性训练的方法

（1）成员由互不相识的各个单位、部门的领导者或管理人员组成，即组成一个“陌生人群体”，一般为 10～15 人。

（2）训练的方式是非指导性、未经组织的群体自由讨论。

（3）讨论的内容是身边发生的事情，即训练过程中发生的事情，不涉及工作上和社会观念上的问题。

（4）主持人只是以辅导员的身份出现，为讨论提供必要的一些帮助。

在训练中，领导者失去了平时的人际关系氛围，也没有日常行为的观念和规范的约束，大家地位平等。领导者也不能指望别人对自己言听计从、唯唯诺诺。在这种环境中的讨论，他们的感受和平时工作环境中的感受可能完全不同，他们变得小心翼翼，对别人的思想、动机、情感更为关心，对自己的行为后果、别人的反应也更加敏感。在适当的时候，主持人对他们在讨论过程中的一些言行和表现提示出来，供大家分析、讨论、体验和揣摩。最后，使大家认识到敏感性的意义和重要性，并提高自己的敏感性。

案例分析

蓝风是大三的学生，是学生干部，学习成绩优秀，但人际关系较紧张，不仅与寝室同学相处不好，就连班上的许多同学也无法正常交往，在同学们心目中，他是一个清高、傲慢的人，实在不好接近，虽然优秀，但对他的其他方面则不敢恭维。蓝风也为此很头疼，只要是他主持的活动项目，同学们似乎都有意不参加，好像故意和他作对。而他本人长期坚持的做人准则就是：我行我素，万事不求人。他几乎不接受别人的帮助，也认为自己没有帮助别人的义务。他成绩好，可每当班上同学向他求教时，他要么说不知道，要么就在给别人讲完之后，将别人奚落一顿，有时还要加上一句“拜托你上课时认真听讲，下次不要再来问我这么简单的问题”。时间一长，同学们都不愿意与他交往，他的人际关系越来越差。蓝风也对自己的人际关系状况十分不满意，感到孤独，没有归属感，有时孤独感令他窒息，他焦虑甚至恐惧，但不知如何入手改善现状，因为他自己也纳闷：我究竟有什么问题？

问题 1：你如何评价蓝风的人际关系状态？

问题 2：在此案例中，蓝风的主要问题在哪里？

问题 3：如果蓝风希望改善人际关系，你有何建议？

（岳　琳　常　巍）

第十二章　管理中人际沟通与冲突

学习目标

通过本章的学习你应该能够：

掌握　有效人际沟通与处理人际冲突的技巧，并应用于实际工作中。

熟悉　人际沟通的渠道、PAC分析理论以及群体冲突的解决方法。

了解　人际沟通与人际冲突的基本概念、类型等。

第一节　人际沟通

一、人际沟通概述

（一）人际沟通定义

沟通（communication）通常翻译为联络、通信，指通过一定的联络渠道，传递和交流信息的过程。沟通可以是机器之间的信息交流，如电报、计算机自动控制网等；也可以是人与机器的交流，如人使用计算机。在现代管理中，信息是重要的资源，对外交流和对内的意见收集都依赖于信息的良好沟通。同时，群体中良好的人群关系，其开始建立与继续维持，或改变员工态度等，也都有赖于沟通和联系。沟通是影响心理和行为的工具，一个有效的管理者的工作时间有70%用于信息的沟通。因此，沟通受到管理学者的普遍重视。

（1）人际沟通（interpersonal communication）指的就是人与人之间传递和交流信息的过程。

（2）在管理心理学中，研究重点是工作群体中人与人之间的信息交流问题。

在人际沟通过程中，必须具备3个要素，即信息发递者、信息本身、信息接受者。人际沟通遵从信息传递的一般规律，其相应的模型见图12-1。信息发递者将要传达的信息进行编码，选择一定的途径传递出去，信息接受者接受到信息后，对信息解释、理解，然后将自己收到的信息再反馈给信息发递者。

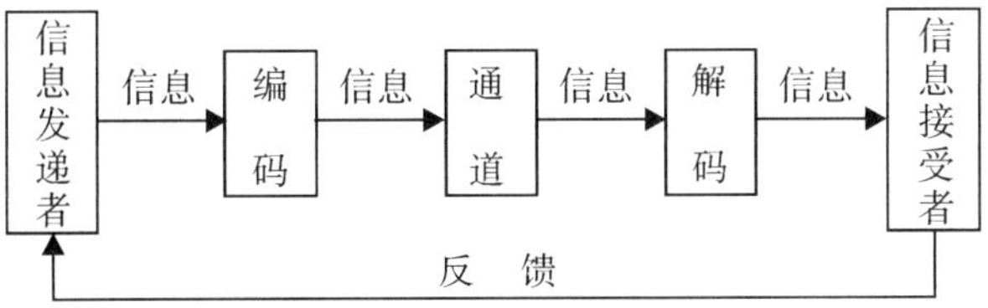

图 12－1 信息沟通过程模型

（二）人际沟通的特点

虽然人际沟通遵从信息沟通的一般规律，但毕竟人是有思想和独立思维能力的主体，而且人有不同的个性和不同的背景，因此人与人之间的信息交流有自己的特殊性。

（1）人际沟通主要通过语言来进行，除口头和书面语言外，表情、姿势等身体语言在沟通中也起到一定作用。

（2）人际沟通不仅是消息的交流，还是情感、思想、态度、观点的交流。

（3）沟通过程中，心理因素有着重要意义，相互之间的需要、动机、目的、情绪等都会影响到沟通。

（4）沟通过程中会出现特殊的沟通障碍，如人的地位、背景、职业、信仰、知识、经验、观点等差异会引起沟通障碍。

（三）人际沟通的作用

（1）人际沟通是管理的必要工具。一个组织通过沟通，可以对外联络，搜集情报资料，了解外部环境各种变化的信息。通过内部沟通可以了解员工的需要、群体士气、各部门之间的关系、管理的效能等，以作为决策的参考。而且组织决策的有效贯彻执行，也必须通过沟通来进行。

（2）通过人际沟通可建立和改善人群关系。人际沟通能增进上下级、同事以及科室之间的彼此了解。同时，个人也因情绪得以表达而感到心情舒畅。因此，人际沟通能减少人与人之间不必要的冲突，鼓舞士气。

（3）人际沟通可满足人们的心理需要。人与人在思想情感上的交流，可以解除紧张，寻求同情和友谊，满足自己对爱、尊重等精神上的需要。

（4）通过人际沟通可改变人们的行为。领导者将自己的知识、经验、意见等告知被领导者，影响下属的认知、思想及态度体系，进而改变其行为。

二、人际沟通的类型

（一）根据组织系统分类

根据组织系统可将人际沟通分为正式沟通和非正式沟通。

1. 正式沟通

正式沟通是通过组织明文规定的渠道进行信息的传递和交流。组织对外与其他组织的公函来往及洽商会谈等，如卫生部门文件传递、疫情报告制度等都属于正式沟通。在组织内如命令传达、各项通知、主管讲话、定期或不定期的会议制度、下级向上级逐级汇报等也属于正式沟通。

在正式沟通中，按信息流向又可分为上行沟通、下行沟通、平行沟通三种。

（1）上行沟通：即下级向上级的工作汇报、意见反映等等。如科长向院长汇报工作、提出建议，卫生防疫部门向卫生厅，甚至到卫计委的疫情报告等都属于上行沟通。领导者应重视信息的上行沟通，保持通道的畅通，并积极鼓励下级向上级反映情况。只有这样，上级才能掌握全面的信息，以利于作出正确的决策。

国外研究表明，自下而上的信息，到上层部门容易被忽略，不一定能受到注意。而且，在自下而上的过程中，信息的许多细节被抽去。

（2）下行沟通：即上级向下级的指示、命令的传递，如上级将所拟定的组织目标、管理政策、工作程序传达至各层次的下级。下行沟通是组织内最常见的一种沟通形式。有研究表明，自上而下传送信息时，信息会逐级添加许多细节，如易出现搁置、误解、失真、歪曲等现象。

（3）平行沟通：也就是横向联系，是组织结构中处于同一阶层的单位间或个人之间的沟通，常具有业务协调的作用。如科室之间业务往来进行的信息交流，同科室人员之间的信息交流等。

正式沟通的优点：信息可靠性强，正式、严肃、约束力强，有一定的连续性和稳定性，可以使信息沟通保持权威性。

正式沟通的缺点：依靠组织系统层层传递，沟通速度慢、刻板，同时存在着信息失真或扭曲的可能。

2. 非正式沟通

非正式沟通是指所有正式沟通渠道以外的信息传达与意见交流，如员工间的私人交谈及一般流传的小道消息等。非正式沟通不但表露或反映人们的真实思想与动机，同时也常提供正式沟通难以获得的“内幕消息”。因此，管理者在建立通畅的正式沟通渠道的同时，也应非常重视非正式沟通。现代管理理论提出了一个新概念——“高度的非正式沟通”。它指的是利用各种场合，通过各种方式，排除各种干扰，来保持他们之间经常不断的信息交流，从而在一个团体、一个企业中形成一个巨大的、不拘形式的、开放的信息沟通系统。管理者充分利用这种“高度的非正式沟通”以获取各种资料信息。

非正式沟通的优点：沟通形式灵活，直接明了，速度快，省略许多繁琐的程序，容易及时了解到正式沟通难以提供的信息，真实地反映员工的思想、态度和动机。

非正式沟通的缺点：沟通难以控制，传递的信息不确切，容易失真、被曲解，并且它可能促进小集团、小圈子的建立，影响员工关系的稳定和团体的凝聚力。

（二）根据沟通的方法分类

根据沟通的方法可将人际沟通分为口头沟通、书面沟通和非言语沟通。

1. 口头沟通

口头沟通指借助口头语言进行的沟通，如演讲、讨论、会谈、电话联系等。

口头沟通的优点：①简便易行，灵活迅速；②辅助运用身体语言（表情、体态、手势），具有亲切感，增加了沟通的效果；③可自由交换意见，及时反馈。

口头沟通的缺点：①信息保留时间较短；②受到口头表达能力的影响；③口头沟通

一过即逝，无法回头再追认；④信息在沟通过程中易被歪曲。

2. 书面沟通

书面沟通指借助书面语言进行的沟通，如布告、通知、刊物、文件、书信等。

书面沟通的优点：①具有权威、正确性，不易在传达过程中被歪曲；②可以反复阅读、研究，信息接受者可以按照自己的情况阅读以求了解；③可以长期保存备案。

书面沟通的缺点：①信息对语言文字的依赖性强，沟通效果受文字修养的影响大；②对情况变化的适应性较差；③缺乏背景信息支持，如信息接受者未能理解，不能解释和及时反馈。

3. 非言语沟通

非言语沟通是指借助非语言符号进行的沟通，如姿势、表情、动作等。

非言语沟通的优点：①具有语言文字所不能替代的表情达意作用，更适合于表达情感和心理状态；②特殊情况下，常常代替言语来表达意思；③可借助非言语符号调整和传递沟通意向变化信息。

非语言沟通的缺点：①所传递信息自然化、模糊化、弥散化和情绪化，使信息更加复杂；②与言语沟通相比，非言语沟通效率低，耗费时间长；③不能及时提供信息的反馈，发出者难确定接受者对信息的正确理解。

（三）根据沟通双方的地位是否互换分类

根据沟通双方的地位是否互换，可将人际沟通分为双向沟通与单向沟通。

1. 双向沟通

在双向沟通中，信息发递者和信息接受者的角色可以互相改变。信息发递者发出信息后，信息接受者可以及时反馈自己的理解和意见，信息在彼此间传递。

2. 单向沟通

单向沟通是信息发递者和信息接受者保持固定的地位，信息从信息发递者到信息接受者单方向流通，信息接受者处于被动接受信息的地位。如一个单位作报告、发指示、讲演等，听众不能发问、反馈，视为单向沟通。

3. 双向沟通与单向沟通的比较

由于信息沟通的双方角色地位不一样，信息反馈程度不一样，单、双向沟通的效果就有差别。美国心理学家莱维特（H. J. Levitt）对此进行了研究。他在一张纸上画出一系列依次连接的长方形，长方形的连接有一定规则，这张纸由研究者掌握。研究对象需要按照研究者的指示把样纸上的这一系列长方形画出来。在单、双向沟通中，研究者和研究对象面临的情景不一样：

单向沟通：研究对象（信息接受者）需背对研究者（信息发递者），以免有视觉沟通；研究者给研究对象发出指示，要求画出纸上的图形；研究者只许用语言表达；研究对象不能发问和做出动作等反应，相互间不得交谈；研究者尽快说明长方形的连接模式。

双向沟通：研究者面对研究对象，有视觉的交流；研究对象可以提问要求研究者回答；研究对象仍不能相互交流。

通过以上实验，莱维特对单向沟通和双向沟通进行了比较：

（1）速度上，单向沟通比双向沟通快。

(2) 内容的正确性方面，双向沟通优于单向沟通。

(3) 秩序上，单向沟通显得安静规矩，双向沟通则显得喧闹、无秩序。

(4) 双向沟通中，信息接受者对自己的判断比较有信心。

(5) 双向沟通中，信息发递者有较大的心理压力，因为随时可能受到信息接受者的批评或挑剔。

(6) 沟通前的准备：单向沟通中，信息发递者需要较长的时间和较多的计划。而双向沟通中，信息发递者无法做一套定型的计划，需要随机应变的能力。

(7) 双向沟通能起到有效的沟通，增进彼此的了解，建立良好的人际关系。

由此可见，单向沟通和双向沟通各有其优缺点，组织管理中应该采取哪种沟通方式较为适宜，应因人、因情境而定。通常认为：①一个组织如果只重视工作的快速与成员的秩序，宜用单向沟通；②大家熟悉的例行公事，低层的命令传达，可用单向沟通；③如果要求工作的正确性高，重视成员的人际关系，则宜采用双向沟通；④处理陌生的新问题，上层组织的决策会议，双向沟通的效果较佳；⑤从领导者个人来讲，如果经验不足，无法当机立断，或者不愿下属指责自己无能，想保全权威，那么单向沟通对他有利。

4. 制约双向沟通的因素

在管理工作中，要实现有效的双向沟通，特别是上下级之间的沟通，会受到很多因素的影响。

首先是沟通双方的心理差异问题。在沟通的双方中，由于上级地位、权力的存在，他可以对下级的利益、成就、发展等带来影响。在下属心目中，对上级有一种“心理巨大性”，而对自己则存在“心理微小性”的心理状态。由于这种心理的不平衡，使下属不能在上级面前畅所欲言。

另外，有些人不能容忍不同意见，武断专横，经常指责、讥笑和攻击人。在这种情况下，其他人常不能大胆表达意见。下属在上级面前可能先对汇报资料进行筛选，投其所好，报喜不报忧。

要实现有效的沟通，领导者要能够摆正位置，多与下属接触，平易近人，创造一个宽松的环境，努力消除下属的心理差异。同时，领导者要鼓励下属表达意见，畅所欲言；对别人要大度，能容忍不同的意见；保持畅通的沟通渠道。

三、人际沟通的渠道

在人际沟通中，信息通过一定的渠道互相交流。交流的渠道所组成的格式称为沟通网络。沟通网络可以反映一个群体的结构，也可以表明组织中的权威系统。信息沟通的有效性与它的沟通网络结构有很大的关系。

(一) 正式沟通渠道

莱维特等人通过实验对正式沟通的网络进行了研究，并提出了5种沟通网络，如图12-2所示。图中假设由5个人组成的群体进行双向信息沟通，圆圈表示沟通者，箭头表示沟通方向。

圆式沟通表示5人之间依次联系沟通，也可表示3个层次的组织结构的沟通，即第一级对第二级的二人建立联系沟通，第二级再与各自底层联系，底层工作人员之间建立横向联系。

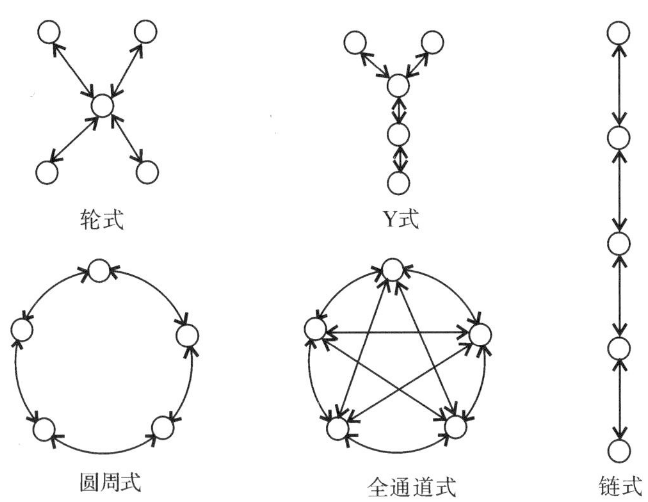

图 12－2　**正式沟通网络**

轮式沟通表示主管人员居中，分别与 4 个下级人员沟通，下级人员之间没有交流。

Y 式沟通表示 4 个层次逐级传递，第二级有两个上级与他发生联系。

全通道式沟通表示组织内每个人都可以与其他 4 个人自由沟通，无中心人物。

链式沟通表示信息依次逐级传递。

以上几种形式的沟通网络各有不同的效果。比较发现，轮式沟通的速度最快；圆周式沟通成员的士气最高；解决简单问题时，轮式和链式沟通效率最高；解决复杂问题时，圆式和全通道式沟通最有效；Y 式沟通兼有轮式和链式沟通的特点，即工作速度快，但士气较差。

在管理中应根据不同的情况选择适宜的沟通方式。如果需要沟通速度快并容易控制，则轮式沟通网络较好，而且轮式沟通网络中居于中心地位者因获取情报资料的来源多，具有较大的权力、自信和自主性，心理上较满足；如果需要群体中具有高昂的士气，则圆式沟通网络较为理想；如果需要小圈子内的人相互间彼此能自由、平等地交流信息，比如决策组人员或某委员会等，可以运用全通道式沟通；如果组织非常庞大，需要授权分层管理，则链式沟通网络是比较有效的。

（二）非正式沟通渠道

一个组织除了以上的正式沟通渠道外，还存在着非正式沟通渠道，群体中的信息传播常大量通过非正式沟通渠道进行。一个单位中经常出现小道消息、流言蜚语等，就是依靠非正式沟通渠道传播。非正式沟通渠道也有一定的规则，戴维斯（Keith Davis）等对此进行了研究，并提出了非正式沟通渠道的网络，见图 12－3。集束式的传播是把小道消息有选择地告诉自己的朋友和有关的人，然后再传播给其他人，它是传播小道消息最普通的形式；流言式传播是某一个人主动把小道消息传播给其他人，这个人成为信息“发布中心”；偶然式传播是按偶然的机会传播小道消息，碰上谁就传给谁；单线式传播是通过一连串的人，把消息传播到最后一人。

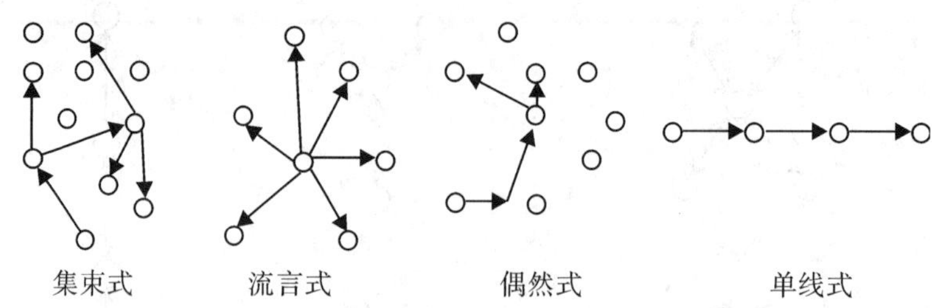

图 12－3 非正式沟通网络

戴维斯在《管理信息沟通与小道消息》的文章中还介绍了他对一个公司 67 名管理人员的调查研究。他采用顺藤摸瓜的方法追索小道消息的来源，发现只有 10%的人是小道消息的传播者。有两名心理学家对政府机关的人员进行调查，结果发现传播小道消息的人也是在 10%左右，而且发现传播小道消息的几乎是固定的那些人，绝大多数的人是听了不传。

组织中的小道消息，特别是一些流言蜚语，可能给组织带来不良的影响。心理学家赫尔希（Hershey）曾对在 6 个单位传播的 30 种“小道消息”进行分析，结果只有 6 件属实，16 件属无中生有，5 件信息被歪曲。但小道消息并非毫无用处，在一定条件下它可能成为正式沟通渠道的补充形式。小道消息有些是不可信的，但有些小道消息也是合乎事实的。改善小道消息的办法是保持正式沟通渠道的畅通，用正式的消息来驱除小道消息。

四、相互作用分析

相互作用分析也称为人格结构的 PAC 分析理论。其理论基础建筑于心理上的“自我状态”。该理论认为每个人的人格结构中有 3 种自我状态，即父母自我状态、成人自我状态和儿童自我状态。这 3 种状态在一个人的成长过程中逐渐形成，并成为每个人人格结构的组成部分。当两个人进行沟通时，双方都以各自的某种状态出现而进行交流。

（一）PAC 结构状态

P 状态：指父母自我状态。这种状态以权威和优越感为标志，表现为统治、支配、教训、责骂以及其他专制的作风。其行为常表现为：凭主观印象办事、独断专行、滥用权威。讲话口气常是“你必须……”“你可以……”“你不能……”等。这种状态可以用“权威”“教诲”来形容。

A 状态：指成人自我状态，以客观和理智为标志，注意事实资料的收集和客观理智的分析。其行为常表现为：待人接物冷静、慎思明辨、尊重别人。口气常是“我个人的想法是……”“情况是这样的……”“让我们来……”等。这种状态可以用“理智”“逻辑”形容。

C状态：指儿童状态，像婴儿的冲动，表现为服从和任性。其行为常表现为：无主见、喜怒无常、遇事退缩、感情用事、易激怒。口气常是“我猜想……”“我不知道……”等等。这种状态可以用“情感”“感觉”来形容。

上述3种心理状态，汇合成一个人的性格，而且蕴藏在人的潜意识中。但在每个人身上，三者的比重各不相同。如有的人以父母自我状态占优势，与人交往时，总是指挥、训斥他人。而对方如果也是以父母自我状态占优势的人，那么交往时容易出现人际冲突。

具有不同比重心理状态的管理者，其管理的行为表现有差异。有人提出了管理人员应有的心理状态结构，并指出了培养的方向和途径，见表12－1。

表12－1　管理人员PAC的结构和行为特征

PAC结构			行为特征
P状态	A状态	C状态	
高	低	高	喜怒无常，与其难共事，个人支配欲强，有决断，喜欢被人歌颂、捧场和照顾
高	低	低	墨守成规，照章办事，家长作风，养成下属的依赖性；是工业革命时代的管理者，现在不合潮流
低	低	高	有稚气，对人有吸引力，喜欢寻求友谊，用幼稚的幻想进行决策，不是称职的领导者（但讨人喜欢）
低	高	低	客观、重视现实，工作刻板，待人比较冷淡，与其难共处；只谈公事，从不谈私事，别人不愿与他谈心
高	高	低	容易把“父母”的心理状态过渡到“成人”状态，给予一定时间的学习、实践，可望成为成功的企业家
低	高	高	是理想的管理人员，“成人”和“儿童”的良好性格结合在一起，对人对事都能搞好

（二）PAC交流的类型

两个人在一起的相互沟通，按其PAC三种状态，可以有多种沟通类型。具体类型如下：

（1）P对P的沟通型：双方的行为表现都比较武断。

（2）A对A的沟通型：双方都是以理智的态度对待对方。

（3）C对C的沟通型：双方都容易诉之于感情。

（4）P对C的沟通型：双方表现出权威与服从的行为，一方以长者权威自居，另一方亦能顺从服帖。

（5）C对A的沟通型：一方表现小孩子脾气，而另一方表现出理智的行为。

（6）P对A的沟通型：一方表现为有理智，但又担心自己控制不住自己，故要求另一方担任P的角色，起到对自己的监督和防范作用。

（7）AA对PC的沟通型：一方要求另一方以理智态度对他，但是另一方则以高压方式对待。

（8）AA 对 CP 的沟通型：一方是理智的，而另一方则易要性子、感情用事。

（9）PC 对 PC 的沟通型：一方是高压、命令、指责；另一方不服，也以同样方式回敬。

（10）CP 对 CP 的沟通型：双方都喜欢夸大、自傲，要脾气。

在以上的各种沟通中，存在着互应交流沟通和交叉交流沟通两种情况。互应交流沟通是指一种符合正常人际关系的、在自然状态下的适当的反应，即为人所预期的反应。互应交流沟通相互作用是平行的，可使双方的谈话得以继续进行下去。交叉交流沟通是指没有适当的反应和预期的反应，相互作用是交叉的，谈话常常不能继续进行下去。

相互作用分析所提倡的是每个人都应以成人自我状态来控制自己，并以此和对方进行沟通，尽量做到客观、理智，而不是任性、感情用事和训斥、责骂别人。每个人应克服自己不良的自我心理状态，在实践中训练，培养自己的成人自我状态，尽量采用“成人”的反应处理问题。

五、人际沟通的技巧

人际沟通是一门艺术，是建立人际关系的重要方式和手段。在与人交往的过程中，同样的目的、不同的实现方式，往往会导致天壤之别的结果。为了使人们在人际交往活动中达到预期的效果，下面介绍一些常用的沟通技巧。

（一）语言沟通技巧

语言沟通是利用语言进行的沟通活动，是人们在特定的时空环境中以有声语言为主要媒介交流思想、联络感情、沟通信息、商讨问题的一种有效手段。语言沟通是一种可能性最大、最准确、最有效的沟通形式。这种形式无论是在人际交往中还是组织管理沟通中都发挥着重要的作用。

与其他沟通方式相比，语言沟通有如下优点：第一，可减少误会的发生，即使有误会也可以迅速澄清；第二，能使沟通双方从面部表情、语音、语调等的变化分析对方的信息反馈，以便及时调整沟通方式、策略，从而使沟通效果更明显；第三，感情传递更直接、快捷，能很好地强化积极的人际关系。在一个组织当中，不管是上下级之间还是同级之间，不管是内部各组织之间还是各组织与外部公众之间，都离不开语言沟通这一方式。

人际交往过程中需要注意的语言沟通技巧如下：

（1）发音规范，吐词清楚，语调恰当，音量合适。正确而恰当的发音，有助于一个人准确地表达自己的思想。沟通者只有清晰的发音，才能清楚地表达自己的思想，使自己传递的信息在听话者接收时不至于存在困难或误解，这样自己才能自信地面对沟通对象。人们要避免在沟通当中发音不当、含糊不清、无精打采。同时在语言沟通时，我们应保持说话的语音、语调与所谈及的内容相配合，根据沟通对象、沟通场合的变化而变化，尽量控制好自己的情绪、心态，调整好自己的语音语调。

（2）语气积极向上，平易近人。在沟通当中，有了恰当的语气才能直接反映说话者的立场、态度及心境，才能使其言谈富有形象性、情感性以及个性色彩，从而提高表达的艺术魅力。应当尽量避免使用那些贬低对方或者说教式的言辞，杜绝粗鲁的表达方式。

(3) 语义准确贴切、简洁明快、通俗易懂、形象生动。要求阐述事物、表情达意都要真实、客观。说话首先一定要注意切题，有的放矢，围绕沟通目的展开自己的话题，不说不着边际的废话。其次语言应尽量做到简洁精练，让对方迅速明白话的内容，让问题能在最短的时间内得以解决。另外选择通俗易懂的语言直抒其意，使沟通对象一听就能领会理解。最后在沟通过程中适当地运用形象生动的修辞手法，恰当表现自己的幽默感，能为沟通带来意想不到的好效果。

(二) 非语言沟通技巧

人际交往中的沟通除了语言沟通以外，还包括非语言沟通。非语言指那些包括目光、面部表情、身体运动、触摸、体态、身体间的空间距离等在内的非语言信号。它们在沟通中对语言沟通起着重要的辅助及补充作用。人际交往过程中需要注意的非语言沟通技巧如下：

(1) 衣着得体，简约大方。人的装扮和修饰是一种文化现象，反映一个人的性别、年龄、职业、地位，也反映着一个人的社会角色、性格和情绪倾向。在社会交往过程中，我们应分场合、分对象着不同装束，大方得体，给人留下好印象。

(2) 目光沉着稳定，热情自信，合适的目光接触。眼睛是心灵的窗户，通过眼睛可以表达和传递个体的内心真实情感。柔和的目光，亲切的注视能带给沟通者极大的好感；相反，如果带着明显的苦恼、抑郁的神色，目光游离、呆滞、视线回避，眼神就能表达其内心的紧张不安、局促、无奈或某种掩饰。

(3) 身体语言既严肃又亲切，既温暖又平等。如站立时脊背要挺直、双眼平视、充满自信和乐观。坐下时双肩放松，身体略向前倾，双腿平行或交叉，手势可以加强信息传递，但不可太多。动作不宜太大或太夸张等。

在人际交往过程当中，我们应始终保持自信的态度，善于体谅他人，善于询问与倾听，并且适当地运用语言与非语言的沟通技巧，必将帮助我们建立良好的人际网络。

六、人际沟通的改善

(一) 人际沟通的影响因素

在人际沟通的过程中，有许多因素会影响沟通的效果，使双方的沟通出现障碍。

1. 语言和表达能力

双方如果根本不懂对方的语言，交流就不能进行。另外，语言若表述不清，有方言、土语以及高深的术语等，也会造成不理解和误解。

2. 思想上的差异

由于人的社会地位、教育背景等差异，人的兴趣、态度、理想、情绪、性格、气质等各方面的个性特点不一样，在理解和认识上会出现差异，通常出现没有共同语言，由此造成沟通障碍。

3. 心理因素

由于信息接受者和信息发递者的心理不平衡，容易造成沟通失真。如领导者在下属心目中的“心理巨大性”和下属对自身的“心理微小性”差异，使下属不能畅所欲言。

信息接受者如果不信任信息发递者，或带有敌意，就容易歪曲沟通的内容。

4. 沟通动机和意愿

在沟通时，既有消息的传递，也有思想、情感、动机、理想、态度的交流。有些人在沟通时，未能觉察到对方的沟通动机，可能造成沟通障碍；有些人在沟通时，投领导所好，对资料进行筛选、过滤，或者按照上级的愿望进行沟通；也有人在沟通时把自己的主观臆想渗入其中。

5. 沟通方式和渠道

选择双向沟通或单向沟通，口头沟通或书面沟通等，应该根据实际情况决定。选择的沟通方式不恰当，就达不到沟通的效果。组织结构过于庞杂、层次过多、渠道不畅通，也容易使沟通信息失真。

6. 沟通时机

选择沟通的时间和场所不当，沟通的效果也会有很大的不同。如接受者心情不好或正在从事某项重要工作，这时与他沟通效果就会很差。另外，对于重要的信息宜在办公室等正规的地方进行交谈，有助于双方集中注意力，提高沟通效果；而对于思想上或感情方面的沟通，则适宜在比较随便、独处的场合下进行，这样便于双方消除隔阂。

（二）改善人际沟通的注意事项

在管理中，人际沟通的改善通常应注意以下几方面：

1. 培养和提高人际敏感性

在交往中，要了解对方的心理与行为，提高对对方的思想、情感、动机的观察体验能力，提高对自己的行为后果的预见能力。交往中应尊重、体贴他人，不强人所难。

2. 对他人有包容的态度

每个人的背景不同，其个性特点各有差异，因此在思想、认识、观点、意见上也有不同。在人际沟通中，应求大同、存小异，允许不同观点的存在，对他人的行为有所包容。

3. 尊重客观事实

沟通的信息以事实为依据，不能凭主观臆想。特别是领导者必须做到听取各方面意见，不仅愿意听取下属所报的喜，而且要倾听下属所报的忧。领导者应鼓励下属客观汇报事实，避免投其所好。

4. 使用通俗易懂的语言

发出的信息能否被信息接受者所理解，在很大程度上取决于语言是否通俗易懂。由于信息接受者各不相同，所以信息发递者所使用的语言也应因人而异。并且，最好采取面对面的直接双向沟通方式，交换意见，双方畅所欲言，避免语言上的含糊与误解。信息发递者应尽量多听取信息接受者的反馈意见，以便及时调整。

5. 提高倾听的艺术

倾听在人际沟通中占有重要的地位，有效的倾听对于改善沟通有重要的影响作用。尼柯斯（R. G. Nichols）的研究表明，管理者一天中有 70％的时间用于信息沟通，其中有 30％的时间用于谈话，40％的时间用来听取别人谈话。人在聆听 10 分钟的谈话时，大约仅有 25％的效率。因此，倾听是否有效，直接影响人际沟通的成败，进而影响管理效果。要实现有效的倾听，必须克服一些不良习惯。

尼柯斯认为，人际沟通中的不良习惯有以下10种：

（1）对谈话对方所谈的主题没有兴趣，心不在焉。

（2）被谈话对方的姿态所吸引而忽略了对方所讲的内容。

（3）当听到与自己意见不同的地方，就过分激动，不愿再听下去，对其余的信息也都抹杀了。

（4）仅重视事实，而不肯注意原则和推论。

（5）过分重视条理，而对欠条理的讲话重视不够。

（6）过多注意造作掩饰，而不重视真情实质。

（7）分心干别的事情，心不在焉。

（8）对较难的言辞不求甚解。

（9）当对方的言辞带有感情时，则听力分散。

（10）在听对方讲话时还思考别的问题，顾此失彼。

戴维斯（K. Davis）关于有效倾听的10大要点：

（1）少讲多听，不要打断对方的讲话。

（2）交谈轻松、舒适，消除拘谨不安情绪。

（3）表示有交谈的兴趣，不要冷淡或不耐烦。

（4）尽可能排除外界干扰。

（5）站在对方立场上考虑问题，表现出对对方的同情心。

（6）要有耐性，不要插话。

（7）要控制情绪，保持冷静。

（8）不要妄加批评和争论。

（9）提出问题，以显示自己充分聆听和求甚解的心理。

（10）仍是少讲多听。

第二节　群体冲突

一、群体冲突概述

冲突（conflict）指由于各种原因所引起的思想斗争、意见分歧、争论和对抗，使自己内心或彼此间关系出现紧张状态或者是由于目的、手段分歧而导致的行为对位状态。它既包括人们内心的动机斗争，也包括人们之间的争论、争吵等。

在人们的认识中，常从反面来理解冲突，把冲突与暴力、破坏、无理取闹等等同起来。但近年的研究对冲突有了新的看法，认为冲突对个人或群体而言，并非全是坏事。人们对冲突有不好的印象，是由于长期习惯于把和睦、融洽视为美德。事实上，和谐、融洽、表面上的风平浪静并不意味着群体士气的高昂，得过且过、一团和气反而有害于组织的发展。而适当的冲突反而会带来革新，促进发展。因此，冲突的性质既有破坏性，也有建设性意义。根据其性质可将冲突分为破坏性冲突（消极冲突）和建设性冲突

（积极冲突）两种。

（一）建设性冲突

凡是由于双方目的一致，而手段或途径不同所产生的冲突，大都属于建设性冲突。

1. 行为特点

建设性冲突在其发展过程中，其行为特点可以表现为以下几方面：

（1）双方对实现共同的目标都十分关心；

（2）彼此乐意了解对方的观点、意见；

（3）大家以争论问题为中心；

（4）相互沟通，信息不断增加。

2. 建设性

建设性冲突的建设性表现在以下几方面：

（1）可以增加本群体内部的内聚力、团结力；

（2）促使对自身弱点的审视、检讨，促进不同意见的发表，刺激创造的发挥；

（3）促进存在问题的表面化，可以防止事态进一步恶化；

（4）可以发觉和调整权力失调、组织结构僵化等现象；

（5）往往可以激励人们的积极性，强化工作动机。

（二）破坏性冲突

凡是由于双方目的不同而造成的冲突，容易成为破坏性冲突。

1. 行为特点

破坏性冲突的行为特点如下：

（1）双方对赢得自己观点的胜利十分关心；

（2）不愿听取对方的观点和意见；

（3）由问题的争论转为人身攻击；

（4）双方信息沟通逐渐减少，以致完全停止。

2. 破坏性

破坏性冲突的破坏性表现在以下几方面：

（1）削弱群体的内聚力，导致群体不团结，甚至瓦解；

（2）群体对抗，不合作；

（3）积极性下降，是非颠倒。

但是，这两类性质不同的冲突不是绝对的，处理得当，破坏性冲突可以转化为建设性冲突；反之，建设性冲突也会转化为破坏性冲突。对于领导者来说，应提倡建设性冲突，激发群体积极性，推动组织发展。发生群体冲突，领导者应及时、妥善地处理，避免给组织带来危害。

二、群体冲突的类型

（一）个人内心的心理冲突

由于受到各种阻碍，人们的动机不能实现，从而产生内心的心理冲突。美国心理学家勒温（K. Lewin）提出了按接近（approach）和回避（avoidance）两种倾向的不同结合来划分个人内心冲突的不同类型。如图12－4所示，圈表示一个人，“+”表示要接近目标，“−”表示要逃避目标，箭头表示接近或逃避的方向。

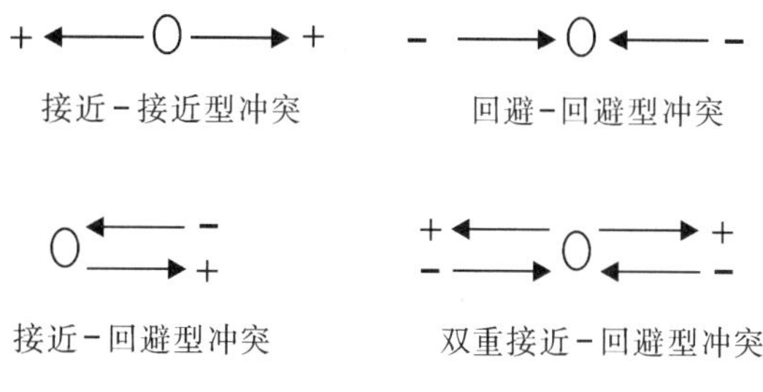

图 12－4　内心动机冲突

1. 接近－接近型冲突

接近－接近型冲突为双趋式冲突，指一个人同时具有实现两个目标的动机，而这两个目标背道而驰，处于“鱼肉、熊掌不可兼得”的动机冲突状态。要解决这样的内心冲突，只有放弃其中一个目标，或者放弃两个目标而追求另一折中目标。

2. 回避－回避型冲突

回避－回避型冲突为双避式冲突，指一个人要同时回避两个目标，回避了一个，就回避不了另一个的状态。也就是“前有悬崖，后有追兵”的动机冲突状态。解决办法一是两害相权取其轻，二是期待“柳暗花明又一村”。

3. 接近－回避型冲突

接近－回避型冲突为倾避式冲突，指一个人一方面要接近一个目标，同时又想回避这一目标的动机冲突。在这种状态下，一个人越是接近目标，回避这一目标的愿望也越强烈。解决办法是衡量得失，眼前服从长远，等等。

4. 双重接近－回避型冲突

双重接近－回避型冲突为双重倾避式冲突，这是两种接近－回避型冲突的混合模式，对两个目标都处于倾避式状态。解决办法是具体问题综合分析，选择最合适的。

（二）群体中人与人之间的冲突

群体中人与人之间的冲突主要有以下几种类型。

1. 工作中的冲突

工作的性质、任务、工作方式等不同，或对此认识有差异，可以引起相互之间的冲突；对工作的态度、工作进度和质量等方面的要求不同也可引起冲突；在工作中相互配合、协调不好也会导致相互间的冲突。

2. 利益的冲突

同事间的利益关系不能正确处理，如提工资、晋升、分福利、评先进等方面经常在职工之间造成冲突。

3. 交往的冲突

交往的冲突指交往方式、交往内容以及交往途径等方面造成的冲突。

4. 认识上的冲突

每个人在知识、经验、态度等方面都存在差异，对同一个问题有不同的观点。例如意见不合、学术观点不同等均可造成冲突。

5. 个性的冲突

人在气质、性格、能力方面的差异，以及行为习惯的不同，可能造成人际冲突。例如，有的人暴躁、孤僻、自私等，不能与人有效交往而造成相互间的矛盾冲突。

（三）群体之间的冲突

群体之间的冲突指一群人与另一群人之间的冲突。例如，科室与科室的冲突，部门与部门的冲突等。

群体之间的冲突多是由于工作上的问题而造成。如工作目标不协调、职责范围划分不清以及群体间争权利范围或推卸责任等造成的冲突。本位主义引起冲突，每个群体都为自己着想，强调本部门的工作或利益，如争设备、经费、空间等，从而引起群体间的冲突。另外，在群体间信息沟通不畅和群体间竞争也经常会带来群体间的冲突。

冲突对群体内部的影响：

（1）群体内部团结加强。

（2）群体成员对每个人心理需要的关心逐渐减弱，对完成任务的关心逐渐增强。

（3）领导的方式逐渐从民主型转为专制型。

（4）每一群体逐渐成为组织严密、纪律严明的群体。

（5）群体要求其成员更加效忠和服从。

冲突对群体与群体之间关系的影响：

（1）每一群体都把另一群体视为对立的一方。

（2）每一群体都产生偏见，只看到本群体的优点，而看不到自己的弱点；对于另一群体，只看到缺点，看不到优点。

（3）对另一群体的敌意逐渐增加，与对方的交往和沟通减少，结果是偏见难以纠正。

三、群体冲突的处理方法

矛盾、冲突的性质不同，解决的方法也应不同。一般的方法有下面几种。

（一）传统的解决方法

1. 协商解决法

协商解决法指两个相互冲突的群体可以通过交涉与谈判来解决问题的方法。由冲突的双方领导或派出代表进行协商，提出彼此的意见和条件，以谋求共同接受的办法。协商解决法要求双方顾全大局、互相让步、求同存异，这样才能有效地解决冲突。

2. 仲裁解决法

仲裁解决法指当双方协商谈判不能解决问题时，可由上级部门主管领导者或局外第三者出面调解、仲裁的方法。仲裁解决法要求仲裁者具有权威性、原则性和公正性，否则无效。

3. 权力解决法

权力解决法指当协商谈判和仲裁调解均不能解决冲突的时候，可由上级主管部门或有关权威部门做出裁决，按“下级服从上级”的组织原则，利用权威、命令强制双方服从并执行的方法。这种方法依靠强制手段迫使双方服从，它未能解决冲突的根本问题。在一般情况下不能采用此种方法。

（二）二维空间模式

除了以上传统解决冲突的办法外，也有人提到了其他的一些处理冲突的办法，现介绍一种处理冲突的二维空间模式。

处理冲突的二维空间模式是由托马斯（K. W. Thomos）等提出的。在冲突的处理中，有两类方式，即合作或武断。合作指在处理冲突时满足他人的利益，而武断指满足自己的利益。根据合作和武断的程度不同，在处理冲突时有 5 种策略，如图 12－5 所示。

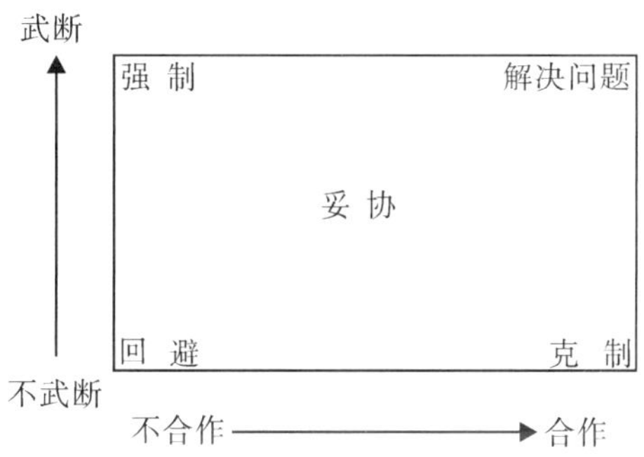

图 12－5 处理冲突的二维空间模式

强制——为了自己的利益，牺牲他人的利益，采取激烈的竞争；

克制——和解的态度，牺牲自己的利益去满足他人的利益；

妥协——双方都做一些让步，寻找一种权宜的可被接受的解决办法；

回避——对自己和他人的利益都缺乏兴趣；

解决问题——开诚合作，对于自己和他人的利益都给予高度关注，通过双方坦诚谈判解决问题。

在以上的几种策略中，“解决问题”的策略被认为是有效的。但其他几种策略并非不能使用，在具体的情景里面，应根据不同的情况选择合适的策略（表 12－2），以使冲突得以解决。

表 12－2 不同情景的冲突处理

冲突的处理方式	适合的情景
强 制	1. 当情况紧急，必须采取决定性行动时 2. 与组织和群体的利益关系重大的一些问题 3. 在重要的纪律性问题上 4. 当对方可以从非强制手段中获得益处时
克 制	1. 当发现自己错了时 2. 当问题对于别人比自己更重要时，去满足他人，维持合作 3. 树立良好声誉 4. 当和平相处是更重要的问题时
妥 协	1. 目标很重要，但不值得和对方闹翻 2. 当对方权力与自己相当时 3. 使复杂问题能暂时平静下来 4. 由于时间有限需取权宜之计 5. 当合作与竞争都未能成功时
回 避	1. 在小事情上，或面临更加重要的问题时 2. 当认识到自己无法获益时 3. 当付出的代价比得到的收益更大时 4. 当其他人可以更有效解决冲突时 5. 当问题已经离题时
开诚合作	1. 当与双方利益都有重大关系时 2. 当你的目标是向他人学习时 3. 需要集思广益时 4. 需要依赖他人时 5. 出于感情关系考虑时

（三）现代冲突理论原则

（1）维持适度的冲突：将冲突维持在一个恰当的水平。布朗（L. D. Brown）认为，冲突过多时，要设法减低；冲突过少时，要设法增加。

（2）管理重要的冲突：在管理中大约 20％的冲突是需要管理的，并不是所有的冲突都需要管理，对于不重要的冲突最好的方法就是忽视。

（3）解决冲突时避免情绪化泛滥：如果冲突发生并且需要解决，应本着废情绪化的原则来处理冲突，在非情绪化的前提下，冲突才有可能得到合理的解决。

（4）解决可解决的冲突：如果有些冲突不能予以“忽视”，但又无法解决，比如，有的员工在企业内部组织小团体活动对企业进行破坏性的对抗活动，对于这类不可解决的冲突就应予以消灭。

（5）形成反省自我习惯：在管理工作中应经常反省自我，首先考虑自己的不足，其次再考虑如何处理冲突，同时还应弄清对方思考问题的方法，这对更好地处理冲突是有益的。

四、群体冲突的处理技巧

有人存在的地方，就一定会有冲突。冲突是危险与机会并存的，冲突固然增加伤害的风险，但如果得以妥善处理，也可以是有效获得回馈、解决老问题、提高成功概率的最佳契机。在处理冲突时，通常应该注意以下几点：

1. 对事不对人

在处理冲突时，不要一味责备或批评他人。我们所寻求的是改变人们的行为方式，使其彼此互相影响，由此得出一个大家所能接受的结论。在人际冲突较少的团队常常能将实质性的议题与人身攻击区分开来。如果要学习积极克服冲突，就要让每个人的意见都有机会被倾听到，使集体充满着新的想法、观点，清除沟通和协作的障碍，缓解紧张气氛。

2. 解决问题但并不强求达成共识

解决问题需要达到的是一种“有条件的共识”，而不是强求的、无条件的共识。“有条件的共识”指的是：组织者就议题进行讨论，并试图达成共识。如果可以，就作决议；否则即由一位最相关的负责人参酌其他人的意见而作出决定。那些坚持以强制的共识解决实质冲突的团队，往往会出现很多的冲突。“无条件的共识永远能达成”是不切实际的。虽然不一定能达成共识，但要让团队成员相信作出结果的过程是公平的。因为大部分人都希望自己的意见能被审慎考虑，即使未必都被采用也能接受。这也正是提出“有条件的共识”的状况。

3. 善于利用第三方进行协调

对有些过于现实的问题或者有利害冲突的问题，团队中其他成员可能觉得不论是谁在试图争取的方面都有其自身的利益所在，这时利用第三方进行协调具有较好效果。对于第三方来说，应该激发建设性的对话，并且对所讨论的冲突提出比较有影响力的见解。因此，第三方最好需要具备一定的素质并且具有影响力，比如：在专业方面有很高的职业专长和个人才能；能高度有效控制交锋的环境和过程；对冲突双方、冲突问题和背景因素有适当的知识；拥有与直接结果、个人关系及消除冲突的方法体系等相关的中立和平衡。

4. 在冲突处理过程中注入幽默

幽默作为一种心理防御机制，可以使问题在决策的过程中免受压迫与险恶情况的困扰。通过幽默可以用较为宽阔的生命视野来面对困境，而且幽默以其模棱两可的特质，也能减弱负面资讯威胁性的棱角。说话的人可以把原先会触犯他人的言语，以玩笑的方式说出。与此同时，接受信息的人也可以在收到严肃信息时假装并非如此以保留颜面。结果就是沟通双方彼此以更有技巧且较不涉及人身胁迫的方式，交流困难的信息。幽默也因其对情绪的影响，可以将决策有效地移向合作而非竞争的架构。许多研究表明，人们在正面情绪中，不但较为乐观，对人也较能宽恕，同时在寻求解决方法时也更富创意。正面情绪使人可以较积极的理解他人的感受，因为心情好的时候，往往能放松防御，也就较能有效地聆听。

5. 组织应该建立冲突解决系统

组织机构可以通过一些综合性技术的培训，并运用仲裁、调整等其他的管理工具来建立起特有的管理冲突系统。另外，面对面解决问题，建立共同的目标，安抚、妥协，利用外部资源，改善人际关系等都是我们可以掌握的处理冲突的类型与技巧方法。

综上所述，我们应记住在面对冲突时，重点在解决问题而不是评判对与错。冲突的解决在于承认并接受人与人之间的差距。

人际沟通例子分析

1. 甲：小张是一个傻瓜，现在这个时候还在做好人好事。
   乙：她肯定是别有用心，现在的人没有那么傻。

2. 上级：小王，这件工作今天能完成吗？
   下级：如果进行顺利的话，我想是能够完成的。

3. 甲：我今天买了一件衣服好便宜，样式又好看，我太高兴了。
   乙：不要高兴过头，乐极生悲。

4. 下级：张主任，我今天不大舒服，我能回去休息吗？
   上级：可以，回去吧，留下的工作明天再做好了。

5. 下级：天这么热，办公室一台风扇都没有，我不干了。
   上级：天确实热，让我们想想办法好吗？

6. 下级：我的规划报告你看过了吗？你认为还需要怎样改动？
   上级：总体不错，最后的总结部分要加强。

7. 下级：主任，我准备结婚了，但现在房子是一个问题，我想找你谈谈房子的事情。
   上级：你工作不认真，谈房子的事倒积极，现在没有房子给你。

8. 上级：老王，卫计委要这个报表要得很急，下班后希望你留下来把它处理完。
   老王：他们为什么不干？你为什么不找别人，偏要我留下来？

9. 上级：下班后你必须留下来把这件工作做完，别想偷懒。

下级：你少来这一套！八小时以外的时间是我的，你有什么权力管我！

10. 甲：看，我的文章又在××杂志上发表了，我已在这个杂志上发表了3篇文章。

乙：有什么了不起嘛，那不过是地方办的刊物。我在国家级杂志都发表过文章。

问题1：你认为上面的沟通例子哪些是成功的，哪些是不成功的？

问题2：上面的沟通例子哪些可能继续进行下去，哪些可能造成紧张、误会，中断沟通，影响人际关系？

问题3：对于不成功的沟通例子你认为责任在哪一方？为什么？

问题4：对于不成功的沟通例子你认为应怎样改进？

（常　巍　岳　琳）

第十三章　领导的基本问题

学 习 目 标

通过本章的学习，你应该能够：

掌握　领导的定义、领导的权利及组成、有效的授权、领导的影响力及组成。

熟悉　领导与管理的区别、提高领导者影响力的途径以及领导者的真假威信等内容。

了解　威信的定义及领导者建立威信的途径。

第一节　领导概述

一、领导的定义

领导（leadership），一般可以简单地解释为率领、引导，是一种行为和活动。在现实生活中，人们对领导一词的理解是复杂而泛化的，主要有两种词性的含义。一种是名词属性的“领导”，即“领导者”的简称；一种是动词属性的“领导”，即“领导行为”的简称，指“领导者”所从事的活动。传统的管理理论认为领导是组织赋予一个人的职位和权力，以率领其下属实现组织目标。但多数行为学家认为领导是一种行为和影响力，这种行为和影响力可以引导和激励人们去实现组织目标，是在一定条件下实现组织目标的行动过程。关于什么是领导还有以下的一些解释：

领导是对一个组织起来的群体为确立目标和实现目标所进行的活动施加影响的过程（Stogdill）。

领导是影响人们使之跟随着去完成某一目标，是一门促使其下属充满信心、满怀热情地完成他们的任务的艺术（Koontz）。

领导是影响人们自动为完成群体目标而努力的一种行为（Terry）。

领导是促使一位下属按照所要求的方式活动的过程（Benis）。

领导是一种统治形式，其下属或多或少地愿意接受另一个人的指挥和控制

(Young)。

领导是一个人向其他人施加影响的过程（Donnelly）。

领导就是有效的影响。为了施加影响，一位领导者要对他的影响进行实地的了解(Chris. Argyris)。

领导是一种说服他人热心于一定目标的能力（Davis）。

虽然以上的解释有一定差异，但基本都包含了这样一些观点：

（1）领导是一个人或一群人对另一个人或一群人实施的行为，即有领导者和被领导者的存在，缺一不可。

（2）领导是一种行为，或一个动态的过程。这个过程由领导者、被领导者和所处环境 3 个因素共同构成，可用公式表示为：

$$领导 = f(领导者 \times 被领导者 \times 环境)$$

（3）领导行为的目的是带领个体、群体或组织实现既定的目标。

综合以上观点，多数人把领导定义为：

领导是指引和影响个人或组织，在一定条件下实现某种目标的行动过程。领导者(leader) 就是致力于实现这个过程的人，而领导者在领导过程中实施的行为就是领导行为。

二、领导与管理

（一）领导与管理的区别

1. 含义不同

管理理论把领导定义为“指引和影响个人或组织，在一定条件下实现某种目标的行动过程”。这个“目标”可以是组织的目标，也可能是某个小群体或者个人的目标。而管理的范围窄一些，其目标是明确的“组织目标”，即管理是指引和影响个人或组织，在一定条件下实现组织目标的过程。

2. 层次和地位不同

领导具有超脱性，管理具有操作性。领导要从根本上、宏观上把握活动过程，更多考虑长远的未来。而管理却必须注意细节问题，要通过对人、财、物、时间、信息（现代管理五要素）的安排与配置，使诸要素得到合理运用。

3. 着眼点不同

领导具有全局性，管理具有局部性。也就是说，领导侧重于战略，管理侧重于战术。领导活动注重对组织内部各个组成部分进行整体性的计划、协调和控制，而管理则是一种技术性较强的工作，其目的在于提高某项工作的效率。

4. 目标不同

领导致力于促进变革，为组织确立新的方向，寻找新的机会。管理追求的是稳定和有序，是一种程序化的控制工作。

5. 工作程序不同

管理是一套能使人和技术组成的复杂系统运转自如的程序。管理工作设计的最重要的方面有：制订计划和提出预算；组织安排和人员配备；控制局面和解决问题。领导涉及的是如何创造一流的组织。如何对它改造使之完全适应环境的要求。

6. 对象不同

领导面对的对象是人，管理面对的对象是程序和规则。从领导和管理展开的方式来看，领导比管理更具有灵活性。这一区别是因其对象不同而导致的。领导面对的对象是人，所以领导是引导他人实现组织目标的一种行动。而管理注重的是如何使程序和规则的权威性体现在人们的观念和行为之中。

综上所述，领导的超前性、全局性和超脱性决定了领导致力于整个组织发展方向的规定和变革潜力的开发，这主要体现在决策和远景目标的制定等方面，而管理则侧重于当前活动的落实。

（二）领导者与管理者的区别

1. 范围不同

管理者的范围大于领导者的范围。一般情况下把一个组织里具有法定的领导地位和影响的个人称为领导者，而把领导者和所有从事管理工作的职能人员统称为管理者，如人事、会计、统计等部门人员也称为管理者。

2. 权威基础不同

领导者和管理者依赖的权威基础及其运作方式有着明显的区别。领导者的权威基础在于职位权力与个人权力的总和，而管理者的权威基础更多地依赖于职位权力。在日常生活中，人们通常把领导者与管理者混为一谈，其实他们并不是完全相同的。尽管一个人可以同时担当领导者与管理者双重角色（如一个卫生局的科长对于处长来说，他是一个典型的管理者，但在领导该科的所有成员时，他又是一个典型的领导者），但有时候，领导者却不一定是管理者，而管理者也不一定是领导者。由于领导是一种影响力的扩展，因此领导者与其下属的关系更多的是一种追随关系和依从关系。人们往往追随那些他们认为可以提供满足自身需要的人，正是人们愿意追随他，才使他成为领导者。

3. 存在空间不同

领导者既存在于正式的组织中，也存在于其他非正规的群体中；管理者只存在于正式组织中。

4. 作用不同

领导者引领变革，管理者维持秩序；领导者走在队伍的前面，起到示范作用，管理者分布在队伍中间，起到保证与控制作用。

（三）领导与管理的联系

领导与管理在组织的实际运作过程中是很难区分的。领导与管理的联系主要体现在以下两个方面：

1. 领导是从管理中分化出来的

管理者的工作包括规划、组织、领导与控制。因此，领导是管理的一部分。

2. 领导和管理活动在现实生活中具有较强的复合性和相容性

在现代组织中，领导和管理工作很少分离，有时一位领导者既要鼓舞和引导下属，激发他们的成长意愿和成就感，发挥领导的作用；还要管理日常的行政事务，如组织资源的分配、规章制度的完善等，发挥管理的作用。因此，领导和管理是不可分的，为了实现组织目标，一个人有可能履行两种职责。在组织中，领导者的出现可能来自组织的正式任命，例如，卫生局的处长便是一种经过正式任命的领导者。但领导者的出现，也可能没有合法的基础而系自然形成的。例如，有些人由于他的高超的才能及个人魅力，对其他人有影响力，人们愿意追随他，使他成为领导者，但他不是组织正式任命的。所以，领导者既存在于正式组织中，也存在于非正式组织中。管理者是组织中有一定的职位并负有责任的人，他存在于正式组织中，管理的工作包含着领导的工作，但领导的工作并不必然包含着管理的工作；也就是说，管理者一定扮演着领导者的角色，但领导者却不一定承担管理者的职务。为了使组织更有效，应该选取领导者来从事管理工作，也应该把每个管理者都培养成好的领导者。

三、领导者的功能

由于领导者具有某些特定的功能，因此它在领导活动中起着重要的作用。领导者的主要功能有以下几个方面：

（一）确定并实施组织目标的功能

作为领导者，其首要任务是对自己所领导的组织或群体提出明确的方向和任务，并确定实现它们的途径和步骤。提出明确的目标对于组织目标的实现有十分重要的意义。一个组织的效能高低，首先取决于其目标方向是否正确。如果目标方向不对，工作效率越高，其经营管理效果就越低。有了正确的目标规划，还必须系统地设计出一系列能体现这个目标的价值指标体系，以保证对各种实施方案和结果有一个明确的、科学的评价标准。

（二）通过指挥、协调、控制去指引下属完成组织目标的功能

1. 指挥

所有组织的活动，包括企业的生产经营活动及各种生产要素的合理使用，都需要有头脑清醒、胸怀全局、高瞻远瞩、运筹帷幄的领导者的正确指挥。这样的领导者能帮助员工认清所处的环境，根据组织条件适时地提出组织的发展方针和发展目标，并合理运用组织的资源，使组织不断得到发展。可见，指挥在某种意义上来说，既是领导者的一项基本工作，又是领导者的一门艺术。

2. 协调

在组织中，即使有了明确的目标，但由于组织成员的性格、能力、工作态度、价值观及需要的不同，再加上来自组织外部的各种干扰因素，难免出现组织成员偏离目标的情况。因此，就要求领导者来协调组织成员的关系和活动，使大家协调一致、达到组织目标。领导者搞好协调，有助于妥善处理组织内部之间、组织与环境之间的各种问题及矛盾。若领导者具备强的协调功能，就能让自己的工作顺畅有序地进行。

3. 控制

领导的控制功能指领导对组织各项业务设定完成情况的标准，并按期检查组织成员

的工作是否达到了规定的标准。若没达到，就要分析其中原因并及时采取措施。

（三）弥补组织设计中的部分缺陷，促进组织的良性运作功能

大部分组织都结构明晰、层级分明、具有一定的刚性、明确的权力界限、清晰的组织目标以及达到这些目标的动力。但是这样一种刚性的组织设计，针对偶然出现的情况以及不断变化的外部环境就显得刚性有余而柔性不足，而领导者要通过迅速调整以适应变化，从而维持一个组织在变动的环境条件下的稳定性。当组织内部处在一个变化时期时，领导可协调组织内各部门及其人员之间的冲突。因此，领导在一个动态的组织中扮演着关键的角色。它弥补了传统组织设计中的许多空缺，允许更大的组织柔性，对环境的变化更敏感并迅速作出反应。

（四）激励功能

领导应提高下属完成组织目标的自觉程度和热情，主动为下属创造能力发展空间和职业发展生涯，影响下属的内在需求和动机，充分发挥下属的主观能动性，促进目标的实现。激励功能主要包括两个方面：

1. 提高实现组织目标的积极性和自觉性

人的行为由需要引起，由动机激发：被领导者的个体目标与组织目标，存在着正相关。领导的功能就在于领导者把组织目标的实现和满足与被领导者的需要统一起来，创造出一种环境，使被领导者增强对组织目标的感受性，从而提高被领导者接受和执行组织目标的自觉性。

2. 提高下属的行为效率

下属的行为效率，是指为实现组织目标所作的贡献的大小，它是鉴定领导激励功能优劣的直接依据。有效行为有赖于被领导者的需要结构、知识技能、组织内人际关系、规章制度、领导作风与方式等。领导的功能，就是从各方面替被领导者创造有利于提高行为效率的物质环境和心理气氛，为被领导者提供表现才能的平等机会等。

（四）使用人才的功能

领导者在管理过程中必须要学会合理使用人才，能够做到知人善任。知人，就是要了解人，对人进行考察、识别和选择；善任就是要善于用人，对人才使用得当。领导者在使用人才时既要注意德才兼备，也要注意不能求全责备。领导者如果能够做到知人善任，把基层干部安排到恰当的工作岗位上去，充分发挥他们的聪明才干，就可以极大地提高工作效率，顺利地实现组织目标的同时也节省了领导者自己的宝贵时间，可以从日常事务中摆脱出来、集中精力抓好宏观管理工作，为组织目标作出最大的贡献。

（五）满足员工不同需要的功能

领导满足下属需要的功能，可以从正式领导与非正式领导二者的区分中来理解。

组织是由个体组成的，这些个体在达到组织目标的同时也要求自身需要的满足。正式领导者的主要功能是领导下属完成组织目标，他享有组织赋予的权力影响力。非正式领导虽然没有组织赋予他的职位与权力，但由于其各人的优势及人格魅力，令员工钦佩，其主要功能是满足员工的个别需要。由此可知，一个真正有作为的领导者，他应同时发挥正式领导者和非正式领导者的功能，既能实现组织目标，也能满足员工需要，把

这两者有机结合起来。

（六）树立、描绘并引导下属实现愿景的功能

愿景（vision）又可看作望景、远景，其含义是组织未来的一种期望达到的状态。当然这是在企业的使命和价值观基础上归纳出来的，领导者为组织中的成员勾勒出一幅美丽的图景——愿景，向人们展示可预见的未来的成果，以及让人们共享未来的荣耀。这样就可以团结组织成员，使员工自觉发出亲近感和使命感，同舟共济，齐心协力，共同实现组织愿景。

愿景的构塑必须是全方位的，领导要让组织中的大多数员工理解并认同愿景，这需要各个层级的领导达成共识，而后逐级传递到各层级，形成一批拥护者。因为只有和谐的团队才能发挥最大的效力，更好地群策群力，最终实现组织美好的愿景。

第二节　领导者的权力

一、权力的基本概念

（一）权力的定义

权力（power）是一种特殊的影响力，是一种促使人们为实现预定目标而行动的力量。权力通常具有以下特点：①权力具有相对性：权力不是独立存在的，它存在于人与人之间的相互关系中。②权力具有单向性：权力是一种特殊的影响力，影响者和被影响者之间是不完全平等的。一个人可以推动另一个人做他本来不会做的事，这就是“影响”。③权力具有后果性：权力的行使会产生后果，对接受影响的人和其他人会产生有利或有害的后果。

（二）权力与权利、权威的区别

权利是指法律所赋予人们享有的某种权益，表现为享有权利的人可以做出一定的行为或要求他人做出相应的行为，在必要时可以请求国家机关（法院、行政机关）予以强制协助实现其权益。当享有权利的人可以要求他人做出相应行为时，这种权利就成了权力。

权威不仅是指“合法化的权力”，而且是指由于个人的特殊才能、专长、品格或作出的贡献而形成的一种威望，具有“权威”的人，他的实际权力远远超过职权所赋予他的权力。

（三）理解权力时需注意的问题

1. 领导者的权力是一种控制力

领导者的权力是领导者在组织机构中依据其领导地位（职位）取得的对他人的影响力、支配力。领导者是权力的拥有者，他要凭借权力产生的影响力和控制力来约束工作群体成员的行为，保证组织目标的实现。任何一个工作群体都需要有统一的目标、统一的意志和统一的纪律，并且需要规范下属的行为以及协调各方面的关系，而要做到这

些，就需要领导者运用自己的合法权力。没有权力，领导者就不能实施有效的领导行为。

2. 领导者的权力一般是通过正式的授权而获得的

领导者的权力可以是自上而下的行政授权，也可以是群体的推荐委托。领导者的权力一般都是合法权力。其合法性体现在它可以是由国家的法律、法令和主管部门的决议、命令所直接制定的，也可以是参照上述方面的精神而作出的规定。领导者接受了这种合法权力，就明确了个人与国家、集体的关系。同时，这种权力也带来相应的职责，对领导者具有不可抗拒的约束力。

3. 权力经常是由职权来体现的

领导者要履行其领导岗位的职责，就必须被赋予相应的权力。如医院院长、疾病预防控制中心（CDC）主任，或者各部门的科长，他们要履行所在岗位的职责，就必须赋予他们相应的法定权力。这种权力是他们进行决策和指挥下属行动的法律依据。

4. 权力与职务是相当的

有什么职位就有什么职权，在其位、谋其政。一般而言，职权的大小与职位大小有关，有多大的职位，就有多大的权力以及相应的管理范围。职权与领导者个人因素无关，不论谁担任这个职务，其法定的权力都一样，不会因为担任者个人的能力、学识、资历以及级别的差异而不同。如果混淆职权的概念，就会出现权力因人而异，或职务与职权分离，甚至出现越权现象。这些会造成分工不明确，职权系统混乱，管理工作不能有序进行，严重影响领导效率。

虽然领导者的法定职权是由职务赋予的，且法定职权大小不依领导者的个人因素决定，但是领导者自身的品质会给职权的运用带来潜在的影响。如有的领导者由于能力不行，或道德水平低下，行贿受贿，以权谋私等问题，而得不到下属的信赖和支持，那么他们的法定职权在无形中会打折扣，甚至下属会尽力去摆脱这种权力的压迫。

5. 领导者的权力和义务是相辅相成的

拥有什么样的权力就必须要承担相应的义务，负相应的责任。职务在给予领导者权力的同时，也赋予了领导者的义务和责任，职务愈高，尽义务愈多，责任愈大。权力是尽责任的手段，责任才是领导者的本质属性。权力不是权“利”，领导者不能把人民交给的权力作为自己牟私利的工具，“升官”不能成为“发财”的台阶。作为一位领导者，有了权力应尽职尽责、全心全意为党工作，为人民服务。领导者应珍惜自己手中的权力。

二、领导者权力的组成

关于领导者的权力，不同的学者从不同的角度有不同的看法。美国管理学者弗兰奇（John R. P. French）和雷文（Bertram Raven）把领导者的权力分为以下 5 种：

（一）强制权

强制权又称惩罚权，是指领导者通过威胁和惩罚的手段，迫使被领导者服从他领导的权力。领导者可借助职权，通过棘手的工作指派、严厉的监管、严格的规章制约以及解雇等手段威胁或惩罚下属，以令下属屈从他的旨意。

（二）奖赏权

奖赏权指领导者通过奖赏他人的行为来影响他人行为的权力。领导者运用奖赏权力的目的主要在于激励下属，调动下属的积极性、主动性、创造性，使为实现组织目标而努力。奖赏权可以具体通过发放奖金、晋升、培训、带薪休假等形式体现出来。

（三）合法权

合法权指领导者通过他在组织层次系统中的法定地位来影响下属行为的权力。领导的权力是上级或群体授予，有合法的手续，具有法定地位。只要有了职务，领导者就能合法地实施其指挥、奖惩等领导行为。合法权包括决策权、组织权、指挥权、监督控制权等权力。

（四）专家权

专家权指领导者依靠自身高深的技术、丰富的经验和杰出的判断来影响他人行为的权力。它是基于一个人在某一领域的专长、技能和知识，他人服从是因为他们相信权力拥有者的专长及能力。

（五）参照权

参照权指领导者借他人对自身的喜爱或崇拜来影响他人行为的权力。这一权力与领导者个人的特质直接相关，包括个人魅力权、背景权和感情权。它的基础是对于拥有理想资源或个人特质的领导的认同。下属因尊敬和崇拜而主动认同领导者、把这位领导者作为自己参照的楷模并仿效其领导风格，并设法按其旨意办事。

组织成员之所以听从领导的指挥，是基于以上 5 种权力的综合运用。其中强制权、奖赏权和合法权主要源于领导者已经取得的合法地位，下属服从他是由于其组织地位。专家权和参照权则更多属于非权力性影响力，是以个人为基础的权力。虽然这两种权力表面上没有那种正式的约束力，但实际上却发挥着很大的作用，下属因为领导者个人的品德、知识和专长，因为对领导者的敬重和崇拜而心甘情愿地服从他。所以，在组织中不但要发挥正式权力的影响力，还要加强专家权和参照权的影响力，从而使组织中的权力发挥最大的效力。

三、有效的授权

（一）授权的定义

一位领导者的时间、能力和精力往往有限，领导者不能把权力紧紧地控制在自己手中，事必躬亲。有效的领导者是精于授权，善于授权。

授权是指上级授予下属一定的权力和责任，使下属在一定的监督下，拥有相当的行动自主权，以此作为下属完成任务所必需的客观手段。授权者对被授权者有指挥权和监督权；被授权者有完成任务和汇报的责任。授权后不能放任自流、推卸责任，领导者授权于下属后，仍负有领导责任。如果下属不能履行其职责时，应予以帮助指导，或及时收回权力。如果下属能很好履行其职责，可以大胆放权。

（二）有效授权的优点

（1）有效的授权可以节省领导者的时间和精力，使其从烦琐的事务性工作中解脱出来，有更多的精力从事重大的、战略性的、事关全局的事情。

(2) 可以严密组织结构，改善组织关系，形成职责分明的联动系统。

(3) 可以充分利用下属的聪明才智，弥补授权者自身的才能不足，培养后备管理人才。

(4) 可以增强下属的责任心，提高下属的工作积极性，提高工作效率。

(5) 可以使下属的能力和水平得到锻炼和提高，有利于人才培养。

(三) 授权应遵循的原则

授权时，管理者应遵循的原则如下：

(1) 明确目标。明确目标应当作为授权的必要前提。授权是为了获得所期望的结果，并以此作为委任的目标。

(2) 权责相当。有效的授权应做到授予下级的权力和所分派的职责相适应，权力过大或过小都会造成问题。

(3) "因事择人，以能授权"。授权的依据是被授权者个人的品质、能力和知识水平，授权人决不能任人唯亲，因人设事，或者把授权作为交易筹码。

(4) 不可越级授权。授权时，领导者只能对直接下属授权，而不能越级授权，否则会造成直接下属的工作被动和混乱以及部门之间的矛盾。例如卫生局局长只能把所属的权利授予他所管辖的处长，而不能越级授予科长。

(5) 授权适度。授予的职权是上级职权的一部分，而不是全部，授权过度等于放弃权力。对下级来讲，这是完成任务所必需的权力。对于涉及有关组织全局的问题，例如决定组织的目标、发展方向、人员的任命与升迁，财政预算以及重大政策问题等，不可轻易授权。更不可将不属于自己权力范围内的事授予下属。

(6) 适当控制。在授权过程中要适当控制。授权者必须对下级活动进行控制，保证下级履行职责并正确地使用权力。比如在实施授权以前，应需建立一套健全的控制制度、制定可行的工作标准和报告制度，以及在不同的情况下迅速采取补救的措施。当被授权人工作出现严重失误时，授权人应该立即收回权力。

最后，我们把授权的原则概括为"三要三不要"的原则：要授权给直接下属，不要忘记指挥监督的责任；要加强检查指导，不要事事干预；要充分了解工作的进展，不要事必躬亲。

第三节　领导者的影响力

一、领导者影响力的概念

(一) 领导者影响力的定义

领导者能否成功地实施领导，影响力是一个重要因素。所谓影响力 (influence)，是指在人际交往过程中，一个人影响和改变另一个人心理和行为的能力。在人际交往、群体与组织行为中，几乎所有的人都具有影响力，只是其影响力的大小不同。而且，同一个人在不同的环境条件下，其影响力也不相同。在组织中一般人和领导者影响力的强度有着本质差别。前者无足轻重，后者由于身居要职，作用特殊，其影响和改变被领导者的心理和行为的能力更强，其意义更大。人们一般把领导者的影响力解释为领导者在领导活动中，有效地影响和改变被领导者的心理与行为，使之纳入群体活动目标轨道的能力。领导者的影响力是其实施领导行为的可靠保证。如果领导者不能影响或改变下属的心理和行为，下属对领导者的指挥视而不见，对命令不予理睬，那么领导者的领导功能就难以实现，群体目标也很难达到。

（二）决定影响力大小的因素

决定影响力大小的因素有影响力的主体、客体、影响力本身及影响力所处的环境 4 个方面。

1. 影响力主体

对于影响力主体本身，要想很好的影响下属，除了具备影响下属的素质和内涵外，还要真心地、用心地去影响下属，倾注真挚的感情，并持之以恒。

2. 影响力客体

影响力的形成影响客体的接受和配合。掌握被影响者对影响力的反馈，有助于影响力主体调整策略以提高影响效率。

3. 影响力本身

影响力不但要符合主、客体的行为特征，还要满足主、客体的动机和利益要求。

4. 影响力环境

在一个特定的环境中，影响力的主体才能对客体施加影响，环境反过来也会决定影响力的种类、强弱和有效性。因此，要注意影响力与特定环境的匹配，选择有利的环境，营造一个良好的氛围，来提升影响力的强度，或调整影响力实施的手段，改造自己以适应所处的环境。

二、领导者影响力的组成

权力是构成影响力的一个重要的直接因素，国内学者按领导者影响力的来源、要素的不同，将其分为权力性影响力和非权力性影响力。

（一）权力性影响力

1. 含义

权力性影响力又称为强制性影响力。它是由社会赋予个人的职务、地位和权力等形成的，此种影响力是领导者特有的，也是领导者完成领导任务必须依赖的重要影响力。领导者职务有多大，其权力就有多大，它所带来的权力性影响力就有多大。职务有改变，权力性影响力就相应变化。在权力性影响力的作用下，被影响者的心理与行为主要表现为被动、服从。因此，权力性影响力对人的心理和行为的激励是有限的。领导者长时间、过分依赖于权力性影响力，会导致被领导者的消极和对抗。

2. 特征

权力性影响力的特征主要表现在以下几方面：

(1) 强制性：权力性影响力是由社会赋予个人的职务、地位、权力等形成的。它是权力拥有者对人的行为发生作用的一种控制力和约束力，是由领导者所拥有的职位权力所产生的。任何一级领导者都有明确的责权范围。在其范围内，领导者有决策权和指挥权。行使这种权力是法律或组织机构规定的，被领导者必须服从。由于领导者的职权具有法定基础，因而由法定权产生的影响力也就具有强制的性质。

(2) 赋予性：领导者担任的职务是由上级和组织任命的，有的还是下属选举的。因而由领导者的职权产生的影响力也就具有赋予性。就是说，是上级和组织以及下属赋予了领导职位的权力，并对被领导者产生影响力。这种由职权产生的影响力会随职务的变动而变动，有职就有权，不在职就无权。

(3) 范围性：权力性影响力是建立在直接的上下级关系基础上的。有了直接的上下级关系，领导者才能对被领导者产生权力性影响力。如果不是直接的上下级关系一般产生不了权力性的影响力。甲医院的院长在甲医院能产生权力性影响力，在乙医院就产生不了这种影响力；同样，乙医院的院长在乙医院能产生权力性影响力，在甲医院就产生不了这种影响力。当然，权力性影响力是受到职权范围制约的，是受到时空限制的。

(4) 无差异性：权力性影响力是由职权本身产生的，因此谁担任一定的领导职务，谁就有这个职务的权力，并对被领导者产生影响。这种职权和影响不会因人而异，就是说，同是卫生局局长的职位，谁担任卫生局局长谁就拥有卫生局局长的职权。同是医院院长的职位，谁担任谁就拥有医院院长的职权。在卫生局局长、医院院长的领导职位上，就会对被领导者产生影响，其下属就得听命、服从。

3. 构成因素

权力性影响力的主要构成因素如下：

(1) 职位因素：是指社会给予领导者的职务与地位，并赋予其相应权力，领导者在群体中的职位会使下属产生敬畏感。领导者职位越大，下属对其敬畏感也越甚，领导者的影响力就越大。如防疫站中一位科长解决不了的问题，必须交由站长来处理；或者一些多年未能解决的老大难问题，因为某个市长的一句话就可以解决。这些都是职位因素的影响力大小造成的。

职位因素造成的影响力是以法定权力为基础，与领导者本人的素质没有直接关系，纯粹是由上级组织赋予领导者的权力和力量。

(2) 传统因素：是指人们对领导者的一种传统观念，认为领导者不同于普通人，他们有权、有才干、比普通人强，从而产生了对领导者的服从感。

领导者的服从感有两个方面，一是领导者自己对上级的服从感，另一是领导者要求下级对自己的服从感。

(3) 资历因素：是指领导者的资格和阅历对下属产生的影响力。资历是历史性的产物。如果领导者资格老、阅历深，被领导者就会产生一种敬重感。一个得到群众敬重的领导者，其言行容易左右群众的心理和行为，就具有影响力。

资历因素与领导者过去所任的职务有关。资历因素不是现实的表现，它所产生的影响力的性质仍属权力性影响力的范围。

（二）非权力性影响力

1. 含义

非权力性影响力又称自然影响力。与权力影响力不同，它既没有正式的规定，也没有组织授予的形式，它是以个人的品德、才能、学识等因素为基础形成的。

这种影响力不是由权力带来的，它产生的基础比权力性影响力广泛得多。它表面上虽然没有权力性影响力那种明显的约束力，但在现实生活中，它不仅确实具有权力的性质，而且常常能发挥出权力性影响力所不能发挥的约束作用。既然它与权力没有关系，那么非权力性影响力是我们每个人都可能具有的一种影响力，只是每个人的个人因素不一样，非权力性影响力的大小不同而已。

非权力性影响力由于没有正式的规定，也没有上级授予形式，被影响者不会在法定的制度上受到执权者的惩罚或奖励，因此它更多地属于自然性影响而非强制性的。权力性影响力强调命令与服从，而非权力性影响力强调的则是顺从和依赖。

2. 特征

非权力性影响力的特征如下：

（1）自然性：非权力性影响力是领导者个人在领导活动中由自身素质和行为产生的一种影响力，它不是组织赋予的，而是自身具备的。它既不随职务、职权的得失而消失，也不随职务高低、权力大小而消长。全靠自身在社会实践中通过学习和锻炼而形成。它不产生于领导活动之前，而产生于领导活动之中。它以内驱力的形式在被领导者身上发生作用。其构成的主动权完全在个人而不在社会组织，因而这种影响力具有自然性。

（2）差异性：非权力性影响力取决于领导者个人的素质，而领导者的个人素质有高有低，由此产生的影响力必然存在差异。非权力性影响力因人而异，个人素质高的领导者产生的非权力性影响力大，个人素质低的领导者产生的非权力性影响力小。对领导者来说，只有提高自身素质，才能有较强的非权力性影响力。

（3）神秘性：非权力性影响力表现为一种魅力。魅力具有神秘色彩。领导魅力的神秘色彩则是领导者道德情操、性格修养及学识能力等诸多要素构成的总体素质比被领导者水平高而自然体现的。这和有些领导者为形成魅力而故作神秘，疏远与群众的关系，甚至矫揉造作、文过饰非的做法完全没有关系。作为领导者只有敢于联系群众，和下属坦诚相见，但又能在言谈举止中自然地表现出高尚品格和学识能力的领导，才能具有一定程度的神秘性，同时才能具有较强的非权力性影响力。

（4）超前性：非权力性影响力的超前性，可从两方面理解。一是非权力性影响力具有的影响范围，超过其实际职权；二是领导者综合素质、思想认识水平相对于被领导者来说，在总体上要高于被领导者。一般来说，领导者具有的比被领导者高的素质和水平是在其担任领导职务之前就存在的。如果领导者在对自然和社会的洞察和描述上是陈旧的、落后的，能力和水平低于他所领导的下属，那么非权力性影响力就不能形成。

3. 构成因素

非权力性影响力的构成因素如下：

（1）品格因素：指领导者的道德、品行、人格和作风等，是属于一个人本质性的因素。优秀的品格会给领导者带来巨大的影响力，使被领导者产生敬爱感。人们要求领导者道德高尚、品行端正、人格健全、作风正派，并愿意追随这种领导者。领导者应该成为工作群体的精神支柱和行为楷模，要求群众做到的，自己首先应做到。群众最讨厌领导者言行不一、表里不一、腐化堕落、以权谋私。无论职位多高、才能多强的领导者，倘若在品格上出了问题，那他的影响力就会一落千丈。

（2）才能因素：属实践性的因素，它使被领导者产生敬佩感。一个有才能的领导者会给工作群体带来成功的希望，人们敬佩其才能，愿自觉地接受其影响。如果一位领导者无能，得不到群众的敬佩，最终会失去群众的信任。

（3）知识因素：属科学性的因素，它使被领导者产生信赖感。一位领导者有渊博的业务知识和丰富的管理知识、经验，能得心应手地处理各种复杂问题，使下属对其感到满意，那么，领导者在下属中便产生了强大的影响力。

（4）感情因素：属心理性的因素，它使被领导者产生亲切感。一位领导者平易近人、和蔼可亲，能体贴关心下属，与群众的关系密切、感情交融，群众就把他当作知己，因而产生了影响力。“士为知己者死”，领导者应注意感情的投入，要与下属心心相印、忧乐与共，才能使下属心悦诚服、甘为所用。

综上所述，领导者的影响力包括权力性影响力和非权力性影响力两种，其构成的因素各有不同，如图 13－1 所示。除权力性影响力以外，每个领导者的非权力性影响力是不一样的，这就造成了领导者影响力的差异。

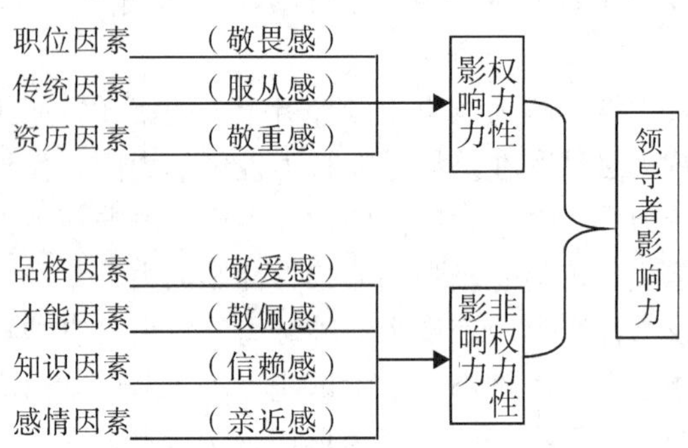

图 13－1　领导者影响力的组成

三、提高领导者影响力的途径

提高领导者影响力的主要途径是正确使用权力性影响力以及提高非权力性影响力。领导者应善于应用两种影响力来提高自己的领导绩效。

权力性影响力是基本的、合法的权力，带有执法的性质。领导者应正确使用这种权力，使其发挥应有的作用。但是在管理中，领导者不能过分依赖于权力的使用，把权力作为唯一的指挥大棒。因为过分的压迫感会带来下属的反抗。虽然下属害怕惩罚而听从权力的指挥，但他们在极端情况下，会试图摆脱这种权力。列宁曾说过，保持领导者的影响力不是靠权力，而是靠威信、毅力、丰富的经验、多方面的工作以及卓越的才能。

国外管理心理学家也曾提出，适度的权力运用是可行的，但它不是领导者的唯一法宝，过度运用权力对领导者没有益处。

非权力性影响力是人们在对领导者敬佩、信服的基础上产生的，下属愿意追随这种领导者，从内心愿意接受其领导。非权力性影响力能更好地激发人们的自觉性和主动性，在工作中发挥出积极性，以利于组织目标的实现。

领导者要提高影响力，非权力性影响力在其中占有重要的地位，起着决定性作用。首先，权力性影响力主要依职位的大小而决定，在一定时期一个人的职位是稳定的，因此权力性影响力的大小也是相对固定的。其次，非权力性影响力是可变的，它依领导者个人素质而定。领导者通过自己高尚的道德情操、良好的作风以及过人的才华，而得到下属的爱戴和拥护。因此，领导者可通过不断的学习和修身养性而提高自己的影响力。再次，非权力性影响力的大小也直接关系到权力性影响力的影响程度。领导者的非权力性影响力高，得到下属的信任，无形中会放大权力。

一个好的领导者，应该是在管理过程中不断提高其非权力性影响力的管理者。在近来对领导者的评价中，已逐渐引入了领导者影响力的因素。一位领导者，如果带领下属实现了组织目标，完成了工作任务，可以认为他成功了。但他是不是一个优秀的领导者，还应考察他是怎样成功的，影响力的变化情况怎样（表 13－1）。在现实管理中，有些领导者追求权力，一旦拥有权力，就飞扬跋扈、盛气凌人。他们的成功，完全依靠手中的权力，惩罚控制是管理的唯一手段，而其非权力性影响力下降或消失，最终失去民心、众叛亲离。人们所推崇的领导者是在领导过程中，依靠自身素质赢得下属敬佩、信赖，非权力性影响力逐渐上升，并且士气高昂，大家愿意继续追随其领导的领导者。因此，领导者应提高自身的素质，以增强其影响力。

表 13－1　领导者的评价

领导结果	管理过程中影响力的运用与变化		对领导者的评价	
	权力性影响力	非权力性影响力	成功性	有效性
带领下属未达到组织目标			不成功的领导者	
带领下属实现组织目标	权力是唯一的指挥棒，惩罚控制是主要手段，仅仅靠权力性影响力进行管理	非权力性影响力逐渐下降，甚至于无，士气低落，不满情绪高	成功的领导者	无效的领导者
带领下属实现组织目标	强制性的惩罚控制仅仅是辅助手段，一般情况不用	领导者在领导过程中，自身素质赢得下属的敬佩、信赖；非权力性影响力逐渐上升，士气高昂	成功的领导者	有效的领导者

第四节　领导者的威信

一、威信的定义

领导威信作为一种客观存在的社会心理现象，它涉及施受双方，是被领导者对领导者的内心体验和评价，是领导者和被领导者之间正常人际关系的反映，是领导者自身素质引起被领导者产生的敬佩感、依赖感和服从感的一种非权力性影响力。领导者本人对自己是否具有威信的主观感受则称为威信感。威信感有真假的区别，与客观情形相符合的是真威信感，反之则为假威信感。

既然领导威信是一种非权力性影响力，那么，它必然具有如下特征：

(1) 自然放射性。就领导威信产生的机制来看，领导威信是以其“德”“才”“学”“识”等因素构成的，因而它会持久而稳定地放射出能量，给被领导者以深刻影响。

(2) 自然接纳性。领导威信的实质是由领导者与被领导者之间的良好关系决定的。这种良好关系表现为被领导者是心悦诚服的、接纳的。因而领导威信是在有威信的领导和承认这种威信的被领导者之间相互作用的。

(3) 吸引性。高威信的领导会吸引下属，使其产生亲近感、信任感，自觉地完成领导交给的任务。甚至有些客观上需要完成而没有去完成的任务，下属也会主动地去完成。同时，下属也会毫无保留地向领导者倾诉，使其相互间的关系更加融洽。

(4) 感召性。领导威信对下属的感召是巨大的。说话有人听、命令有人服从、号召有人响应，靠的是威信感召，感召性是领导威信的一大特征。

领导者的最大成就之处，就是他在群众的心目中所取得的威信性地位。威信性地位愈高，领导者与被领导者之间的心理距离就愈短，领导者的影响力就愈大。威信性地位高的领导者对群众具有强大的吸引力、向心力，使群体的内聚力增强，有利于完成组织的目标，“得人心者昌”就是这个意思。反之，领导者的威信性地位愈低，领导者与被领导者之间的心理距离就愈远，领导者的影响力就愈小。威信性地位低的领导者对群众只有排斥力、离心力，难以受到群众的尊敬与信任，领导者就难以履行其领导职责。

有心理学家研究认为，借助于工资、奖金等激励措施，只能调动员工积极性的60%，而其余40%的积极性要依靠领导者的威信去调动。现实管理实践也表明，在一个单位中，领导有威信，员工就会产生一种向心力、内聚力，工作积极性高，群体士气高昂，工作就会出现新局面。反之，领导者即使大权在握，也不能很好地调动群众的积极性，反而使群众敬而远之，甚至怨声载道，产生一种离心力，工作难以开展。

二、领导者的真假威信

(一) 领导者的真威信

领导者的威信由领导者的政治素质、道德作风、职业水平等组成。它是在长期的管理实践中被群众所认识和信赖，并得以逐渐形成。

领导者的威信，首先表现为被领导者对领导者政治上的信任。一位领导者如果立场不坚定，与党和国家的方针、政策相背离，他将失去被领导者的信任。

其次，下属对领导者道德作风的信任，也具有重要的意义。下属要求自己的领导者为政清廉、为人正直、作风正派、办事公正、不拉山头、不搞宗派，并且希望领导者能尊重和爱护下属，为群众排忧解难。如果一位领导者生活腐化、堕落、任人唯亲等等，自然会失去威信。

再次，群众对领导者的职业水平信任程度也是威信的一个重要方面。一个知识面广、业务能力强、管理水平高的领导者能够给组织成功带来希望，这样的领导者自然赢得下属的尊敬与信赖，具有较高的职业威望。

（二）领导者的假威信

在实际工作中，领导者对威信的错误认识，会导致一些虚假威信的出现。

1. 仁慈威信

现实管理中，有些领导者对下属的工作不能严格要求，甚至对下属的错误也听之任之，慈悲为怀。有些领导者认为，只要善良地对待下属就能得到他们的爱戴，对下属的要求极低。由于领导者对下属放松要求，迎合了部分下属混日子的心理，有些下属就得过且过，表示出对这种领导者的感激，但这种威信是虚假的威信。这种做法既害个人，使员工不能尽快发展提高，也对组织的工作带来危害。最终，下属会因碌碌无为而遗憾终身，并怪罪于领导者。

2. 收买威信

有些领导者拿国家、集体的利益实行贿赂或封官许愿，在工作中拉帮结派，“顺我者昌，逆我者亡”，以好处、许诺收买人心，以此换得下属的信任。这种把工作关系当成交易的行为，必将受到广大群众的唾弃。

3. 夸夸其谈的威信

有些领导者总喜欢夸夸其谈，对群众进行枯燥无味、言之无物的说教，或者在群众面前炫耀自己的聪明才干、光荣历史等。他们想以此来扩大对群众的影响，赢得群众的信赖。其实，这种信赖是暂时的，如果总是夸夸其谈，而没有踏踏实实地工作，一旦被群众识破，威信就荡然无存。

4. 妄自尊大的威信

有些领导者凭借职位、权力，玩弄权术，在下属面前自高自大、盛气凌人，摆出不可一世的样子，以此来显示自己的威信。下属慑于其权势，会在表面上附和于他，装出信任和依赖感极强的样子，实际上却十分蔑视这种领导者。该领导者一旦失去权势，其威信就一落千丈。

5. 压服威信

有些领导者习惯于家长式的命令作风，以权力压服下属而取得威信，使下属敢怒而不敢言。领导者表面上看来有威信，实际上下属对其产生强烈不满而滋生厌恶感。

6. 距离威信

距离威信是指领导者以与下属保持距离来显示自己的威信。有些领导者与下属保持一定的距离，在工作中不与下属接触，架子十足，高高在上，试图以此提高自己的身价，显示自己的威信。结果是事与愿违，领导者与下属的距离愈来愈大，威信也愈来愈低。

有的领导者在威信问题上偏重于“权”字，错误地认为有权就有威信，无权则无威信。于是，投机钻营、玩弄权术，以此来树立自己的威信。实际上在现实中，权力与威信的关系存在两种情况：一种是有权有威信，另一种是有权无威信。有的领导者不是从自己的学识水平、品德修养、工作能力以及领导作风方面下功夫去树立真正的威信，而是凭借手中的权力，狐假虎威。其下属慑于其压力而暂时服从，但领导者并无真正的威信可言。

综上所述，领导者的威信有真有假。领导者应对自己的威信进行分析，纠正错误的认识和行为，在下属中树立起真正的威信。

（三）领导者建立威信的途径

依据威信形成的一般规律，建立领导威信的途径主要有以下几个方面：

1. 以品德树威

好的品德是领导者必备的素质，也是建立威信的基础。德主要包括政治信念、政治立场、政治思想和道德品质等。在平时工作中坚持党的路线的品德可以升华自身形象。立官之本在于德，人们可以原谅领导者的过失，但不能容忍领导者的无德。良好的品德可以影响身边群众，赢得下属的敬佩和信赖。

2. 以勤政建威

勤，即勤政。领导干部要有强烈的责任心和事业心，要兢兢业业、不怠不懒、勤勤恳恳、扎扎实实。

3. 以才干建威

以权“压”人，人表面服；以才“镇”人，人心里服。领导的才是指才干、才能，即能力。丰厚的才学，可以赢得群众的敬佩和信赖。凡深受群众拥戴的领导干部无一不是学识和才能上的典范。丰厚的才学，可以提高决策的科学性。

4. 以公道建威

领导者要处事公道，一是用人上讲究党性原则，不徇私情。二是对上对下一样，这样既能提高自己的威信，又能维护制度的严肃性。三是遇事按原则去办、发扬民主，集体讨论，自觉接受群众监督，以取得群众信任。

5. 以宽容建威

“海纳百川，有容乃大”，领导者应有博大胸怀，恢宏气度。宽容是领导者自我意识中最深层的可贵精神。领导者要能容天下难容之事，要团结那些和自己意见相同的人，更要团结那些反对过自己而且被实践证明是错了的人；同时，领导不但要能容得下人之过，而且更要能容得下人之贤。依据周围每个人的特点，发挥他们的长处，调动他们的积极性和创造性，努力营造“众人划桨开大船”的兴旺发达的新局面。

领导威信是一种动态的、不是一成不变的威信，已建立起来的威信可能继续保持、不断发展，也可能逐渐下降，直到丧失。因此，作为领导者只有不懈努力，才能保持和巩固已建立起来的威信。

总之，领导威信是一种巨大的精神力量，它对下属的影响是深刻、持久的，任何一位领导者都必须十分珍惜它，努力在工作中去赢得它，使自己成为在群众中享有崇高威信的领导者。

辨观一个院长的领导力

一、凝聚力：理顺思路 引领团队

孔院长上任伊始，正是医院搬迁新址一周年。医院虽进入医学院附属医院的行列，但现实状况并不乐观。刚搬迁的新医院位处于城乡接合部，交通不便，周边居民少，崭新的医疗大楼与简陋的医疗设备形成极大的反差。这一届领导班子担当的便是振兴医院，把医院带出低谷的重任。

如何凝聚人心，把员工的积极性调动起来？孔院长首先调查分析了医院的现状，搬迁前的老医院，硬件、软件均未达申报等级医院评审的条件，借助政府行政实施整顿已时不可待。医院生存发展，必须转变观念，创新思维，必须尽快有一个“抓手”，来激发医院员工的积极性，寻求一条适合医院实际情况的改革举措。他目标明晰，迅速行动。2000 年，医院成功申报“广东省百家文明医院”，医院首次拥有省一级的医院品牌，使全院员工的积极性开始萌动。团队，是领导的创造空间，孔院长用胆略与魄力引领她的团队开始跨越，以改革创新管理机制为动力，要走出一条自我特色的管理之路。

二、决策力：高瞻远瞩 创新管理

医院领导班子并没有因获得“广东省百家文明医院”的称号而停止前进的步伐，而是审时度势地看到，现代医院的管理已经向“以服务和顾客为中心的管理”转变。要提高医疗服务质量，切入口是“人”，“人”的问题解决了，许多困难将迎刃而解。

用什么模式统一全院上轨道？孔院长带领班子外出考察，带回了思路：管理理念创新，是医院生存和发展的需要，也是医院可持续发展的决定因素。经过多方论证，确定 ISO9000 质量体系认证是比较适合本院现状的管理手段。“摸着石头过河，以点带面”，孔院长与领导班子把后勤部门作为试验田。推行后，后勤员工变被动服务为主动服务，工作流程理顺了，操作规程规范了，提高了后勤保障质量和效率。这一改变，更坚定了孔院长把 ISO9000 质量管理模式推向全院的信心！尽管选择了熟悉医院管理的合作伙伴，但是，在医院大部分医务人员中积淀已久的传统思维模式与新的顾客服务模式之间发生了强烈的碰撞。一时间各种质疑、反对的声音还是使推行工作举步维艰。

直面种种误解、非议甚至责难，孔院长坚持改革的信念不移。2003 年，医院终于通过两个体系的质量认证，成为广东省首家全面实行 ISO 质量体系认证，获得双认证的三级综合教学医院。医院改革渐露成效，质量管理体系建立了，完善的规章制度为规范化管理提供了执行标准；提高了工作质量和效率，提高了患者满意度，提升了员工质量意识和管理层的管理能力。

三、公信力：敢于担当 明智取舍

2000 年，全国第五次人口普查，政府给每个单位都下达了入户调查任务，这对很多单位来说是一个负担。而孔院长敏感地认识到这是一个绝好的机会：让医院“走”进千家万户。这一次行动，搭起医院与辖区社区的沟通桥梁，也让她看到与医院所在的社区，以工薪阶层为主，毗邻城乡接合部的居民群对医疗服务的需求，医院应该为他们提供合适的医疗服务。孔院长毫不犹豫地担起了这份责任，投入人力物力把社区卫生服务科的工作做大。她提出，我们的目标是着力构筑“综合医院——社区卫生服务”立体网络系统，使医院的医疗服务更贴近市民。

十多年后的今天，医院社区服务的特色丰硕成果豁然展现。一是作为教学医院，社区卫生服务项目为医学生提供了社区服务的学习基地。二是慢病管理和健康教育提升了社区的整体健康水平。三是本院专家轮诊社区门诊，诊疗服务优质。

四、文化力：人格感召 和忠共赴

院长制定和推行治院方略，是主观能力与魄力，一旦得到全院员工认同并自觉遵守或共同努力，那便是包括院长人格魅力在内的医院领导班子所营造的文化力。孔院长说，ISO9000 的“以顾客为关注焦点”的顾客服务思想影响着我，尽管在医院改革进程中，一些员工工作被调整，其中有人至今还在对我抱有成见，但我仍要感谢他们为医院发展做出的个人牺牲和让步。医院业务发展了，虽然医院还有许多建设项目需要投入，但是，我们要让每一位员工分享到医院改革的成果，要让员工对医院有认同感、成就感和归属感。在医院经济困难的时期，勒紧裤腰带，开源节流为医院员工补交了住房公积金，增加各种福利，员工的收入大幅度提高。

用人唯贤是孔院长的原则，副院长就是当年引进的博士生，他体会孔院长的用人之道：我们对于院长，就是提出不同意见甚至争执，只要是正确的，她都会支持，她看中我们的能力，看重意见中的诚恳和有益之处，不计较不隔阂。医院定期举办学科发展论坛，采用“头脑风暴法”，让与会人员迸发创造性设想、在思维碰撞中达成共识，为医院建设发展出谋划策。

“领导力可以被形容为一系列组合的行为，而这些行为将会激励人们跟随领导去要去的地方，不是简单地服从。它是我们做好每一件事的核心。”“领导力就像美，它难以定义，但当你看见时，你就知道。”在孔院长那儿，我们就看到了，也知道了。

[资料来源：梁力. 现代医院，2010 (8)]

问题 1：根据此案例，谈谈你对领导力的理解？

问题 2：孔院长的领导力主要体现在哪些方面？

问题 3：结合所学知识，谈谈此案例说明了什么？

（韩雪梅　王　玉）

第十四章 领导理论

学习目标

通过本章的学习，你应该能够：

掌握 领导特性理论及情景理论的类型和特点，领导方式及领导行为的特点及他们在管理实践中的应用。

熟悉 领导传统特性与现代品质理论，勒温领导作风理论，利克特领导方式理论，密执安大学领导行为研究，领导行为四分图，管理方格图，情景理论中的专制－民主连续体模型、通路－目标模型、费德勒模型，以及领导生命周期理论的内容。

了解 领导理论的新进展。

第一节 领导特性理论

在管理中，一个优秀的领导者应该具备什么素质条件，一个有效的领导者应该有什么样的领导作风和领导行为呢？国内外心理学家从不同的角度出发，对领导者的素质，以及领导行为进行了研究，并提出了不同的理论。①领导特性理论：主要集中研究领导者的个人特性，以及一位领导者应具备的素质。②领导方式理论：研究领导者的工作作风类型以及不同的领导作风对员工的影响。③领导行为理论：研究有效的领导者所采取的领导行为以及不同领导行为对工作的影响。④情景理论：研究特定情境中最有效的领导作风和领导行为。在早期关于领导的研究中，研究者试图通过对领导特性的探讨解答如下问题：领导者应具备何种品质？什么样的人最适合当领导者？许多心理学家对此进行了长期的研究，根据他们对领导特性来源的认识差异，人们把特性理论分为传统特性理论和现代品质理论。

一、传统特性理论

传统特性理论认为领导者的特性是天生的，生而不具有这些领导特性的人就不能当领导者。如古希腊哲学家亚里士多德就认为，凡人从出生之日起就已注定属于治人或治于人的命运。为了寻求天生的领导者，为了尽早发现那些生来就注定当领导者的人，许多心理学家对社会上成功的和不成功的领导者进行了比较研究，试图找出天才的领导者所具有的个体特性。

例如美国心理学家吉普（Gibb）在1969年的研究中提出天才的领导者应该具有的特性是：善言辞、外表英俊潇洒、智力过人、具有自信心、心理健康、有支配他人的趋向、外向而敏感。又如心理学家斯托格狄尔（Stogdill）等认为领导者的先天特性如下：有良心、可靠、勇敢、责任心强、有胆略、力求革新进步、直率、自律、有理想、良好的人际关系、风度优雅、愉快、身体健壮、智力过人、有组织力、有判断力等16项。

在研究中，也有人对成功领导者的个性、才智和身体等方面进行了调查比较，但没有发现领导者在这些方面与被领导者有特殊差异的地方。如研究中发现，领导者有外向的，也有内向的；有能控制感情的，也有不易控制感情的；有年长的，也有年轻的；有身材高的，也有身材矮的，等等。因此许多人对传统特性研究提出了种种异议，主要包括以下几方面：

（1）各国心理学家所提出的天才领导者的个人特性范围广泛，有几十种，甚至几百种，这些特性之间不但相关不大，而且常常互相矛盾。

（2）在研究领导者与被领导者、成功的领导者与不成功的领导者的差别时发现，他们的特性之间只存在量的差别，而没有本质的区别。

（3）社会中许多具有所谓“天才”领导特性的人实际上并没有承担领导职务。

传统的领导特性研究过分强调领导者的天生品质特征，这是遗传决定论的观点。它否认了社会因素在培养、发展、造就领导者品质中的决定性作用。

二、现代品质理论

现代人认为领导是一种动态的过程，领导者的特性和品质是在实践中形成的，并可通过训练和培养加以造就。

美国心理学家爱德温（Edwin）于1971年提出了领导者品质维度构成，他认为有可能根据一些品质来确定有效与无效领导者。他对年龄为26～42岁的306名中级管理人员进行研究，这些人员来自美国90个不同企业、组织，绝大多数受过高等教育。吉色利在研究中采用了一个自我评价表，要求研究对象用一些形容词来正确地描述自己。根据评价表内容的研究结果，他将领导者的品质概括为三大类，共13个品质：

第一类是能力类，包括管理能力、智力、创造力。

第二类是个性品质类，包括自我督导、决策、成熟性、工作班子的亲和力、男性的刚强与女性的温柔。

第三类是激励类，包括职业成就需要、自我实现需要、行使权力需要、高金钱奖励需要、工作安全需要。

吉色利进一步提出13个品质对领导者来说，其重要性并非是等价的，而是有区别的（图14-1）。有些品质在领导者的才能中起重要作用，有的品质起的作用很小或者根本不起作用。

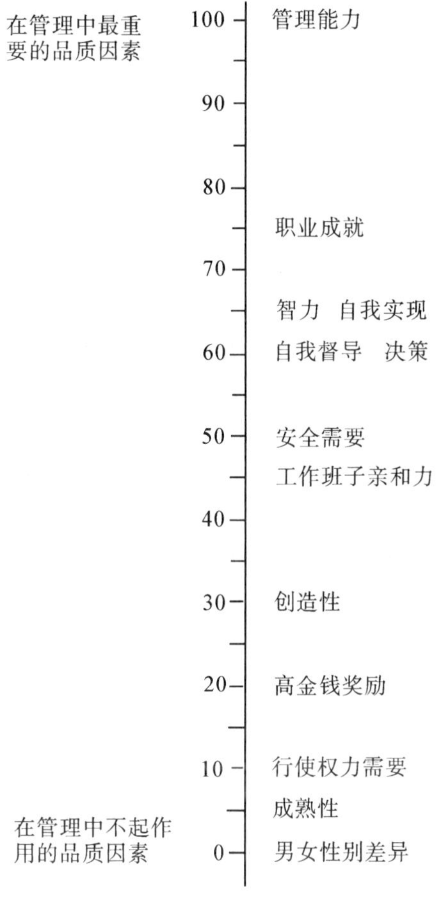

图 14－1 管理中品质因素的重要性

从图 14－1 中可见，能预言领导有效性的最强有力的品质因素是管理能力，可以用满分来表示。

另外的职业成就需要、智力、自我实现的需要、自我督导与决策等 5 种品质也是重要的。

以 60 分为标准，60 分以上的 6 种领导者的品质可作为有效领导者的标准。

用上述的品质来预言领导者的有效性，还不是百分之百的成功。但是，在某种程度上预言失败的准确率往往大于预言成功的准确率。如果不具备这些重要的品质因素，领导者失败的可能性就会增大。

管理能力在领导者的品质中占有重要的地位。那么领导者应具备什么样的管理能力，各国的心理学家对此提出了自己的意见。

如日本企业界要求领导者具备 10 项能力，它们是：①思维决定能力；②规划能力；③判断能力；④创造能力；⑤洞察能力；⑥劝说能力；⑦对人理解能力；⑧解决问题能力；⑨培养下级能力；⑩调动积极性能力。

当代西方国家一般将领导者能力标准定为以下 12 项：①忠于职守能力；②计划能力；③组织能力；④控制能力；⑤口头表达能力；⑥文字表达能力；⑦把握整体目标能力；⑧决策能力；⑨创造能力；⑩指挥能力；⑪主动能力；⑫适应能力。

我国的学者对领导者的能力也进行了研究，并提出了各自的能力要求。四川大学华西卫生管理干部培训中心的研究人员在一项课题中对卫生管理干部应具备的能力进行了研究（1999 年）。通过对全国 1 003 名卫生管理干部的调查，认为我国卫生管理干部应具备的最重要的能力包括：①计划决策能力；②组织控制能力；③解决实际问题的能力；④良好的人际关系能力；⑤用人和激励下属的能力。

在研究中发现，不同年龄的研究对象，对能力的要求有一定差异。30 岁以上的卫生管理干部对卫生管理干部必须具备的前五项能力的选择是一样的，即计划决策能力、组织控制能力、解决实际问题的能力、良好的人际关系能力、用人和激励下属的能力；30 岁及以下的卫生管理干部对卫生管理干部必备能力的选择是：计划决策能力、组织控制能力、解决实际问题的能力、良好的人际关系能力，此外还强调了创新能力和知识更新能力。对创新能力和知识更新能力的要求有随年龄增加而减少的趋势。

除能力要求外，领导者还应该具备其他的品质条件。各国的心理学家结合自己国家的具体条件，研究领导者应该具备的个体特性，并提出了合格的领导者应该具备的品质特征。

如日本企业界要求领导者具有以下 10 项品质：①使命感；②责任感；③依赖性；④积极性；⑤忠诚老实；⑥进取心；⑦忍耐性；⑧公平；⑨热情；⑩勇气。

又如美国企业界提出的企业家应该具有的十大才能：①合作精神。能赢得人们的合作，愿与其他人一起工作，对人不是压服，而是感服和说服。②决策才能。依据事实而非依据想象进行决策，具有高瞻远瞩的能力。③组织能力。能发挥下属的才能，善于组织人力、物力和财力。④精于授权。能大权独揽，小权分散，抓住大事，把小事分给下属。⑤善于应变。权宜通达，机动进取，不抱残守缺，不墨守成规。⑥勇于负责。对上级、下级、产品、用户及整个社会抱有高度责任心。⑦敢于求新。对新事物、新环境和新观念有敏锐的感受能力。⑧敢担风险。对企业发展中不景气的风险敢于承担，有改变企业面貌、创新新局面的雄心和信心。⑨尊重他人。重视和采纳别人意见，不武断狂妄。⑩品德超人。其品德为社会人士、企业员工所敬仰。

综上所述，领导者作为特殊的人群，肩负着特殊任务，现代管理对领导者的能力有一定要求。这些能力不是天生的，而是通过不断学习和培养形成的。提出有效领导者所需的个人品质，有利于领导者的选拔、培养和考核。领导者应具备的品质是一个综合的概念，它不单单是对领导者能力或智力的要求，还包括了对领导者诸多方面的要求。如领导者应具备的坚定的政治素质、宽广的知识素养、高水平的管理能力、一定的专业技术能力、良好的工作生活作风以及健壮的体魄等，这些都是对现代领导者的品质要求。

第二节　领导方式

领导者对被领导者采取什么样的工作作风，即控制方式不同，使群体产生不同的气氛，以致影响群体的行为及整个组织的活动效果。领导方式的有关理论就是研究领导者工作作风的类型以及不同工作作风对员工的影响，以期寻找出最佳的领导方式。

一、勒温领导作风理论

以勒温（Lewin）为首的心理学家从 20 世纪 40 年代开始便对领导方式进行了研究。领导方式虽然各有不同，但基本上可将领导者的领导方式分为 3 种类型：独裁型、民主型和放任自流型。

勒温在最早的研究中，以领导者的权力定位作为基本变量，把领导者在领导过程中表现出来的极端的工作作风分为 3 种类型。

（1）专制作风：权力定位于领导者个人手中。

（2）民主作风：权力定位于群体。

（3）放任自流作风：权力定位于每个员工手中。

为了分析不同领导作风方式对群体成员所产生的影响，勒温于 1939 年进行了不同领导作风对群体影响的实验研究。他把一群 10 岁儿童分为 3 个组，另外专门训练 3 个分别代表 3 种典型的领导作风的成人，由这 3 个“领导者”轮流在各小组担任领导，组织儿童从事制作假面具的活动。每个小组都经受专制作风、民主作风和放任自流作风的领导。

具体领导方式如下：专制作风的领导者实行个人独裁领导，把权力完全集中于自己手中。他决定设计工作的一切方针，讲解种种技术与活动，指定课题及人员搭配，还亲自进行批评与表扬。同时，他又与组内人员保持一定的距离，没有感情交流。

民主作风的领导者实行参与领导，把权力交给群体。他组织群体成员共同讨论工作计划与目标，鼓励下属积极表达自己的意见，让他们自己选择课题和工作伙伴。同时，领导者关心他人，尊重他人，把自己看作群体的一员。

放任自流的领导者实行无政府管理，把权力放手交给每个群体成员。领导者既不评价或管理群体活动，也不关心群体成员的需要和态度，一切尽可能放任群体成员自理。

通过实验研究，勒温对不同的领导作风对群体行为产生的影响进行了比较。群体行为结果指标有两类，一类是工作目标，即工作效率情况；另一类是社交目标，即群体的内聚力、士气等。研究表明：专制作风的领导，通过严格的管理，使群体达到了工作目标，但群体成员的消极态度和对抗情绪也在不断增长，争吵行为比民主作风的领导方式组多 30 多倍，挑衅行为多 8 倍。民主作风的领导方式工作效率最高，他所领导的群体不但达到了工作目标，而且达到了社交目标，孩子们表现得很成熟，很主动，并显示出较高水平的创造性。而放任自流的领导方式工作效率最低，他所领导的群体在工作中只达到了社交目标，而没有达到工作目标，产品的数量和质量都最差。

勒温的研究提出了不同领导方式对群体产生的影响，以后许多心理学家进行了类似的研究，也支持勒温的观点。现将领导方式早期研究观点总结于表 14-1。

表 14-1 不同领导方式要点

	独裁式领导	民主式领导	放任式领导
群体方针的决定	一切由领导者一人决定	所有方针由群体讨论决定，领导者给予激励与协助	完全由群体或个人决定，领导者不参与
群体活动的了解与透视	分段指示工作的内容与方法，成员无法了解群体活动的最终目标	成员一开始就了解工作程序与最终目标，领导者提供两种以上的工作方法供成员选择	领导者提供工作上需要的各种材料，当成员前来咨询时，即给予回答，但不做具体指示
工作分工与同伴的选择	由领导者决定后通知成员	分工由群体决定，工作同伴由员工自己选择	领导者完全不干预
工作参与与工作评价	除示范外，领导者完全不参与群体作业。领导者采用个人喜欢的方式评价员工的工作结果	领导者与成员一起工作，但避免干涉指挥。领导者依据客观事实评价员工的工作结果	除成员要求外，领导者不自动提供工作上的意见，对员工的工作结果也不做任何评价

二、利克特领导方式

经过长期的研究，美国密执安大学的利克特在 1961 年发表的《管理新模式》一书中，把国外现行领导方式归为 4 类：

（1）剥削式独裁（exploitative authoritative system）：权力集中在最高一级，对下属很少信任，下级无任何发言权。激励也主要采用惩罚的方法。

（2）仁慈式独裁（benevolent authoritative system）：权力控制在最高一级，但授予中、下级部分权力。

（3）协商式领导（consultative system）：重要问题的决定权控制在最高一级，授予中、下级部分权力，有时在一些次要问题上，中、下级也有决定权。

（4）集体参与领导（participative group system）：让员工参与管理的领导，上、下级处于平等的地位，有问题双方民主协商、讨论。由最高级领导作最后决策。

利克特对 4 种领导方式进行了比较，见表 14-2。

表 14-2 利克特领导方式比较

	剥削式独裁	仁慈式独裁	协商式领导	集体参与领导
上下关系				
信任程度	对下属无信心，不信任	有主仆之间的信赖关系	上下之间有相当的但不完全的信任	有完全的信任

续表14-2

	剥削式独裁	仁慈式独裁	协商式领导	集体参与领导
交往	交往极少，或交往在恐惧和不信任下进行	交往在上级屈就、下级惶恐情况下进行	适度的交往，并在相当信任下进行	深入友善地交往，有高度的信赖
沟通程度	上下意见不沟通	有一定的沟通	比较沟通	上下左右意见完全沟通
工作激励				
奖惩程度	恐吓、威胁和偶尔的报酬	报酬和有形、无形的惩罚	报酬和偶尔的惩罚	优厚的报酬，启发自觉
参与程度	下属极少参与决策	决策由上级制定，授予下级部分权力	重大决策由上级制定，下属对具体问题有做决定的权力	下属参与决策，低层问题完全参与控制
非正式组织对正式组织目标的态度	通常均持反对的态度	也会反对	有时支持，有时有轻微的阻抗	往往合成为一体

剥削式独裁又称专制式独裁，领导者有高度的以工作为中心的意识，是集权独裁的人物。集体参与领导的领导者具有以人为中心的意识，性质是民主式的管理。利克特认为只有依靠民主的领导，才能从内心来调动员工的积极性，才能发挥人的潜力。而领导者依靠奖惩、个人权力来控制人的管理形式将要过时了。利克特建议领导者要真心诚意，而不是假心假意地让员工参与管理，要看到员工的智慧，相信他们愿意搞好工作。他认为专制式的管理永远不可能达到民主式管理所能达到的生产水平和对工作的满意感。

在领导方式的理论研究中，也有不少人对民主式的管理作风提出异议，如斯科特（Scott）等通过对军队的调查，发现在具有专制作风的人领导下的军队，战斗力最强。还有人认为 3 种领导作风对群体的影响并无差异，它们均可导致群体工作的高效率，也可导致群体工作的低效率。因此，究竟哪种领导方式最理想，并无最后的结论。

第三节　领导行为

领导者在管理工作中采取的领导行为的内容十分广泛，如工作行为、人群关系行为、规划目标行为、控制行为、决策行为、预测行为、奖励与惩罚行为等。而这些行为直接影响到工作群体和工作绩效。行为理论就是研究领导者在领导过程中所采取的领导行为，以及不同的领导行为对组织成员的影响，以期寻求最有效的领导行为模式。

领导行为研究开始于 20 世纪 40 年代。那时，许多管理心理学家在调查研究中发现了领导者在领导过程中所采取的领导行为与他们的工作效率之间存在着密切的关系。通过对众多领导行为的分析，发现领导者的领导行为可归纳为两个方面，即关心工作与关心人。这两类领导行为可以产生一系列的领导风格，风格不一样，领导行为的有效性也不一样。

一、密执安大学领导行为研究

美国密执安大学的研究人员于1945年在大量调查的基础上，把领导者的领导行为分为员工导向（employee orientation）与生产导向（production orientation）两个维度。

他们认为领导者若为员工导向，就会特别重视工作中的人际关系，重视下属的个性并满足下属的需要，表现出对下属的关心。领导者若为生产导向，则将特别重视工作中的生产与技术，重视任务，主要关心的是任务的完成，把员工看作是实现组织目标的工具。

二、领导行为四分图

在密执安大学开展领导行为研究的同时，俄亥俄州立大学于1945年也开始领导行为的研究。他们经过调查研究列出了1 000多种刻画领导行为的因素，通过逐步概括，最后归纳为“抓组织”和“关心人”两大类。“抓组织”包括组织机构的设计，明确职责和关系，确定工作目标和工作程序等。“关心人”包括建立互信气氛，尊重下属意见，注意下属的感情问题等。按照这两类内容，他们设计了“领导行为描述问卷”，每项内容列举了15个问题，分发给有关领导者进行调查。

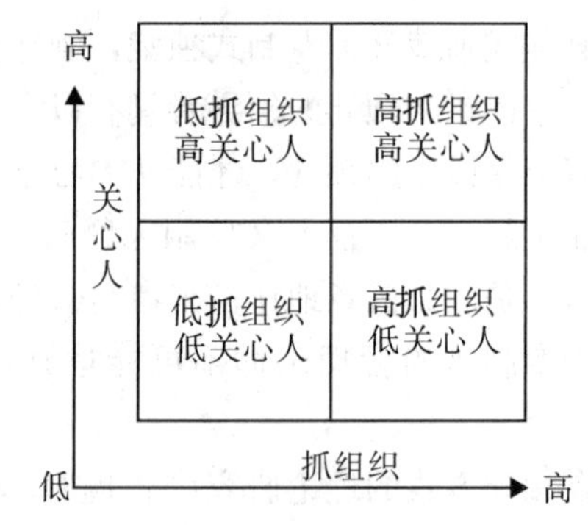

图14－2 领导行为四分图

根据调查结果，发现两种领导行为在每个领导者身上并不一致。因此，他们认为领导行为是两种行为的具体组合。他们用“四分图”的形式表达了这一结果（图14－2）。根据调查结果在图上评定领导者的类型，认为有的领导者是属于“高抓组织和高关心人”，有的是“低抓组织和高关心人”和“高抓组织和低关心人”，也有领导者是“低抓组织和低关心人”。

三、管理方格图

在俄亥俄州立大学领导行为四分图的基础上，美国得克萨斯州立大学管理心理学教授布莱克（Blake）和莫顿（Mouton）于1964年提出了用图示和量表来衡量领导者领导行为有效性的方法，这就是“管理方格图”（图14－3）。在这张九等分的方格图中，横坐标表示领导者对生产的关心程度，纵坐标表示领导者对人的关心程度。在评价领导者时，就按他两方面的行为，寻找交叉点，这个交叉点即为他的领导行为类型。

例如，一位领导者关心人的程度很高，达到9，而关心生产、工作的程度很低，只有1，两者的交叉点就在1.9，他就是1.9型领导行为的领导者。又如，一位领导者关心人的程度很差，只有1，关心生产的行为也差，也为1，两者的交叉点在1.1，那么

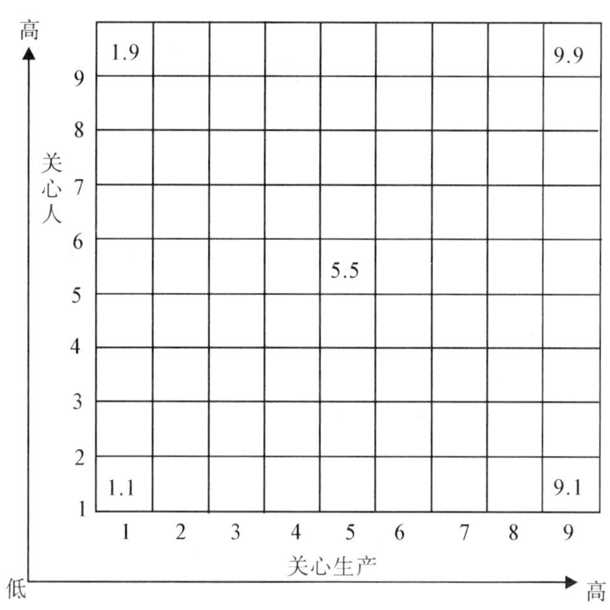

图 14－3　管理方格图

他就是什么也不关心的 1.1 型领导者。

布莱克和莫顿在提出这个方格图时，同时列举了以下 5 种管理典型：

1.1 型管理——贫乏管理：领导者对员工和生产都不关心。这是一种失败的管理，但一般很少出现。

9.1 型管理——任务管理：领导者只注重任务的完成，而不注重人的因素，员工变成了完成任务的机器。这通常是一种独裁式的领导，下级只能奉命行事，而失去进取心和积极性。

1.9 型管理——俱乐部式管理：这是一种一团和气的管理方式，它和 9.1 型管理分别为两个极端，特别关心员工，而不关心生产。其论点是：只要员工精神愉快，生产成绩自然就高。管理中主要重视员工的态度和情绪。

5.5 型管理——中间式管理：领导者既不偏重人的因素，也不过分偏重任务，努力保持和谐的妥协，是一种不高不低的管理。

9.9 型管理——战斗集体管理：领导者对生产的关心和对人的关心都达到最高点。这种管理发扬了集体精神，员工能运用智慧和创造力进行工作，关系和谐，士气高昂，任务完成出色。

以上的研究都把领导者的领导行为按照关心生产和关心员工两个维度来进行分析，并且研究也暗示多关心生产和多关心员工是最佳的领导行为。但对于最佳的领导行为是否存在，多关心生产和多关心员工是否一定是最有效的领导行为，后来的一些学者提出了异议，并通过调查研究回答了这一问题：在不同的部门中或不同条件下，高关心生产和高关心员工的领导行为并不总是有效。领导行为研究不能孤立地研究领导者采取什么行为最好，还要重视被领导者的特性、情景的影响。

第四节 情景理论

从20世纪60年代以后，对领导理论的研究提出了关于领导行为有效性的情景理论。这类理论是西方目前占统治地位的领导理论，其基本理论基础是，近年来已有许多人认识到，领导的效率如何，既不决定于领导者个人的品质、才能，也不决定于某种固定不变的领导行为模式，而是决定于领导者所处的具体环境，也就是决定于领导者、被领导者和环境条件三者的具体配合。领导的有效性是领导者、被领导者及环境因素3项变数的函数，领导的有效行为应随着被领导者的特点和环境的变化而发生改变。因此，管理心理学家通过长期的研究，提出了不同的理论模式。

一、专制-民主连续体模型

专制-民主连续体模型由坦南鲍姆（Tannenbaum）和施密特（Schmidt）于1958年提出，1973年经过修改后再次发表。他们认为领导不能机械地选择专制或民主的领导方式，而应根据具体的客观实际要求，把二者结合起来。在两种极端的领导方式之间，存在着多种领导行为模式，它们构成一个连续体（图14-4）。在这个连续体上，从左到右，领导者职权的运用逐渐减少，而下属享有的权力越来越大。偏重于专制一端的领导者较重视工作关系，并运用他们的权力去影响下属；偏向于民主一端的领导者较重视群体关系，通常给下属相当的工作自由。领导者应根据自己领导环境的具体情况，选择二者之间的某些领导行为。

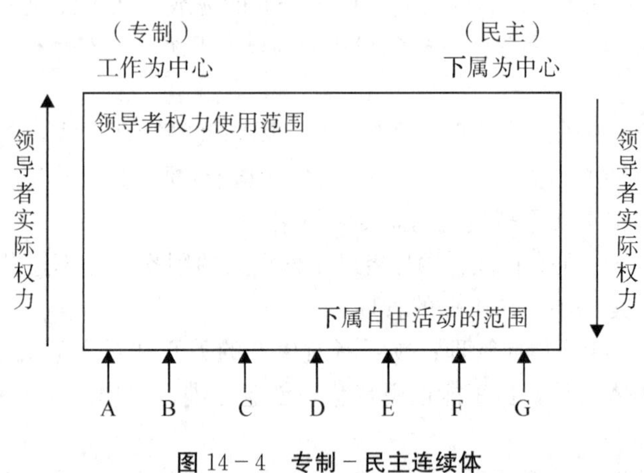

图14-4 专制-民主连续体

A：领导者作出决策并予以公布
B：领导者说明决策
C：领导者提出观点，并征求意见
D：领导者作出决策草案，供讨论修改
E：领导者提出问题，征求意见，作出决策
F：领导者明确问题范围，请集体作出决策
G：领导者允许下属在上级规定的范围内自由活动

二、通路－目标模型

通路－目标模型由加拿大多伦多大学教授伊凡斯（Evans）于1968年提出，并由其同事豪斯（House）于1971年进行了补充和发展。这种理论把弗鲁姆的期望理论和俄亥俄州立大学的领导行为四分图结合起来，创造了此模型。其基本观点认为，领导者必须选择一种最适合于某一特定情景的领导方式，领导者的责任和作用就在于改善下级的心理状态，激励其完成工作任务并对工作感到满意，帮助下级达到目标。

通路－目标模型认为，可供领导者选择的领导行为有以下4种：

（1）指令性方式：由领导者发布指示，下级不参与决策。

（2）支持性方式：领导者对下级友善、关怀，各方面给予支持。

（3）参与性方式：领导者决策时征求下级的意见并采纳下级的意见。

（4）以成就为目标方式：领导者给下级提出挑战性的目标，相信并鼓励其达到目标。

选择何种领导行为，该模型认为应根据下级的特点和任务的性质来决定。如下级有能力完成任务，希望被关怀和获得荣誉，他们不喜欢指令性领导方式，那么支持性方式是较好的选择。如果工作任务不明确，程序模糊，员工无所适从，他们希望有较多的工作指导，希望领导作出明确的规定和安排，即选择指令的方式。有些工作是常规性的，目标和工作程序一目了然，在这种情况下员工不喜欢发号施令的领导者。因此，领导行为的选择要结合具体情况而定。

三、弗德勒模型

弗德勒（Fiedler）经过15年的研究，提出了一个“有效领导的权变模式”，通常称为弗德勒模型（Fiedler model）。他是第一个把人格测量与情境分类联系起来研究领导效率的心理学家。弗德勒提出，有效的领导行为，依赖于领导者与被领导者相互影响的方式，以及情境给予领导者的控制和影响程度的一致性。领导是否有效，要依环境而定，要根据具体的环境选择领导行为。

他认为，领导者的性格和爱好是不同的，有的领导者喜欢以关心工作为中心的领导方式，而有的喜欢以关心人为中心的领导方式。每个领导者的人格特性基本上处于稳定状态，因而他设计了一种工具——LPC问卷（最不受欢迎的共事者问卷，表14－3）来测量领导者的人格特性。根据其测验成绩，即问卷中项目得分总和，就可确定该领导者领导行为方面的人格特性。LPC得分高，则表示该领导者具有关心人、以人为中心的人格特性；LPC得分低，则表示该领导者具有关心工作、以工作为中心的人格特性。

表 14－3　LPC 问卷

（请你设想一个最不能共事的人，此人可以是现在的同事或者过去的同事。这人不一定是你最不喜欢的人，而是你认为最难共事的人。请描述你对这个人的印象。）

印　象	得　分	印　象
快乐	8－7－6－5－|－4－3－2－1	不快乐
友好	8－7－6－5－|－4－3－2－1	不友好
坏	8－7－6－5－|－4－3－2－1	好
疏远	8－7－6－5－|－4－3－2－1	接近
支持	8－7－6－5－|－4－3－2－1	敌对
知足	8－7－6－5－|－4－3－2－1	贪心
固执	8－7－6－5－|－4－3－2－1	不固执
进取	8－7－6－5－|－4－3－2－1	安于现状
紧张	8－7－6－5－|－4－3－2－1	松弛
不好学	8－7－6－5－|－4－3－2－1	好学
冷淡	8－7－6－5－|－4－3－2－1	热情
急躁	8－7－6－5－|－4－3－2－1	耐心
愉快	8－7－6－5－|－4－3－2－1	忧郁
冷漠	8－7－6－5－|－4－3－2－1	热情
犹豫	8－7－6－5－|－4－3－2－1	自信
令人不舒服	8－7－6－5－|－4－3－2－1	令人舒服
无效率	8－7－6－5－|－4－3－2－1	有效率
不冒险	8－7－6－5－|－4－3－2－1	敢冒险
喜社交	8－7－6－5－|－4－3－2－1	喜孤独
满意	8－7－6－5－|－4－3－2－1	不满
无雄心	8－7－6－5－|－4－3－2－1	有雄心

弗德勒认为，决定领导效果好坏的情景因素有以下 3 个方面：

(1) 领导者与被领导者关系：这是指下属对其领导者的信任、爱戴和愿意追随的程度，以及领导者对下属的吸引力；

(2) 工作任务结构：下属对所承担的工作任务的明确程度；

(3) 领导者职位权力的强弱：这是指与领导者职位相关联的正式职权以及领导者从上级和整个组织各方面所取得支持的程度。

按照上面 3 种因素进行组合，共有 8 种情景（表 14－4）。弗德勒认为在 8 种类型情景中，3 种条件基本具备的情景（情境 1,2,3），是最有利的领导情景；3 种条件都不具备的情景（情景 8），是最不利的情景。

为了了解领导者人格特性与情景类型之间的关系，弗德勒对 1 200 个群体进行了调查，观察在不同的情景中，领导者 LPC 成绩与群体成绩之间的关系。调查发现，在最有利和最不利的两种极端情景中，领导者的 LPC 成绩与群体成绩呈现负相关。这说明在这些情景下，应该采取以任务为中心的领导方式，效果最好。但在 3 种情景因素处于中等状态的条件下，领导者的LPC成绩与群体成绩呈现正相关，说明采用以人为中心的领导行为最好。

表14－4　弗德勒模型（Fiedler model）

情景	1	2	3	4	5	6	7	8
领导与被领导关系	好	好	好	好	差	差	差	差
任务结构	明确	明确	不明确	不明确	明确	明确	不明确	不明确
领导者的岗位权力	强	弱	强	弱	强	弱	强	弱
领导者的领导方式	以工作为中心	以工作为中心	以工作为中心	以人为中心	以人为中心	无资料	未发现何关系	以工作为中心

四、领导生命周期理论

领导生命周期理论（life cycle theory of leadership）是心理学家卡曼（Karman）于1966年首先提出，其后由何塞和布兰卡予以发展的。这一理论把俄亥俄州立大学的领导行为四分图与阿吉里斯的“成熟—不成熟”理论结合起来，创造了三维空间领导模型。

该理论的主要观点认为，领导者的领导行为应该依其下属的“成熟”程度而决定。在被领导者逐渐成熟时，领导者的领导行为应随之而调整，这样才能实施有效的领导。因此在“四分图”的基础上，把工作行为、关系行为和被领导者的成熟程度结合起来考虑，“员工成熟度”则作为第三维因素进行分析。

他们对模式的基本定义如下所示：

（1）工作行为：工作行为表示领导者用单程沟通的方式，向每个员工说明应该干什么，何时、何地、怎样干等。

（2）关系行为：关系行为表示领导者用双向沟通的方式，用心理的、培育感情的措施指导下属，并兼顾下属的福利。

（3）领导行为有效性：领导行为有效性指领导行为能否适应环境，对特定情景能否提供正确的领导行为。

（4）员工成熟度：员工成熟度包括工作成熟度和心理成熟度。工作成熟度指员工是否有能力、学识和相应的工作经验与技巧；心理成熟度指员工是否有工作和承担责任的意愿和动机。

这一理论认为，随着员工从不成熟走向成熟，有效的领导行为应是从高工作低关系、高工作高关系、低工作高关系、到最后的低工作低关系（图14－5）。

高工作低关系又称命令型，适用于员工完全不成熟的情景下。员工不能或不愿承担起工作的责任，他们不能胜任工作，或者缺乏信心。对于这种情况，领导者采取高工作低关系的命令式的领导行为是有效的。向员工具体指示干什么、怎样干，可能效果较好。

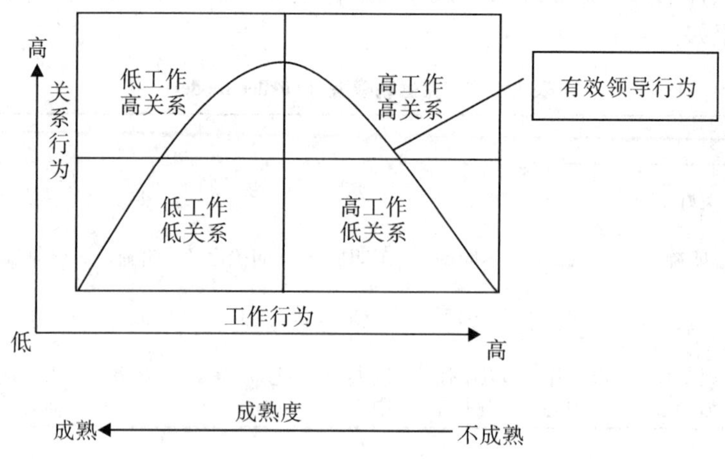

图 14－5 领导生命周期理论

高工作高关系又称说服型，适用于员工较不成熟的情景。员工可能具有信心，并愿意负起工作的责任，但是他们缺乏工作的技巧，不能胜任工作。这时领导者以双向沟通的方式给以直接的指导，并从感情和心理上予以支持，提高他们的工作意愿和热情。

低工作高关系又称参与型，适用于员工较成熟的情景。员工能胜任工作，并有一定的工作经验与技巧，但缺乏自信心，对独立工作感到恐惧或具有不安全感。领导者应通过双向沟通和悉心倾听的方式和员工交流意见，讨论问题，给予员工发表意见的机会，鼓励支持员工自主工作。

低工作低关系又称授权型，适用于员工高度成熟的情景。员工具有工作和承担责任的愿望和自信心，并有能力和经验，已能完全负起工作的责任。领导者应充分授权，让员工能自主行事，领导者只起监督的作用。

第五节　领导理论研究的新进展

领导科学自 20 世纪产生以来，随着每一次研究重心的转移，领导理论也随之发生变革。例如领导理论从特质论向行为论再向权变论的转变，都与领导科学研究重心的转移直接相关。从 20 世纪 80 年代起，最新的领导理论表现出两种截然相反的倾向，一种是对领导者个体特征的强调，如伯特提出了一个包括个人特质、领导艺术与专业知识技巧组成的三维领导模式，以突出领导者个体的重要性。另一种则认为在知识经济时代，领导不再是某个人的专利，人人都可能成为领导。两种相互矛盾的观点与倾向表明，领导理论的研究还存在着非常广阔的空间，下面我们就介绍一下领导理论新的进展。

一、认知资源理论

1987 年弗德勒及其助手为了解释领导者获得有效的群体绩效的过程，提出了认知资源理论。它是菲德勒权变模式的新发展。

认知资源理论对压力背景、领导者认知资源与领导效能的关系做了有益的探索，该理论认为：认知资源包括智力、经验和技术。认知资源与领导效能的关系很大程度上取决于群体过程和结果的情景控制。

当压力小、支持多、即情景变量处于正值时，因个体感到厌烦和失去兴趣，所以经验与绩效呈负相关。情景变量为负值时，个体由于较高压力而影响了认知资源的运用，则智力与绩效呈负相关。负值情景对经验的影响较小，对智力的影响较大。风险决策由于压力大使智力与绩效呈负相关；日常行政事务，压力对智力与绩效的影响不明显。

认知资源理论有助于我们了解智慧型领导（高智力）、资深领导与工作绩效之间的关系。只有把他们与情景结合起来，才能提高组织绩效。

二、领导归因理论

归因理论主要用于了解原因和结果之间的关系。领导的归因理论指的是，领导主要是人们对其他个体进行的归因：运用归因理论的框架，研究者发现人们倾向于把领导者描述为具有这样一些特质，如智慧、随和的个性，很强的言语表达能力，进取心、理解力和勤奋。并且，人们发现双高领导者（即在结构和关怀方面均高）与人们对好领导具有哪些因素的归因相一致。不管情境如何，人们都倾向于将双高领导者视为最佳。在组织层面上，归因理论的框架说明了为什么人们在某些条件下使用领导来解释组织结果。当组织中的绩效在极端低或极端高时，人们倾向于把它们归因于领导。

三、魅力型领导理论

魅力型领导理论认为：魅力是领导的一种特殊素质，他们的意图、权力和超乎常人的果断使他们和一般人区分开来。美国的罗伯特·豪斯（Roben J. Hose）发展了魅力型领导理论。他认为，具有超凡魅力的领导者拥有一些关键特点：具有极高的自信心、强大的支配力以及对于信念和道德的坚定性。他往往具有极大的影响力，使下属认为跟随他是正确的。豪斯还指出：具有超凡魅力的领导者能够提出一个富有想象力的、更远大的目标，从而赢得追随者的支持。这样的领导者给人一个成功而又能胜任的形象，他的榜样表达了他所坚持的价位观，使追随者确信能实现他所期望的目标。

豪斯的理论总的来说处于初创阶段。在领导超凡魅力方面，瓦伦·本尼斯（Warren uonnis）对美国 90 多位最杰出最成功的领导者进行了研究，总结了他们的 4 种共同能力特征：有远大的理想和目标；能清晰地表达这一目标并使下属理解和认同；对目标和理想追求中所表现出的始终如一和执著；了解自己的实力并善于利用它。

但在这方面最全面的分析是由麦吉尔大学的康格（Conger）和凯南格（Konungo）进行的。他们通过研究得出以下结论：具有领导魅力的领导者有一个希望达到的理想目标，为了实现这一目标他们全身心地投入，反对传统，固执而且自信，他们勇于变革而不安于现状。他们的关键特征是：有远见、自信、有超强的沟通技巧、鼓舞他人、激发下属信任的能力；崇尚变革，敢于冒险；能够自我激励，传达组织愿景，强感染力地表达愿景，为了愿景而冒险和自我牺牲；给下属传递高的期望并给予认可、赞扬，使下属建立自信并信任下属。

四、交易型与变革型领导理论

（一）交易型领导

在一些有关领导行为的研究中，领导行为常被理解为一种交易或成本——收益交易的过程。交易型领导行为理论的内容是：领导与下属间的关系是以两者一系列的交易和隐含的契约为基础，当下属完成特定的任务后，便给予承诺的奖赏，整个过程就像一项交易。交易型领导利用交易过程，通过满足下属的需要，来达到激励下属的目的，并以此达到组织目标。

交易型领导的绩效与领导者的领导水平、领导与下属讨价还价的能力和下属的素质有关。为了使组织的成本降到最低，领导者必须与下属讨价还价，此外，下属的素质直接关系到交易型领导的成功与否。下属的个人素质越低，交易型领导越起直接作用。

交易型领导是一种权变强化过程。当下属取得了领导者期望的绩效时，领导者采用积极的权变强化，即给予奖励，以此强化下属继续努力工作。当下属的工作未能达到预定标准而产生偏差时，领导者再用消极的权变强化，即阻止其失误行为，如处罚、停止工作。

交易型领导有 4 种领导方式：权变奖励、积极的例外管理、消极的例外管理、自由放任式管理。

（二）变革型领导

变革型领导理论由丹顿首创，指领导者通过个人魅力对追随者进行个人关怀与智力上的开发，赋予成员自主权，使组织成员工作态度产生重大转变，建立起对组织使命或目标的承诺，以完成更高层次的目标。变革型领导通过提供组织愿景和使命感，唤起追随者的更高层次的需要，使组织中各个阶层的人达到最佳的境界，以实现组织目标。变革型领导包括 4 类领导行为：理性化影响、激发鼓舞、个别关怀、智力启发。

变革型领导是针对交易型领导提出来的。如前所述，领导行为四分图、弗德勒模式、通路－目标模式等，指的都是交易型领导者，他们只是通过明确角色和任务，以指导和激励下属向着既定的目标前进。变革型领导者则不然，他们规划组织的愿景并作热情的宣传；他们打破界限，让员工从只关注自己工作或部门的狭隘中解放出来，以组织利益超越个人或部门利益；他们试图造就学习型人才和组织，为更好地迎接将来的挑战作准备。简言之，变革型领导者也就是收获型、创新型的领导者。

（三）交易型领导和变革型领导的关系

交易型领导和变革型领导首先在是否对“低级”或“高级”的需求给予满足的认识上有着不同的观点：①交易型领导主张人是利益驱动体，追求利益最大化，因而金钱激励是最好的方法；变革型领导则强调人的社会属性，注重用社会化的方法激励人，提高员工的组织认同感。②交易型领导采用明确的绩效标准设置员工的工作日程，根据下属的完成情况来奖惩员工；变革型领导针对不同个体进行差异进行关怀、指导和建议。

③交易型领导关注过程监控，变革型领导则利用宏伟的愿景激发下属。④交易型领导追求稳定，变革型领导崇尚应对挑战和风险。

变革型领导者与交易型领导者并非绝对对立，前者是在后者的基础之上形成的。实际上，在变革型领导的指引下，下属的工作绩效会超过仅用交易型领导所取得的绩效。另外，变革型领导更具领导魅力，单纯魅力型领导仅仅企图让下属适应和认同自己，而变革型领导者则期望逐步培养下属的能力，鼓励他们对自己的理想和观念提出质疑。

五、领导-成员交换理论

格里奥提出的领导-成员交换理论，也可称作领导的垂直双向连接模式。他首先跳出了一个人们对领导活动认识的误区，即领导者用同样方式对待每个下属。该理论认为：领导者通过明确角色和任务要求来指导或激励下属向着既定的目标行动，领导者与下属的关系不同，领导者的行为方式也不同。领导者与下属的关系基本上可分为两大类：一类是与圈内人士的关系，由于圈内人士受到信任，得到领导者更多的关照，有机会获得领导的奖励以及额外的任务，甚至更高的职位，成为领导者的关键助手，因而他们能得到较高的工作绩效和满意感，以及较低的离职率；另一类是与圈外人士的关系，正是因为圈外人士占用领导者的时间较少，他们之间仅有职务上的正式关系而无密切的私人友谊。所以，他们的工作绩效和满意感要明显低于圈内人士。

高质量的交换关系对于领导者、追随者、工作单元和整个组织都有着积极的正面作用。对于追随者来说，高质量的交换关系意味着肩负更大的责任和享有更多的授权，同时也会获得相应的回报，如加薪和晋升。同时领导和组织也会从中受益。

领导者-成员交换关系的发展可以用三阶段的“生命周期模型”来描述。这种关系开始时是一个初始尝试阶段。领导者和追随者作为陌生人，相互评价动机、态度和可以交换的潜在资源，建立相互角色期许，有可能双方一直未能突破此阶段，此阶段代表着交易型领导行为。若此关系发展到第二阶段，双方相互信任，忠诚和尊重得到发展。进一步发展，就进入第三阶段。在此阶段双方自我利益的交换关系转变为对组织使命和目标的支持，领导者和追随者的关系经过一二阶段发展趋于稳定，这种关系也决定了追随者是“圈内”还是“圈外”的地位，此阶段代表着变革型领导行为。

当交换关系有利时，领导者有更多的支持性行为，反过来对追随者来说，则有更有利于组织的行为。

六、破坏性领导理论

关于破坏性领导理论，目前主要从对下属的破坏性领导和对组织的破坏性领导两个方面来界定。有学者认为，破坏性领导是指一个领导者通过破坏性的行为方式，对组织的资源、任务、目标、有效性及其下属的健康和工作满意度等组织内权益的持续性侵害和破坏的过程。实质上，破坏性领导是指领导者为实现自己的个人价值，追求个人目标，而做出损害组织或组织内成员的利益，并导致组织与组织内成员产生负面结果的破坏性行为。针对下属的破坏性领导，主要包括辱虐型领导者、狭隘的专制者、恃强凌弱者等；针对组织的破坏性领导，主要包括毒性领导、领导越轨行为等。

传统的领导理论的关注点主要是那些能够产生积极效应的领导行为和特征。而破坏性领导理论的主要目的是从反面研究如何预防和阻止有害的领导行为。破坏性领导的产生主要取决于领导者个人的成长经历、组织内外部环境和下属的助推作用。领导者的自身经历及下属的作用都与个体因素有很大关系，而组织环境的作用主要在于可以在相对较短的时间内进行调整以约束破坏性领导对组织的侵害。

领导者在组织内的掌控权反映了他们摆脱机构约束的程度，正是因为权力制衡和监管机制的欠缺，才导致了绝对权力的滥用和个人单方面掌权的危险。因此行之有效的控制破坏性领导行为的方式当属制度化的约束。此外，对领导者的选拔任用、培养程序的完善以及在选拔初期强化对下任领导的培养都可以相对降低破坏性领导出现的概率；同时，也可以通过明确任期期限、制定合理的卸任制度以及员工组建应对联盟等策略来应对破坏性领导。

七、超级领导理论

超级型领导又称超越型领导或超脱型领导，是 1991 年曼兹与西姆斯首先提出的。他们认为，超级型领导者会帮助下属发现并最大限度地发挥自己的能力，对组织作出充分贡献。这种领导方式的关键是实现下属的自我领导，把下属培养成自我领导者。自我领导是通过对下属的行为训练和认知训练来实现的。通过训练，让下属能自己设置目标，对行为进行内在强化，自我安排职务，同时进行自我批评与表扬。而超级型领导本人还要为下属作出自我领导的榜样。

超级领导理论对追随者的理解不是工具式的，而是价值性的。强调如何使追随者成为自我领导者，它将积极释放下属的能力置于首位。强权领导理论对人的理解基本上是工具式的，强调如何塑造拥有追随者的领导者的能力和魅力。所以，如何以超级型领导超越传统的强权领导，就成为 21 世纪初领导科学界的热门话题。

实施超级型领导的关键在于领导观念的转变，即强有力的领导不是统治别人的工具，它是一种激发下属无穷的才智并使他们成为自我领导者的过程。

八、自我领导

自我领导（self leadership）是当代领导理论的最新发展之一，由查理·曼茨（Charles Mann）和亨利·西姆（Henry Sim）提出。它是一个注重发挥自我影响的行为和想法的策略集合。简单地说，自我领导就是自己领导自己，即下属如果有了自我控制的能力，就能够以一种负责任的方式迎接挑战。

自我领导有两个突出特点，即自我领导执行和自身激励任务，以及自我管理必要的但并非自身回报的工作。它要求员工应用自我观察的行为技巧、自我设定目标、暗示管理、自我回报、绩效来表现以前的活动预期以及自我批评。它还包括在任务中建立自然报酬、关注自然报酬和建立有效的思考模式等心理活动。能够自我影响的员工可以利用自我激励和自我导向，圆满地完成任务。

自我领导理论强调，自我领导是领导的精髓。领导者必须不断地参考他们自己的个人目标、价值、想象力和勇气。他们不但必须面对外部竞争的威胁，而且也要面对内部缺乏领导凝聚力的威胁。

自我领导理论中的领导者必须鼓励员工去激发自己的潜能；鼓励员工敢于打破常规，勇于创新，为实现自己的目标与理想而甘冒风险；鼓励员工追求卓越，并关注那些引导组织与国家走向未来的远大目标。领导者必须发扬博爱精神，更加重视品质和长期收益、重视员工的内在价值。自我领导塑造了这样一种局面：在领导者的作用下，员工受到鼓舞而变得充满生机和创造性。他们尽可能地发挥自己的聪明才智，以明确的目标指导自己的行动；他们成为有能力的自我领导者，并以主人翁的姿态去完成任务，而不是被动地顺从某个领导者；他们是组织赖以生存的支柱。有了他们，无论领导者是否离开组织，组织都能够照常运转。

九、共享领导

早在 20 世纪 60 年代，就有学者提出团队“共享领导”的概念，Pearce 和 Sims 等人率先从团队共享领导观点，将共享领导定义为由指定的团队领导者与团队成员共同执行的领导，是每位团队成员整体水平上表现出来的领导行为。目前，共享领导普遍被定义是一种积极的活动，是社会交往过程中的“一个动态的，交互影响的过程”。

作为一种新的管理思想，共享领导主张由管理团队中的领导者及其下属成员来共同承担领导责任，领导者必须摒弃传统的独揽大局和个人控制一切的观念，从而充分调动下属成员的主观能动性，增强下属成员的责任感。通俗来讲，共享领导即一个领导团队共同进行的、持续的、相互作用的过程，同时伴有各类不同的非正式领导者的出现。我们可以认为，共享领导是团队领导充分授权的结果，它是对传统的依靠一个全能型的团队中心领导者来带领全体员工走向最终成功的观念的纠正，它使得所有的团队成员都充分地参与到团队中来，切身体会领导者的角色，担当领导大任，领导者为了最大地发挥团队的潜力而对其他团队成员进行指导和影响，最终使团队实现了共享领导，即领导者与非正式领导者之间的相互领导。

共享领导理论与共同领导、领导－成员交换理论、领导替代理论、自我领导理论及授权领导等理论关系密切，在各类领导理论的基础上不断创新、发展和成熟。共享领导主要包括六大原则，即尊重员工、彼此信任、目标共享、结果责任制、有效的沟通和维持纪律。

目前，共享领导理论还处在不断的完善和发展之中，共享领导理念对组织、团队及团队成员的变革与发展所起到的积极作用也越来越明显。

十、领导群理论

传统的领导理论重点研究个体领导者。而超级领导、自我领导理论则大大克服了特质论、行为论和权变论的个体化取向所产生的缺陷。在理解领导活动时“群（cluster）”理论为我们提供了崭新的视角。所谓群，即由各种要素聚集而形成的一个网络。个体领导者只是组织内部领导群的一个构成要素。领导群理论的实质在于领导不是某个人的特权和专利，而是一种人人具有的能力。信息化和全球化导致了组织的扁平化和分权化，使我们明白：只有当人们拥有领导自己的权力和能力时，他们的才能才会最大限度地发挥出来。

群理论是建立在“创新相互依赖”的假设基础上的。群理论的观点是：创新是一种网络环境下的交互过程和社会过程。领导作为一种变革的力量，其主旨是为组织和社会注入创新和变革的动力。显然，在知识化、全球化和信息化时代，崇尚英雄主义的个体领导者会逐渐隐退，因为在组织形态趋于网络化的情形下，由多种角色组合而成的领导群决定了一个组织的变革。领导群使得领导过程整合了多种角色和多种力量，使人人都可成为领导者。

总之，自我领导、超级领导、领导群理论适应了新时代的要求，是对以前的领导理论的辩证发展。它们继承了传统理论的优点；同时，它们突破了传统领导理论的个体化取向，把领导从单个人的垄断中解放出来，已成为21世纪初领导理论变革的新趋势。这些理论认为随着下属的成熟和自我独立意识的增强，领导者更要注意引领、指导、帮助和服务，这正是领导的实质。当然，这些理论目前还不够成熟，需要进一步研究。

诠释抓大放小的管理哲学

管理大师约翰·默宁翰在其畅销名著《无为而治》中，描绘了一种完美的管理境界：管理者在悠闲地休完三周假期回到办公室后，同事纷纷在门口给他打招呼询问假期过得如何，却无一人进去用工作烦扰他。对此，医学院附属医院何院长感触颇深。不过，他更愿意将这种管理理念本土化地表达为“抓大放小”。

一、大处着眼

2011年，当何院长接任院长一职时，附属医院已经步入了高速发展的快车道：医院开放床位3000余张，年门急诊量接近百万人次，医院综合实力在全国非省会城市中连续多年位居西部第一。面对如此成就，裹足不前显然不是何院长的风格。在履新院长之前，他已经在副职上历练了10年，还曾在上海工作多年。这些经历都让何院长对医院未来的发展有着更深的思考。

何院长认为，无论是从国家政策还是从区域经济而言，泸州都需要一个国家级大型综合医疗机构。在此思考下，医院的“1312战略”出炉。所谓“1”就是一大战略目标：将医院建立为全国有一定影响力的区域性医疗康健中心。“3”是指三大战略任务：建设优秀三级甲等医院、建立博士点和博士后流动站、建立医疗康健人才培养和培训基地。围绕三大战略任务，医院又细化了12项战略工程，其范围包含了医疗质量、信息化等诸多核心工作。

战略既定，但执行却面临不小难题。60多年来，附属医院一直坐落于美丽的忠山。尽管风景秀丽，但医疗流程的改进却相当受限。“下山办医院”的想法犹如一个铁钉，深深钉入了何院长的心里。

2010年，占地1800多亩的西南医疗康健城立项获批。何院长强调，我们不会盲目扩张建设，总床位控制在5000至6000张左右，而且可酌情增减，进退自如。何院长表示，随着国家经济和社会发展，传统的"重医疗、轻预防"的医疗理念已难以为继，医疗机构必然要从单纯提供医疗服务，向提供医疗、康复、养老和预防等综合服务的方向转变。因此，医院新院区筹划时，便设置了养老和康复建设的空间。

在提升医院内部质量和规模的同时，何院长还将触角延伸到院外，筹谋用"联合"的方式来应对未来的挑战。他认为，未来中国一定会建立分级诊疗体系，大型医院向医学中心的转型不可避免。因此，在上任之后，他便倡导医疗联合的理念，现在已经先后与云南、贵州及宜宾市、泸州市10家医院建立了医疗联合体，这样不仅打通了转诊通道，也为医院应对未来挑战进行了提前布局。

二、小事着手

"我喜欢以小见大，往往通过小事分析问题背后的本质。"何院长说，在最近的三甲自评中，他时常会到各个科室的厕所转转。在他看来，厕所虽小，却是反映科室管理意识的窗口。"一个科室若连厕所都管不好，其他的管理也不一定如意。"

他强调说，即使是厕所，也大有学问。比如厕所门的朝向是否考虑到患者的特殊需求；厕所是否为残疾人准备了扶手；若患者在厕所发生意外，是否有紧急呼救设备。这些问题看似细小，体现的却是医院管理流程和机制的问题。"作为管理者，要具备见微知著的分析能力。"何院长一语中的。

不过，仅凭院长一人之力完善所有细节，几乎是不可能的。因此，在实行院科两级管理实践中，何院长特别注意通过授权激发全院职工的积极性。"院长主要负责制定战略、识人用人，而药物、耗材、财务等工作下放给其他领导。"每位医院领导班子成员，都要为医院发展承担责任。

事实上，授权并非简单地一甩了之。在此之前，管理者往往要做很多细致的铺垫工作。何院长表示，自己在医院工作多年，对各位院领导的能力和性格都比较了解。在分配任务时，他会据此仔细斟酌，以确保工作难度和能力相匹配。此外，在重大决策中，他还事先跟领导班子沟通，不搞一言堂，以保证决策的科学性。在医院的院务会中，职能科室提出的议题要经过院领导集体的讨论，听取不同声音。在院务会上没有通过的议题，何院长的决策就会把该议题放一放，随后让职能科室梳理问题并继续寻找最佳解决方案。

充分发挥民主自然能够提高决策的科学性，但过分讨论也会降低决策效率。为了解决这个难题，凡遇讨论重要提案、报告，何院长都会要求院办提前把所需讨论的提案、报告等资料交给医院领导，让大家提前思考，提前准备。在讨论时，各位院领导直截了当有的放矢发表意见，院务会的效率得到大大提高。

事实上，如此为之不仅是为了保证决策的理性客观，更重要的是让领导班子对决策认识达到一致。"这些决策最终还是要让各位分管领导去执行。如果他们不能认同并很好理解，就谈不上执行力。"何院长坦言，院长不仅要想干事、能干事，还要会干事，最后能干成事。如此，便可称得上是一名优秀的院长了。

［资料来源：张贵民. 中国医院院长，2013（11）］

问题 1：如何区分领导和管理？

问题 2：根据材料总结何院长的管理哲学。

问题 3：如何做一名优秀的领导者？

（王　玉　韩雪梅）

第十五章　领导艺术

学习目标

通过本章的学习，你应该能够：

掌握　领导艺术的内涵和特征，领导用权和用人的要领。

熟悉　领导艺术与领导科学、领导方法以及权术的联系和区别。

了解　领导用权和用人艺术的经典案例。

第一节　领导艺术概述

一、领导艺术的含义

领导艺术是领导者的领导技能达到娴熟的程度后，在特定的环境中，对领导知识和技能的创造性应用。高效的领导工作应该是领导科学与领导艺术的统一。

甲骨文“艺”像一个蹲着的人双手持树作栽种形状，金文“艺”是一个人两手在土上植树，小篆“艺”是一个人用双手在土上种植树苗。可见“艺”与生产劳动的种植有关系，意为种植或种植的方法技能。《说文》中对“艺”的解读是“艺，种也”。

“艺”的含义在使用中变迁。《辞源》对“艺”的解释为“艺谓书、数、射、御”。随着“技”和“术”的广泛应用，“艺”逐渐把表示手工方面的技能之意让给了“技”而偏指文化典籍方面。如“六艺”指礼、乐、书、诗、易、春秋，即“六经”，是古代学校教育的重要内容。再后来，随着“经”“史”的独立，“术”“数”的分开，“艺”缩小到主要指各种文学艺术。

“术”，《说文》解释为“邑中道也”，即城市中的道路，引申为路径、学术、方法、技术、手段、策略等含义，如《孟子·公孙丑上》曰“术不可不慎”，意为选择谋生技能必须要慎重。

“艺术”最初指生产劳动中表现出的高超技能，如庖丁解牛的艺术。英文中“艺术”的词源亦含有生产技术之意。可见在古代劳动技能娴熟到一定境界也具有了艺术的意义。当今广泛使用的“艺术”一词，即指通过塑造形象反映社会生活，表达作者思想感情的一种社会意识形态，如音乐、舞蹈、绘画、雕塑、文字、戏剧等多种艺术形式。《现代汉语词典》将“艺术”解释为“富有创造性的方式、方法”。

领导艺术中的“艺术”，主要是吸收音乐、绘画、表演等形象艺术自由创造与发挥的精神内涵。孙钱章主编的《实用领导科学大辞典》指出：领导艺术是指领导者在领导过程中，为有效地实现组织目标，而灵活运用的各种技巧、手段和特殊方法，是指领导者的权变能力在实际工作中的体现。王乐夫主编的《领导学通论》指出：领导艺术是领导者运用领导学知识和各种方法，解决客观问题的技能。它具有非模式性、实践性、灵活性等特点。徐俊平等主编的《中国现代领导学》指出：领导艺术是领导者在实施领导活动过程中表现出来的学识、胆识和创造性思维的总和。

二、领导艺术的特征

领导艺术虽然同领导者个人素养和对领导技能的运用技巧关系很大，但领导艺术并非是主观臆造的，而是符合客观规律、遵循一定科学原则的活动过程。领导艺术作为经验的积累和实践的技巧，主要有以下特征。

（一）创造性

领导艺术不是对领导科学知识机械、简单和一般的应用，而是在特定的场景中，领导者富有创造性的领导技能升华到了艺术的境界。离开创造，领导艺术就失去了生命。

（二）灵活性

领导艺术不同于规范化的领导方法或流程，它是根据不同的时间、地点和条件，运用已有的经验、知识和判断能力随机应变地采取措施，非模式化、非程序化地解决问题。

（三）独特性

领导艺术是领导者领导能力和方式在特定情境下个性化地发挥，是领导者个人素质的综合反映和体现，具有鲜明的个性特征和特色，表现出独特性和多样性。如果说世界上没有两片相同的叶子，那么世界上也没有两种相同的领导艺术。

（四）科学性

领导艺术没有固定模式，是领导者的主观能动性与领导实践活动的客观规律相结合的产物，是领导个人经验和领导科学相结合的产物，是对领导科学的原理、原则和方法的综合的、灵活的和创造性的应用。领导艺术中有人类共同意会的成分，是可以相互学习和借鉴，并且有一定规律可循的。

三、领导艺术辨析

（一）领导艺术与领导科学

领导科学反映领导活动的本质、规律和方法。领导艺术是在把握领导活动的本质和规律，也就是掌握领导科学的基础上结合领导者个人经验和阅历，在领导实践中的创造性升华。领导科学与领导艺术既相互区别又相互联系，共同统一在领导活动当中。成功有效的领导必然是将领导科学和领导艺术有机地结合在一起。19 世纪著名军事理论家克劳塞维茨在《论战争》中谈到军事领导艺术时说：“在这里智力活动离开严格的科学领域，即离开了逻辑学和数学的领域而成为艺术，也就是成为一种能够通过迅速的判断从大量事务和关系中找出重要和有决定意义的东西的能力。”

（二）领导艺术与领导方法

领导方法是领导者在领导活动中有目地选择的方式和手段，属于领导科学的重要组成部分，通常具有规范性、秩序性和可操作性等特点。领导艺术是在特定的情景中，对领导方法创造性的应用，往往出人意料之外却又在情理之中，虽然没有固定模式，具有个性化特征，但一经创造出来却可为人们所共有。领导艺术经过总结、推广，在一定范围内具有普适性，即可以转化为领导方法，如示范引领、提供服务等。新形势下团结和带领群众不断前进，既是领导方法的更新也是领导艺术的创造，二者水乳交融。

（三）领导艺术与权术

“权”最初是古代的衡器，亦指称量行为。《孟子·梁惠王》曰：“权，然后知轻重。”《汉书·律历志上》曰：“权者，铢，两，斤，钧，石也，所以称物平施，知轻重也。”“权”的特点是根据不同的重量随时移动秤砣以保持平衡，引申为选择衡量、审时度势和因时制宜，是一种灵活的运用手段。“权术”就是权变之术，从其本意看，最初并无贬义，指因人、因时、因事而变通办法、灵活处理的手段，是一种智术。

随着人类社会发展，社会公共权力被少数统治者所掌握，统治阶级为了维护自身统治地位和有效镇压反叛者，“权术”逐渐兴盛。君主为维护自己的权力，往往不择手段；臣下为了自身利益，亦以其人之道还治其人之身，上下相互计算，钩心斗角。权术就因此演变为不光彩的手段或者暗地里支配与操纵他人的代名词。权术有特定的适用范围，往往是用于同一阵营内部，即上司下属左右同僚等，这又使权术增添了几分卑鄙的色彩。而对敌对阵营的谋略和战术则不能理解为权术，否则就和宋襄公对敌人讲仁义、东郭先生对蛇施仁慈无异了。

领导艺术和权术的根本区别在于领导艺术以辩证法为理论基础，公开示人，追求真善美；而权术则以剥削阶级的统治理论和运权之术为指导，暗里进行，秘而不宣，翻手为云，覆手为雨。在领导艺术与权术的对垒中，权术也许会得逞于一时，比如奸相秦桧玩弄权术害死忠良岳飞，但最终被钉在耻辱柱上，这就是历史发展的逻辑。

第二节　领导用权艺术

领导者的权力包括正式权力和非正式权力，是领导者实施领导的动力。运用权力是领导者实施领导的基本条件。领导职能发挥得怎样，从一定意义上讲，主要取决于权力运用艺术水平的高低。古今中外有成就的领导者，无不重视其权力的有效运用。

一、用权的艺术

（一）慎用强制权

强制权是领导者权力的重要组成部分，领导者通过威胁和惩罚的手段，迫使被领导者服从他领导的权利。很多时候下属执行不到位、做事拖沓敷衍很可能是由于上级领导没有充分使用强制权。

据《史记·司马穰苴列传》记载：景公召穰苴，与语兵事，大悦之，以为将军，将兵扞燕晋之师。穰苴曰："臣素卑贱，君擢之闾伍之中，加之大夫之上，士卒未附，百姓不信，人微权轻，原得君之宠臣，国之所尊，以监军，乃可。"於是景公许之，使庄贾往。穰苴既辞，与庄贾约曰："旦日日中会於军门。"穰苴先驰至军，立表下漏待贾。贾素骄贵，以为将己之军而己为监，不甚急；亲戚左右送之，留饮。日中而贾不至。穰苴则仆表决漏，入，行军勒兵，申明约束。约束既定，夕时，庄贾乃至。穰苴曰："何后期为?"贾谢曰："不佞大夫亲戚送之，故留。"穰苴曰："将受命之日则忘其家，临军约束则忘其亲，援枹鼓之急则忘其身。今敌国深侵，邦内骚动，士卒暴露於境，君寝不安席，食不甘味，百姓之命皆悬於君，何谓相送乎!"召军正问曰："军法期而后至者云何?"对曰："当斩。"庄贾惧，使人驰报景公，请救。既往，未及反，於是遂斩庄贾以徇三军。三军之士皆振栗。久之，景公遣使者持节赦贾，驰入军中。穰苴曰："将在军，君令有所不受。"问军正曰："驰三军法何?"正曰："当斩。"使者大惧。穰苴曰："君之使不可杀之。"乃斩其仆，车之左驸，马之左骖，以徇三军。

司马穰苴虽被齐王封为将军，然而他的地位卑贱，没有威望，人微权轻，又何以服众，何以治军，何以御敌呢？所以他首先要整治军队，建立威信。杀庄贾就是树立威信的开始。庄贾是景公的宠臣，身为监军，在国土沦丧、前线紧急的情势下，视军纪如儿戏，与亲朋好友饮宴，约定"日中会于军门"，竟日暮才到。穰苴杀庄贾前的一番慷慨激昂的陈词，实乃是对全军将士的要求。诛杀庄贾就是严明军纪的兑现，监军尚可杀头，还有谁敢把军纪当作儿戏呢？所以，号令三军、巡行示众，使全军为之震慑。景公的使者本来是持诏赦免庄贾的，但因时间迫在眉睫，"驰入军中"，违犯了军规，也被穰苴给予了严肃的处理。这就告诫三军：在军队中将领的权力是至高无上的，必须严格遵守，不容一丝懈怠。而他本人，也身体力行，对战士关心备至。他亲自过问士兵的饮食，探问疾病，安排医疗，把自己专用的军需品拿出来款待士兵并和士兵平分粮食，这在当时官兵悬殊、等级森严的情况下，必然受到士兵的爱戴，最终赢得人心，收复了所有沦陷的领土，率兵凯旋。

司马穰苴惩罚地位高的人的做法立竿见影，试想，如果司马穰苴把一个迟到的士兵杀了，则根本起不到惩罚的作用，处罚有足够分量的对象，才能更好地体现领导的强制权力。

（二）巧用奖赏权

秦国的商鞅树立了一个使用奖赏权的经典案例。公元前 359 年，商鞅颁布第一道改革法令前，先叫人在南门竖了一根木头，出了一个命令："谁能把这根木头扛到北门去的，赏他十两金子。”围观的人很多，但没人相信这道命令。商鞅又下了一道命令，把赏金加到五十两。有个看热闹的人说：“我扛去!”他拔起那根竖着的木头扛到了北门。商鞅立刻叫人赏了他五十两金子，表扬他相信朝廷的命令。这件事一下子传遍都城，不久，全国的人都知道了。接着，商鞅就公布了系列改革中的第一步法令。秦国变法之后，仅十几年工夫就变成了富强的国家。后来，秦孝公封商鞅为侯，把商于一带十五个城封给他，并称他为商君。

领导者奖励大贡献，人们会认为是理所应当，起不到太大的宣传示范作用。而在恰当的时机奖励，并且表现出足够的重视，就一定能取得大家的关注，从而起到足够的示范作用，让群众信服。

（三）借用合法权

没有凭空产生和与生俱来的权力。往往是权力导致权力。组织是权力的基础，领导者权力组成的五种权力中合法权是最基本的，它使领导具有法定的地位。合法权的内在机制是让众人的信念指向一人，众人都觉得这个人有资格来领导大家。当下，任命领导时，人们往往会关注是谁来任命的，哪些重要人物出席讲话等，这也是借用权力产生权力的一种表现。

历史上很多帝王将相在初期都借助超自然力量的权力，通过制造神秘事件如祥瑞如梦、百鸟来朝、高人预言等来使自己获得合法权。《史记·陈涉世家》中记载了陈胜、吴广拟托当时名满天下的扶苏和项燕名义起义，算卦时遇到一位高人曰：“足下事皆成，有功。然足下卜之鬼乎!”陈胜、吴广喜，念鬼，曰：“此教我先威众耳。”乃丹书帛曰“陈胜王”，置人所卖鱼腹中。卒买鱼烹食，得鱼腹中书，固以怪之矣。又间令吴广之次所旁丛祠中，夜篝火，狐鸣呼曰“大楚兴，陈胜王”。卒皆夜惊恐。旦日，卒中往往语，皆指目陈胜。这样陈胜的权力就树立起来了。

二、授权的艺术

领导权力分配的艺术，是融用权和用人于一体的艺术。领导的本质是下属的追随和服从，通过引领别人来完成任务，实现组织目标。一个人如果把一件事情做好即算合格；把十件事情做好则可算优秀；把五十件事做好，称得上卓越；如果有一百件事，还想自己一人做好，那就是自不量力。一个人的能力、精力、体力是有限的，领导要学会分权，心胸太小、抱着权力不放的人是做不了大事业的。海纳百川有容乃大，要用博大的心胸去容人和用人。

（一）因人授权

《史记·高祖本纪》记载高祖刘邦称帝后在洛阳南宫酒宴群臣说：“各位王侯将领你们不能瞒我，都要说真心话。我之所以能取得天下，是因为什么呢？项羽之所以失去天下，又是因为什么呢?”高起、王陵回答说：“陛下傲慢而且好侮辱别人，项羽仁厚而且爱护别人。可是陛下派人攻打城池夺取土地，所攻下和降服的地方就分封给他们，跟天下人同享利益；而项羽却妒贤嫉能，有功的就忌妒人家，有才能的就怀疑人家，打了胜仗不给人家授功，夺得了土地不给人家好处，这就是他失去天下的原因。”高祖说：“你们只知其一，不知其二。如果说运筹帷幄之中，决胜于千里之外，我比不上张良；镇守国家，安抚百姓，供给粮饷，不断绝粮道，我比不上萧何；统率百万大军，战就一定胜利，攻就一定攻取，我比不上韩信。这三个人都是人中的俊杰，我却能够使用他们，这就是我能够取得天下的原因所在。项羽虽然有一位范增却能充分不信任，这就是他被我擒获的原因。”

这是关于领导分权与用人的经典对话。高起、王陵认为刘邦知道下属的需求并善于激励，刘邦把自己取得天下归结于正确的用人和分权，清楚哪些事应该交给哪些人，让某专业领域比自己强的人主管这个领域。

（二）恰当授权

司马懿见诸葛亮的使者时问诸葛亮身体好吗，休息得怎么样。使者说诸葛亮“夙兴夜寐，罚二十以，皆来览焉；所敢食不至数升”。使者走后，司马懿对人说：“孔明食少事烦，其能久乎！”果然不久，诸葛亮病逝军中，蜀军退师。诸葛亮为蜀汉“鞠躬尽瘁，死而后已”，但诸葛亮蜀逝后，蜀中无人，最先灭亡，仔细分析这与诸葛亮不善于授权不无关系。诸葛亮为蜀汉丞相，多才多艺，工作勤勤恳恳，每日起早睡晚，“自校簿书”“罚二十以上亲览”，事必躬亲，但也正因没有适当分权，以至积劳成疾却又后继无人。

现代社会，领导工作千头万绪极为繁杂，如果事无巨细都亲力亲为，即使有三头六臂也会应接不暇事与愿违。美国管理专家史蒂文·希朗在其《企业家十三忌》中说，他在为经理人员举行专题讨论会时，常暗暗对与会者进行三次测验，看看他们作为经理是否称职。对于凡是在吃午饭和上下午喝咖啡时必须给自己办公室打电话交代工作的经理，测试成绩都给予不及格，理由是一个称职的经理离开办公室一天，单位是不会出乱子的，而打电话的人肯定是不懂得授权的人，他们的行动既使自己如老牛负重荷，又不让下级通过解决问题获得经验，从而使下级失去了提高的机会，所以将他们判为不及格。一个成功的领导应该懂得“一个人权力的应用在于让他人拥有权力”，掌握授权这一领导艺术，还需要注意的是，授权虽然重要，但并不是人人都会授权，授权不当比不授权造成的后果更严重。

第一，害怕授权。一是领导往往自以为高明，低估了下属的能力，不信任别人，生怕别人把工作搞糟了。诸葛亮也许就是因为自己才智过人，和为了不辜负刘备知遇之恩的心态而缺乏授权的勇气。另一个原因则是怕下属能力比自己强，将来会夺自己的权，因而处处压制下属。

第二，择人授权。授权的关键在于正确认识下属的人品、能力、工作成熟度和所处于的成长阶段等。领导对所在组织或部门的总目标进行科学分析、分解，再逐级分配给恰当的下属，对于能力相对较强的人，宜授予重权，这样既可将事办好，又能锻炼人；但对于能力相对较弱的人，不宜授予重权，否则就可能出现失误。同时，授权时应考虑被授权者的其他个性特征。对于性格外向性明显者授权让他解决人事关系及部门之间沟通协调的事容易成功，对于性格内向性明显者授权他分析和研究某些问题则容易成功。

第三，权责一致。授权者向被授权者明确授权事项的目标和范围，明确被授权者的权力和相应承担的义务及责任，这样既可以调动被授权者的工作积极性和创造性，又利于授权者对工作进行评价。授权者应当信任并支持被授权者的工作，凡应由被授权者自己决定的事，授权者不要过多地干预，以使下属能充分地行使自己的权力，发挥自己的主观能动性，更好地独立完成任务。授权时还须保证被授权者的权力与责任相一致，即有多大的权力就应担负多大的责任，做到权责统一。

第四，讲究技巧。领导者在授权时必须因时、因事、因人、因地、因境和因条件不同而确定授权的方法、权限大小、内容等。备忘录、授权书、委托书等的书面形式授权具有三大好处：一是当别人不服时，可以此为证；二是明确了其授权范围后，既限制下级作超越权限的事，又避免下级将其处理范围内的事上交；三是避免将授权之事置于脑后，又去处理其熟悉但并不重要的事。同时，当众授权有利于使其他与被授权者相关的部门和个人清楚，领导授予了谁什么权、权力大小和权力范围等，从而避免在今后处理授权范围内的事时出现程序混乱及其他部门和个人不服从的现象。

第五，反馈与控制。为保证下属能及时完成任务，了解下属工作进展情况，领导必须对被授权者的工作进行不断检查，掌握工作进展信息，或要求被授权者及时进行反馈工作进展情况，对偏离目标的行为要及时进行引导和纠正，同时领导必须及时进行调控。当被授权者由于主观不努力，没有很好地完成工作任务时，必须给予纠正，并承担相应的责任；对不能胜任工作的下属要及时更换；对滥用职权，严重违法乱纪者，要及时收回权，并予以严厉惩处；对由客观原因造成工作无法按者，必须进行适当协助。

老子曰："太上，不知有之；其次，亲而誉之；其次，畏之；其次，侮之。"这体现了领导用权的四种境界：最高明的领导，员工感觉不到他的存在，因为通过授权和组织规范文化在作用；次高明的领导，员工亲近他，赞誉他；再次一些的领导，员工畏惧他；最糟糕的领导员工根本瞧不起他。

第二节　领导用人艺术

用人是领导者的基本职责，怎样做到人尽其才，才尽其用，关系到组织的发展和事业的兴衰。明末思想家王夫之说过："能用人者，可以无敌于天下。"

一、德才兼备的用人标准

"德才兼备"是中国传统的选人用人之道。上古时期，我国就有尧舜禹禅让的传说。从孔子的"举贤不避亲仇"到"举孝廉""九品中正制""科考""武试"等都有荐贤举能的意义，整个封建社会形成了整套德才兼备的用人理论。诸葛亮提出："亲贤臣，远小人"，"治国之道，务在举贤"。宋代政治家司马光在《资治通鉴》中较为系统地论述了德才兼备的内容。他说"德者，才之帅也；才者，德之资也。君子挟才以为善，小人挟才以为恶"。他还提出明君要用"德才兼备"的人，强调德是才的"统帅"，用人要以"德"为先。

二、杰克·韦尔奇的用人之道

美国通用电气公司原CEO杰克·韦尔奇被誉为“全球第一CEO”“21世纪最受尊敬的CEO”“美国当代最伟大的企业家”。韦尔奇的成功很大程度上取决于他的用人之道。

唯才是举的用人标准。韦尔奇认为，挑选最好的人才是领导者最重要的职责，领导者的工作，就是每天把全世界各地最优秀的人才延揽过来。他说：“我最大的成就就是发现一大批人才，他们比大多数的首席执行官都要优秀。这些一流的人物在通用电气如鱼得水。”韦尔奇把大部分时间用在人事上，其用人的条件是：关键在于你能干什么。通用电气对人才的选拔不注重学历和资历，看中的是实力。例如在决定管辖7800名财务人员的财务主管的关键人选时，韦尔奇跳过其他几位候选人而选38岁的达莫曼，达莫曼当时的职务比该职位要低两个级别。他中选的原因在于他处理其他棘手任务的能力给公司领导留下了深刻印象。

高效的人力资源管理体系。韦尔奇提出了著名的“活力曲线”：一个组织中，必有20%的人是最好的，70%的人是中间状态的，10%的人是最差的。这是一个动态的曲线，即每个部分所包含的具体人一定是不断变化的。一个合格的领导者，必须随时掌握那20%的动向，并制定相应的机制在70%的“中间者”中发掘出有特长的人才，从而使20%的优秀者不断地得以补充与更新。每年四月到五月，公司的最高领导层会对通用电气公司12个业务部门的3000名高级经理的工作进展，对最高层的500名主管则进行更严格的审查。会议评审通常在早上8点开始，晚上10点结束。业务部的首席执行官及高级人力资源部的经理参加评审。这种紧张的评审逼迫着这些部门的经营者识别出未来的领导者，制定出所有关键职位的继任计划，并决定哪些有潜质的经理送到通用电器公司的培训中心接受领导才能的培训。

通用电气公司的人事档案包括通用电气公司主管的实际经营结果和工作目标的比较，以及为了报酬审查及年度继任与发展评估所做的鉴定。人事档案的最特别的地方在于成就分析，由两名人力资源专家花费一整个礼拜时间准备长达十至十五页的文件。内容包括详细而彻底地评定一个主管的优点和缺点，以及其他有关的资料，从财务绩效、心理状态到健康状况都包括在内。这些报告将会建议进一步的发展方向：譬如任职海外、到研究所进修或是准时出席会议、尊重部属等基本事项。成就分析是在70年代为了评估主管们所设计的一种工具。到了韦尔奇手里，它已成为一种帮助主管们成长的一种工具，是通用电气用来发展主管所使用的密集反馈和教导过程的一部分。

在评审的进行阶段，韦尔奇会静心坐下来审读一本汇集了每一名雇员的评介简册，包括了对他们的优缺点、发展需求、长短期目标以及他们上级的分析。同时，雇员相片附在全部文件之后备查。接着韦尔奇会开诚布公地对那些即将提交的晋升、任务和计划提出挑战。由于韦尔奇每年平均会面或接触上千名雇员，他能对形形色色的经理做出睿智的评价。对待选人韦尔奇有他深刻的见解，他说：“我们今天在通用寻找的是这样的领导者：不论在哪一个级别上，他们能够激发活力、催人奋进同时有控制大局的能力，而不是那种使人懈怠、失望，只会控制人的管理者。”

持续的人力资源培训。自韦尔奇任通用电气公司总裁以来，对公司进行大刀阔斧的改革，在改革的过程中通用电气几乎对所有的部门削减成本，却对它的培训中心克罗顿投资 4500 万美元，用以兴建一栋建筑物和改善原有的教学设备，面对经济的全球化、信息技术的发展深刻影响传统产业结构调整。为了使通用电气更好地适应时代的发展，韦尔奇的目标是把 GE 建设成为非正式的学习组织，而克罗顿是重要的学习、沟通、交流基地。韦尔奇每月都不惜余力到克罗顿给公司领导层上课、说服、辩论。克罗顿的课程直接与公司的战略重点相联系，经理人员到那里寻求解决办公室里困扰他们的钥匙。杰克将克罗顿视为创新管理的实验室以及激发新主意的好地方。这个培训中心独到之处在于：第一，为通用电气的高层主管和接受训练的基层主管之间提供一个开放的沟通渠道；第二，激发出史无前例的坦诚，通过毫无限制的辩论刺激创意，从而消除各个机构的文化传统支持的任何官僚主义的残余；第三，向通用电器公司的主管灌输通用电器公司的新价值观；第四，每个在此进修的主管把它作为传播公司经营概念到整个组织的“修道院”。通用电气的教育立足于解决实际的问题，而不是空洞的理论。

在克罗顿培训中心非常鼓励能增进总裁与高级人员互动的无拘无束的讨论方式。其目的在于灌输及培养韦尔奇最重视的价值观念：自信、坦率，以及面对现实的勇气，哪怕是身处逆境。面对愈来愈激烈的竞争，变幻无常的经营环境，通用电气公司的成功给 21 世纪企业的生存与发展带来启迪。韦尔奇在通用最大的成功也许是把通用电气塑造成积极学习、善于学习的大家庭。

三、国内知名企业家的用人之道

联想创始人柳传志说过一句脍炙人口的名言：办公司就是办人。选拔年轻人是“公司最艰难的工程”。柳传志提出了“三心”标准，即责任心、上进心和事业心。他对企业高层管理人员的要求是首先要有心胸、抱负和境界，如果没有心胸、抱负、境界，他不可能容纳更多的人才。到了管理高层，要善用比自己更能干的人才，要有驾驭人才的能力，能否驾驭人才，关键在于你自己首先是否是一个有眼光、有心胸、有抱负、有追求、有境界的人。对于中基层管理人员要求，光有业绩不行，要有管人的能力，能带队伍，能做事，能解决业务问题。中层干部仅有责任心是不够的，还要具有上进心，要不满足于现状，不断进取。而对一般员工则提出很多具体要求，并将这些要求体现在具体的实际工作中，要求所有员工必须这样做。

2000 年之后，任正非就明确提出，华为必须从一个“英雄创造历史”的小公司，逐渐演变为一个职业化管理的具有一定规模的公司。淡化英雄色彩，特别是淡化领导人的色彩，是实现职业化的必然之路。华为要建立的新型动力机制，就是流程化的管理和职业化的团队。任正非认为，选拔人才注重人的大节，就是要敢于奋斗、不怕吃苦，不要小富则安。一要看到干部的长远性，不要总抓住缺点，要给予改正的机会。二是干部要严格控制自己的欲望，要看长远利益。为一瓶酒一包烟，把你换掉，不值得；但不换掉你，后面还会仿效，也不合适。你现在把问题改掉就行。

李彦宏表示，百度并不看重员工的年龄、性别、学历、毕业院校以及工作背景，甚至有些重要岗位上的人，百度并不知道他们的毕业院校。李彦宏列出了百度选用人才时基本遵循的两条标准：一是有没有能力和潜力胜任工作。一般情况下，新人不一定会顺利完成工作任务。在百度新人可以犯错，但是经过“点拨”之后，不能再犯同样的错误。“一点就通”显示出新人的能力和潜力。二是认同不认同公司文化。百度致力于保持创业激情、愿意学习、富有创新的公司文化。但是有些人求稳，不愿意冒险，不愿意在高速成长的环境中工作，希望有一份稳定的工作和生活，那么这类人就不太适合百度。

2004年新东方股份改制接近尾声，俞敏洪意识到，新东方即将开始的国际化发展需要规范化的企业架构。要做到这点光靠新东方的一帮“教书匠”是远远不够的，必须引进更多的新鲜血液。这也是为什么在2005年新东方特意选在全球MBA人才找工作的高峰期进行招聘，以求获得新的“千里马”，打造新东方的第四代人才团队。对于团队中即将到来的新伙伴，俞敏洪提出的要求是：首先要了解新东方，如果专业知识很强，但对新东方知之甚少，这样的应聘者新东方是绝对不予考虑的。其次对其专业领域的建设，我希望他们能够高出我一头，能够为集团提出长期的发展规划，不急功近利，而是重视集团的长期发展。俞敏洪的用人之道是“先造有德的人，再造有才的人”。他说：作为教育机构，如果品德有问题，再有才也不会用，心胸开阔，思想开放，具有融合力和极强的协调能力是此次招聘的基本要求。

360创始人周鸿祎认为，创业不易，辨人更难。反思过往，有五类员工不能用，如不能迅速处理，就会影响团队的凝聚力，有害无利：张嘴说谎的，自我膨胀的，心胸狭窄的，吃里爬外的，拉帮结派的。创业公司用人应克服三大误区：第一，老人容不下新人，公司不能吸引更有能力的新人加盟，公司做不大。第二，老人躺在功劳簿上吃老本，总是往后看，不能向前看。第三，公司用官位来安抚老人，论资排辈，使一些人占据了不能胜任的岗位。

宓子贱治单父

宓子贱是孔子七十二贤弟子之一，《史记·滑稽列传》记载了“子贱治单父，民不忍欺”的故事，充分体现了子贱的领导艺术。他治理单父县的三年中，重视选用当地的“贤人”来辅助自己，务求使他们人尽其能：躬敦厚，明亲亲，尚笃敬，施至仁，加恳诚，致忠信。他以“不忍人之心”，行“不忍人之政”，使得民“不忍欺”，做到“鸣琴而治，身不下堂而单父治”。肆父县的巫马期披星戴月，早朝晚退，昼夜不闲，亲自处理各种政务，将肆父也治理得很好。巫马期向宓子询问其中的缘故。宓子说：“我的做法叫作使用人才，你的做法叫使用力气。使用力气的人当然劳苦，使用人才的人当然安逸。”

问题1：你对宓子贱和巫马期的不同的领导方式如何评价？

问题 2：宓子贱治理单父县体现了什么样的领导艺术？
问题 3：宓子贱的领导艺术对你有什么启示？

（赵　莉）

附　录

附录 1

看看你的观点倾向于 X 还是 Y

“自我测验表”中有 36 个问题，你是否接受或拒绝它的说法，请在相应空格内打上记号。

观　点	接受程度		拒绝程度	
	大	小	大	小
1. 个人的目标天然与组织的目标相反				
2. 一般人尽量避免工作				
3. 大多数人是迫不得已才工作的				
4. 一般人宁肯听命于他人				
5. 一般来说，人们可以信赖向他报告工作的下属				
6. 多数人想尽量少干活多拿钱				
7. 利用权威是管理者行事的拿手好戏				
8. 不管人们在组织内的技术或级别如何，他们都追求工作的价值和成就				
9. 对一般人来说，安全最重要				
10. 提高待遇通常也不足以克服人们天生对工作的厌恶之感				
11. 组织内的一般人，在适当条件下愿负责任				
12. 一般人所具有的潜力，一般说来比现代组织所承认的要大得多				
13. 对组织内所产生的问题，人们总会表现出冷静而客观的关注				
14. 如果想要下级为组织的目标工作的话，管理人员必须对他们加以控制和指挥				
15. 优秀的管理者应寻求合理性，避免感情用事				
16. 人基本上是自我激励和自我控制的				
17. 对组织内的人们，不宜过分信赖				
18. 一般来说，可以信赖自己的上级				

观　点	接受程度		拒绝程度	
	大	小	大	小
19. 要求安全的员工最常见				
20. 大多数员工在一定程度上能独立自主处理工作中的问题				
21. 人们尽量想逃避工作				
22. 人们自然会在工作之外求其最大利益				
23. 大多数人都不是主动工作的人				
24. 管理者可以依赖个人的自我控制能力以完成组织的许多工作				
25. 一般人避免负责任				
26. 一般人能够认识到工作是一种获得满足和取得成就的源泉				
27. 一般规律是，必须强制、控制、指挥或用处罚手段进行威胁，才能使人们努力实现组织的目标				
28. 一般来说，可以信赖你的同事				
29. 不幸的是，一般人没有什么大志向				
30. 人还有不喜欢工作的天性				
31. 大多数员工在解决组织的问题方面，有能力发挥高度的创造性、想象力和聪明才智				
32. 直观地说，大多数人对单位的目标是冷漠的，甚至是敌对的				
33. 从组织的观点看，给大多数员工以更大独立性是不可取的				
34. 为了减少潜在冲突，管理者要限制下级之间的互相影响，同时鼓励下级与他本人来往				
35. 金钱、福利以及诸如此类的有形刺激，对鼓励员工确保生产效率是十分重要的				
36. 如果员工亲自承担了组织目标，不需外部的控制或惩罚威胁，他们就会自我控制和自我定向				

下列题号代表X理论的观点：

1，2，3，4，6，7，9，10，13，14，15，l7，19，21，22，23，25，27，29，30，32，33，34，35

下列题号代表Y理论的观点：

5，8，11，12，16，18，20，24，26，28，31，36

在“接受程度大”栏中打了记号的，记4分；在“接受程度小”栏中打了记号的，记3分；在“拒绝程度小”栏中打了记号的，记2分；在“拒绝程度大”栏中打了记号的，记1分。

然后分别对X理论和Y理论一致的观点记总分，并按“大、小”分别汇总，将符合Y理论的总分乘以2。

X理论总分=？

Y理论总分=？

比较两项总分，较大者反映你对人性的哲学观点。

附录 2

外向型或内向型性格自测量表

下面的一组题目，请你根据自己的实际情况回答“是”与“否”，然后，根据你的回答，就可判断出你的性格是外向型还是内向型。

1. 对人十分信任	是	否
2. 喜静安闲	是	否
3. 能在大庭广众之下工作	是	否
4. 工作时不愿他人在旁观看	是	否
5. 不常分析自己的思想和动机	是	否
6. 遇有集体活动愿留在家中而不去出席	是	否
7. 自己擅长的工作愿意别人在旁观看	是	否
8. 宁愿节省而不愿意破费	是	否
9. 能将强烈的情绪（如喜、怒、悲）表现出来	是	否
10. 很讲究写应酬信	是	否
11. 不拘小节	是	否
12. 常写日记	是	否
13. 与观点不同的人自由联络	是	否
14. 非极熟悉的人不轻易信任	是	否
15. 好读书而求甚解	是	否
16. 常回忆自己	是	否
17. 喜欢常常变换工作	是	否
18. 在公众场合中肃静无哗	是	否
19. 不愿别人提示，而愿别出心裁	是	否
20. 三思而后决定	是	否

将以上 20 题，分成两组：

第一组：1，3，5，7，9，11，13，15，17，19；

第二组：2，4，6，8，10，12，14，16，18，20。

如果第一组中的“是”多，那么你的性格是外向型。

如果第二组中的“是”多，那么你的性格是内向型。

如果两者相差不多，那么属于中间型。

附录 3

气质类型的自我测评

下面 60 道题可以帮助你大致确定你自己的气质类型。在回答这些问题时，你认为很符合自己情况的，记 2 分；比较符合的，记 1 分；介于符合与不符合之间的，记 0 分；比较不符合的，记−1 分；完全不符合的记−2 分。

1. 做事力求稳妥，不做无把握的事。
2. 遇到可气的事就怒不可遏，想把心里话全说出来。
3. 宁肯一个人干事，不愿很多人在一起。
4. 到一个新环境很快就能适应。
5. 厌恶那些强烈的刺激，如尖叫、噪声、危险镜头等。
6. 与人争吵时，总是先发制人，喜欢挑衅。
7. 喜欢安静的环境。
8. 善于和人交往。
9. 羡慕那种善于克制自己感情的人。
10. 生活有规律，很少违反作息制度。
11. 在多数情况下情绪是乐观的。
12. 遇到令人气愤的事，能很好地自我克制。
13. 碰到高兴的事，一下子就喜形于色。
14. 做事总是有旺盛的精力。
15. 遇到问题常常举棋不定，优柔寡断。
16. 在人群中从不觉得过分拘束。
17. 情绪高昂时，觉得干什么都有趣；情绪低落时，又觉得干什么都没意思。
18. 当注意力集中于某事物时，别的事很难使自己分心。
19. 理解问题总比别人快。
20. 碰到危险情境，常有一种极度恐怖感。
21. 对学习、工作、事业有很高的热情。
22. 能够长时间地做枯燥、单调的工作。
23. 符合兴趣的事情，干起来劲头十足，否则就不想干。
24. 一点小事就能够引起情绪波动。
25. 讨厌做那种需要耐心、细致才能完成的工作。
26. 与人交往不卑不亢。
27. 喜欢参加热闹的活动。
28. 喜欢看感情细腻、描写人物内心活动的文学作品。
29. 工作、学习时间长了，常感到厌倦。
30. 不喜欢长时间谈论问题，愿意实际动手干。
31. 宁愿侃侃而谈，不愿窃窃私语。
32. 别人说我总是闷闷不乐。

33. 理解问题常比别人慢些。
34. 疲倦时只要休息短暂的时间就能精神抖擞，重新投入工作。
35. 心里有话宁愿自己想，不愿说出来。
36. 认准一个目标就希望尽快实现，不达目的誓不罢休。
37. 学习、工作同样长的一段时间后，常比别人更疲倦。
38. 做事有些莽撞，常常不考虑后果。
39. 老师讲授新知识时，总希望他讲慢些、多重复几遍。
40. 能够很快忘记那些不愉快的事情。
41. 做作业或做一件事情总比别人花的时间多。
42. 喜欢运动量大的剧烈体育活动，或参加各种文艺活动。
43. 不能很快地把注意力从一件事转移到另一件事上去。
44. 接受一个任务后，就希望把它迅速解决。
45. 认为墨守成规比冒风险要强一些。
46. 能够同时注意几件事物。
47. 当烦闷的时候，别人很难使自己高兴。
48. 爱看情节起伏跌宕、激动人心的小说。
49. 对工作抱认真、严谨、始终如一的态度。
50. 和周围人们的关系总是相处不好。
51. 喜欢复习学过的知识，重复做已经掌握的工作。
52. 希望做变化大、花样多的工作。
53. 小时候会背的诗歌，似乎比别人记得清楚。
54. 别人说我“出口伤人”，可自己并不觉得是这样。
55. 在体育活动中，常因反应慢而落后。
56. 反应敏捷，头脑机智。
57. 喜欢做有条理而不麻烦的工作。
58. 兴奋的事常使自己失眠。
59. 老师讲新概念，常常听不懂，但是弄懂以后就很难忘记。
60. 假如工作枯燥无味，马上就会情绪低落。

评价：

把每题的得分填入下表的相应括号内，然后横行相加计算出各栏的总分。

如果某一种气质类型的得分超过 20 分，明显高出其他三种（其他 3 种得分较低），则可定为典型的该气质。

如果某种气质的得分在 20 分以下，10 分以上，其他 3 种得分较低，则为一般的该气质。

如果有两种气质的得分接近，而又明显高于其他两种，则可定为两种气质的混合型。如胆汁 - 多血质混合型，多血 - 黏液质混合型等。

如果 3 种气质的得分相接近，并均高于第四种，则为 3 种气质的混合型。

类型	各题番号															总分
胆汁质	2 ( )	6 ( )	9 ( )	14 ( )	17 ( )	21 ( )	27 ( )	31 ( )	36 ( )	38 ( )	42 ( )	48 ( )	50 ( )	54 ( )	58 ( )	( )
多血质	4 ( )	8 ( )	11 ( )	16 ( )	19 ( )	23 ( )	25 ( )	29 ( )	34 ( )	40 ( )	44 ( )	46 ( )	52 ( )	56 ( )	60 ( )	( )
黏液质	1 ( )	7 ( )	10 ( )	13 ( )	18 ( )	22 ( )	26 ( )	30 ( )	33 ( )	39 ( )	43 ( )	45 ( )	49 ( )	55 ( )	57 ( )	( )
抑郁质	3 ( )	5 ( )	12 ( )	15 ( )	20 ( )	24 ( )	28 ( )	32 ( )	35 ( )	37 ( )	41 ( )	47 ( )	51 ( )	53 ( )	59 ( )	( )

附录 4

激励反馈问卷

以下的 7 种回答有一种回答是符合你的意见的，那就把相应的数字圈一下。例如，如果你“完全同意”就圈“+3”。共有 20 个条目，可在 10min 内做完。

	完全同意	同意	有点同意	不知道	有点不同意	不同意	完全不同意
1. 员工干得非常好，应特地增加工资	+3	+2	+1	0	−1	−2	−3
2. 工作说明（任务与职责）写得好些，很有用处，员工将明确知道他们要做什么工作	+3	+2	+1	0	−1	−2	−3
3. 要提醒员工：他们的工作有赖于单位进行有效竞争的能力	+3	+2	+1	0	−1	−2	−3
4. 管理人员应多多关心员工的物质工作条件	+3	+2	+1	0	−1	−2	−3
5. 管理人员应在员工中努力营造友好的工作气氛	+3	+2	+1	0	−1	−2	−3
6. 工作绩效超过标准的员工应予以认可或表扬	+3	+2	+1	0	−1	−2	−3
7. 管理人员对员工漠不关心，会挫伤员工情绪	+3	+2	+1	0	−1	−2	−3
8. 让员工感觉到，他的技术和能力都在工作上发挥出来了	+3	+2	+1	0	−1	−2	−3
9. 公司的退休福利和股份的规定是使员工安心工作的重要因素	+3	+2	+1	0	−1	−2	−3
10. 几乎每一种工作都能弄得更有刺激性和挑战性	+3	+2	+1	0	−1	−2	−3
11. 多数员工在做工作时都能发挥他们的长处	+3	+2	+1	0	−1	−2	−3
12. 管理人员可在业余时间举办集体活动，以表示对员工的关心	+3	+2	+1	0	−1	−2	−3
13. 在工作上感到自豪，这实际上是一种重要的报酬	+3	+2	+1	0	−1	−2	−3
14. 员工要在所做工作上使自己成为一个佼佼者	+3	+2	+1	0	−1	−2	−3
15. 非正式群体中相互关系的质量是十分重要的	+3	+2	+1	0	−1	−2	−3
16. 鼓励性的个人奖金会改进员工的绩效	+3	+2	+1	0	−1	−2	−3
17. 对员工来说，他们能看得见上层管理人员，这一点是重要的	+3	+2	+1	0	−1	−2	−3
18. 一般地说，员工喜欢自己安排工作，自己做出与工作有关的决定，不希望有太多的监督	+3	+2	+1	0	−1	−2	−3

	完全同意	同意	有点同意	不知道	有点不同意	不同意	完全不同意
19. 能做到工作有保障，这是很重要的	+3	+2	+1	0	−1	−2	−3
20. 有良好的设备，员工会感到满意	+3	+2	+1	0	−1	−2	−3

记分：

1. 把你圈过的数字移到下面记分空格上，并计算“小计”分数

生理需要		安全需要		归属需要		尊重需要		自我实现需要	
句子	记分	句子	记分	句子	记分	句子	记分	句子	记分
1		2		5		6		10	
4		3		7		8		11	
16		9		12		14		13	
20		19		15		17		18	
小计		小计		小计		小计		小计	

2. 用“X”表示你的小计分数，把这 5 个“X”填在以下各行的相应空格中。

	−12	−10	−8	−6	−4	−2	0	2	4	6	8	10	12
自我实现需要													
尊重需要													
归属需要													
安全需要													
生理需要													

低使用率　　　　　　　　高使用率

附录 5

医务人员工作满意度问卷

下面的问题将从生存安全、尊重与社会承认感、工作报酬、人际关系、工作压力、工作乐趣与个人前途专业发展、工作环境与管理制度共七个维度调查您的工作满意度，请选择符合您的情况的答案，在每题后面的相应栏目处画钩（答案有 5 个等级，请在你同意或者不同意的某个等级的空格处画钩）。

	完全同意	比较同意	无所谓	不太同意	不同意
1. 在目前情况下，我对我们医院的工作条件感到满意					
2. 我的工作得不到社会的承认和尊重					
3. 我的工作简单、重复、枯燥乏味					
4. 我对我目前的报酬感到满意					
5. 我与同事相处非常融洽。					
6. 我认为单位的奖罚制度很合理。					
7. 由于工作压力太大，我时常在工作中感到紧张、疲惫					
8. 与领导相处，我感到很愉快					
9. 我认为我能胜任自己的工作，并且很有成就感。					
10. 在工作中我经常得到认可与表扬。					
11. 我认为单位的考评制度很合理。					
12. 我的工作经常占据节假日或休息时间，影响我的生活。					
13. 我认为单位的工作环境很舒适。					
14. 我的单位不太利于我个人及专业发展。					
15. 经常值夜班，我很苦恼。					
16. 我感觉单位的分配制度是合理的。					
17. 在目前医改形势下，工作稳定感差，我感到忧虑。					
18. 我对单位福利保障感到满意。					
19. 目前医疗纠纷较多，我感到人身安全没有保障。					
20. 我喜欢自己目前从事的工作，有利于前途或者专业发展。					

评分标准：

“不同意”记 1 分；“不太同意”记 2 分；“无所谓”记 3 分；“比较同意”记 4 分；“完全同意”记 5 分。

其中，第 2 题、第 3 题、第 7 题、第 12 题、第 14 题、第 15 题、第 17 题、第 19 题、按反方向记分，即“不同意”记 5 分；“不太同意”记 4 分；“无所谓”记 3 分；“比较同意”记 2 分；“完全同意”记 1 分。

将各题得分总加，分数越高，工作满意程度越高。

附录 6

明尼苏达工作满意度问卷

	很满意	满意	不知	不满意	很不满意
1. 在所有时间中，能保持忙碌	□	□	□	□	□
2. 有机会单独工作	□	□	□	□	□
3. 有机会做不同的事情	□	□	□	□	□
4. 我的老板的待人方式	□	□	□	□	□
5. 我的上司的决策能力	□	□	□	□	□
6. 有机会在团体中成为要人	□	□	□	□	□
7. 能够做不违背良心的事	□	□	□	□	□
8. 我的工作事务获得保障的方式	□	□	□	□	□
9. 有机会为他人做事	□	□	□	□	□
10. 有机会告诉他人做什么	□	□	□	□	□
11. 有机会做一些发挥才干的工作	□	□	□	□	□
12. 公司政策之实施的方式	□	□	□	□	□
13. 我的待遇与我的工作量	□	□	□	□	□
14. 在这里工作有晋升的机会	□	□	□	□	□
15. 自由地运用我的判断	□	□	□	□	□
16. 尝试自己工作方法的机会	□	□	□	□	□
17. 工作环境	□	□	□	□	□
18. 同事与人相处的方式	□	□	□	□	□
19. 做好工作我所获得的赞美	□	□	□	□	□
20. 我从工作中所获得的成就感	□	□	□	□	□

附录 7

MBI-GS 工作倦怠量表

一、一般情况（如果您方便的话请如实填写）（请在□下划√）

1. 年龄：□ A20～30 岁　□ B31～40 岁　□ C 41 岁以上

2. 性别：□ A 男　□ B 女

3. 婚姻状况：□ A 已婚　□ B 未婚　□ C 离异

4. 文化程度：□ A 中专　□ B 专科　□ C 本科　□ D 研究生

6. 工作年限：□ A 五年以下　□ B6～10 年　□ C11～20 年　□ D21 年以上

请您根据自己的感受和体会，判断它们在您所在的单位或者您身上发生的频率，并在合适的数字上划√

条目	从来没有	每年有几次或更少	每月一次	每月几次	每周一次	每周几次	非常频繁
一、情绪衰竭（该维度的得分=所有题目的得分相加/5）	0	1	2	3	4	5	6
1. 工作让我感觉身心俱惫							
2. 下班的时候我感觉精疲力竭							
3. 早晨起床不得不去面对一天的工作时，我感觉非常累							
4. 整天工作对我来说确实压力很大							
5. 工作让我有快要崩溃的感觉							
二、玩世不恭（该维度的得分=所有题目的得分相加/4）	0	1	2	3	4	5	6
1. 自从开始干这份工作，我对工作越来越不感兴趣							
2. 我对工作不像以前那样热心了							
3. 我怀疑自己所做工作的意义							
4. 我对自己所做工作是否有贡献越来越不关心							
三、成就感低落（该维度的得分计分后，所有题目的得分相加/6）	6	5	4	3	2	1	0
1. 我能有效地解决工作中出现的问题							
2. 我觉得我在为公司作有用的贡献							
3. 在我看来，我擅长于自己的工作							
4. 当完成工作上的一些事情时，我感到非常高兴							
5. 我完成了很多有价值的工作							
6. 我自信自己能有效地完成各项工作							

结果说明：得分在 50 分以下，工作状态良好；得分在 50～75 分，存在一定程度的职业倦怠，需进行自我心理调节；得分在 75～100 分，建议休假，离开工作岗位一段时间进行调整；得分在 100 分以上，建立咨询心理医生或辞职，不工作，或换个工作也许对人生更积极。

附录 8

群体内聚力问卷

你对你的同事在大部分时间内的感觉如何？下面有 9 对形容词，请在最适当的位置做个记号，以说明你对同事的感觉。

我的同事们……

	非常	十分	有点儿	说不好	有点儿	十分	非常	
合作	—	—	—	—	—	—	—	不合作
愉快	—	—	—	—	—	—	—	不愉快
吵架	—	—	—	—	—	—	—	情投意合
自私	—	—	—	—	—	—	—	不自私
爱挑衅	—	—	—	—	—	—	—	和蔼可亲
精力充沛	—	—	—	—	—	—	—	无能为力
效率高	—	—	—	—	—	—	—	效率低
聪明	—	—	—	—	—	—	—	笨拙
不帮助人	—	—	—	—	—	—	—	能帮助人

记分：

对合作、愉快、精力充沛、效率高、聪明等几对形容词，从最左边开始记 7 分，依次递减 1 分，到最右边为 1 分；

其他几对形容词，从最左边开始记 1 分，依次递增 1 分，到最右边为 7 分。

内聚力的得分是 9 个分数之和。

附录 9

受欢迎程度自我测评

对于以下的 20 个问题，请你根据自己的实际情况对自己进行评价，回答“是”与“不是”。

1. 当你离开和朋友相处的地方，朋友们感到依依不舍吗？
2. 当你生病在家休息是否有朋友围绕在你的身旁谈天说地，使你不感到孤独？
3. 你很少为一点小事与别人争吵吗？
4. 你是否觉得有很多人都给你留下美好的印象，从而使你喜欢他（她）们？
5. 朋友感到有趣的事，你也感到有趣吗？
6. 你愿意做你朋友喜欢做的事吗？
7. 经常有朋友约你叙谈聊天吗？
8. 朋友是否常常请你组织安排或者主持舞会、野外郊游等集体活动？
9. 你是否喜欢参加或被人邀请参加各种社交性聚会？当这些聚会预先在你眼前出现的时候，你会感到愉快吗？
10. 是不是常常有人欣赏并夸奖你的仪表、才能和品质？
11. 多日不见的朋友，你会立刻记起他（她）的名字吗？
12. 与各种类型脾气与个性的人打交道你能否很快地适应？
13. 当你遇上一个陌生人的时候，你认为他喜欢你的可能性大，还是不喜欢你的可能性大？
14. 你是否觉得很容易找到你需要找的人？
15. 你是否愿意与他人共度周末假日？
16. 你是否能在短时期内与你所遇到的各种人物熟悉热乎起来？
17. 你觉得你所遇到的人，是否大多数都容易接近呢？
18. 他人是否很少指责、批评甚至恶语中伤你，而且很快地原谅、理解你的过失和错误？
19. 你与异性是否很容易接近？
20. 你的朋友是否容易受你的感染，接受你提出的意见和建议？

评价：

以上问题的回答，肯定得 5 分，否定得 0 分，并将分数相加。

70 分以上，你可以非常自豪地说：“我是一个最受欢迎的人”。

60～70 分，你可以聊以自慰，“我是一个比较受人欢迎的人”。

50～60 分，你可以稍稍乐观，“我在别人的眼中印象不坏”。

40～50 分，那你还可以松口气，“勉强受人欢迎”。

40 分以下，你必须引起注意，因为这表明你不受人欢迎。

附录 10

与人相处的能力自我测评

下面的 20 道题目，能检测你与人相处的能力如何。每一道题目，请根据你的实际情况选择“是”或“否”，然后计分评判。

1. 你是否常常在别人没有提出要求的情况下，主动表达你的观点？
2. 你是否认为在你的好朋友中，你比他们中至少三个人更有本事？
3. 你是否认为独自一人吃饭是一种享受？
4. 你对报刊上的侦探故事、破案消息报道是否很有兴趣？
5. 你对测验题是否有兴趣？
6. 你是否喜欢向别人谈论自己的抱负、失望和困难？
7. 你是否经常向别人借东西？
8. 和朋友一起外出娱乐、吃饭时，你是否希望各付各的钱？
9. 当你讲述一件事情时，是否把每个细节都讲出来？
10. 当你招待朋友需要花少量钱时，你是否喜欢这种招待？
11. 你是否为自己绝对坦率直言而自豪？
12. 当你和别人约会时，你是否常常让对方等候你？
13. 你是否从内心喜爱孩子（不包括自己的孩子）？
14. 你是否开庸俗的玩笑？
15. 你对人是否常常怀有恶意？
16. 你讲话时是否常常使用“非常好”“特别好”或“坏极了”一类字眼？
17. 购物、乘车时，如果售货员和售票员态度不好，你是否非常生气？
18. 对那些不像你一样对音乐、书籍或体育活动充满热情的人，你是否认为他们愚蠢无聊？
19. 你是否常常许诺但不兑现？
20. 当你处在不利情况下，你是否会变得灰心失望？

评价：

这 20 道题目的答案如下：

1. 否	2. 否	3. 否	4. 是	5. 是
6. 是	7. 否	8. 否	9. 否	10. 是
11. 否	12. 否	13. 是	14. 否	15. 否
16. 是	17. 否	18. 否	19. 否	20. 否

每答对一题得 1 分，将分数相加。

16～20 分相当好，12～15 分很好，8～11 分不太好，7 分以下不好。

附录 11

领导情景调查

请根据“这个领导人”的实际情况对以下问题进行回答，如相符合，回答“是”，并在“是”上划圈表示；否则，就在“否”上划圈表示。

1. 下级对这位领导人是否有支持的态度？	是	否
2. 工作人员之间的气氛是否友好？	是	否
3. 工作人员对领导人顺从和忠心吗？	是	否
4. 个人的目标和集体的目标是否一致？	是	否
5. 下级是否有令人满意的工作绩效？	是	否
6. 工作群体的士气是否高昂？	是	否
7. 本单位的工作目标是否明确？	是	否
8. 下级对自己的工作程序清楚吗？	是	否
9. 下级具备必需的工作技能与知识吗？	是	否
10. 不需要过多指导，下级是否能很好地完成自己的工作？	是	否
11. 下级是否掌握完成工作的具体方法？	是	否
12. 要检查下级的工作绩效，是否很容易？	是	否
13. 这位领导人是否有正式的头衔？	是	否
14. 他有考评下级工作人员绩效的正式职权吗？	是	否
15. 他是否有权力决定录用或辞退下级？	是	否
16. 他是否有权力奖惩其下级？	是	否
17. 他的上级对他支持吗？	是	否
18. 他的同级或其他科室也支持他吗？	是	否

评价：

以上问题，如回答“是”，记 1 分；回答“否”，记 0 分。按照以下题号将分数相加，并填在相应的空格中。

领导情景	题号	情况不利		中等有利		情况有利	
		1	2	3	4	5	6
领导者与被领导者关系	1～6						
任务结构	7～12						
领导者职位权力	13～18						

附录 12

员工成熟度评价

以下每组条目有两种极端的说法，在两种极端之间分了 8 个等级。请你根据你对这个下属的看法，在每组条目上找到适合他的一个等级，并在相应空格内画钩。

你认为____________进行这个工作：

<table>
<tr><td colspan="2" rowspan="2"></td><td colspan="8">评价等级</td><td rowspan="2"></td></tr>
<tr><td>8</td><td>7</td><td>6</td><td>5</td><td>4</td><td>3</td><td>2</td><td>1</td></tr>
<tr><td rowspan="3">工作成熟度</td><td>有丰富的工作经验</td><td></td><td></td><td></td><td></td><td></td><td></td><td></td><td></td><td>完全没有工作经验</td></tr>
<tr><td>具有工作必需的相应知识和技能</td><td></td><td></td><td></td><td></td><td></td><td></td><td></td><td></td><td>没有工作必需的相应知识和技能</td></tr>
<tr><td>完全了解工作要求</td><td></td><td></td><td></td><td></td><td></td><td></td><td></td><td></td><td>只了解一点工作要求</td></tr>
<tr><td rowspan="4">心理成熟度</td><td>非常愿意承担工作责任</td><td></td><td></td><td></td><td></td><td></td><td></td><td></td><td></td><td>非常不愿意承担工作责任</td></tr>
<tr><td>具有高度成就需要</td><td></td><td></td><td></td><td></td><td></td><td></td><td></td><td></td><td>只有一点成就需要</td></tr>
<tr><td>非常愿意承担义务</td><td></td><td></td><td></td><td></td><td></td><td></td><td></td><td></td><td>不愿意承担义务</td></tr>
<tr><td>对工作充满自信</td><td></td><td></td><td></td><td></td><td></td><td></td><td></td><td></td><td>对工作没有信心</td></tr>
<tr><td colspan="2">成熟度</td><td colspan="2">高</td><td colspan="2">较高</td><td colspan="2">较低</td><td colspan="2">低</td><td></td></tr>
</table>

参考文献

［1］安德鲁·J　杜布林．人际关系：职业发展与个人成功心理学［M］．10版．姚翔，陆昌勤，译．北京：机械工业出版社，2015.

［2］车丽萍．管理心理学［M］．武汉：武汉大学出版社，2016.

［3］陈伟．阿里巴巴人力资源管理［M］．苏州：古吴轩出版社，2017.

［4］程正方．现代管理心理学［M］．5版．北京：北京师范大学出版社，2006.

［5］戴晓阳．常用心理评估量表手册［M］．北京：人民军医出版社，2011.

［6］丁茂生．管理心理学［M］．3版．合肥：中国科学技术大学出版社，2008.

［7］菲利普·津巴多，迈克尔·利佩．态度改变与社会影响［M］．邓羽，译．北京：人民邮电出版社，2007.

［8］郭本禹．西方心理学史［M］．北京：人民卫生出版社，2013.

［9］黄淇敏，尹爱田．医院组织行为学［M］．上海：上海科学技术出版社，2009.

［10］姜宝钧．实用组织行为学［M］．北京：高等教育出版社，2012.

［11］姜良．组织行为学［M］．西安：西北工业大学出版社，2011.

［12］李靖．管理心理学［M］．2版．北京：科学出版社，2011.

［13］里基·W　格里芬．组织行为学（中国版）［M］．刘伟，译．北京：中国市场出版社，2010.

［14］刘鲁睿．管理心理学［M］．北京：中国中医药出版社，2010.

［15］刘毅．组织行为学［M］．2版．北京：人民卫生出版社，2013.

［16］刘永芳．管理心理学［M］．北京：清华大学出版社，2008.

［17］卢西尔．组织中的人际关系：技能与应用［M］．6版．贾佳，刘宝巍，译．北京：北京大学出版社，2010.

［18］罗伯特·M　卡普兰，丹尼斯·P　萨库佐．心理测验［M］．6版．陈国鹏，席居哲，译．上海：上海人民出版社，2010.

［19］马云献．变革型和事务型领导研究述评［J］．河南商业高等专科学校学报，2006，19（5）：46－48.

［20］苗振青．当代西方领导理论的启示［J］．河南工业大学学报（社会科学版），2013，9（1）：64－65.

［21］彭聃龄．普通心理学［M］．4版．北京：北京师范大学出版社，2012.

[22] 彭聃龄. 普通心理学 [M]. 4 版. 北京：北京师范大学出版社，2012.
[23] 斯蒂芬·P 罗宾斯，玛丽·库尔特. 管理学 [M]. 9 版. 孙健敏，译. 北京：中国人民大学出版社，2008.
[24] 斯蒂芬·P 罗宾斯. 组织行为学 [M]. 12 版. 李原，译. 北京：中国人民大学出版社，2008.
[25] 苏东水. 管理心理学 [M]. 4 版. 上海：复旦大学出版社，2011.
[26] 孙红. 职业倦怠 [M]. 北京：人民卫生出版社，2009.
[27] 孙立虎. 群体动力学中的社会惰化作用研究 [D]. 太原：太原大学，2010：125－126.
[28] 王承先. 实用组织行为学 [M]. 南京：凤凰出版社，2011.
[29] 王诗堂，廖为仁. 管理者的归因偏差与预防 [J]. 领导科学，2010 (36)：47－49.
[30] 王晓钧. 管理心理学 [M]. 北京：高等教育出版社，2014.
[31] 肖茜. 共享领导——21 世纪领导理论的新趋势 [J]. 管理观察，2012，479：16－17.
[32] 徐振亭，罗瑾琏，孙秀明. 群体心理资本对员工创造力的跨层次影响 [J]. 科技进步与对策，2016，33 (15)：143－144.
[33] 许燕. 人格心理学 [M]. 北京：北京师范大学出版社，2009.
[34] 严进. 组织行为学 [M]. 北京：北京大学出版社，2012.
[35] 叶浩生. 西方心理学的历史与体系 [M]. 2 版. 北京：人民教育出版社，2014.
[36] 赵国祥. 管理心理学高级教程 [M]. 合肥：安徽人民出版社，2008.
[37] 赵继新，吴永林. 管理学 [M]. 北京：清华大学出版，2006.
[38] 周三多. 管理学 [M]. 3 版. 北京：高等教育出版社，2010.
[39] 朱永新. 管理心理学 [M]. 3 版. 北京：高等教育出版社，2014.